国家社会科学基金重点项目"我国合意的跨境资本流量区间测算及管控政策研究"(项目号：16AJY026)

新兴经济体
跨境资本流量
合意区间测算研究

马宇◎著

中国社会科学出版社

图书在版编目（CIP）数据

新兴经济体跨境资本流量合意区间测算研究 / 马宇著. —北京：中国社会科学出版社，2023.8
ISBN 978-7-5227-2470-6

Ⅰ.①新⋯　Ⅱ.①马⋯　Ⅲ.①资本流动—研究—中国　Ⅳ.①F832.6

中国国家版本馆 CIP 数据核字（2023）第 153938 号

出 版 人	赵剑英
责任编辑	任睿明　刘晓红
责任校对	周晓东
责任印制	戴　宽
出　　版	中国社会科学出版社
社　　址	北京鼓楼西大街甲 158 号
邮　　编	100720
网　　址	http://www.csspw.cn
发 行 部	010-84083685
门 市 部	010-84029450
经　　销	新华书店及其他书店
印　　刷	北京君升印刷有限公司
装　　订	廊坊市广阳区广增装订厂
版　　次	2023 年 8 月第 1 版
印　　次	2023 年 8 月第 1 次印刷
开　　本	710×1000　1/16
印　　张	23
字　　数	367 千字
定　　价	129.00 元

凡购买中国社会科学出版社图书，如有质量问题请与本社营销中心联系调换
电话：010-84083683
版权所有　侵权必究

前　言

20世纪70年代以来，全球跨境资本流动规模大幅增长，被广泛认为是推动经济增长的重要因素，同时在跨境资本流动的冲击下，新兴经济体爆发了一次又一次危机，多次被国际资本"剪羊毛"。在这种情况下，人们开始反思资本账户开放与跨境资本流动给新兴经济体带来的利弊孰轻孰重。以2008年国际金融危机为转折点，人们对资本账户开放的态度发生了明显变化，在2008年之前，人们普遍相信资本账户完全开放有利于资本自由流动，有利于全球资源优化配置，能提高经济效率，对新兴经济体也是有利的，因为新兴经济体内部储蓄不足，可以通过资本流入获得外部储蓄，促进经济更快发展。然而多次金融危机使人们认识到资本账户完全开放是不利的，甚至是有害的，对新兴经济体尤其如此。因此，近年来一些学者提出了有管理的资本账户开放的建议，有管理的资本账户开放并不等于资本管制，而是微观层面的资本自由流动与宏观层面的总量调控的有效结合，主要目的是抑制跨境资本大量流入和流出带来的负面影响而非资本流动本身。

以往文献的研究结论基本上认为大量资本流入流出会对经济正常平稳运行带来一定的冲击，但几乎没有学者去界定和测算"大量资本"的具体数量。本书旨在为包括中国在内的新兴经济体测度一个合意的跨境资本流动区间，"合意区间"的含义是指在这个区间内，资本流动对经济增长有显著促进作用，在区间之外，资本流动不能有效促进经济增长。通过对新兴经济体样本进行测算发现：新兴经济体跨境资本流动与经济增长之间存在双重门槛效应，当资本流动规模小于第一个门槛值时，资本流动对经济增长有显著的负效应；当资本流动规模介于两个门槛值之间时，资本流动对经济增长有显著的正效应；当资本流动规模大于第二个门槛值时，资本流动对经济增长无显著作用。实证结果显示新兴经济体合意的资本流动规模为：一个季度的资本净流出总额占当季GDP的比值小于12.15%，一个季度的资本净流入总额占当季GDP的比值小于或等于23.20%，合意区间为（-0.1215，0.2320]。当资本流动规模位于这一合意区间时，资本流动能显著促进经济增长；当资本流动规模超出这一合意区间时，资本流动不能显著促进经济增长。

2015年和2016年我国也出现了大规模的资本外流，对经济稳定造成了显著影响，因此，也非常有必要测算我国跨境资本流动规模的合意区间，并将跨境资本流量控制在这一区间，避免可能的负面冲击。本书在分析我国跨境资本流动的现状和特点的基础上，构建了我国跨境资本流动的系统动力学仿真模型，运用Vensim等分析工具，测算了未来十年我国跨境资本流动的合意区间。测算结果显示，2025年我国合意的资本净流入的区间是［-1.96，4.68］万亿元；2030年我国合意的资本净流入区间是［-6.07，5.27］万亿元。我国跨境资本流量处于这一合意区间时，资本流动不会对经济稳定形成冲击，而当跨境资本流量超出这个区间时，就意味着可能会对经济平稳运行产生显著的负面冲击，需要采取措施遏制不利影响。

因此，建议我国在未来实施有管理的资本账户开放，对跨境资本流动进行原则性监管，将跨境资本流量作为主要监管指标，让跨境资本流量保持在一个对我国经济发展有利的合意区间。运用汇率政策、货币政策、财政政策和外债政策等调控跨境资本流量，并把合意的跨境资本流量纳入宏观审慎政策调控目标。我国长远目标应是由防御型资本流动管控跃升至主动型资本流动管控，以防止资本流动逆转和大进大出带来的风险，并设计一套跨境资本流动管控政策体系，利用大国经济影响力和国际化的人民币主动影响全球资本流动为我所用，不被"剪羊毛"，成为全球资本流动的主要获益者。

目　　录

第一章　导论 ... 1
第一节　选题背景与意义 ... 1
第二节　文献综述 ... 6
第三节　主要内容与创新之处 ... 30

第二章　跨境资本流动的历史回顾 ... 34
第一节　资本原始积累时期跨境资本流动相关理论及特点 ... 35
第二节　金本位时期跨境资本流动相关理论及特点 ... 43
第三节　第一次世界大战至第二次世界大战时期跨境资本流动相关理论及特点 ... 48
第四节　布雷顿森林体系时期跨境资本流动理论及特点 ... 52
第五节　新兴经济体崛起时期至今的跨境资本流动理论及特点 ... 56

第三章　新兴经济体跨境资本流动影响因素实证分析 ... 69
第一节　跨境资本流动风险溢出研究 ... 69
第二节　新兴经济体资本外逃影响因素实证分析 ... 98
第三节　新兴经济体资本流动异常影响因素的实证分析 ... 109
第四节　新兴经济体对外投资影响因素研究 ... 131
第五节　汇率变动、收入水平与新兴经济体对外投资 ... 145

第四章　新兴经济体跨境资本流动的经济影响 ... 170
第一节　资本流动突停对银行风险的影响 ... 170

第二节　资本突停、储蓄率差异与经济增长冲击……………… 184
　　第三节　跨境资本流动对资产价格影响的实证研究…………… 207

第五章　新兴经济体跨境资本流量合意区间测算…………………… 221
　　第一节　引言及文献综述………………………………………… 221
　　第二节　跨境资本流量合意区间测算模型……………………… 227
　　第三节　新兴经济体跨境资本流量合意区间测算……………… 230
　　第四节　结论及政策建议………………………………………… 240

第六章　我国跨境资本流动特点及资本外逃影响因素……………… 244
　　第一节　我国跨境资本流动的现状和特点……………………… 244
　　第二节　我国资本外逃的影响因素分析………………………… 261

第七章　我国跨境资本流量合意区间测算…………………………… 272
　　第一节　引言及文献综述………………………………………… 272
　　第二节　我国跨境资本流动的系统动力学建模………………… 280
　　第三节　我国跨境资本流量合意区间测算……………………… 287
　　第四节　研究结论及政策建议…………………………………… 298

第八章　我国避免跨境资本流动冲击的政策体系设计……………… 302
　　第一节　我国跨境资本流动政策发展与演变…………………… 302
　　第二节　以保持合意的跨境资本流量为目标的政策设计……… 312
　　第三节　提升我国在跨境资本流动格局中的地位……………… 316

第九章　研究结论与未来展望………………………………………… 318
　　第一节　研究结论………………………………………………… 318
　　第二节　研究不足与展望………………………………………… 323

参考文献………………………………………………………………… 324

后　　记………………………………………………………………… 363

第一章

导 论

第一节 选题背景与意义

一 选题背景

随着经济全球化的不断深入发展,国家间的经济关系更加紧密,全球跨境资本流动也更加频繁。尤其是进入21世纪后,跨境资本流动的规模和流向出现了新趋势,具体情况如图1-1所示。刚进入21世纪时,发达经济体和发展中国家的金融账户余额均相对较小,说明此时的资本在发达经济体和新兴经济体间的流动还较少。2005年后,大量资本从发达经济体流出,流入新兴经济体,并且规模逐年扩大,随着2008年国际金融危机爆发,当年从发达经济体金融账户净流出的资本共7514.23亿美元。2009年之后,发达经济体金融账户余额有所回升,2009—2012年,发达经济体金融账户一直保持着资本净流出的趋势。2015年以后,随着美联储结束量化宽松开始加息和美元的升值,国际资本逐渐从发展中经济体回流发达经济体,发达经济体的金融账户余额由负转正。

从跨境直接投资流入量的数据来看,发达经济体和发展中经济体在进入21世纪后有较大的差异。发达经济体在进入21世纪后FDI波动较大,如图1-2所示。2000—2003年,发达经济体FDI大幅减少,从1.12万亿美元降至3485亿美元。2003年后,发达经济体FDI流入量开始大幅反弹,到2007年达到1.37万亿美元。随后,2008年国际金融危机的爆发使发达经济体FDI又迅速减少,2009年降至7579亿美元,可见金融危机对发达经济体FDI的冲击巨大。2009年以后,发达经济体 FDI 流入量逐渐小幅回升，直至 2015 年美联储结束量化宽松，发达经济体 FDI 流入量又大幅反弹，2015 年和 2016 年，发达经济体的 FDI 流入量分别达到 1.29 万亿美元和 1.39 万亿美元。而相对于发达经济体，发展中新兴经济体 FDI 流入量在进入 21 世纪后一直呈现出稳中有增的趋势，除了 2009 年和 2016 年有小幅下降外，其余年份一直表现出较为稳健的增长态势。

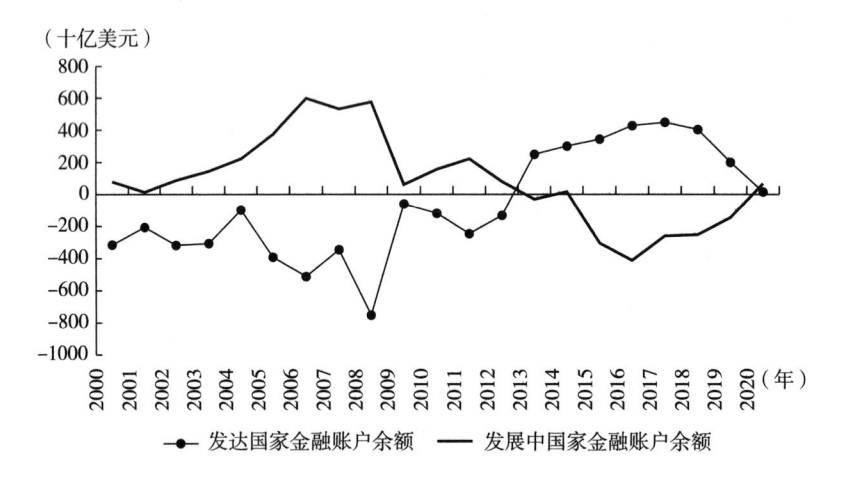

图 1-1　发达国家与发展中国家金融账户余额对比

资料来源：国务院发展研究中心信息网。

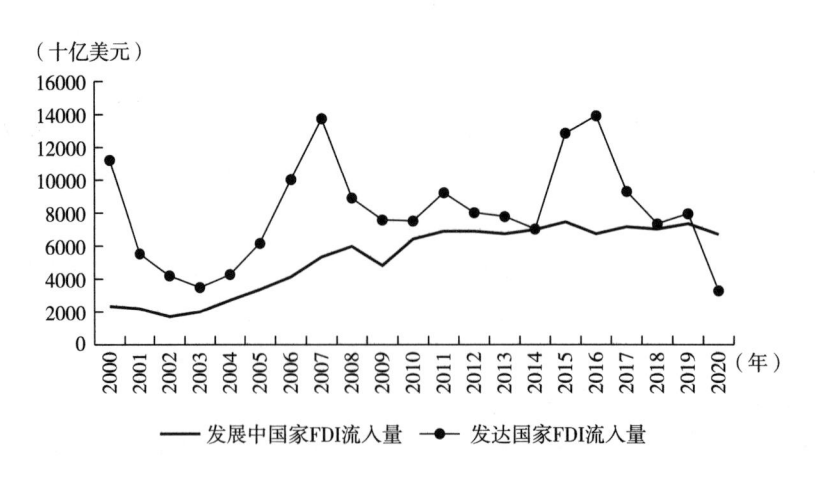

图 1-2　发达国家与发展中国家 FDI 流入量对比

资料来源：联合国贸易与发展会议数据库。

第一章 导论

我国在2001年加入WTO以后，经济快速崛起的同时跨境资本流动规模也逐渐扩大。从我国非储备性质的金融账户差额来看，2001年以后我国的跨境资本流动可分成四个阶段：第一阶段为2001—2008年，经济全球化浪潮加上人口红利爆发使我国一直保持经常账户和资本账户双顺差，资本持续净流入，但顺差规模相对较小，基本上保持在1000亿美元以下；第二阶段是2009—2013年，次贷危机的爆发和美联储量化宽松政策造成我国资本账户顺差持续扩大，除2012年欧债危机的爆发使其他投资大幅外流，最终导致资本账户逆差360亿美元外，其他时间保持资本账户顺差，2009—2011年资本账户顺差规模在2000亿美元左右，2013年资本账户顺差达到3430亿美元；第三阶段是2014—2016年，2014年美联储结束量化宽松货币政策开启加息周期，2015年我国汇率制度改革，受这两个方面因素影响，2014—2016年我国出现资本外流，其中2015年和2016年资本流出规模较大，资本账户逆差在4000亿美元以上；第四阶段是2017年至今，随着我国股票市场和债券市场进一步对外开放，外国投资者来华证券投资规模持续扩大，带动资本流出逆转，最终使资本账户重回顺差。

2008年国际金融危机以后，人民币的国际地位在不断提高，2016年人民币加入SDR后，人民币在国际贸易和金融交易中的使用规模不断扩大。环球银行间金融通信协会（SWIFT）报告显示，截至2019年8月，人民币在全球交易中的支付占比为2.22%，是全球第五大支付货币，并具有进一步提升的潜力。目前，俄罗斯、伊朗和土耳其等国家已支持使用人民币进行全球贸易结算。此外，人民币也已成为全球第二大贸易融资货币和第六大国际银行间贷款货币。为经济发展长远考虑，我国需要不断推进人民币国际化，进一步提高人民币的国际地位，而人民币地位的提升必然受到资本账户管制限制，资本账户的进一步开放势必带来更频繁更大规模的跨境资本流动。

在人民币国际地位提升的同时，人民币汇率也开始呈现出双向波动的态势，并且汇率的波动性有进一步扩大的趋势。此外，国内宏观经济受供给侧改革影响，经济增速存在放缓趋势，国际上又受到美国对华经济政策的不利影响，预期未来一段时间，人民币汇率的波动性会较高。在我国经济增长速度换挡和人民币国际化的背景下，人民币汇率的波动性也可能给我国宏观经济带来不利影响，甚至可能引起一定规模的资本外流。

对于新兴经济体而言，资本流动会产生两个方面的效应，一方面，当资本存在适当规模的净流入时，资本流动对经济增长有促进作用；当资本净流入达到一定的临界点时，随着净流入规模的持续增加，极易催生经济泡沫，不利于经济增长，而且这种负效应不会随着流入规模的继续扩大而转变，只会将经济泡沫催生更大。另一方面，当资本存在适当规模的净流出时，小规模的资本流出通过贸易、投资和技术外溢等渠道，对资本流出国的经济增长产生正效应；但当资本净流出超过一定规模时，则会不利于经济增长。资本流动会因其规模的变化而对东道国经济增长产生不同的影响，因此对跨境资本流动的合意规模做相关研究是有必要的。本书旨在为包括中国在内的新兴经济体测度一个合意的资本流动区间，"合意区间"的含义是指在这个区间内，资本流动对经济增长有显著的促进作用，在区间之外，资本流动不能显著促进经济增长。

近几十年来，在资本流动的冲击下，众多新兴经济体爆发了一次又一次危机，多次被国际资本"剪羊毛"，国际金融资本先向某新兴经济体投入大量"热钱"，炒高该国房市和股市，等泡沫吹大后再将资金抽走，从而导致该国股市、房市和汇市暴跌，引发经济危机。鉴于当前人民币汇率的波动性和未来跨境资本流动规模的扩大，我们需要对跨境资本流动进行有效管理，防止资本流动冲击。那么，如何进行跨境资本流动的管理，应采取哪些手段和措施？本书正是在此背景下，提出测算我国合意的跨境资本流量区间这一命题，具有较强的现实意义，能够为有关部门在制定防范资本流动冲击的政策中提供一定参考。

二 选题意义

（一）理论意义

已有的关于跨境资本流动的文献多是研究影响跨境资本流动的因素以及跨境资本流动对经济的影响，研究结论基本上认为大量资本流入流出会对经济平稳运行带来一定冲击，但几乎没有学者去界定和测算"大量资本"的具体数量。因此，本书认为对资本流动合理规模进行探讨是必要的，但目前少有学者对跨境资本流动合意规模问题做相关测算研究，所以这个问题值得我们做进一步的深入研究。

我国是最大的新兴经济体,因此,要研究我国的问题,可以从其他新兴经济体的发展轨迹和过程中得到经验和启示。在测算我国合意的跨境资本流动区间之前,先通过较大的新兴经济体样本来测算合意的跨境资本流量区间,然后再利用系统动力学模型测算我国合意的跨境资本流动区间。有关资本流动文献采取的研究方法也多是计量方法,但是由于跨境资本流动问题非常复杂,不仅存在着许多影响跨境资本流动的因素,更重要的是这些因素之间还会相互作用、相互影响,因此,采用线性回归方法可能存在较为严重的内生性问题。通过将影响我国跨境资本流动的经济因素加入系统动力学仿真模型,借助这些变量间的相互关系测算出我国合意的跨境资本流量区间,既能够以此作为我国政府管控资本流动的依据之一,也为有关学者研究资本账户开放问题提供了新的视角。此外,目前还没有运用系统动力学方法进行开放经济条件下资本流动问题的研究,这也丰富了系统动力学的应用范围。

(二) 现实意义

跨境资本流动对于新兴经济体和发展中国家而言犹如一把"双刃剑",它不仅可能在促进东道国经济增长、技术进步、降低消费波动性和提高效率等方面产生各种潜在利益,同时也会给东道国带来诸多风险。这种风险主要集中体现在三个方面:一是大规模资本流入容易导致国内经济过热、通货膨胀上升等宏观经济风险;二是在东道国金融体系不健康以及监管不完善的情况下,大规模资本流入容易冲击东道国的金融稳定;三是一旦存在外部冲击,跨境资本流入突然停止或逆转,容易爆发金融危机。

20世纪70年代以来,在跨境资本流动的冲击下,新兴经济体爆发了一次又一次危机,多次被国际资本"剪羊毛",即国际金融资本先向某新兴经济体投入大量"热钱",炒高房市和股市,等泡沫吹大后再将资金抽走,股市、房市和汇市暴跌,引发经济危机,然后这些金融资本再以极低价格收购该经济体核心资产,进而控制该经济体经济。1997年东南亚金融危机就是由于大规模资本流入再流出引爆的。在这种情况下,人们开始反思资本账户开放与跨境资本流动给新兴经济体带来的利弊孰轻孰重。以2008年国际金融危机为转折点,人们对资本账户开放的态度发生了明显变化,在2008年之前,人们普遍相信资本账户完全开放有利于资本自由流动，有利于全球资源优化配置，提高经济效率，同时对新兴经济体也是有利的，因为新兴经济体内部储蓄不足，可以通过资本流入获得外部储蓄，促进经济更快发展。然而跨境资本流动波动引发的多次金融危机使人们认识到完全自由的资本账户开放是不利的，甚至是有害的，对于新兴经济体尤其如此。从2011年开始国际货币基金组织转变了以往的看法，提出新兴经济体资本流入管理框架，即从官方角度认可了新兴经济体需要对跨境资本流动进行管理。

近年来，我国也面临着跨境资本流动冲击的风险，尤其是发生在2015年的大规模资本外流给我国敲响了警钟。因此，本书提出了我国资本跨境流动管理的目标和手段。将合意的跨境资本流量作为资本账户管理的主要目标，以防止资本流动逆转和大进大出带来的风险，并通过建立系统动力学仿真模型来测算我国合意的跨境资本流量区间，为我国管理资本账户提供了新思路；同时根据已有经验设计一套跨境资本流动管控政策体系，既能为我国制定政策提供一定参考，也为有关学者研究资本账户开放问题提供新的思路和视角。

第二节　文献综述

一　文献回顾

（一）影响跨境资本流动的因素

跨境资本流动主要指资本在不同经济体之间的转移，资本具有逐利性，因而资本跨境流动以赚取利润为目的，是否能获取投资收益成为国际资本选择进入或退出某一经济体的动力之一。很多国内外学者已经研究了影响资本流动的因素，并得出了不同的结论。

1. 经济金融发展水平对跨境资本流动的影响

Dunning（1981）提出了投资发展路径理论，他对1967—1978年包括发达经济体和新兴经济体在内的67个经济体的对外直接投资与经济发展水平之间的关系进行了实证分析，结果发现一国对外直接投资与其经济发展水平即人均GDP呈正相关关系。Hausmann和Fernandez-Arias（2000）认为投资风险越高、金融市场越不发达的国家，FDI流入量就越少。Barry等（2003）通过对爱尔兰的研究发现，对外直接投资受其经济发展水平正向影响。赵新泉和刘文革（2016）用59个经济体1994—2011年的跨国面板数据考察了金融发展对FDI和金融资本流向的影响，发现金融发展水平的提高能改善投资环境，吸引FDI和金融资本流入。张广婷（2016）使用28个新兴经济体2002—2015年的季度数据，运用因子分类法将影响跨境资本流动的因子划分为传染因子、国际金融因子、经济基本面因子、国内金融制度因子、投资者情绪因子以及汇率因子等类别，研究结果表明这几大影响因子对新兴市场跨境资本流入都有显著影响，而且传染因子是最主要影响因素；在分类型资本流动的研究中，发现国内经济基本面是影响FDI的主要因素，而证券投资更易受到汇率、利率以及国际因素的影响。周先平等（2018）运用异质性动态面板门限模型实证发现，经济发展到一定阶段之后，跨境资本净流入的规模会出现结构性下降，支持了新古典理论关于资本流动方向的判断。王东明和鲁春义（2019）使用我国2002年1月至2018年12月的月度数据，构建TVP-VAR模型和分时段VAR模型实证分析了跨境资本流动的驱动因素，结果发现金融发展对跨境资本流动会造成显著冲击。魏礼军（2020）使用了1998—2018年45个新兴经济体的跨国面板数据分析了跨境资本流动的驱动因素，发现人均GDP增长是吸引跨境资本流入的重要驱动因素。赵先立（2021）选取47个经济体2000—2018年的跨国样本，运用面板平滑转换模型实证发现，随着金融发展水平变迁，以资本账户开放度为代表的各类驱动因素对国际资本流动影响的力度和方向呈现非线性特征，具体而言，高阶段的金融发展水平将吸引外部的直接投资和证券投资，最终促使国际资本净流入；但如果国内金融发展水平处于较低阶段，则可能引发直接投资和证券投资外流。田素华等（2021）基于2005—2015年省级面板数据实证发现，随着经济发展水平提高，国际直接投资流入能显著促进对外直接投资发展，而且人均GDP的调节效应能显著增强国际直接投资流入对对外直接投资发展的促进作用；当人均GDP进一步提高后，国际直接投资流入通过人均GDP中介效应促进对外直接投资发展。杨继梅等（2021）发现金融开放本身有可能造成跨境资本流出大于流入的失衡现象，并显著增加跨境资本流动波动性风险，而金融发展水平的提高有助于在一定程度上抑制金融开放带来的跨境资本流动失衡现象和波动性风险。

另外，各国经济金融情况变化导致风险收益变化，投资者从而调整投资组合影响国际资本流动。Markowitz（1952）和Tobin（1958）认为投资者总是在考虑风险和预期收益的情况下决定投资组合，这两个因素的变化引发投资组合调整，从而导致跨境资本流动的发生。Branson（1968）在资产组合理论的基础上，提出存量调整模型，认为短期资本流动是由进出口、利率和汇率决定的，而国内收入、国外收入和利率决定长期资本流动。李明明和秦凤鸣（2018）在货币需求的资产组合平衡模型的基础上，通过构建SVAR模型研究了人民币汇率预期、人民币国际化与短期资本流动之间的互动关系，发现人民币升值预期会通过提高人民币国际化程度导致短期资本流入。缪延亮等（2021）发现中美基本面分化会通过中国经济显著的溢出效应影响多边美元指数（DXY）走势，而后者不仅影响人民币兑美元双边汇率预期，还通过改变风险情绪来影响中国乃至全球的跨境资本流动。李艳丽等（2021）运用NARDL模型分析1999—2018年人民币汇率水平、汇率预期和汇率波动的双向变化对中国各类短期国际资本流动的影响。研究结果显示，人民币汇率的双向变化对短期国际资本流动的影响存在显著的不对称性，人民币贬值和贬值预期对短期国际资本流动的影响比升值的影响更显著，而汇率因素对不同类型资本流动的影响则存在明显差异。

2. 资金的供给与需求对跨境资本流动的影响

Fernandez-Arias（1996）研究了1989年以后流向中等收入国家的大量私人资本的决定因素，提出了国际资本流动的推动因素和拉动因素的分析框架，即国际资本流入某一特定国家的因素分为两个层面：供给层面和需求层面。供给层面即影响国际资本流向特定国家的全球性因素，这部分被称为推动因素；需求层面是指引导国际资本流向特定国家的国内因素，这部分被称为拉动因素，两个层面的因素共同导致了国际资本的流动。从推动因素来看，无论是维克赛尔和费雪所代表的古典利率理论还是蒙代尔和弗莱明所代表的现代利率理论，均认为利率能有效影响资本流动，是资本在各国之间流动的决定因素，凯恩斯进一步研究认为国际资本流动受到利率和汇率的综合影响。Calvo等（1998）研究认为，20世纪90年代由于发达国家利率降低，处于一种宽松的经济政策时期，加之自身经济发展速度放缓，而众多新兴经济体有着较高的利率水平和良好的经济发展预期，导致了资本从发达经济体大幅流向新兴经济体，这其中的决定因素就是利率。Frankel（1996）的研究结论同样得出利率在驱动国际资本流动的过程中扮演了重要角色，并且他认为一国利率提高可以有效地吸引国外资本流入，与此同时，由于国内存在较高的利率水平，国内资本留在本国国内的收益预期较好，因而利率不仅能有助于吸引外资进入，还有助于防止本国资本流出。国内学者在研究中也认为利率能影响资本流动。汪洋（2004）认为本币和外币的物价水平差异不能影响国际资本流动，而利息差能显著影响资本流动，若一个国家的利率水平低于另一个国家，则容易导致本国资本流向利率水平高的国家，若一个国家的利率水平高于其他国家，则相反。马宇和杜萌（2013）研究发现，东道国利率越高，越能够吸引FDI和短期资本流入。王胜等（2019）在传统DSGE模型中引入具有偶然特性的抵押担保约束所引起的金融摩擦，发现外国利率变动会显著影响家庭部门对本国借贷资金的供给，进而使跨境资本流动发生剧烈波动。李顺保和崔远淼（2019）研究发现，新兴经济体与美国政策利差的扩大会引起直接投资和净资本流入的增加，利差对其他投资流动的影响并不显著。高明宇和张文婷（2021）发现在市场平稳期，国内利率水平是我国短期资本流动的主要驱动因素。

除利率外，汇率也是影响资本流动的重要因素。汇率的变化会使本币和外币计价的资产所获取的未来收益有所差别，从而对资本流动产生影响。具体来看，若本币在未来升值，则以本币计价的金融资产价格也会在未来上升，外币的购买力便会减少，这为国际投机资本提供了套利机会，因此汇率对资本流动产生影响。Cuddington（1987）在应用资产组合理论做研究时，发现汇率对短期资本流动有显著影响。王琦（2006）在研究中也发现，汇率对中国资本流动的影响十分显著，人民币升值会有效吸引资本流入。张宗斌和于洪波（2006）发现2005年后中国企业对外投资规模迅速增长在很大程度上是人民币汇率升值造成的，这一点和20世纪80年代日元升值后日本企业进入对外直接投资高速发展期极为相似。陈创练等（2017）用中国的数据实证研究了国际资本流动与利率、汇率之间的动态互动关系，发现利率对国际资本流动影响相对有限，但汇率对国际资本流动影响相对较为显著。石振宇

(2018）发现汇率缺口和房价指数对跨境资本流动的影响存在显著的倒"U"形非线性特征，汇率缺口扩大和房价上涨会使短期资本流出减少，达到峰值后流出增加。芦东等（2021）研究了浮动汇率对资本流动波动的影响，结果表明当平稳期时浮动汇率可以有效降低跨境资本流动波动，而在动荡期时浮动汇率制的稳定作用大幅下降。

影响资本流动的拉力因素，主要包括一国经济增长状况和政治环境。通常一国经济增长预期好，意味着资本回报有保障，而且有利于稳定外部投资人信心，从而可以有效吸引资本流入。Kim（2000）使用墨西哥、马来西亚、韩国以及智利的数据进行研究，发现一国经济增长能显著影响跨境资本流动，同时，利率与宏观经济形势容易形成共振，倘若发达经济体的利率水平降低，加之经济增长属于下降期，那么在两者共振下，会促使资本由发达经济体流入新兴经济体。李杰辉（2017）运用我国2004—2016年的数据实证研究发现，中国的高经济增长成为吸引资本流入的主要拉动力因素。对于新兴经济体而言，政治环境对资本流动的影响不容忽视，这里的政治环境分为两种：第一，新兴经济体政策当局所实行的经济政策是否有利于吸引资本流入；第二，新兴经济体内部政治环境是否稳定，有一个平稳的经济发展环境，才会有效吸引资本流入，若一国政治环境不稳定，经常发生政局变动，则只能导致资本从国内流出。吕泽（2013）在研究中曾提出，若政策当局实行税费减免和风险担保政策，并适当放松资本管制，则有利于吸引资本流入。王晓博等（2020）运用31个新兴经济体1991—2016年的数据实证研究发现，存款保险制度能显著促进新兴经济体的跨境资本流入，而且非危机时期比危机时期的促进效果更明显。黄赛男等（2020）基于54个经济体1991年第一季度至2016年第四季度的国际资本流动数据，构建极端国际资本流动时期数据库，发现一国贸易开放度越高，其发生极端国际资本流动事件的可能性越低。对于发达经济体，贸易开放度对外国资本流动和本国资本流动均有显著影响；对于发展中经济体，贸易开放度仅影响本国的资本流动，对外国资本流动的影响并不显著。王勇和马雨函（2021）基于经济嵌入于制度的视角，选取了2008—2018年全球71个经济体数据，运用多层线性回归模型验证良好的营商环境可以改变FPI母国偏好现象，说明制度在证券资本流动中发挥着重要作用。高洁超等（2021）使用2000年1月至2019年2月的数据并基于TVP-VAR模型实证发现2008年国际金融危机的后危机时代，提高金融稳定程度对改善资本流动的边际作用在不断提高，而促进经济增长对改善资本流动的作用也在不断提高。

3. 一国人口因素对跨境资本流动的影响

人口因素也是影响跨境资本流动的重要因素。Brooks（2003）使用交叠世代模型来研究八个地区人口因素对国际资本流动的影响，结果发现婴儿潮带来的劳动人口增多将增加储蓄和投资的需求，而且储蓄的增加比例大于投资的比例，资本存量的积累使出现婴儿潮的地区成为资本输出国；而对于老龄化较为严重的地区，劳动供给的减少导致储蓄和资本存量下降，资本积累的下降使这些地区变成资本净输入地区。简永军和周继忠（2011）在开放经济下建立一个"四地区"世代交叠模型来模拟人口老龄化对资本流动的影响，结果发现人口老龄化会导致资本在国际流动，而且资本的流向主要是从人口老龄化快的国家流向人口老龄化慢的国家，而我国人口老龄化趋势逐步加深，因此可以预测在我国人口老龄化进程快的阶段资本将会呈现流出状态。郑基超和刘晴（2013）以生命周期理论为基础，实证分析了人口老龄化最严重的发达国家日本的人口年龄结构变化与资本流动之间的关系，发现从20世纪80年代开始，日本人口老龄化问题越来越严重，国内总需求萎缩，部分行业产能过剩，推动对外投资净资产快速增长。研究还认为，随着中国人口结构的变迁，老龄化进程加速，加之人口红利消失，国内劳动力成本不断上升，中国已经进入海外净资产增长的井喷期。林博（2013）基于全球126个国家形成的面板数据，采用面板协整检验、系统广义矩估计模型、混合最小二乘模型、固定效应模型、似无相关模型等实证方法，发现人口抚养比对经常账户有显著负向影响。研究还预测，中国将会在21世纪30年代由资本输出国转变为资本输入国。Turnovsky（2019）在传统的两国宏观动态模型中引入基于经验的生存（死亡率）函数来研究人口特征对资本流动的影响，发现人口老龄化国家具有较高的储蓄率，有充足的财富和资本进行对外投资。Malmendier等（2020）基于先验信息的现代宏观金融模型研究发现，投资者经验是导致跨境资本流动波动的重要原因，老年人先验信息丰富，因此人口老龄化会加剧跨境资本流动波动。田素华等（2021）运用时代交叠模型实证发现人口老龄化导致劳动人口减少和居民储蓄增加，其从资本需求和资本供给两个渠道同时引起国际直接投资净流入减少。

4. 汇率因素对跨境资本流动的影响

汇率变化是跨境资本流动波动的重要因素。Cushman（1985）的理论分析认为，对外投资国货币的相对升值会降低被投资国生产要素的相对成本，从而增加东道国的外商直接投资将更有利可图。Froot和Stein（1991）通过构建理论模型，证明了当存在信息不对称时，汇率与FDI存在密切关系。Goldberg和Klein（1997）利用东南亚、拉美国家与美国和日本之间的贸易数据，研究了外国直接投资和实际汇率之间的关系，结果发现，日本和美国对样本中的东南亚国家的投资受到资本流出国实际汇率的显著影响。张宗斌和于洪波（2006）发现2005年后中国企业对外投资规模的迅速增长在很大程度上是人民币汇率升值造成的。马宇和杜萌（2013）利用29个新兴经济体的数据，采用GMM方法，发现当美元供给量增加、新兴经济体利率提高和货币升值幅度越大时，将使新兴国家短期资本流入增加。刘凯和伍亭（2017）发现，人民币实际有效汇率与中国对外直接投资之间存在长期稳定的关系，长期来看实际有效汇率升值将显著促进中国的对外直接投资增加人民币汇率每升值1%，对外直接投资将增加约4%；而在短期，汇率水平与对外直接投资之间没有显著影响。陈创练等（2017）通过中国的数据实证研究了国际资本流动与利率、汇率之间的动态互动关系，发现利率对国际资本流动的影响相对有限，但汇率对国际资本流动的影响相对较为显著。Boudt等（2019）认为，汇率变动会影响现金流量，从而影响跨国公司价值，因此汇率变化将对一国对外投资产生影响。钟永红和王雪婷（2019）发现2008年的国际金融危机是一个转折点，国际金融危机前，即期名义汇率与外国直接投资无相关关系；但国际金融危机后，即期汇率开始显著影响外国直接投资。姚文萱和李传文（2020）认为短期货币贬值会增加外商投资效益，从而带来跨境资本流入，长期货币贬值会产生经济基本面较差预期，从而发生跨境资本流出。陈雷等（2021）研究发现，在全球风险水平较低时，浮动汇率制度对跨境资本流入波动率具有削弱作用，而随着全球风险水平的提高，浮动汇率制度对跨境资本流入波动率的削弱作用减弱。缪延亮等（2021）发现，当全球流动性趋紧时，一国汇率的稳定不仅取决于外汇储备的充足程度，更取决于外汇储备的使用意愿，如果储备干预逆周期性不足，储备越充足的国家受全球流动性趋紧的冲击反而越大。李聪和刘喜华（2021）运用TVP-SV-BVAR模型对我国2005年1月至2019年12月的经济金融数据进行实证分析发现，在短期内，人民币汇率贬值预期会加剧国际资本流出；在长期内，人民币汇率贬值预期对国际资本流出的效应逐渐被弱化甚至会引发国际资本流入。

（二）跨境资本流动对经济的影响

关于跨境资本流动与经济发展的关系已引起许多国内外学者的研究兴趣，但尚未得出一致性结论。

1. 跨境资本流动有益于经济发展

大多数学者的研究成果认为资本流动有利于宏观经济，尤其是对于资本流入国。Burnside和Dollar（2005）使用56个发展中国家1970—1993年的数据，研究得出结论认为国际资本流入促进了发展中国家经济增长，并且如果这种经济增长能够持续，将会吸引更多的投资，从而形成良性循环。Klein和Olivei（2008）认为，资本自由流动可以提高资源在不同国家之间的配置效率，从而增加福利。Kim（2001）通过分析亚洲金融危机的传导机制，认为可以通过羊群效应和信息不对称等方式的传染，致使资本流动在不同经济体之间产生的经济效应最终趋于一致，资本流动能够推动区域经济同时增长。Heathcote和Perri（2004）及Imbs（2004）的研究证明，自由的资本流动能使资本配置更高效，从而导致经济体内部能实现专业化生产，专业化分工使比较优势更为明显，从而推动经济增长。Yasmin（2005）研究结论认为国际资本流入对巴基斯坦的经济增长产生了积极促进作用，其中直接投资对经济增长的推动作用更大，而证券投资与其他投资两种资本流入方式对巴基斯坦经济增长未能产生显著效应。Klein和Olivei（2008）通过综合运用21个OECD经济体和74个非OECD经济体的跨国面板数据实证分析资本流动与经济增长的关系，研究结论支持资本流动能刺激一国或地区经济增长的论断。Cline（2010）关于资本账户开放度与经济增长的关系做了全面而深入的研究，认为资本账户开放与经济增长间有明确的正向因果关系，研究发现从金融体系封闭转型到金融体系开放会给国家带来每年1.23个百分点至1.99个百分点的人均GDP增长。Davis（2021）对资本流动带来的财富效应进行研究，发现因资本流动带来的资产负债效应，会增强国家间的产出关联性，完成经济的共同增长。Loungani（2013）从资本账户开放角度探讨新兴经济体资本流动，认为适当扩大资本账户开放，能有效减缓新兴经济体的经济波动，跨国资本流动具有削弱贸易壁垒作用，使新兴经济体经济实现平稳增长。Sasi和Iamsiraroja（2015）通过对140个国家的跨国面板数据实证研究，认为在各种资本流动形式中，国际直接投资流入能有效拉动经济增长。Beckmann等（2017）通过对新兴经济体的研究发现，跨境资本流动能够显著促进流入国经济增长，而且证券资本流入比FDI流入促进效果更加明显。Kamil和Bazoumana（2018）通过对发达国家和发展中国家的数据实证研究得出直接投资流入可以有效增加一国投入要素积累，进而通过要素积累的增加促进经济增长。

此外，国内也有许多学者认为资本流动能有效促进一国经济增长。陈春根和胡琴（2012）通过对巴西、印度、俄罗斯和中国的实证研究得出直接投资对经济增长的推动作用具有持续性，国际直接投资能在较长时期内促进经济增长。冯乾和孙玉奎（2015）使用面板数据实证检验了证券投资与新兴经济体经济增长的关系，研究认为源于国外的证券投资流入可以有效促进资本流入国经济增长，证券资本流出可在一定程度上降低新兴经济体经济增长。袁仕陈和文学洲（2015）认为国际资本流动总体上有利于我国的经济增长，并且资本流动的影响因汇率制度不同而不同。实行固定汇率的国家，资本流入不利于经济增长，而资本流出能推动经济增长；实行浮动汇率的国家，资本流入能促进经济增长，而资本流出会抑制经济增长。徐海霞（2016）发现直接投资流入可以经过金融市场的作用，将其潜在的技术溢出效应转变成生产力，并以此促进一国经济持续增长。陈镜宇（2017）通过1980—2013年181个国家和地区的面板数据研究资本账户开放度与经济增长率之间的关系，研究方法采用有限信息最大似然法（LIML），研究发现影响经济增长率的不是资本账户开放度，而是资本账户开放度变动幅度，资本账户开放度变动幅度越大，经济增长率越高，并且新兴经济体增长幅度更大。江春等（2019）考察了资本账户开放对一国全要素生产率增长率的整体影响。实证结果表明：虽然资本账户开放增加了经济体出现系统性银行危机的概率，进而可能对一国加总的生产效率造成一定的负面冲击，但是资本账户开放会更多地通过改善国内金融市场上资本的配置效率促进全要素生产率提升，以 Kaopen 指数衡量的资本账户开放程度每增加 1 个单位，全要素生产率增长率提高约 0.638 个百分点。胡亚楠（2019）认为短期跨境资本流入仍然可以填补我国某些部门资金缺口，其在产出增长中的作用不容忽视。曾松林等（2021）通过构建 65 个经济体 1999 年第一季度至 2020 年第一季度资本账户子项目极端流动数据库，从资本账户类型、投资者属性和资本流动方向三个维度探讨极端国际资本流动的经济影响，发现外资大幅流入有利于一国经济增长，流出不利于经济增长，而本国资本极端流动的经济影响相反。高洁超等（2021）使用 2000 年 1 月至 2019 年 2 月的数据构建了我国的综合金融稳定指数，并基于 TVP-VAR 模型实证发现资本流入对我国经济增长总体起到促进作用，但这种促进作用更多地体现在短期资本流入方面。

2. 跨境资本流动不利于经济发展

McKinnon 和 Pill（1998）研究发现资本大量流入会引起信贷规模急剧扩张，影响金融体系稳定，进而造成经济危机。Rodrik（1999）认为短期资本流动冲击会对资本流入国经济造成严重的负担，不良贷款率上升导致金融体系面临流动性风险，国内收入会减少。Calvo（2000）认为跨境资本流出会通过"凯恩斯渠道"和"费雪渠道"对实体经济产生冲击，因为这时一国通常会减少外汇储备或汇率贬值加以应对，这会使总需求下降，在工资价格黏性下经济便会发生衰退。Konings（2001）发现，外商直接投资对保加利亚与罗马尼亚本地企业的抑制和挤出效应大于技术转移的正向溢出效应，而对波兰本地企业来说，外商直接投资既没有产生挤出效应也没有产生溢出效应。Filer（2004）研究发现资本大量流入会引发短时间内的恶性通货膨胀，经常账户逆差，产出下降。Edwards（2009）研究结论认为资本过量流入容易造成流入国经济过热，增加一国经济不稳定性和经济风险，不利于经济增长。凌江怀和李长洪（2012）的研究认为国际资本流动和国际贸易会对国内物价造成冲击，但冲击程度不是一成不变的，而是会随着一些经济冲击而变动的，如汇率制度改革、金融危机爆发等。杨冬和张月红（2014）根据中国2005年8月至2013年12月的数据进行实证分析，发现短期国际资本流入对人民币实际汇率和资产价格均有明显的正向冲击，而且对资产价格的冲击持续时间较长。马勇和陈雨露（2014）使用中国1992—2012年的季度数据，实证检验了经济开放度与货币政策有效性之间的关系，研究发现随着经济开放程度提高，央行利率变动所引致的产出效应和价格效应均出现了明显下降，即货币政策的有效性随着经济开放度提高而下降。Benigno等（2015）发现大量资本流入会造成劳动力从贸易部门向非贸易部门转移，而非贸易部门的劳动生产率低于贸易部门，因此这种劳动力转移不利于一国全要素生产率增长。王莹和施建淮（2022）对82个主要经济体的跨国数据进行实证检验并发现东道国贸易开放度越高，跨境资本流入对本国经济增长越敏感，贸易开放还有助于增强跨境资本流入对东道国经济波动的敏感性。陈陶然和黄烨菁（2021）综合运用跨国宏观面板数据和企业层面微观数据，实证发现资本流入显著推升了一国企业部门的信贷增长速度，并提高了其经历信贷过热的概率；而从企业层面的分析则为此提供了进一步支持，即资本流入显著加速了更依赖于外部融资的企业的信贷扩张。张岩（2021）研究表明，当前完全放开对外股权投资的数量约束会使中国陷入资本外流的困境并导致外汇储备急剧减少甚至面临枯竭的风险，由此会引发一系列经济和社会问题。

3. 跨境资本流动对经济发展的影响不确定

Rodrik（1999）运用100个国家的经济增长率、投资率、通货膨胀率进行实证分析发现，对资本解除管制的国家并不具有更快的增长率、更多的投资或者较低的通货膨胀率。一旦其他决定因素加以控制，资本管制与经济的长期发展没有关系。Borensztein等（1998）、Edwards（2001）的研究认为必须在金融发展等附加条件达标的前提下，资本流动才对东道国经济增长产生正影响。Edwards（2001）对于涵盖发达国家和发展中国家的1975—1997年的面板数据进行回归分析，发现资本自由流动能明显推动发达国家的经济增长，但会对发展中国家的经济发展造成负面影响。Soto（2001）分析了44个发展中国家的1986—1997年的数据，发现证券投资不会对经济增长造成显著影响。Edison等

（2009）研究认为资本流动并不能有效推动经济增长，两者之间关系较弱。Dhingra（2004）对58个发展中国家的权益性资本流动（FPI和FDI）和债务性资本流动的经济增长效应进行了检验，结果发现权益性资本流入确实对产出增长有正效应，而债务性资本流入不仅不稳定，而且在改进国家经济绩效方面也没有发挥作用。Ding Dinga等（2012）通过对全球130多个国家按收入水平进行分组实证研究，检验资本流动对不同收入水平国家经济增长的影响，发现对于不同收入水平的国家资本流动所产生的经济效应是非线性的，资本流动对收入水平不同的国家所产生的经济影响是不同的。Olivier（2015）认为资本账户开放的经济增长效应因研究所使用的资料来源、时间跨度、金融全球化的水平或变化及度量资本账户开放度的指标或方法等六个因素的不同而存在差异。

Elikplimi Komla等（2014）利用面板数据实证检验了资本流动对非洲地区经济增长的作用，发现直接投资、证券投资等资本流动形式对非洲国家的经济增长无显著推动作用。Natalya Ketenci（2015）以欧盟地区为主要研究样本，对2007年美国次贷危机发生前后的资本流动与经济增长的关系做分别考察，发现自次贷危机后，资本流动对经济增长的影响更显著，而危机发生前两者关联性较小。Ibhagui（2020）研究了资本流动对OPEC成员国经济增长的影响，发现资本流动只对卡塔尔有长期积极影响，对其余成员国经济增长影响不一。苏飞（2012）针对欧亚以及拉丁美洲具有代表性的主要新兴经济体进行实证研究，研究认为资本流动对不同区域的新兴经济体产生的经济效应也是不同的，资本流动能有效促进东亚地区新兴经济体的经济增长，而不利于东欧地区新兴经济体的经济增长，同时资本流动与拉丁美洲经济体的经济增长关系不明确。侯晓霞（2012）通过面板数据实证研究发现，资本流动对经济增长的作用因国家类型不同而不同，资本流入能显著促进处于转型期国家的经济增长，同时也能有效促进发达国家的经济增长，但推动作用小于转型期国家，而资本流入对发展中国家的经济增长不构成显著影响；资本流出则对发达国家的经济增长有显著推动作用，对发展中国家以及转型期国家的经济增长无显著影响。何娟文等（2018）研究认为资本流动对经济增长的影响不是一成不变的，而是非线性的。王晋斌和刘璐（2021）运用动态因子模型提取66个经济体国际资本流动的共同因子代表全球资本流动周期，实证发现 1993—2014 年全球资本流动周期与 66 个样本经济体的全要素生产率之间呈倒"U"形关系，适量的资本流动对一国（地区）实体经济或生产率的提升是有益处的，但如果资本流动超过一定限度，就会带来不良影响。何国华和陈晞（2020）基于全球 79 个国家 1996—2017 年的面板数据，采用系统 GMM 估计方法实证发现大规模的跨境资本流动会增大金融体系的脆弱性，加剧金融波动，对一国金融稳定造成强有力的威胁；跨境资本巨额的流出与流入均无助于金融稳定。

（三）资本流动异常状态对经济的影响

关于资本流动异常的经济效应，虽然聚焦于研究资本流入突停的成果居多，但也有部分学者从资本流出的角度研究资本外逃对经济的影响。从资本的流入和流出两端梳理资本突停和资本外逃这两种异常的流动状态对经济影响的相关研究成果发现，通常学者认为这两种状态对经济主体的经济增长具有负面作用，但也有少数学者认为资本突停不能显著影响经济增长。

1. 资本流动异常状态的界定

目前，学界关于国际资本流动状态的研究主要有四个方面：资本流入激增、资本流入突停、资本外逃和资本回流。最早涉及资本突停研究的学者是 Calvo（1998），他将资本突停定义为净资本流入出现较大数量且未能预期的减少。此外，Cavallo 和 Frankel（2008）、Calvo 等（2004）及 Edwards（2004）分别从数据离散度和资本流入减少的百分比等方面定义资本突停，认为只要一国的净资本流入在 1 年内超过国家样本均值的两个标准差，就能定义经济体发生资本突停。Calvo 等（2008）提出了"系统性的资本突停"概念，强调了外生冲击的作用，认为资本突停应该满足 JP 摩根新兴市场债券指数与同期美国政府长期国债利率之间的差价要大于国家样本均值的两个标准差的条件。与之相对应的，短时期内的资本大量涌入一国，被称为资本流入激增。资本激增的识别方法主要有两种：第一种是阈值定义法，Ghosh 等（2014）认为，一国资本流入不仅位于本国资本流动的前 30% 分位，还应当同时位于全部样本的前 30% 分位，才可以被定义为资本大幅流入事件。第二种是标准差定义法，即聚焦于资本流入增量的变化。当资本流动的年变化量高于过去 5 年均值的一倍标准差，并至少有一个季度/月达到 2 倍标准差时，被定义为资本流入激增事件（Forbes and Warnock，2012；Calderon and Kubota，2014）。Sula（2010）通过对 1990—2003 年 38 个新兴经济体的实证研究，认为资本流入激增和资本突停存在因果关系，资本流入激增能导致资本突停发生。Agosin 和 Huaita（2012）经过研究同样得出了资本流入激增能导致资本突停的结论，而且资本激增持续的时间越长，发生资本突停的概率就越大。Forbes 和 Warnock（2012）认为资本流入激增和资本流入突停是由国际投资者驱动的，资本外逃和资本回流是由国内投资者驱动的，四种资本流动状态均是围绕资本流入和资本流出产生的。韩剑等（2015）同样认为资本流入激增和资本流入突停存在因果关系，资本流入激增会导致资本流入突停发生。Agosin 等（2019）同样发现资本流入激增提高了资本流入突停发生的概率，而且资本流入激增之后发生总资本流入突停的可能性要大于净资本流入突停。Suh（2019）认为资本突停是指资本流动的显著收缩，并根据资本流动与 GDP 的比率以三种不同方式选取阈值来定义资本突停。对于资本外逃的近期研究，Zdanowicz（2018）强调了资本外逃主要是不发达国家财富的流失，主要表现为生产资本从不发达国家流向发达国家。赵方华等（2019）认为资本外逃本质上是由居民对货币贬值对其经济造成损失的焦虑而迫使其将资本转移到国外的经济行为。梁涛和张春生（2020）认为资本外逃是居民为了资本投机和资本安全将国内资本转移到国外用来避免国家正常的监督和管理的一种手段。张杰等（2021）定义资本外逃为通过非正常途径流出并超出正常经济活动的外流资本，而且该外流资本不是以逐利为目的的，而是因保本、止损或其他目的而快速撤离某一国，并给所在国带来巨大影响的经济行为。

2. 资本突停对经济的影响

很多文献结论认为资本突停对经济发展产生不利影响。Korinek 和 Mendoza（2013）、张明和肖立晟（2014）基于跨国面板数据的实证研究给出了答案，他们认为新兴经济体更容易遭受资本突停冲击。在验证资本突停对经济增长具有负面冲击作用方面，众多学者取得了较丰富的成果，例如，Hutchion 和 Noy（2006）通过对 24 个新兴经济体 1975—1997 年数据实证检验了资本突停对经济增长的影响，发现资本突停能抑制一国产出增长，且资本突停对经济增长的抑制作用比货币危机大3倍，可以使产出降低13%—15%。除此之外，资本突停还会抑制一国的进口与投资，由于银行倒闭所带来的负面信号会致使其他银行缩减贷款，进而资本流入国会更加收紧信贷，最终影响一国经济增长。Cardarelli等（2009）运用52个经济体1987—2008年的年度面板数据进行实证研究，以考察资本突停发生前和发生后对经济增长影响的差异作为研究视角，结果发现资本突停能显著降低经济增长率，从而抑制一国经济增长。Cowan和Raddatz（2013）认为当经济体发生资本突停后，会通过总需求、物价、利率和汇率渠道传递至整个宏观经济，抑制经济增长。Benigno（2015）运用70个经济体1975—2010年的数据实证研究发现，资本流入突停会通过影响劳动力在部门之间的重新分配从而抑制经济增长。国内学者王喜平（2005）在分析资本突停的经济效应时，从债务紧缩与凯恩斯效应两个方面着手，研究结论认为资本突停会加深货币危机，从而对国内总产值产生负面作用。李巍（2011）检验了资本账户开放的前提下，新兴经济体发生资本突停的影响，结果发现资本突停能显著影响一国经济增长和金融系统安全，并认为新兴经济体应保持一个合理的资本流动规模。此外，马宇和唐羽（2017）以及李芳等（2018）通过实证分析也得出了相同的结论，即资本突停能显著降低经济增长速度，对一国经济发展不利。此外，还有一些学者认为资本突停对经济增长的影响不显著：Mishkin（1999）研究发现如果家庭、企业以及银行资产负债表未显著发生恶化，资本突停便不能显著影响经济增长。并且他认为只要能将资本流动规模控制在合理范围内，就能减弱资本突停所产生的经济影响。马宇和王红平（2018）使用61个新兴经济体数据发现，资本流入驱动型资本突停会显著增加银行危机爆发的概率。林玉婷等（2021）基于面板模型的实证结果表明，资本流动骤停强化了系统性风险跨国别传染的溢出效应和吸收效应；国际资本流动的套利和套汇动机则是影响全球系统性风险传染的两个重要渠道。

也有文献认为资本突停对经济不会产生显著影响。Kehoe和Ruhl（2009）通过分析20世纪90年代的墨西哥危机，并设定经济增长模型进行分析，发现资本突停虽然可以对贸易收支、实际汇率以及要素生产力产生影响，但不会对经济增长产生显著影响。梁权熙和田存志

(2011)通过设定动态面板模型，利用 20 个新兴经济体 31 年的数据实证研究发现，国际资本融资和国内银行融资具有互为替代性，只要国内银行系统能够平稳运行，国际资本流入突停就不会显著影响总产出，只有当资本突停与银行危机共生时，才会抑制一国经济增长。

除此之外，还有少数学者认为资本突停对经济增长有积极促进作用，Chari 等（2005）通过理论和实证分析发现，由抵押限制导致的资本流入突停能有效改善经常账户状况，有利于扩大净出口和增加产出，从而对经济增长有促进作用。

3. 资本外逃对经济的影响

也有一些学者研究了资本外逃这一异常资本流动状态对经济增长的影响。资本外逃通常是指由于经济、政治、战争等因素，导致资本大规模从国内流出至国外的现象，随着各经济体资本账户的有序开放，学界开始探讨资本外逃对宏观经济的影响。孟彦辉（2007）认为资本外逃会影响我国国内资本积累，增加对外债务负担，不利于国内经济持续发展，降低了经济增长速度。赵雪梅和宋化冰等（2013）认为资本外逃能影响国家的就业、物价和经济增长，长期内资本外逃会对经济增长起负面作用。王桂虎（2015）分别采用 SVAR 模型、方差分解和广义最小二乘法来检验中国资本外逃和经济增长之间的动态关系，发现资本外逃与经济增长之间不存在显著的相关关系。Yoke-Kee 和 Chin-Yoong（2016）以 9 个亚洲经济体作为研究样本，运用非对称格兰杰因果检验方法验证了资本流动和经济增长的关系，实证结果表明资本流入不能显著影响经济增长，但资本流出达到一定程度可显著抑制经济增长。何永（2016）运用差分 GMM 和系统 GMM 方法，以亚欧美三洲的整体数据作为研究样本，实证检验了资本账户开放、货币危机和资本外逃的关系，认为当资本外流规模达到一定程度后，会使一国货币危机发生的概率增大，从而影响经济发展。李力等（2016）将短期资本流动纳入 DSGE 模型，发现短期资本外流会对本国经济造成不利影响，而且流动性越高的区制对于宏观经济的紧缩效应越明显，持续时间越长。黄宪等（2019）研究发现不同类型的国际资本流动逆转对经济增长产生不同的影响。其中，外国投资者带动的国际资本流动的大幅逆转将降低经济增长，而国内投资者带动的资本流出反而会促进经济增长。张杰等

(2021)分析指出,若一国出现大规模的资本外逃将致使该国国内投资水平的下降,而国内投资水平的下降必然导致经济增长率降低。程立燕和李金凯(2020)基于64个经济体1999—2017年的季度面板数据,采用工具变量广义矩估计(IV-GMM)方法实证发现资本流动中断、外逃和撤回对经济增长具有负向影响。

(四)跨境资本流动管理研究

资本流动所产生的经济效应是复杂的,资本流动的状态也是多样的,但总体而言适度的资本流动有利于一国经济增长,异常的和过量的资本流动不利于一国经济增长。因而,新兴经济体政策当局应加强资本流动监管,预防异常资本流动冲击。如何对资本流动进行有效监管也引起了国内外相关学者的兴趣,并取得了诸多研究成果,学者认为对资本流动监管可以从构建完善的预警指标、适度的外汇管理、灵活的汇率制度和资本管制等方面着手。

1. 通过设置预警系统来防范异常资本流动冲击

为预防异常资本流动对经济增长带来的负面影响,一些学者相信积极有效地防御异常资本流动对经济产生冲击,要比发生冲击后再推出应对政策更有效果,他们主张构建有效的预警指标来防范异常资本流动的冲击。例如,关益众等(2013)通过建立Probit计量模型和KLR信号法,综合建立资本流入突然中断预警系统,并经过检验,发现无论是单指标还是综合指标均对资本流入突然中断有很好的预警效果。

专门针对跨境资金流动风险监测预警的成果较少,相关文献主要针对货币危机或者金融危机进行监测预警研究。Frankel和Rose(1996)提出使用Probit概率模型来预测货币危机。Kaminsky等(1998)提出指标信号模型,又称KLR模型,由于该模型综合考虑了银行危机和货币危机的影响因素,是目前应用最为广泛的危机预警模型之一。该模型的核心思想是首先通过研究货币危机的原因来确定可用于预测货币危机的变量,其次使用历史数据进行统计分析以确定危机的先行指标,最后是根据历史数据选择的先行指标,计算出该指标的安全阈值,以预测危机。确定阈值的原则是:在某个时刻,将会发生危机而没能发出预报的概率与发出错误预报的概率相等。使用这些领先指标和相应的阈值可以建立有效的危机预警系统,当指标的阈值在某个时间点被突破时,表示指标发出了危机信号,发出的危机信号越多,一个国家将来发生危机的可能性就越大。Sachs 等(1996)提出横截面回归模型,又称 STV 模型,该模型使用横截面数据或者面板数据进行建模,采用线性回归方法进行研究,通过对货币危机的不同定义,指标选择和指标选择方法的变化,可以检测和预警不同国家发生危机的可能性。尽管该方法不能预测危机发生的时间,但可以预测出当国际金融环境发生改变时,哪些国家可能会受到严重影响。Kumar 等(2003)提出了基于滞后宏观经济和金融数据的 Simple Logit 模型,该预警模型与其他模型相比有几大优点:首先,传统的预警模型只能考虑一种货币危机的情况,Simple Logit 在两种情况下研究了货币危机的可能性:利率调整导致汇率贬值和货币贬值超过先前的水平。其次,该模型可以同时执行样本内预测和样本外预测。最后,该模型可以比较和检验预测结果。付江涛和王方华(2004)在研究货币危机时,构建包含十个预警指标的系统,经计量方法证实该预警系统能有效对 1997 年亚洲金融危机和 1994 年墨西哥金融危机进行预测,说明在防范资本流动冲击时,若能建立一个包含多指标在内的预警系统会更有效。

关于我国跨境资本流动风险监测预警的研究成果大多借鉴国外的理论模型和研究方法,针对中国的实际情况进行具体测算或者进行实证研究。例如:张元萍和孙刚(2003)利用 STV 模型和 KLR 模型对我国发生金融危机的可能性进行了实证分析。邱隆敏(2004)基于人工神经网络(ANN)方法预测了我国发生金融危机的可能性。陈守东等(2009)通过采用马尔可夫转移系统模型建立了针对中国货币危机、银行危机和资产泡沫危机的预警系统。洪昊(2010)采用 KLR 指标信号模型的研究方法来设计中国"热钱"跨境流动风险监测和预警体系。李伟等(2013)估算了中国短期国际资本流动的规模,使用灰色关联度作为权重来计算危机系数,并使用主成分法计算预警指标,为中国跨境资本流动设计了预警指标体系。李升高(2017)通过分析影响我国跨境资金流出的因素,构建了一套符合我国实际情况的跨境资金流出风险预警指标体系,并运用信号分析(KLR)模型对这套指标体系的预警能力进行了实证检验。陈卫东和王有鑫(2017)使用主成分分析方法构建了中国跨境资本流动的监测预警指标,并预测了未来跨境资本流动的方向和规模。王振齐和龙文（2018）以实际汇率变动率、私营部门贷款与 GDP 比率的变动率和总储备与 M2 比率构建预警模型，并且认为我国货币系统的风险整体可控。刘玚和李佳耘（2019）基于 2008—2017 年我国跨境资本月度波动情况，挖掘出了表征流动危机的四大类 23 个备选指标，运用格兰杰因果检验法和主成分分析法筛选出影响跨境资本流动的先行指标和同步指标，构建跨境资本流动监测预警指数。刘柏等（2019）使用六种方法度量中国资本流动，并用主成分分析法对其适用性进行甄别，实证结果表明，总量规模法、实际利率差异法、Haque-Montiel 法对中国资本流动度量解释能力较高，在资本度量和构建资本流动预警指数时需向这三种方法倾斜。彭星、田龙鹏和向婧（2020）发现金融周期对跨境资本流动冲击呈现倒"U"形特征，纳入金融周期的跨境资本流动监测预警指数具有较好的预测效果。杨丹丹和沈悦（2021）从宏观经济、金融市场及国际贸易等维度选取 2000—2017 年月度指标，利用时变概率的马尔科夫区制转换模型（MS-TVTP）对中国跨境资本流动风险进行预警。研究发现：跨境资本流动高风险区制内，房地产销售价格指数、股票市值占 GDP 比重和财政赤字率下降会使风险加剧；低风险区制内，上述变量作用方向相反。孟昊和张荧天（2021）发现基于 2008 年 1 月至 2018 年 12 月新兴市场国家跨境资本总流量数据，分别使用静态 Logit 模型、动态 Logit 模型和随机森林模型对激增、突停、外逃和回流 4 种类型的异常预警进行研究，比较和分析了不同模型的预警效果，并筛选出跨境资本流动异常的先导指标。发现样本区间内随机森林模型的预警效果优于动态 Logit 模型和静态 Logit 模型；在样本外预测方面，针对 4 种跨境资本流动异常类型，随机森林模型的预测精度均高于 90%，预测能力强；随机森林通过变量重要性可以识别出资本跨国界流动异常的先导指标，而且 4 种异常的先导指标关联性很强，所以异常的爆发可能不局限于单一形式。

2. 运用外汇储备和汇率机制来防范异常资本流动冲击

学者还认为可通过外汇储备来预防资本流动冲击，比如众多新兴经济体在发生金融危机后，选择持有大额外汇储备来预防资本流动冲击。Calvo（2006）在研究中认为一国中央银行可在发生异常资本流动时充当最后贷款人角色，通过放出外汇储备，综合采纳外汇市场干预、盯住汇率等短期性政策措施抑制异常资本流动对经济增长的冲击。Mendoza（2006）认为从短期来看一国持有外汇储备会有一定的持有成本，但如果将眼光放长远，持有适量的外汇储备可在关键时刻补足经济发展所需资金，预防资本突停对经济的危害。Kim（2008）以博弈的视角建立最优外汇储备模型，并使用1993—2006年的数据，实证检验包含亚洲和拉丁美洲在内的15个新兴经济体建立最优储备的效果，结论显示采用最优外汇储备管理能有效降低异常资本流动对经济的负面影响。Davis等（2020）认为冲销性外汇干预是新兴市场央行可利用的管理资本流动的潜在政策工具，但对于许多发达经济体来说，冲销性外汇干预是无效的。

还有一些学者认为通过选择不同类型的汇率制度，能有效应对资本流动冲击。Guidotti等（2004）认为若一国实行的汇率制度是浮动的而不是固定的，那么在发生异常资本流动冲击后经济增长恢复会更快，同时，他还认为债务美元化程度越高的国家越不利于经济恢复增长。Edwards（2004）通过实证检验，认为具有较大汇率弹性的经济体能有效应对异常资本流动的冲击，而汇率弹性较低的经济体则相反。Foong（2008）发现当马来西亚存在大规模资本流入时，政策当局会变革汇率制度和出台刺激内需的政策，以降低对外资的依赖，增强自身发展能力，所以即使马来西亚遭遇资本流入突然中断的情形，也不会使资本流动冲击自身经济增长。Kawai和Takagi（2008）较为系统地总结了新兴经济体管理资本流动的经验，认为经济发展状况较好的国家会吸引资本流入，进而引起实际汇率升值，汇率升值可以有效避免其他经济政策的负作用，使新兴经济体能更好地运用汇率手段应对大规模资本流入。朱琳和徐剑刚（2018）通过实证检验发现，相比于固定汇率制和中间汇率制，浮动汇率制能够在一定程度上降低跨境资本流入的负面影响。郝大鹏等（2020）实证建议为应对美联储的利率变动，适当限制国际资本流动能有效稳定我国经济波动和改善社会福利，而实施固定汇率和央行盯住美国利率的政策会加大宏观经济的波动，并导致社会福利下降。王金明、王心培（2021）通过建立NARDL模型，证明了汇率市场化改革减轻了资本流入正向冲击带来的升值压力。

3. 利用资本管制手段应对异常资本流动

一些学者主张政策当局对资本流动实行管制，运用资本管制手段将资本流动控制在合理范围内。资本管制通常是指一国权力机关对本国国际资本流动从资本流入端和资本流出端两个方向实行直接管理。但互相矛盾的是也有许多学者认为资本管制是无效的，并呼吁一国经济应实行完全资本账户开放，以实现资本自由流动。Akira 等（2000）认为以数量为基础的资本账户管理已被证明在某些条件下更为有效。Calvo 和 Reinhart（2000）认为从长远来看资本管制并不能有效应对资本流动冲击，而只能对资本流入的种类起一定作用。Aizenman（2009）认为资本账户管理是一种防止国际储备过多积累的工具，发展中国家外汇储备积累的社会成本可能达到 GDP 的 2%—3%。Calvo 和 Talvi（2005）的研究结论也认为资本管制无效。Kaminsky（2008）认为资本管制只能在短期内有效，长期实行资本管制会对一国金融稳定造成负面影响，从而抑制经济发展。但资本管制的效果是因时而异的，2007 年美国爆发的次贷危机展现了资本管制的魅力。Ostry 等（2010）认为在次贷危机期间对资本流入进行监管的经济体经济表现较好，但管制效果取决于政府机关的执行能力。Ostry 等（2011）认为资本管制是除宏观审慎管理政策外十分有效的资本流动监管方式。Gallagher（2011）认为近年来一些国家新的资本流动管理法规已经产生效果。Nicholas 等（2011）发现资本账户管理使货币政策更加独立，很多短期资本流动变为长期流动，并减轻升值压力。IMF（2011）认为资本账户管理是一个可使用的、有效的反周期政策补充工具。凯文·加拉格等（2012）认为资本账户管理应被视为宏观经济政策的一部分，而不是作为最后不得已的措施。何塞·安东尼奥·奥坎波（2012）认为在经济繁荣时期对资本账户的管理也是必要的，资本账户管理应以数量为基础或者以价格为基础。Kawai（2012）研究发现一些亚洲新兴经济体在次贷危机前吸引了大规模资本流入，而在次贷危机期间，只有韩国与印度尼西亚两个国家的资本存在大量流出，并且次贷危机发生后经济复苏最快的也是亚洲新兴经济体，其中很大的原因就是这些经济体实行了资本管制政策。Unsal（2013）认为宏观审慎政策与其他政策配合能有效降低资本流入冲击。Emmanuel 和 Werning（2014）认为适当的资本流动管理可以抑制经济周期导致的资本流动波动。Korinek 和 Sandri（2015）发现资本流动管理使整个经济体出现更多预防性经济行为。Acharya 和 Bengui（2018）

认为在危机时期，资本流动可以通过汇率调整来影响资本在生产部门的重新分配，从而减少产出波动，但资本管制会阻碍这种调整。Boeroa 等（2019）认为资本管制在短时间内可以帮助一些国家应对资本流入过度激增带来的问题，但从长期来看没有效果。Jongwanich（2019）发现，相对于资本流出，资本管制对资本流入的影响更为显著，并且对一个资产类别的管制可能影响其他资产类别的流动；在东亚区域某一地方实施的资本管制可能影响该区域内其他经济体的资本流动。Lai 等（2020）认为，资本账户开放程度应当与国内物价自由化相匹配，若一国物价并未完全自由化，则应进行适当的资本管制。Inekwe 和 Valenzuela（2020）发现金融一体化会增加银行危机的发生概率，但适当的资本管制会降低金融一体化对银行危机的负面影响。

关于如何使资本管制对跨境资本流动监管更有效，我国学者也提出了自己的见解。丁志杰（2011）认为资本流动管理作为宏观审慎政策的一部分，着力点是抑制跨境资本流动的负面影响而非资本流动本身。在全球化时代更多是选择性资本管制，以实现跨境资本流动的稳定和有序。余永定和张明（2012）认为我国应综合运用宏观经济政策、宏观审慎监管与资本账户管制来管理国际资本流动。潘英丽（2014）认为包括发达国家在内的世界各国都没有完全意义上的资本账户开放，我国应实施资本账户有条件定向开放。何迎新（2014）认为新兴市场应对资本账户开放风险的措施应包括实行更灵活的汇率制度，改善负债型货币错配状况，运用临时管制措施以降低资本流动风险。张萍等（2014）对各类资本流动管理工具在应对资本流入风险方面的有效性展开国别研究。季云华（2014）认为审慎监管更注重强化资本流动的系统性风险管理，以及政策工具与所关注风险的匹配。马骏（2015）认为面对很大的短期资本流入压力时，可采取资本流入的审慎管理措施，包括托宾税、无息存款准备金等。邢自强（2015）认为日本资本账户开放的经验表明，对资本流入和流出的管理力度可以是不对称的。王书朦（2015）分析了智利、韩国和巴西的跨境资本流动的宏观审慎管理实践，提出建立资本流动风险预警体系和政策配合等建议。涂永红和吴雨微（2016）提出我国资本账户开放后应协调使用各种管理工具建立应急机制。游宇和黄宗晔（2016）发现，资本管制对短期资本流动结构的影响强于对规模的影响。葛奇（2017）分析了我国在资本账户开放进程中所实行的资本流动监管政策，发现对非居民性质的资本流入和境外直接贷款采取直接资本管制，能更有效地管理资本流动。原雪梅和于衍淇（2019）发现，跨境资本流动管理政策在调节跨境资本流入和流出时具有非对称效应，对资本流入管理的有效性大于资本流出；并且资本流动管理政策仅在短期内有效，通常持续1—3年的时间。彭红枫和朱怡哲（2019）认为，中国应采取资本账户开放与金融市场改革措施相结合的方式管理跨境资本流动，对外协同推进汇率制度改革，对内发展多层次的金融市场。谭小芬和李兴申（2019）从国际金融机构改革、国际货币体系改革以及全球金融安全网建设三个角度提出管理跨境资本流动的"中国方案"。戴淑庚和余博（2019）建议中国保持适时、适度的资本管制，建立人民币汇率锚、做好市场预期管理。郭红玉和杨美超（2019）发现，只有提升实际资本管制水平才能有效地降低金融危机发生的可能性，提出以资本市场交易主体的兑汇成本应对资本异常流动及完善金融交易税等建议。金成晓等（2020）认为，中国应进一步完善跨境资本流动审慎管理与国内宏观审慎管理之间的协调机制。梁涛（2020）发现受到新冠疫情影响，中国的资本外逃风险进一步凸显。后疫情时代中国需要从维护金融安全、保证货币政策独立性的高度重视跨境资本流动宏观审慎管理。苗文龙（2021）认为现有的跨境资本流动宏观审慎监管工具监管效果有限，需要寻求和设计新的监管工具，体现宏观总量和逆周期调控的特征；日常监管应充分发挥市场化手段的作用，但在资本外逃严重等非常时期，可考虑采取外汇管理政策实现国际收支平衡。靳玉英（2020）发现中国资本管制的"正向溢出效应"在中等偏上收入、汇率稳定、金融市场完善和制度质量高的新兴市场国家增强，在对中国出口依赖性强的国家则减弱。

二 简要评述

根据对现有文献的梳理总结，可以发现关于跨境资本流动的影响因素研究较多，研究成果也较为丰富全面。学者将影响跨境资本流动的因素分为两个部分，一部分是对外投资国因素，一部分是投资东道国因素。关于跨境资本流入的研究发现，东道国金融发展水平、经济运行情况、利率等是影响资本流入的因素；而关于资本流出的影响因素研究中，大部分学者认为双边汇率、投资国经济发展水平、生产要素价格等是影响跨境资本流出的因素。而有关跨境资本流动对宏观经济的影响，不同学者之间存在很大的争议，有学者认为资本账户开放和国际资本流入有利于一国经济发展和全要素生产率增长；也有学者认为短期大量资本流入会冲击一国的金融体系，使发生货币危机或者金融危机的风险增大，给国内物价水平和资产价格带来冲击，或者通过影响劳动力配置阻碍全要素生产率增长；还有学者认为资本流动与经济增长之间的关系不确定，一方面两者之间的关系受到数据选择、时间跨度或者其他条件的制约，另一方面也与资本流动的类型有关，不同类型的资本流动对宏观经济的影响存在差异。而关于跨境资本流动的监测预警研究中，大多数学者从货币危机或者金融危机的视角出发，研究焦点主要是那些发生过货币危机或者金融危机的国家，认为大规模或者频繁的资本流动可能会增大一国发生危机的概率。使用各种分析方法和分析模型，建立货币危机或金融危机预警系统，并根据一国具体的数据测算一国发生货币危机或金融危机的概率。关于对跨境资本流动的管理，大多数学者发现管理资本流动有利于一国经济正常平稳运行，针对不同类型的资本流动可以采取不同的管理工具，有学者认为不同的管理措施可能取得不同的效果，还有学者对各国采取的资本管理措施进行了比较分析。

  因为众多学者的研究结论存在分歧，所以值得我们进一步探讨何种原因导致了结论的差异性，本书认为不同规模的资本流动对一国（地区）经济增长的影响具有差异性，适度的资本流动规模能有效地促进经济增长，这是显而易见的，但是不适度的资本流动规模可能会对经济增长产生不良影响。所以我们就不难理解为什么上述学者在考察资本流动及其异常状态对经济增长的影响时，得出的结论却不一致。但是，尚未有学者研究多大数量的资本流入流出会对经济产生冲击，而这是各国政府制定跨境资本流动管理政策需要掌握的一个基本数据，本书旨在测算一个合意的跨境资本流动规模，找到合适的跨境资本流量区间，合意区间的含义是指在这个区间内，跨境资本流动对经济增长有显著的促进作用，在区间之外，资本流动难以显著推动经济增长。因此，本书将对一国合意的跨境资本流量区间进行测算，从而为相关部门制定政策提供一个有价值的参考。

第三节 主要内容与创新之处

一 主要内容

（一）研究框架构建

近几十年来大量跨境资本流动成为新兴经济体爆发危机的主要原因之一，2011年国际货币基金组织提出资本流入管理框架，标志着国际主流舆论从倡导完全的资本账户开放转变为支持有管理的资本账户开放。在金融主导的全球化趋势下，资本流动成为影响经济发展和稳定的重要因素，但是跨境资本流动具有很强的易变性和不可持续性，具体表现为在短期内频繁流入流出和中长期的周期性逆转，因此有必要对跨境资本流动进行管理，从而维持汇率稳定和货币政策独立性。在总结已有经验的基础上，根据我国大国经济和人民币国际化的特点，构建模型测算我国资本账户开放后合意的跨境资本流量区间，设计一套管控政策体系，实施常态化跨境资本流量管理，作为预防危机的主要手段，而不是应对危机的权宜之计。本书研究框架如图1-3所示。

（二）实施有管理的资本账户开放

近几十年新兴经济体多次爆发危机，证明没有管理的资本账户开放面临着巨大的资本流动风险，很容易被国际资本"剪羊毛"，极大损害本国经济增长。因此，新兴经济体应实施有管理的资本账户开放，即从资本账户管制转向资本账户有效管理，从依靠行政手段管理转向依靠法律和经济手段管理。有管理的资本账户开放并不等于资本管制，而是微观层面的资本自由流动与宏观层面的总量调控的有效结合，主要目的是抑制跨境资本大出大进带来的负面影响而非资本流动本身。

（三）将合意的跨境资本流量作为主要管控目标

在资本账户开放条件下，我国需要管控资本流量，而在这之前必须对合意的跨境资本流量区间进行测算，并建立较为严密的资金跨境流动监测体系。从总量角度测算合意的跨境资本流量：考虑GDP、资本市场规模及弹性、货币供应量、外汇储备等指标来测算我国能承受的资本流入流出数量，并根据形势变化动态调整。测算出我国合意的跨境资本流量区间，并动态优化，使跨境资本流动服务于我国经济稳定和可持续

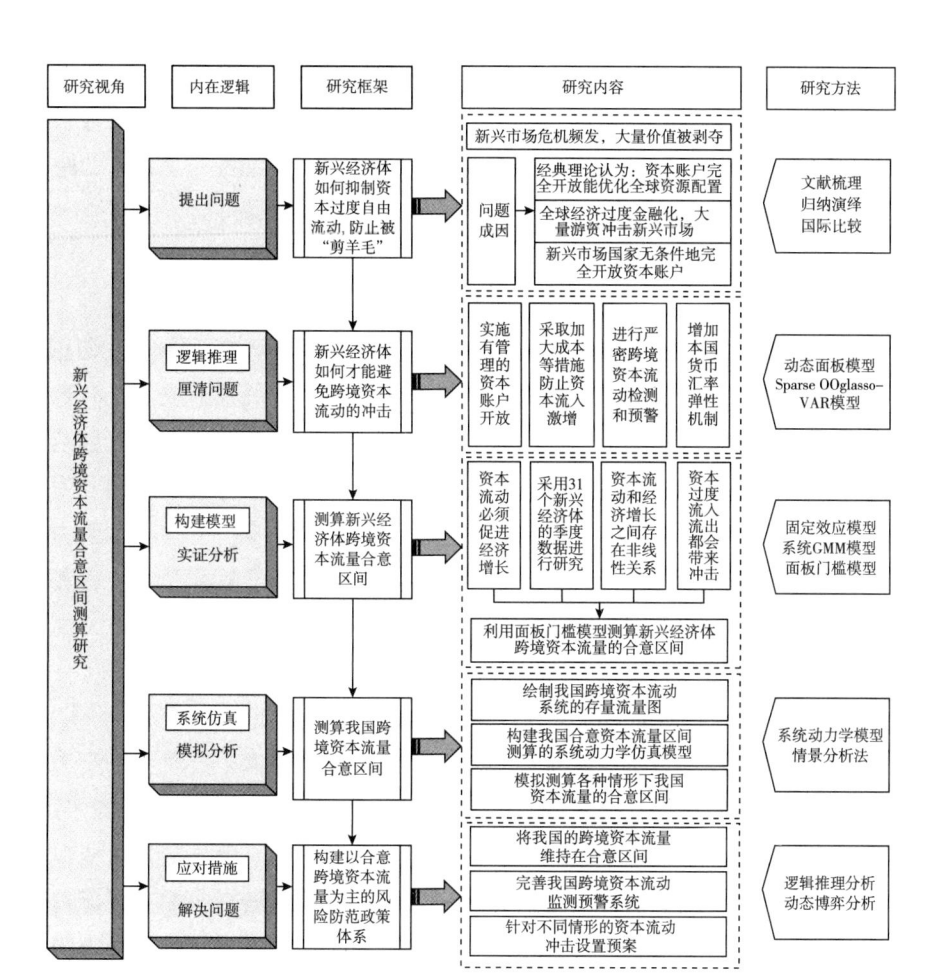

发展，根据资本流动具体情况规划政策实施的种类和重点。

图 1-3 本书研究框架

未来在人民币可兑换和国际化的背景下，我国应在资本账户开放条件下管控跨境资本流量，维持一个适合我国经济发展的合意的资本流量，从而抑制跨境资本流动大幅波动的负面影响，避免被国际资本"剪羊毛"。管控措施由以行政手段为主转为以法律和价格手段为主，主要是预防危机，而不是应对危机的权宜之计。应该主要关注跨境资本流动总量，而不仅仅是短期资本流量，因为随着金融方法、工具和技术的不断创新，不同类型资本流动界限逐渐模糊，相互转化和替代非常便利。

(四) 构建模型测算我国合意的跨境资本流量

在考虑我国是大国经济及人民币国际化的特殊国情的基础上,选择经济增长率、通货膨胀率、国际经济形势不确定性、资本市场价格波动、外汇储备等指标,运用系统动力学仿真模型、计量经济学模型等来测算我国以及新兴经济体合意的跨境资本流量区间。维持一个合意的跨境资本流量是我国经济避免跨境资本流动冲击的必要条件。

(五) 设计政策体系保证我国避免资本流动的冲击

设计一个较为完整的政策体系使我国避免跨境资本流动的冲击。一是转变行政手段为法律和价格手段：无息准备金、预扣税、金融交易税、资本利得税,增加外资持有我国房地产、债券和股票的成本,有效调控外资流入的数量和流入的产业方向。二是把合意的跨境资本流量纳入宏观审慎政策调控目标,运用汇率政策、货币政策、财政政策和外债政策等进行调控。三是需要采取策略维护资本流动稳定：更多与主要货币发行国沟通、参与国际规则制定、掌握市场舆论主导权、做好跨境资本流动监测、占据经济理论制高点。四是大力发展资本市场,扩大规模,增加市场深度和市场弹性,以便能更有效吸收流入资本。

(六) 提升我国未来在全球资本流动格局中的地位

从全球金融和资本流动角度来看,世界格局分为四个层次：一是美国,输出国际货币,输入储蓄,输出资本,是世界银行家。二是英国、法国等发达国家,主要是输出资本,是自己的国际银行家。三是包括我国在内的新兴经济体,经济发展水平和对外开放程度较高,输入国际货币,输出储蓄,输入资本,是国际储蓄者。四是经济不发达的发展中国家,输入国际货币,输入储蓄。此格局存在由下往上的国际利益输送,第三层次新兴经济体面临的风险最大。利用大国经济影响力和国际化的人民币主动调控和影响全球资本流动为我所用,不再被"剪羊毛",成为全球资本流动的主要获益者。通过一定时期的有管理的资本账户开放,我国将从防御型资本流动管控阶段跃升到主动型资本流动管控阶段,从全球金融格局中的第三层次上升到第二层次,能主动利用全球资本流动为我国经济服务,不再被"剪羊毛",最终成为国际银行家。

二 创新之处

运用系统动力学仿真模型测算我国合意的跨境资本流量区间,这是本书的重点，也是创新点，此前很少有人做这方面工作。因此，从研究思路到研究框架，从研究指标到研究方法，都需要独立构思和完成。创新之处主要在于以下两个方面。

（一）学术观点和思想方面的特色和创新

（1）对于跨境资本流入和流出最优规模的研究鲜有人涉及，为新兴经济体寻找跨境资本流入和流出临界值是本书研究的核心目标之一。找到一个跨境资本流动的合意区间，一方面，能使新兴经济体当局更好地对跨境资本流动进行监管；另一方面，又能更加高效地防范跨境资本流动对新兴经济体经济稳定造成冲击。目前这是一项较为开创性的工作，也是本书的边际贡献之一。建议我国在未来实施有管理的资本账户开放，对跨境资本流动进行原则性监管，将跨境资本流量作为主要监管指标，让资本流量保持在一个对我国经济发展有利的合意区间。对我国合意的跨境资本流量区间进行测算。

（2）在参考已有新兴经济体资本账户开放管理经验的基础上，将我国大国经济和人民币国际化这些特殊因素充分考虑，设计一套我国资本账户开放条件下管控资本流动的政策体系，以保证我国跨境资本流动的稳定和有序。

（3）进一步前瞻性分析未来我国在国际资本流动格局中的地位和作用。未来我国将从防御型资本流动管控阶段，跃升到像英国和法国等发达国家主动型资本流动管控阶段，从全球金融格局中的第三层次上升至第二层次，让全球资本流动为我国经济发展服务，不再被国际资本"剪羊毛"，而是影响国际资本流动并更好地利用国际资本流动。

（二）研究方法方面的特色和创新

本书主要使用系统动力学仿真模型、动态面板模型、Probit 回归模型和面板门槛模型进行实证研究。运用系统动力学方法，绘制因果关系图、系统流图，建立状态方程、速率方程，进行计算机仿真模拟测算我国合意的跨境资本流量区间；综合应用固定效应模型和系统 GMM 动态面板模型证实了新兴经济体资本流动和经济增长之间呈倒"U"形非线性关系，并进一步运用面板门槛模型对新兴经济体跨境资本流动合意区间进行测度。

第二章

跨境资本流动的历史回顾

自 14 世纪至今，资本流动的方式、影响因素和效应不断变化，跨境资本流动理论也随之不断发展。由金属货币时期重商主义学派、古典主义单动因理论，到现代时期利率平价理论与货币危机模型，理论发展始终贴合各阶段跨境资本流动特点。而近期新兴市场经济体崛起打破了原有跨境资本流动格局，令跨境资本流动发生巨大改变。通过回顾跨境资本流动历史，可以为新兴市场经济体应对复杂国际环境提供借鉴。将跨境资本流动分为四个时期，分别阐述各时期跨境资本流动特点与相关理论。最后总结新兴经济体跨境资本流动新特点，并指出新兴经济体跨境资本流动面临的问题。

跨境资本流动随着国际贸易发展而产生，最早可追溯到 14 世纪。自资本主义萌芽到地理大发现时期，西方国家生产贸易初步发展，奠定了国际贸易的基础，形成以白银为主要资本的跨境资本流动渠道。1870 年前跨境资本流动方向以大量输入发达国家为主，这些国家通过暴力抢夺等行为无偿攫取他国贵金属，完成资本的原始积累。金本位制形成至第一次世界大战爆发期间，债券是跨境资本流动的主要载体。时至今日，跨境资本流动在促进新兴经济体崛起的同时也造成了经济过热、资产泡沫等问题，国际资本突停与逆转甚至会引发货币危机。20 世纪 90 年代后新兴经济体危机前夕往往伴随着短期内跨境资本流入下降，引发信用规模缩小、国际收支赤字扩大、货币贬值等一系列"多米诺骨牌"效应。总结跨境资本流动历史与各个时期相关理论，研究当前新兴经济体面临的资本流动新格局，可以为有效化解和防范金融风险、促进经济稳定发展提供参考。

第一节 资本原始积累时期跨境资本流动相关理论及特点

一 资本原始积累时期跨境资本流动历史起源

地中海因其特有的地理区位与气候优势，使沿岸商品经济得到长足发展，向外扩张形成地中海、波罗的海、不列颠等贸易区，经由古代丝绸之路与亚洲相连。其中，地中海佛罗伦萨城区商业信贷发展迅速。14世纪时，佛罗伦萨地区商号几乎遍布整个欧洲，成为跨境资本流动重要枢纽，以佛罗林金币为主要结算货币在欧洲各国开展商品贸易、商业票据、储蓄借贷、保险等业务，有时甚至为一些国家政府提供临时借款用于弥补财政赤字（Obstfeld 和 Taylor，2004），成为资本国际化和跨境资本流动的起点。此时跨境资本流动规模与范围较小，主要形式为国际借贷，目的是解决商品交易媒介问题。直至17世纪早期，以荷兰为代表的资本输出国对外进行直接投资，现代意义的跨境资本流动初步形成。到第二次世界大战前夕，西方国家跨境资本主要向本国境内流入，通过暴力掠夺和殖民开发等方式无偿吸收大量资本。特别是1870年前，仅有少数国家进行资本输出，其中主要资本输出国家为荷兰、英国、法国。

二 资本原始积累时期跨境资本流动相关理论

（一）重商主义学派

15世纪末期，重商主义随着欧洲西部封建制度的瓦解而产生，成长于资本主义萌芽之中。其产生背景为贵金属货币时代，重商主义学派乃至早期古典主义学派皆为贵金属货币制度下的经济学派，具有典型的时代特征。重商主义学者的主要观点为"货币中心"，即货币等于金银，资本等于货币，国家经济发展状况取决于金银积累情况。因此，国家主要经济活动目的在于吸收贵金属货币，获得货币的重要来源是国际贸易。在国际贸易中应大量出口并回收货币，作为贸易顺差国不断吸收金银货币。

根据国际贸易管理方式的差异，可将重商主义划分为早期重商主与晚期重商主义。早期重商主义在15世纪占有重要地位，以货币差额论为代表，主张国家立法保证商品出口大于进口，并禁止金银外流。晚期重商主义以贸易差额论为代表，支持对外提供贷款收取利息，并不断扩大对外国商品的购买规模，认为资本输出与商品出口皆为资本积累的手段。贸易差额论者还指出仅允许大量资本流入将导致国内物价上升，出口下降，不利于资本的进一步流入。

在汇率决定方面，重商主义学者出现分歧。一部分重商主义者认为铸币平价决定跨境资本流动方向。汇兑的铸币平价一旦发生改变，汇率将会出现波动，资本流动也会发生变化。当汇率低于平衡汇率时，资本不会外流；反之，当汇率高于平衡汇率时，资本会外流。而汇率偏离平衡汇率的原因是非法汇兑。另一部分重商主义者认为汇兑和货币的流动取决于商品贸易，影响汇率的主要因素是货币量。如果商品贸易取得顺差，则使货币量增多，跨境资本流入、汇价降低，如图2-1所示。如果商品贸易处于逆差，则跨境资本流出。

贸易顺差 → 货币供给增加 → 资本流入 → 汇价降低

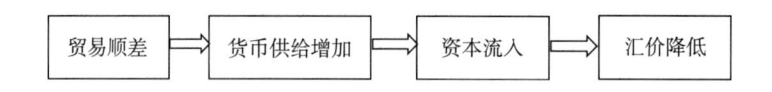

图2-1 重商主义商品贸易影响资本流动机制

（二）古典主义学派

古典主义学派在18世纪占有重要地位，与重商主义崇尚贸易管制的观点不同，古典主义力求贸易自由化。其主要代表人物有休谟、李嘉图、西斯蒙第等。

最初休谟提出货币数量学观点，认为货币不是国际贸易基本条件，而是提高交易效率的催化剂。商品与货币供给之间存在严格正相关关系，价格由市场中货币绝对数量与商品绝对数量决定，且价格对货币具有"时滞效应"。休谟在此基础上进一步提出货币变化可以通过影响价格来自动调整跨境资本流动趋势。主要通过以下三种机制：第一，当货币供应量减少，物价与收入水平下降，有利于本国出口，此时货币量就会增加。第二，以顺差为例，货币量增加，汇率上升，不利于本国出口，由此顺差逐渐缩小乃至平衡。反之同理。第三，当顺差导致汇率高于黄金输出点时，会引起黄金外逃，货币供应下降，扭转顺差。休谟的货币数量论虽受到时代限制，仅在金属货币背景下进行论证，但他对价格伸缩性的分析以及人的本性判断，为跨境资本流动理论做出了较大贡献。

1797年，由于英法战争影响，英格兰银行停止银行券与黄金直接兑换。金块本位制形成使学术界分为两派：以李嘉图为代表的金块本位制支持者和以特罗尔等为代表的金块本位制反对者。由于银行券出现，李嘉图将休谟货币数量论扩展到纸币和金属货币同时存在的背景下，甚至考虑纯纸币流通情况。发行纸币过程中会使市场上货币存量极大地上升，可以通过跨境资本流出恢复与其他国家的均衡。但以政府信用背书的纸币国际市场接受度远不如金属货币，因此金属货币依然是跨境资本流动的主要载体。此外，与休谟观点相比，李嘉图认为纸币发行造成金属货币外流的同时扩大商品进口，而不是商品进口扩大导致资本流出，即跨境资本流动会导致进出口差额的改变。

西斯蒙第（1989）在《政治经济学研究》中提到利率与汇率存在关系，且两者都对跨境资本流动具有影响。货币量增多会引起利率下降，货币贬值，汇率下降。反之，货币量减少会引起利率上升，货币升值，汇率上升。货币将会从低利率区域向高利率区域流动，也会由低汇率区域流向高汇率区域。在此种机制下，跨境资本流动使汇率与利率同时趋于均衡。西斯蒙第认为资本输出是必要的，反对货币等于财富。货币积累不会创造收入，只有将其转化为实物并进行交换才能获取收益，应将货币尽快周转。西斯蒙第还强调国家对外直接投资会给予本国掌握目标国家经济发展的机会。

总之，古典经济学派所处的时代主流为有形商品交易，此时的研究集中于汇率决定与国际收支平衡，影响机制与理论体系较为简单。在之后的时期中马歇尔、维克赛尔等在此基础上发展了古典主义动因理论，用于研究促使跨境资本流动的影响因素，以及如何平衡国际收支问题。

三　资本原始积累时期跨境资本流动的特点

16世纪，由于欧洲"商业革命"兴起与地理大发现的推动，欧洲各国在世界各地采取暴力殖民方式掠夺金银运回欧洲，使资本不断流向欧洲强国。西班牙、葡萄牙、英国、法国、德国、荷兰等国家吸收了大量金属货币。截至16世纪初,欧洲黄金存量增加至119.2万公斤,相比15世纪末期的55万公斤翻了一番。白银存量增加至2100万公斤,是15世纪末期的三倍(宋则行和樊亢,1995)。

受早期重商主义影响,此时欧洲各国大量向内输入资本,忽略资本输出,甚至运用战争赔款方式吸收贵金属。跨境资本流动方向一段时间内始终由被殖民国家流向欧洲强国境内。直至1824年前后,工业革命在英国兴起,加快了英法等国经济增长。荷兰、英国、法国逐渐开始对外输出资本,且多为政府直接投资。其中,荷兰作为最早对外输出资本的国家,在"郁金香热"后大量购买英国证券,对斯堪的纳维亚半岛工业进行大规模投资,甚至在俄国、法国投资建立厂房。1706年,英国向神圣罗马帝国皇帝提供50万英镑贷款,这一举动成为英国对外输出资本的开端。此后,英国继续扩大对外贷款规模用于弥补各国财政赤字,并收取高额利息,使英国政府海外资产在1875年达到12亿英镑。信贷业蓬勃发展促使英国成为当时的国际信贷交易中心,除直接贷款融资方式外,各国还通过发行政府债券进行国际融资。

这一时期的跨境资本流动形式单一,资本输出形式主要为直接投资。跨境贷款与债券投资规模逐渐扩大,其中债券融资规模仅次于政府直接投资。资本输出国家较少,英国成为1870年前主要跨境资本流出国,法国、荷兰对外资本输出规模紧随其后。资本流动渠道单一,存在于殖民国家与被殖民地之间、欧洲各强国之间。跨境资本流动范围覆盖欧洲、亚洲、北美以及非洲,跨境资本流动方向主要为向欧洲流入。

四 跨境资本流动与早期金融市场

资本主义积累时期资本流动的载体为金属货币。在当时的时代背景下,贵金属因其自身具有单位价值高、易于储存不易腐化、方便分割等特性,在价值形式演变的最后阶段,从众多货币形式中脱颖而出,成为公认的价值的货币形式。黄金等贵金属逐渐在全世界作为交易媒介进行流通,因此重商主义将贵金属与财富画上等号,认为国家财富储备就是国家贵金属储备。其实早在金本位制等贵金属本位制形成之前,公元前人们就曾借助贵金属的货币属性进行跨境借贷、对长途冒险进行股权投资等。这一时期债务和股权资本为主要金融工具,从公元前美索不达米亚地区交易，到 14 世纪意大利银行业发展，乃至 18 世纪初期的法国，跨境资本流动同时作为金融活动的结果与起因具有重要历史影响。通过对中世纪资本流动情况的回顾，我们发现这一时期跨境资本流动主要依靠贵金属流通，并且商业银行在跨境资本流动中也扮演了重要角色。

（一）跨境资本流动：白银帝国的建立与地中海商业革命

1. 跨境资本流动与两河文明白银流通网络

1979 年在泰尔雷兰的考古工作证实了泰尔雷兰就是历史上亚述王国沙姆希—阿达德（Shamshi-Adad，公元前 1813—公元前 1781）首都所在地。王国城堡之下存在范围巨大的商业街区，其规模足以支撑来自西亚各地商人驻扎交易。除商品交易外，在遗迹中还发现了一座记载公元前阿普曼王国外交信息的石碑，上面记载着舒巴坦-恩利尔城与其他美索不达米亚城市的商业金融往来情况。根据记载可以推断出泰尔雷兰所在位置是当时白银流通的重要枢纽，甚至以白银为基础促进了泰尔雷兰与其他城市的政治活动、宗教活动交流。从社会影响来看，白银跨境资本流通不仅给泰尔雷兰地区的经济发展提供了助力，巩固了亚述商人在两河文明的统治地位，更促进了地区间政治文化交流。

另外，由个人或政府出资资助的商业冒险也是这一时期资本跨境流动的重要途径，根据公元前两千年乌尔城遗迹中发现的独特签名记载，迪尔蒙商人离开家乡并在各个港口建立贸易站点。商人们通过召集投资者，分别收取白银、手工品等作为投资资本，将其运回迪尔蒙地区交换其他矿产、香料等。投资者与组织活动的迪尔蒙商人按照出资比例进行利润分配，白银在其中就是交易媒介，又作为投资资本直接促进了白银在迪尔蒙地区与其他地区间跨境资本流动。

由亚述商人进行商品交易而促进形成的白银流通网络，将当时各个独立的城市或地区联系起来，让城市管理与商业活动紧密结合，还使白银成为美索不达米亚地区人民生活生产中不可或缺的要素之一。随着美索不达美亚人民对"钱"的需求日益增加，白银地位逐渐上升，成为与衣食住行需求同等重要的需求。尽管过去人们将金银等贵金属视为阶级地位象征，但具有货币功能的白银作为通货在美索不达美亚平原甚至西亚地区都广受人民欢迎。这种特性使得遥远的地区之间也可以顺利组织经济活动，而无论地区间政治关系是否敌对。就这样，西亚地区城市间跨境资本流动以白银为依托,在商品贸易基础上进一步发展为借贷资金的流动,给古代西亚城市经济发展拓展空间,形成了庞大的白银商业帝国。

2. 跨境资本流动与地中海商业革命

中世纪在意大利萌发了世界历史上最早的资本主义生产关系,意大利商业与银行业也因此得到长足发展,初步形成了银行家阶层。意大利独特的地理位置使其免受外族入侵的同时还掌握着众多交易要道,威尼斯、热那亚是东方与地中海的贸易枢纽,伦巴地城是穿越阿尔卑斯山去往北部的重要关口。除此之外,佛罗伦萨呢绒产业十分发达,地中海沿线城市几乎没有强力竞争对手,意大利商人在这种环境下逐渐成长发展,出现空前繁荣的景象,历史上称之为地中海商业革命。

意大利银行业作为跨境资本流通中介则是宗教税收制度影响下的产物。自13世纪起,罗马教会建立了一整套宗教税收制度,并在全基督教传播地区实施。最初以税收名义运送的贵金属每年可达1500—2000马克,到14世纪增长至1800000—2500000马克。由于地理位置合适,因此意大利商人被选中担任罗马教廷的税收代表,代表罗马教会在基督教各国收取税款,负责直接将税款运送至罗马教会。这种活动直接催生了佛罗伦萨地区银行业,早在1340年佛罗伦萨银行数量就达到80家之多。甚至在13世纪90年代,伦敦与巴黎分别有14家和20家意大利银行分支机构。

这些公司主要从事商品贸易活动、高利贷与汇兑业务。高利贷业务对象十分广泛,包括欧洲皇室、政府、主教、商人等。业务涉及地域也十分广阔,从大西洋沿岸到中国,从挪威至埃及,都在其范围之内。同时,汇兑业务也是意大利银行经营的重要业务,商品贸易扩大必定带来参与者多元化,大量不同质量货币进入市场导致汇兑业务需求上升,急需一种货币作为交易中介保证贸易正常进行。而意大利佛罗伦萨在1252年发行的佛罗林金币含金量高,币值稳定,成为东西方市场上的主要通货。到了1338年,佛罗伦萨设有80个兑换处,流通中的金币有350000—400000枚(威廉·戈兹曼,2017)。

由此可见,意大利已然成为欧洲跨境资本流动的重要媒介和保证,给整个欧亚地区跨境资本流动提供便利渠道。跨境资本流动成就了意大利银行业的崛起,也享受到了意大利银行业发展带来的便利。

(二)跨境资本流动:早期股份公司发展

现代意义上跨境资本流动中股权资本出现晚于债券资本,从欧洲起源的股份有限公司使跨境资本能够以股权投资形式在欧洲范围内流通。这一时期的三次著名泡沫事件:英国南海泡沫、法国密西西比泡沫、荷兰郁金香热,皆为股票价格泡沫破裂导致的危机事件。由于跨境资本受投机需求驱使大量涌入股票发行公司所在区域境内,使本就严重高估的股价进一步上升形成泡沫。但这一定程度上提高了跨境资本流动规模,并给后来各国公司融资提供了经验教训。

1. 股份公司起源

得益于14世纪意大利金融行业的蓬勃发展,地中海沿岸跨境资本流动日渐频繁,并与宗教传播、商品贸易、商业冒险等各种活动绑定。而股份有限公司作为另一种吸引跨境资本流动的组织形式在14世纪末逐渐成熟,甚至直接导致了著名的南海公司和密西西比公司泡沫经济事件。一方面,银行业发展为跨境资本流动提供流动渠道,构成跨境资本流动市场基本框架。另一方面,股份有限公司为跨境资本提供投资标的,跨境资本流动影响因素进一步增加,使跨境资本流动投机性上升。

公司在现代经济社会具有重要地位,对公司起源的研究一直是经济学界争论不断的议题。最早出现的股份公司可以追溯到罗马共和国时代,相对银行业顺应跨境资本流动需求发展而言,公司的产生则成为跨境资本流动的动因之一。1407年,热那亚城出现公共财政危机,热那亚政府为解决危机,以海外贸易关税为担保对外承包政府债务。不同于现代政府公债的是,热那亚政府债券全部由圣乔治屋这一独立机构承担。其经营目的在于为政府提供贷款,在承担政府债务后对外发行大量股票,并按经营状况派发股息。至此,热那亚政府完成了史无前例的创新性工作——将政府债务外包的同时出租政府收入来源,而圣乔治屋股票与现代二级市场上市公司股票一样,也可以进行交易转让。这使得圣乔治屋的股份不仅在热那亚城广受当地人欢迎,还吸引了一部分来自境外人士的投资。大量跨境资本流入使热那亚资本大量聚集,在14、15世纪热那亚全盛时期紧紧控制着地中海东部贸易与西班牙海外扩张活动,尽管西班牙舰队中并无热那亚船只,但大量运营资本来源于热那亚金融家。可以看出，政府债务私有化吸引跨境资本流入，对当地经济发展起到了一定正面作用。

然而，跨境资本流动有时却对当地经济起到相反作用、损害正常金融市场秩序，在接下来的历史周期中会重复验证这一点。

2. 跨境资本流动与密西西比泡沫

如果说圣乔治屋是一次成功的政府债务私有化实践，那么约翰劳与他提倡的国家土地银行则是一次巨大的金融灾难。其出发点是寻找比白银更加稳定的发行货币基础，摆脱西班牙在矿产开采方面的垄断地位。约翰劳提出应让银行实际获得土地控制权，并发行由不动产支撑的证券化纸币。这种票据相较于以白银为基础发行的票据具有存量透明、供应稳定、价格平稳等优势，可以提高银行发行纸币的信用。且土地与银行发行的票据可以相互兑换，在流通过程中票据价格随土地价格波动而波动，换句话说，让土地成为计价物品。

1717年，约翰劳组建了一家全新的公司——密西西比公司，公司创建目的与南海公司相同：减少政府财政压力，进行美洲开发。密西西比公司迅速吸引了各地持有法国政府债务的投资者，在为王室清偿债务的同时给予投资者开拓新世界带来的丰厚回报。几年后，约翰劳成功将法国金融运作私有化。密西西比公司通过发行"母女股票"，成功引起了国际投机者的注意，荷兰报等国外报纸纷纷开设专栏报道巴黎股票市场报价情况。为扩大跨境资本流入，约翰劳还开发了一套专门吸引国外资本流入的系统，再次抬高公司股价。1719年8月密西西比公司股价为400里弗，12月上涨至1800里弗。伴随大量金融衍生品交易，法国金融市场泡沫持续增加。

一方面，资本大量流入推高股价；另一方面，为了实现股票兑付，政府只能通过扩大货币发行量实现股价稳定。而股票需求的下降导致严重兑换失衡，进一步加剧了通货膨胀。1720年中旬，政府宣布股票兑换比例将由8000里弗下调至5000里弗，约翰劳的办公室立刻被愤怒的股东占领，他建立在国家发行法定货币与国库私有化的构想随之宣布破灭。

第二节　金本位时期跨境资本流动相关理论及特点

一　金本位时期跨境资本流动相关理论

这一时期跨境资本流动理论基于早期古典学派资本流动理论进一步发展，加之各国经济状况波动较大，货币制度变化频繁，致使汇率决定问题与国际收支问题再次成为学术界研究的焦点。另外，资本主义逐渐向垄断阶段过渡也推动资本输出规模进一步增长，1870年到1914年跨境资本流动在世界范围内达到高潮。跨境资本流动途径、国际清算、经济周期与资本流动的相互影响等问题被学者高度关注。

（一）马克思与列宁相关理论

马克思所处的时代依然以贵金属货币为主要流通货币。货币职能方面，他将国际货币职能分为三种：支付手段、购买手段、财富象征。马克思在《资本论》中第一次提出了跨境资本流动的双重性，贵金属货币的流动一方面指贵金属开采国与商品出口国劳动交换，另一方面指汇率变动导致资本在不同市场之间的流动。汇率决定方面，马克思先将贸易差额与支付差额进行区分，说明跨境资本流动不仅与商品贸易有关，还与金属货币自身输出入有关。并指出只有贵金属货币流动才能影响汇率，通常商品贸易不会对汇率产生影响。马克思同意维克赛尔对黄金流动的分析，认为汇率围绕铸币平价上下浮动，当汇率低于铸币平价减黄金运输成本时，黄金流入。当汇率高于铸币平价加黄金运输成本时，黄金流出。而由于科技进步和交通发展，资本流动环境得到改善，也加大了跨境资本流动对一国利率、汇率和信用风险的影响。

列宁在1917年也对资本流动状况做出解释，指出自由竞争阶段资本主义主要为商品输出，垄断阶段资本主义主要为资本输出。跨境资本流动方向是从资本过剩的发达资本主义国家向经济落后国家流动，且资本输入国要存在发展资本主义的可能性。跨境资本流入能够促进流入国经济发展，且在一定程度上造成资本输出国经济发展放缓。

（二）古典主义动因理论

古典理论在这一时期继续发展完善，在完全竞争市场和规模报酬不变的假设基础上研究影响资本流动原因。李嘉图（1817）的比较优势理论认为区域间不同边际产出会使投资者有利可图，资本也随之由边际产出较低区域流向边际产出较高区域。白芝浩（1880）将资本流动的原因总结为利率差异，流出国的资本过剩导致利率偏低，因此投资者寻求境外投资机会，使得资本流向利率较高区域。

维克赛尔（1901）进一步丰富了白芝浩的理论，认为利率对外资的影响只是暂时的，投资环境、信息公开度等也在跨境资本流动中扮演着重要角色。费雪与白芝浩观点一致，认为利率差导致跨境资本流动，而跨境资本流动又会填平利率差异。维克赛尔强调资本账户对国际收支的作用，一国在商品贸易出现巨大逆差时可通过资本项目顺差维护其国际经济地位。

在出现国际收支逆差时，可以通过三种方式平衡收支：第一，将境外超额债权延期。第二，输送黄金。第三，提高利率吸收境外资本。三种方式都是通过扩大资本项目顺差弥补商品贸易逆差，可以暂时维持国际收支平衡。关于黄金流动影响因素，维克赛尔将汇率放在首位，并提倡央行提高贴现率减少黄金外流。

阿尔弗雷德·马歇尔（1923）首先假设不考虑劳动与资本项目，则商品贸易差额始终趋向于零，处于平衡状态。加入资本与劳动项目后，马歇尔认为，当一国劳动输出大于劳动输入时，意味着在国外取得收入并在国内消费，会引起进口扩张。当一国劳动输出小于劳动输入时，在国内取得收入并用于国外消费，会引起出口扩张。劳动输出还会对劳动力流失国家造成损失，人才流失代表人才培养所投入的资源被人才流入国无偿占有。在研究利率与信用波动对国际收支的关系时，马歇尔从风险角度考虑，在承认利率对资本流动影响的前提下，认为投资环境也十分重要。境内投资可以享有较好的法律适应性和便利性，因而在收益相等的条件下，境内投资对投资者具有主观上的吸引力。投资者应在高收益的境外投资与安全的境内投资之间进行选择，即跨境资本流动受到利差作用的同时，信息透明度和法律制度带来的风险成本也会影响其流动方向。

二 金本位时期跨境资本流动的特点

金本位成熟后，全球贸易极大繁荣。工业化发展将资本与劳动力密切联系起来，资本与商品开始在全世界范围内流动。这一时期英国、法国和德国资本输出量居世界前列,英国主要资本输出地为美洲地区,在拉美地区1914年境外投资总量中,英国投资占比43.5%,高达37亿美元。美国、德国、法国分别占比20%、10.6%和14.1%。由于资本从欧洲大量流出,欧洲独大的单极经济格局逐渐发生改变。美国作为当时的"新兴市场"国家,在国际市场上大量发行政府债券和铁路债券,吸引境外投资。1843—1914年,美国吸引外资总额增加了33倍。从国民生产总值来看,以1958年价格计算,1869—1878年美国国民生产总值年均231亿美元,1913年达到1314亿美元。大量资金被用于基础设施和工业建设,为美国崛起提供资金支持,使得美国1890年在工业总产值上超过英国,跃居世界第一位。

此时跨境资本流动具有以下特征。首先,跨境资本流动规模加大,1890—1913年,资本流入国家的经常项目赤字与GDP之比约为3.8%,第一次世界大战爆发前夕达到5%。英国在此期间将30%的资产存放于英国本土境外,且资本输出量占英国GDP的5%。其次,FDI占跨境资本流动比例较少。第一次世界大战之前FDI存量占国际投资总量少于30%(Dunning,1988),得益于资本市场发展,债券投资规模超过国际直接投资。这与当时的国际环境有关,通信技术落后,信息流动不畅。新兴主权国家政治经济环境不稳定,直接投资风险巨大。而铁路等基础设施建设债券相对收益稳定,监管可靠,成为主要投资对象。世界经济格局发生改变,美国、日本与德国迅速崛起,吸引大量跨境资本建设工业,逐渐成为经济大国。英国、荷兰等国日渐式微,第一次世界大战后经济地位显著下降。

三 跨境资本流动与美国崛起

19世纪末期,由政府发行的纸质货币并没有在世界资本市场上得到完全应用,欧美国家大部分仍实行以贵金属为主要流通货币的制度。并且由于资本市场由欧洲向世界各地进行扩张,跨境资本流动范围随之扩大,英国、法国、德国等国家依托相对成熟的金融体系向外输出资本,使得跨境资本大量流入美国境内。在美国进行南北战争与工业化建设之际,英、法、德等国家迅速购买了美国工业建设相关的巨额股份,使美国工业化建设在资本的滋润下茁壮成长。直到1914年第一次世界大战爆发,美国清偿了债务并顺利由债务国转变为长期债权国,同时完成了由资本输入国到资本输出国的转变。

（一）世界资本市场初步形成

根据马克思的理解，起源于威尼斯的政府债券在经历上百年发展后，演变成为对境外投资者同等开放的国际化债券，这促进了上市公司的出现，也使得现代意义上的资本市场最终诞生。股票市场一出现就在吸引民间投资者资金方面展现出惊人的魅力，无数投资者纷纷加入市场进行储蓄或投机。这种社会资本再分配产生了一系列后果，其中最为显著的是激发了社会各个阶层对高额利润的追逐。当市场参与者在国内没有得到理想回报，必然会引起跨境投资行为出现，欧洲资本开始向世界各地扩散。到了19世纪60年代，世界金融市场已经达到如此程度：伦敦的投资者能够购买遥远印度殖民地发行的股票债券，并能够了解海外市场每日收益率的波动。因此，世界跨境资本流动中股权投资占比逐渐上升，成为这一时期殖民主义国家快速掌握殖民地经济开发与国家控制权的工具。

维多利亚时代的英国，资本市场仅用了不到一百年便扩散至全球的各个角落，甚至强于宗教传播速度。一时间，几乎所有国家对资本的需求急剧上升。每一个国家都建立了股票交易中心，成为19世纪城市发展标志之一。但作为资本集聚地的英国牢牢占据世界金融中心地位，伦敦依然是此时世界上股票债券交易规模最大的市场，其中就有美国铁路公司发行的各种证券。可以说，美国在19世纪末高速前进的动力很大一部分来自跨境资本的推动，极大提高了美国西部地区开发速度。

（二）跨境资本流动与美国工业化

与19世纪后期崛起的工业国不同，美国经济增长对境外市场依赖度不高。由于市场分工在欧洲地区发展迅速，各国依照比较优势原则进行生产运作，相互进口出口工业产品。而北美地区国家对跨境贸易依存度不高。由于美国西进运动，原住民资源被美国人大量利用，基本可以实现自给自足。因此在19世纪20年代至20世纪20年代美国进口占国民生产总值的比例仅有6%—7%，远低于殖民初期。但随着美国经济进入扩展阶段，美国在世界贸易中所占比例不断上升，对工业制成品的需求也逐渐增加，因此在南北战争爆发前积累了大量贸易逆差与外债。此时的美国正处于世界跨境资本流入，主要是欧洲跨境资本流入的中心地位。从结构上来看,19世纪中叶外资占新增资本的比例为22%,且主要通过在伦敦证券交易所上市的基础建设股票筹集资金。南北战争期间,用于战争与战后重建的资金由欧洲涌入美国境内,铁路依然是外资投资的重要组成部分。其中,英国是巨大多数跨境资本的来源,特别是在南北战争期间,英国占对美投资比例一半以上,是美国的主要债权国。

这一情况在美国完成工业化后出现转变,由于美国制成品与半制成品的出口比例上升,1900年前后美国国际收支经常账户差额余额转正,如表2-1所示。

表2-1　　　　1866—1914年美国国际账户盈余情况　　单位:百万美元

年份	贸易余额	经常账户余额
1866—1870	-34.8	-29.6
1871—1875	-12.8	-11.6
1876—1880	182.0	244.4
1881—1885	114.6	143.4
1886—1890	37.8	27.2
1891—1900	419.2	496.8
1901—1905	505.6	548.6
1906—1910	433.0	516.0
1911—1914	575.0	626.0

资料来源:美国经济统计局国际收支数据库与MIF金融统计年鉴。

1875年后,美国经常项目收支持续正增长,并在第一次世界大战爆发后将南北战争与工业化时期欠下的欧洲外债用军工产品回购到国内,正式成为世界长期债权国。在接下来的几十年中,美国不断利用出口优势收敛大量黄金与跨境信用流入,1900年正式施行金本位制。

此时跨境资本流动方向出现逆转,从由欧洲各国流向美国变为由美国流向欧洲、拉丁美洲、加拿大等地区。

第三节　第一次世界大战至第二次世界大战时期跨境资本流动相关理论及特点

此阶段跨越了第一次世界大战到大萧条再到第二次世界大战近30年时间，跨境资本流动在第一次世界大战后重新复苏，跨境资本流动出现短期性特征。关于资本流动的理论也随之延伸至影响短期资本流动的因素，有关发展中国家资本流动问题的研究也开始受到重视。债券融资仍为国际融资主流方式。

一　第一次世界大战至第二次世界大战时期跨境资本流动相关理论

（一）古典主义学派动因理论

在上一时期，基于利差分析的古典主义学派将高额资本边际回报率作为跨境资本流动的重要原因。第一次世界大战结束后，跨境资本流动风险评估受到广泛关注。俄林（1924）首先将利率驱动与风险控制结合分析，认为即使在没有利差的极端情况下，资本流动会受投资主体风险承受能力以及资产本身的特征的影响，打破了以往认为利差是驱动跨境资本流动单一因素的认知。马克卢普（1943）更加注重风险对资本流动的影响，他首先将资本流动定义为三种，即自发流动、引致流动和净资本流动。通过观察资本流动方向，马克卢普发现资本不总是由利率较高地区流向利率较低地区。这种现象被其解释为投资主体风险权衡的结果，并引入了"资本外逃"这一概念：当资本流入国风险较大时，资本回流至环境稳定的发达国家境内。艾弗森（1943）在前人基础上进一步补充了影响跨境资本流动的综合因素，其中包含消费文化、收入、生产方式以及政治安全等。

（二）短期资本流动理论

第一次世界大战结束后，跨境资本的短期流动迅速升温。俄林从汇率角度对短期跨境资本流动进行说明：汇率在黄金流入点与流出点之间波动时，引起的外汇供求变化最终会使汇率回到金平价所确定的均衡汇率。只有当汇率过度波动超出黄金输送点上下限时，才会发生短期黄金流动。利率波动除直接影响资本流动外，还会影响证券市场投资者预期，当利率下降时，国内有价证券价格上升，券商在国际市场上购买证券，在国内抛售，从而跨境资本流出。哈罗德（1933）分别叙述了长期跨境资本流动与短期跨境资本流动影响因素，长期资本流动影响因素有产业平均利润率、国家公共债务总额、本国资本效率和国民稳定心理。而影响短期跨境资本流动的因素除了以上四种之外，还有政府政策，特别是央行政策。央行政策可以反映国家经济运行状况和政府对待跨境资本的态度，对资本账户具有重大影响。

金德伯格（1937）对短期跨境资本流动作出界定，并系统阐释了货币供给、产业流通与金融流通等概念。他认为以时间跨度定义长期与短期跨境资本流动不利于理论研究，应使用投资动机对跨境资本流动性质进行定义。因此，金德伯格将短期跨境资本流动分为四种基本形态：第一，因国际收支平衡表变动引起的平衡性短期资本流动。第二，因汇率、利率变化导致的投机性资本流动。第三，被比较优势吸引，追求更高投资收益的收入性资本流动。第四，为回避风险、保障资金安全的自主性资本流动。在此基础上，金德伯格对短期跨境资本流动的影响进行详细分析。关于货币供给，一方面资本流入国可以通过增加短期境外资产或减少短期境外负债促进本国经济膨胀。另一方面短期跨境资本流动还通过货币创造机制对货币供给有后继影响。关于国际收支，金德伯格认为短期跨境资本流动会通过汇率变化调节国际收支。

二 第一次世界大战至第二次世界大战时期跨境资本流动特点

第一次世界大战结束后，欧洲各国经济发展进入低潮。与第一次世界大战期间资本流动疲软表现相反，从1918—1929年跨境资本流动十分活跃。美国作为战胜国且未遭受战火波及，因此战后成为资本输出大国，超过英国成为世界第一大资本输出国，跨境资本流动方向有明显逆转趋势。德国与法国战后重建也得益于大量境外资本的流入，特别是德国"道威斯计划"，通过吸收境外资本缓解战争赔款以及战后重建压力，使德国在1927年恢复到战前工业水平。直到1929年全球性金融危机爆发，跨境资本流动再次陷入低谷。

第一次世界大战至第二次世界大战期间的跨境资本流动的主要特点如下。首先，资本流动规模增长缓慢，跨境资本流动风险加大。其次，跨境资本流动方向相对上一时期出现逆转，由英、法等国向美洲流动转变为由美国向拉丁美洲、西欧地区流动，而且加拿大、墨西哥、巴西、印度、中国等落后地区成为跨境资本流入国，最终美、英、德、法、日五国成为跨境资本流出主要区域。再次，私人资本仍然占跨境资本流动主要部分，直接投资与间接投资方式并存。最后，黄金流动目的发生变化。休谟的"价格—现金流动机制"出现失灵，经济繁荣会导致短期跨境资本流入，而经济萧条会使资本流向境外。

三 跨境资本流动与国际秩序的变更

第一次世界大战爆发前夕，跨境资本流动主要为各国间商业贸易结算结汇与直接投资。由于各国纷纷实行金本位制货币制度，黄金在跨境资本流动市场中占据主体地位。另外，可兑换黄金的纸质票据辅币与黄金共同作为各国金融储备进入跨境资本流动中。此时由于黄金与可兑换黄金的纸币在国际市场广受欢迎，货币贬值风险小，使得外汇市场波动极小，汇率变化基本遵循金平价原则。

（一）跨境资本流动与日不落帝国的落幕

19世纪的欧洲作为世界金融与政治中心，处于世界霸主地位。西班牙、英国的殖民地扩展迅速，利用军事与经济手段双管齐下，迅速征服了非洲、美洲、南亚等地区。特别是维多利亚时期的英国，金融和军事力量已经达到历史顶点，其殖民地跨越西半球加拿大、西印度群岛，到大洋洲的澳洲、新西兰，再到英属婆罗洲、新加坡、印度、锡兰、缅甸、亚丁，直到非洲与欧洲地区的肯尼亚、苏丹、南非、尼日利亚、加纳、马耳他、直布罗陀，成为真正的日不落帝国。英国在第二次布尔战争后对外输出资本量不断增加，借贷资本与生产资本源源不断流向英国境外。

对英国霸主地位的第一次打击出现在1907年美国金融危机期间，之前美国交易所上市的铁路、建材股票价格在跨境资本流入的冲击下迅速上升，在1907年投资者大量抛售工业相关股票，使美国资本市场泡沫破裂。英国作为美国主要的债权国，大量资本跨境流入美国进行投机，首当其冲在金融领域受到冲击，且英国正处于生产过剩时期，危机进而扩散至工业生产领域。但英国在世界上的金融地位根深蒂固，仅通过一次全球性的金融危机无法动摇其根基。

英国经济的下坡路始于第一次世界大战爆发。英国为了维护自身在欧洲的利益选择加入战争，与美国不同，英国在接连发生的战争中处于前线位置，直接受到战火影响，使英国面临内忧外患双重夹击：从国内方面来看，为了填补巨大军费开支与支付军工企业生产费用，英国不得不对外发行大量公共债券、增发货币，使货币流通量迅速增加，导致严重的通货膨胀；十月革命带动英国国内工人运动兴起，英国工人阶级普遍要求提高工资水平，并组织反对英国干预苏俄革命。从对外方面来看，英国对外购买军用物资以及生活物资让英国国际收支账户差额迅速恶化，英国在这一时期失去了传统出口品在市场上的竞争能力，以至于需要将前期持有的国外证券兑现以及扩大从美国贷款规模。

第一次世界大战后，金融方面，英国与美国的地位发生颠倒，英国从美国主要债权国跌落为债务国，伦敦也不再是独一无二的金融中心。英镑的国际地位也遭受到不小冲击。军事方面，英国民用与军用船只数量急剧缩减，海上霸权地位也遭到严重削弱。政治方面，经济恢复缓慢也波及英国对各个殖民地控制力度，印度、加拿大、埃及、阿富汗等纷纷脱离英国控制实施英属自治或直接独立。总之，第一次世界大战后，伴随着跨境资本流动方向的翻转，日不落帝国经济停滞、政治军事力量削弱，正式走上了下坡路。

（二）跨境资本流动与大萧条

1929年美国股市经历了一场浩劫，经济萎缩、失业率急速攀升等现象紧随其后，给美国经济带来巨大冲击。在最初的研究中，学者将其产生原因归结为农业与建筑行业：农业在大萧条之前经历了一段困难时期，一系列的南方银行因此倒闭并造成一连串多米诺骨牌效应；建筑方面由于战争导致的人口减少以及移民减少，房屋的建成数量超过市场需求，一定程度上出现生产过剩情况。但这两种因素在货币主义者看来并不是造成1929年经济危机的重要原因。在他们看来，金融部门才是这一次危机中的罪魁祸首。以1920年金融指数为基准，可以看出1927—1929年普通股票市场指数增长率严重偏离GNP指数上涨，如图2-2所示。

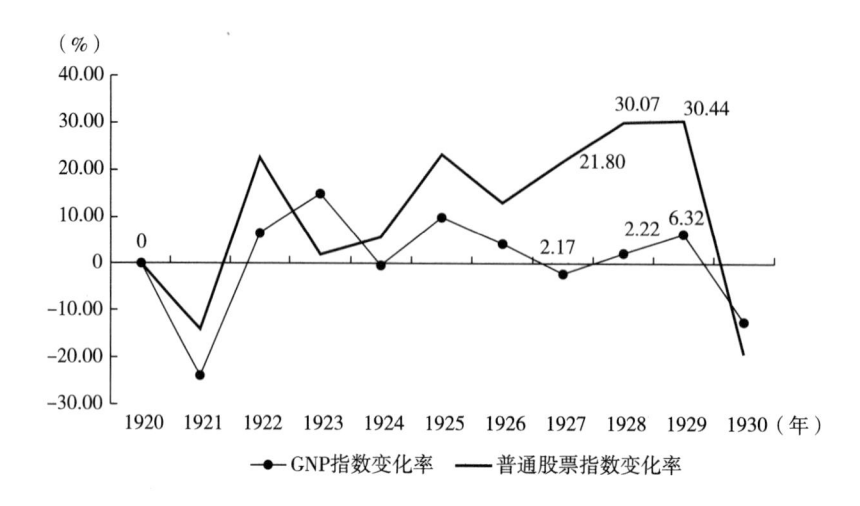

图 2-2　美国历史股票指数与实体经济增长差距

从货币发行角度看，定期存款在 1920—1929 年上升 33.9%，而股票指数上升 226%。所以仅仅以货币超发当作危机主要原因不够准确。从金融环境来看，美国从 1921 年后股市收益的期望一般会高于债券市场，这吸引大量跨境资本流入美国进行股票投机活动；另外，美国政府在 1928 年宣布提高利率，成为跨境资本流入美国的另一推手。因此，除货币主义者和凯恩斯主义者提出的引起大萧条的国内因素外，也有部分学者将其与跨境资本大量流入挂钩。

第四节　布雷顿森林体系时期跨境资本流动理论及特点

一　布雷顿森林体系时期跨境资本流动相关理论

跨境资本流动历经第二次世界大战与全球经济危机后，"价格—现金流动机制"完全失灵，凯恩斯的有效需求理论逐渐成为理论主流。凯恩斯坚持贸易差额是导致资本流动的原因，因此资本流动也受有效需求影响。此外，政府应适时对国际收支进行调节，弥补市场缺陷。在其理论基础上，形成了这一时期的跨境资本流动理论体系。研究重点为跨境资本流动影响因子、作用和国际收支问题，分析方法主要为数理分析。同时，实证研究方法大量涌现，提高了跨境资本流动研究可信度。

（一）发展中国家跨境资本流动理论

发展中国家崛起使学术界开始关注发展中国家跨境资本流动，缪尔达尔（1944）率先提出发展中国家作为工业资本流入区域，所获得的技术溢出效应小于境外先进技术挤出效应。换句话说，国际贸易不会导致各国共同获益，反而会使发达国家与发展中国家差距进一步加大，因而发展中国家必须通过贸易管制保护本国制造业发展。另外，各国发展阶段与国情不同导致国际货币政策难以保持协调，造成国际短期资本市场与国际收支调节机制混乱无序；发展中国家政治环境恶劣，境外资本流向发展中国家时面临管理混乱、国有化、利润转移困难等风险。以上因素使这一时期私人资本纷纷背离发展中国家，流向工业发达国家，继续恶化发展中国家所处的国际环境。

纳克斯（1953）研究了发展中国家资本形成问题，认为资本形成是发展中国家经济发展核心问题，关键在于打破"贫穷循环"，如图2-3所示。

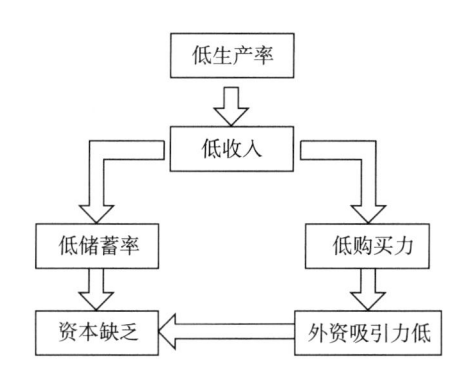

图 2-3 发展中国家贫穷循环

纳克斯将流向发展中国家的境外资本分为三种：企业直接投资、国际借贷和赠款。对于企业直接投资，流入国需要将其引导至有利于本国产业发展的方向上，为本国生产力提高做出贡献，并为流入国取得贸易顺差。对于国际借贷与赠款，应由政府统一分配，建设公共基础设施，夯实经济发展基础。关于资本流入国偿还能力，纳克斯认为除利用贸易顺差提高偿债能力之外，可从三个方面采取措施：第一，实施国家强制储蓄政策提高边际储蓄率。第二，提高跨境资本利用效率。第三，给予私人资本投资机会，促进境内资本形成。

（二）跨境资本流动流量理论

米德（1955）将跨境资本流动的影响因素分为七种，包括相对收入水平、境外工业利润、境外无风险利率、税收、风险水平、汇率变化以及外汇管制。强调政府对平衡国际收支的重要作用，明确提出政策调控两个目标：内部均衡与外部均衡。内部均衡指通过政府调控在境内实现充分就业、物价稳定，外部均衡指国际收支平衡状态。政府可以同时调整财政与货币政策维持内外平衡。蒙代尔（1960）、弗莱明（1962）在凯恩斯主义基础上发展了国际经济模型，将利率作为影响资本流动的决定因素，且认为浮动汇率下资本流动对利率更加敏感。

流量理论研究内涵与古典主义单动因理论基本一致，但在凯恩斯主义和现代经济学研究方法的影响下对模型进行改进后，更加符合实际情况。

（三）跨境资本流动存量理论

马科维茨（1952）、托宾（1958）从资产配置角度分析资本流动存量关系。认为投资者为规避风险，会采取组合投资、分散投资等方式。因此投资者将资金投资于不同国家，形成跨境资本流动。布朗逊（1968）提出资产组合平衡模型，假设其他条件不变时，投资者自行参考收益与风险进行资产配置。布朗逊认为进出口贸易、汇率等因素波动在短期内可以影响资本流动，但长期来看跨境资本流动由收入水平和利率决定。

（四）福利效应与货币分析理论

麦克道格尔（1960）、凯姆（1962）从社会总福利角度研究了跨境资本流动影响因素，认为在完全竞争、规模报酬不变前提下，利差和预期利润驱动跨境资本流动。资本将由边际产出较低地区流向边际产出较高地区，最终弥补各地区间资本边际产出差异，使社会总福利增加。

货币分析理论认为跨境资本流动是一种货币现象，由储蓄率和货币政策变化决定。约翰逊（1972）认为资本流入流出表现为国际收支顺差或者逆差，通货膨胀与收入上升导致货币需求增加，从而改善国际收支。高利率使境内货币需求收缩，导致国际收支恶化。弗仑克尔（1989）在前人研究的基础上发现，短期跨境资本流动受利率水平影响，而政策与货币存量影响长期跨境资本流动。总体来看，货币分析理论认为政府政策对长期跨境资本流动具有重大影响。

二 布雷顿森林体系时期跨境资本流动特点

第二次世界大战给世界政治经济格局带来了巨大改变，跨境资本流动的结构、方向、规模也发生变化。首先，战后美国对欧洲实施"马歇尔计划"，截至1952年6月西欧地区共获得134.38亿美元援助，极大促进了资本主义国家跨境资本流动。第二次世界大战使美国成为世界上最大的资本输出国。除援助方式外，美国私人资本输出在这一时期规模逐渐增加，1970年美国私人对外直接投资总额为754.8亿美元，相比1950年增长六倍。其次，随着欧洲经济不断恢复，联邦德国、英国、日本等国家逐渐开始对外输出资本，但除日本外，私人资本主要流向发达工业国家。不发达地区在这一时期跨境资本流动规模极小，其原因包括资本主义对社会主义的封锁与打压、经济落后导致的吸引力不足等。

总之，此时跨境资本流动特点为：流动范围方面，跨境资本流动主要发生于社会主义和资本主义体系内部，体系外部很少发生资本流动。制度方面，布雷顿森林体系建立的固定汇率货币秩序为跨境资本流动奠定制度基础，关贸总协定、世界银行与国际货币基金组织三大机构共同为跨境资本流动提供基本保障。同时各国为稳定国内经济，普遍对证券资本实施管制。截至1980年，只有美国、英国、德国、荷兰、瑞士、加拿大等少数国家的金融市场对外开放。流动方式方面，官方资本与私人资本直接投资占据跨境资本流动主要地位。流动方向方面，主要资本流出入国家为美国、德国、英国、日本等发达国家，由于战后跨国公司得到发展，使资本向制造业集中，以实现生产资源的跨境配置。

三 布雷顿森林体系缺陷与跨境资本流动失衡

（一）布雷顿森林体系崩溃

第二次世界大战结束不久后，由于东亚和欧洲等国进行战后重建，跨境资本流动与第一次世界大战后方向相似，由美国流向受战争破坏严重的国家。美国对欧洲实施的"马歇尔计划",引导大量政府支持的跨境资本流向欧洲。战后恢复工作基本完成后,各国相互间贸易投资逐渐恢复,跨境资本流动表现为相互间的直接投资。但跨境资本流动规模仍小于金本位时期,说明布雷顿森林体系一定程度上不利于除美国外的国家之间跨境资本流动。

然而,美元币值稳定与维护美元国际货币地位之间的矛盾,即"特里芬难题",为以美元为中心的布雷顿森林体系埋下了崩溃的伏笔。1962—1972年,美国黄金储备量与美元流出量的差额逐渐扩大,悬突额在1972年达到247.7亿美元。美国黄金储备严重不足,外汇市场上出现抛售美元现象,美元危机爆发。为缓解危机,美国与法国、西德、意大利等国共同建立黄金储备库以抵御市场投机力量冲击,但效果并不显著。同时,美国经常账户从1965—1968年减少了近70亿美元,美元流出现象更加严重。最终,美元只能宣布贬值,并于1973年2月份宣布布雷顿森林体系瓦解。

(二)布雷顿森林体系对跨境资本流动的意义

布雷顿森林体系在战后为帮助各国进行重建提供了稳定的国际金融环境,也是人类对固定汇率制度的一次深入探索,具有重要历史意义。布雷顿森林体系基本框架主要依据"各国货币与美元挂钩、美元与黄金直接挂钩"这一双挂钩机制,在一段时间内起到维护美国国际金融核心地位的作用。在"双挂钩"体制下,任何国家与地区间的跨境资本流动实际上与美国国际收支情况十分相关。

布雷顿森林体系对跨境资本流动的影响是具有两面性的。首先,布雷顿森林体系将跨境资本流动与美元联系起来,限制了跨境资本流动自由度。其次,其在成立之初起到稳定国际汇率的作用,使资本能够顺利流向需求较大的国家,一定程度上促进了跨境资本流动并加速了各国战后经济重建。

第五节 新兴经济体崛起时期至今的跨境资本流动理论及特点

布雷顿森林体系崩溃后,跨境资本流动进入新的历史时期,西方国家普遍出现经济滞胀现象，严重冲击了凯恩斯主义理论。另外，由于两次石油危机、拉美债务危机、布雷顿森林体系崩溃等事件爆发，催生了这一时期国际收支危机模型、克鲁格曼道德危机模型、货币危机预期模型等一系列有关政府行为和跨境资本流动的理论模型。这一时期也是新兴经济体崛起时期，巴西、韩国、新加坡、马来西亚、智利等国家经济迅速发展，国际经济逐渐趋向多极化，跨境资本流动范围扩大。

一 新兴经济体崛起时期跨境资本流动理论

（一）国际收支危机模型

国际收支危机模型强调政府政策会引起货币危机，由克鲁格曼（1979）、萨兰特和汉德森（1978）提出，用于描述国际收支危机形成过程，是一种固定汇率体系下的动态宏观非一般模型。其结论表明政府政策失误是导致国际收支问题的重要原因，不当货币政策将导致资本流向逆转。当政府实施与固定汇率相背离的货币政策时，会引起公众调整汇率预期并改变资产配置，导致外汇需求上升、外汇储备减少，最终大规模跨境资本流出形成金融危机。弗洛德与加博（1984）在此基础上进一步指出投机者攻击固定汇率制度的具体时间点。爱德华兹（1998）利用实证方法对上述结论进行验证，部分确定了货币危机模型的可行性。

（二）货币危机预期模型

奥伯斯特菲尔德（1994）等提出的货币危机预期模型强调跨境资本流动逆转的原因之一为公众预期，当公众预期货币贬值时，政府会对维持固定汇率的成本和收益进行比较，根据结果相机决定汇率走向。与克鲁格曼相比，奥伯斯特菲尔德与罗格夫（1995）认为，固定汇率本身缺陷使其易受投机资本影响，即便政府实施适当的扩张性政策，投机行为依然可能会发生。特别是到20世纪末期，官方资本被私人资本超越，私人资本成为跨境资本流动的主要组成部分，提高了跨境资本流动的投机性。此时期跨境资本流动突停、逆转乃至货币危机等问题的原因在于投机者行为，因此预期是影响跨境资本流动的因素。

戴梦得和戴维格（1983）从公众心理角度发展了"金融恐慌"理论，认为国家境内存在央行等机构，可以降低银行挤兑发生的可能性。而境外金融市场中缺少相应保障，且国际金融机构作用有限，因此跨境资本流动的"羊群效应"更严重。当投资者预期其他投资主体有撤资意愿时,将采取相应行动回收资本,导致跨境资本突停甚至逆转现象发生。

(三)道德风险模型

克鲁格曼针对亚洲金融危机提出,道德风险是导致跨境资本流动逆转的主要原因。最初,跨境资本激增导致境内金融市场过度繁荣,部分行业资产价格迅速上升,形成金融泡沫。然而,伴随金融泡沫破裂,跨境资本快速逃离,使资产价格加速下跌,最后导致固定汇率制度与钉住汇率制度崩溃。杜利(2000)进一步解释了政府机构庇护导致跨境资本激增与外逃的机制。

二 新兴经济体崛起时期跨境资本流动特点

(一)成熟市场国家跨境资本流动

进入牙买加体系后,1973年第一次石油危机爆发对西方国家经济造成了巨大冲击。西方石油需求急速增加的同时,与石油生产国之间的矛盾也日渐尖锐。一方面,石油价格上涨提高了西方国家工业成本,使西方国家大量出现国际收支赤字,导致经济危机爆发。另一方面,石油产出国通过出口石油攫取了大量石油美元,成为这一时期跨境资本流动的新生力量。到了1985年前后,国际债务矛盾恶化,拉丁美洲国家普遍负债超过其偿还能力,导致拉丁美洲债务危机爆发,使得拉美国家经济发展势头减缓。

从跨境资本流动方向及规模角度来看,根据美国经济分析局的数据,2000年美国外国直接投资总规模为2389亿美元,2001年下降至593.5亿美元,2002年继续下降至348.8亿美元,相比2000年缩水近85%。其间跨境资本流动转向欧盟各国,美国对境外资本吸引力下降,直到2004年美国决定采取第五轮加息,境外资本才开始回流。如图2-4所示。

从跨境资本流动结构角度来看,进入21世纪后,成熟市场国家跨境资本流动主要为证券投资和银行贷款等,直接投资规模显著缩小。其中工业国借贷总额总体上升,短期呈现震荡趋势。股票、债券等证券跨境交易规模大幅上涨,其中金融衍生品工具交易量不断增加,直至2007年美国次贷危机爆发后有所减缓。

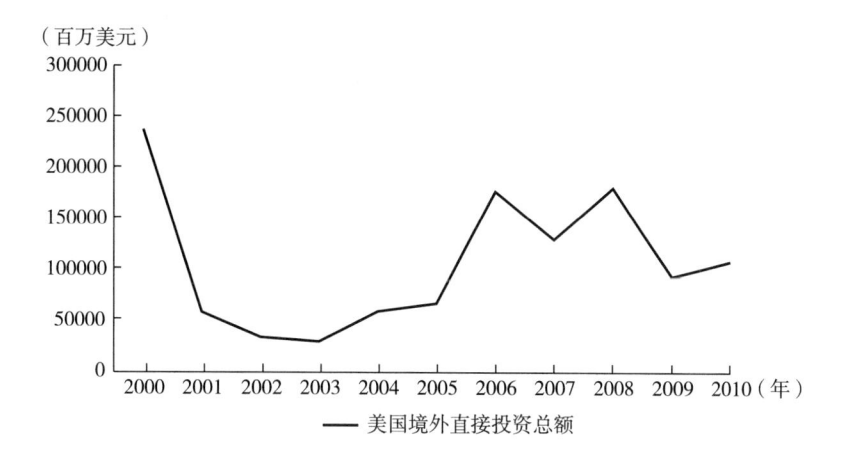

图 2-4　美国外国直接投资总额

（二）新兴经济体跨境资本流动

1. 新兴经济体跨境资本流动特点

1982年拉丁美洲债务危机爆发后，新兴经济体跨境资本流动一度陷入停滞。1988年危机结束后，新兴经济体跨境资本流入规模激增。特别是泰国、韩国、巴西、墨西哥、中国五国，金融资本流入规模占所有发展中国家金融资本流入总量2/3左右，表明新兴经济体金融市场逐渐完善，金融发展势头良好，吸引力上升。2007年美国次贷危机导致全球跨境资本流动规模减小，新兴经济体资本流入随之减少。如今，新兴经济体在吸引境外资本流入的同时自身也不断向境外输出资本。比如，我国2012—2015年处于资本输出国地位，2016年后资本流向出现逆转，总体呈现震荡趋势。如图2-5所示。

从跨境资本流动规模上看，新兴经济体跨境资本流入规模不断增加。从跨境资本流动结构上看，此时期境外资本流入新兴经济体多为私人资本形式。与第二次世界大战后不同，官方资本流入新兴经济体规模出现萎缩。另外，私人跨境资本流动中亚洲新兴经济体主要依靠国际贷款与境外直接投资，而拉美地区新兴经济体主要依靠境外直接投资和国际证券投资。从跨境资本流动稳定性上看，私人资本具有极大不确定性，如2009年国际资本为规避风险大量撤离新兴经济体，2010年大量返回；2011年欧洲债务危机期间外资再次流出；此后，美国量化宽松政策、中美贸易摩擦等事件都对跨境资本流向造成了一定影响。因此，新兴经济体面临的跨境净资本流动稳定性较低，跨境资本流动突停甚至逆转情况时有发生。

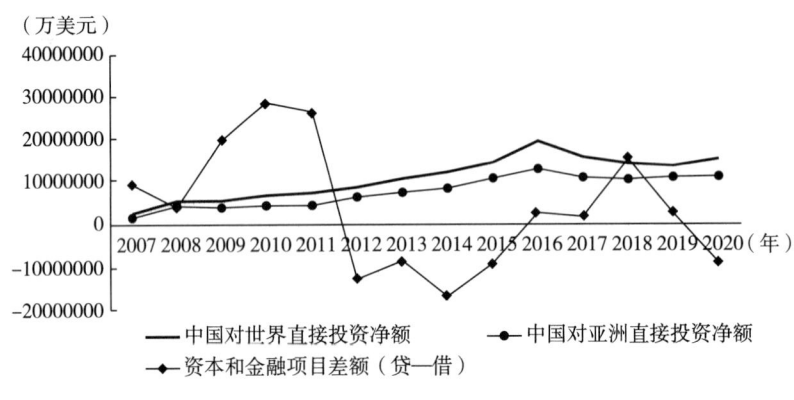

图 2-5　中国对外直接投资规模

2. 新兴经济体跨境资本流动监管

鉴于新兴经济体跨境资本流动面临的各种问题，新兴经济体在发展过程中也采取各种措施防范跨境资本流动风险，其中金融交易税、无息准备金、外汇衍生品头寸限制等措施对跨境资本流动管理具有重要借鉴意义。选取韩国、马来西亚、智利、巴西四国为例，总结新兴经济体现代资本流动监管发展概况。各国跨境资本流动政策实践情况如表 2-2 所示。

表 2-2　　　　　　　新兴经济体资本流动管理政策实践

国家	时间/年	政策工具	具体措施	实施对象
韩国	2010	衍生品头寸限制	限制国内银行持有外汇衍生品头寸	外汇衍生品头寸
	2011	经济稳定特别费	征收0.2%宏观经济稳定特别费	银行持有的非核心资产
马来西亚	1999	累进特别费	提高资本流出费用	外汇兑换、证券投资
智利	1991	无息准备金	征收20%—30%准备金	短期外债、投机性信贷、外商直接投资

续表

国家	时间/年	政策工具	具体措施	实施对象
巴西	2009	金融交易税	征收2%—6%外汇交易税	短期外债、固定收益投资、证券投资

韩国在1980年后逐步放松投资于中小企业的外商投资限制，并缩小外资企业免税范围。1992年《外资引进法》改审批制为申报制，到2020年实现外商投资全面自由化。金融资本监管方面，韩国同样采取宽松的管制政策。有顺序对境外投资机构开放国内金融市场，使外国证券公司可以在韩国金融市场上从事证券业务。韩国政府仅在商业信贷、货币市场工具等几个项目中保留一定管制权。相对宽松的环境提高了金融系统不稳定性，亚洲金融危机爆发后，境外资本纷纷外逃。2011年韩国政府为应对危机，采取托宾税政策。具体措施包括对境外投资者征收14%预扣税，对持有政府规定的非核心外币银行额外征收至多0.2%的稳定费等。韩国还将国内银行持有外汇衍生品头寸上限规定为上月月末权益金的一半。这一标准在2013年进一步缩减至股本金的30%。韩国因此在危机结束后经济得到迅速恢复，且没有对监管政策进行大幅改动。

马来西亚在20世纪80年代经济发展停滞，为吸引外资实施宽松监管政策。至20世纪90年代初期，马来西亚实现了经常项目无限制和跨境资本流动高度自由化。马来西亚受益于宽松监管政策的同时，国家负债大幅增加，且债务期限结构分布不合理。为降低金融系统脆弱性，马来西亚在亚洲金融危机爆发前进行选择性资本管制。马来西亚同样利用托宾税制度，对投资期限较短的境外资本征额外税收。除税收手段外，马来西亚政府还采取一系列措施应对短期跨境资本流动冲击，包括取消本国货币离岸市场；限制资本流出、限制短期跨境资本流入；保持资本有序流动等。这些措施对稳定马来西亚金融市场、恢复国民信心起到了关键作用。

智利实施由紧到松的跨境资本流动管理政策。拉美债务危机给智利造成巨大冲击，也引发了国内银行危机，因此智利实行严格资本管制控制资本外逃。危机结束后，智利于1985年下调关税，此后渐渐开放经常账户交易。1990年，除智利央行特别规定外，交易完全自由化。1993年后，智利继续加强跨境资本流出自由化，允许国内机构持有大量境外资产。但在短期跨境资本流入方面仍保有谨慎态度，如实施灵活的无息准备金制度等。无息准备金在改善跨境资本流入结构上发挥了巨大作用，并在6年间保持货币汇率稳定。

巴西自拉美债务危机以来采取金融交易税政策应对跨境资本流动冲击。1991年，由于巴西资本账户开放过于激进，使得短期跨境资本大量涌入，造成国内经济过热。巴西政府同样利用托宾税来抑制资本流入，但效果并不明显。次贷危机爆发后，巴西政府再次对跨境资本税率进行调整，且此次调整与紧缩的财政政策等宏观经济政策配合达到一定效果。

（三）新兴经济体面临的问题

新兴经济体信贷规模过度扩张。根据世界银行发布的《金融稳定报告（2016）》，中国银行业资产规模达到GDP的3倍以上，其他非银行机构风险敞口也有所扩张。多数金融机构严重依赖批发融资，导致资产负债配置严重失衡，道德风险与流动性风险增加。虽然我国已经采取措施解决金融体系杠杆率过高情况，但对新风险关注度不足，尤其是由于城商行资产快速增加、影子产品与银行间市场联动等问题导致的风险。

国际环境不确定性增加。首先，全球政治不确定性提高。欧债危机、中美贸易摩擦等事件发生，造成相关地区跨境资本，特别是短期跨境资本大量外逃，从而损害其经济利益。其次，投资主体情绪不确定性增加。新兴经济体对全球经济状况变化非常敏感，一旦出现市场发展不利信号，可能会导致严重的资本外逃"羊群效应"，形成跨境资本突停与逆转。

新兴经济体人口结构变化。中国过去依靠"人口红利"向世界输出大量廉价劳动力，吸引大量跨境资本流入。随着"人口红利"的结束，中国逐渐失去吸引境外资本的劳动力成本优势，投资于劳动密集型产业的境外资本可能发生转移。

综上所述，跨境资本流动在帮助新兴经济体发展经济的同时存在着一定风险。未来跨境资本流动可能会受各种因素影响，出现资本突停和逆转的情况。对此，新兴经济体应着重解决国内脆弱环节，增强应对外部冲击能力。通过加强监管、改善银行治理、保持宏观审慎政策等方式维护金融稳定。此外，还应改革银行和企业体系，主动监测、完善重组机制，力求维持好经济增长和"降杠杆"之间关系，避免金融市场出现更多不稳定因素。

三 跨境资本流动与新兴经济体金融危机

通过回顾跨境资本流动形成以来的经验教训，不难看出跨境资本流动对经济发展的作用具有两面性：当跨境资本流动规模稳定增长、资本结构分布合理、投机性较弱时，资本流入能显著促进经济发展。一旦跨境资本流入失衡，出现单一资本占跨境资本总量比例急速上升、严重偏向流入某一特定行业、跨境资本流出入量激增等现象，就会严重扰乱境内金融秩序，损害经济增长。特别是进入20世纪第二次世界大战结束后，跨境资本流动的两面性越发凸显。在20世纪80年代接连爆发的金融危机中，跨境资本流动的激增、突停甚至逆转在新兴经济体轮番出现。日本、俄罗斯、巴西、东亚、墨西哥、阿根廷等国家在2000年到来之际集中爆发的金融危机，跨境资本流动都起到了推波助澜的作用，其中不乏与中国境况相同的国家。因此，有必要对近年来新兴经济体金融危机进行总结与梳理，为我国预防跨境资本冲击负面影响、合理控制跨境资本流动规模与结构，提供研究范本与经验教训。

（一）跨境资本流动与日本泡沫经济

1. 日本泡沫经济背景

第二次世界大战后，日本一方面积极进行战后重建工作，另一方面变革发展方向、采取扩大工业生产，以满足出口需求为目的赚取外汇。通过自由开放的经济发展模式与过硬的产品质量顺利打开世界市场，使经常账户长期保持盈余状态。日本跨境资本流动规模不断扩大，第二次石油危机后取代美国成为世界上最大债权国。而同时期美国贸易赤字持续扩大，另外，为治理国内通货膨胀，美国政府多次提高利率，在有效抑制国内通货膨胀的同时，高利率也吸引跨境资本流入美国，推高美元汇率。在建立贸易优势后，日本并没有像19世纪后的英国和美国一样，将本国货币作为跨境资本流动载体并向全世界输出。原因主要包括两个：首先，美国通过向日本出售国债获取资本，输出至拉丁美洲国家，限制了日本与其他国家之间的直接跨境资本流动。其次，日本跨境资本输出以间接投资为主，且使用美元结算。因此，此时的日本对外投资增长建立在美元之上，没有考虑日元国际地位，为日后美元贬值冲击日本经济埋下了伏笔。

2. 日本泡沫经济破灭

日本泡沫经济的破灭原因多样，从日本战后实行金融自由化、企业融资"脱媒"，到日本对美元国债的大量持有，再到日本签署"广场协议"后对美元升值，显示出日本在扩大贸易优势并有效转化为资本积累方面的不足。而我们这里主要从资本跨境流动角度来阐述致使日本金融危机爆发的原因。

从跨境资本流出方面看，前期日本将大量资本投入购买美国国债，跨境资本流出结构失衡。1976年日本持有美国国债为1.97亿美元，到了1985年，日本一年增持美国国债535亿美元，占日本1985年对外投资比例65.4%。严重依赖美元价值的跨境资本结构，使美元成为日本海外资产价值的决定因素，日元事实上成为美元附庸。

从跨境资本流入方面看，由于日元升值压力加大，出口行业遭到打击。加上国内消费需求动力不足，劳动力成本普遍上升，日本制造业产量下降，实体经济陷入困境。而日本政府在此期间大兴土木，实施大量公共基础建设项目。公共投资迅速被吸引到与之相关的股票与房地产市场，在实体经济生产过剩的情况下依然将房地产与股市价格持续推高。同时吸引大量国际投机资本跨境流入日本房地产及股票市场，股票市场出现"股价不断上升，但收益率持续下降"这种显著背离金融发展规律的现象。在境内境外资本推动下，1990年日本土地价值为2365万亿日元，约为当年国民生产总值的3.3倍。

没有有效控制跨境资本流动结构以及建立日元跨境资本流动生态圈，最终导致在美国强势政策下发生危机。这提醒现代新兴经济体要从三个方面入手：首先，提升国际资本市场中本币融资规模，通过跨境信贷等方式扩大本币结算比例；其次，建设本币离岸市场，利用本币离岸市场作为跨境资本冲击的缓冲带；最后，控制跨境资本流出结构，在进行资本输出时采取多样化的投资策略，谨防投资结构失衡造成汇率风险巨幅上升。

（二）跨境资本流动与拉美金融危机

1. 跨境资本流动与墨西哥金融危机

1982 年前，墨西哥经济以国有企业为主，在严格的价格管控之下由政府主导经济发展，并积极实施进口替代策略。而在对外开放过程中，墨西哥政府坚持使用钉住美元的汇率制度，造成比索汇率高估，抑制境内出口。墨西哥国际收支逐渐失衡，为解决赤字墨西哥在境外举债，最终于 1982 年宣布延期偿还境外债务，成为拉美债务危机的开端。另外，跨境资本流入也是墨西哥金融危机爆发的重要因素。墨西哥比索在钉住美元的情况下被严重高估，为弥补国际收支缺口，墨西哥政府不得不加大资本市场开放力度吸引大量跨境资本流入。墨西哥央行也提高利率吸引跨境资本流入，造成墨西哥国际收支平衡极度依赖跨境资本流入维持的局面。

1994 年之前，欧美地区主要发达国家出现严重经济"滞涨"，导致大量资本"出逃"流向拉美与东亚等地区。1994 年，美国经济开始复苏，美联储连续加息，引发跨境资本回流美国。同年，墨西哥出现跨境资本净流出，为防止资本外流并稳定利率水平，墨西哥政府紧急采取紧缩性货币政策，反而加重了经济衰退。1994 年 12 月，墨西哥外汇储备在政府持续干预市场的情况下消耗殆尽，宣布取消干预并放弃钉住汇率制。这一举措引发资本市场恐慌，比索汇率急速下跌，大量跨境资本外逃。外逃资金中大部分是以投机为目的的国际游资，仅两个月内墨西哥证券市场跨境资本流出高达 180 亿美元。

钉住汇率制是墨西哥金融危机爆发的源头，其早在墨西哥利用跨境资本流入弥补国际收支缺口时就已成隐患。除此之外，跨境资本流动结构失衡，大量资本从境外涌入墨西哥金融市场无疑为危机爆发埋下定时炸弹。而实体经济领域流入的跨境资本远少于金融市场流入的资本，使金融市场脱离实体经济发展。当墨西哥政府宣布放弃钉住汇率制时，造成跨境资本流入突停且迅速出逃，最终引发墨西哥金融危机。

2. 跨境资本流动与巴西金融危机

巴西金融危机与墨西哥金融危机十分相似：为稳定本币币值、防止通货膨胀，政府在 1994 年提出为期四年的"雷亚尔计划"。规定本币汇率在钉住某一货币的基础上浮动区间不超过 7.5%，计划取得了一定成效，通货膨胀得到缓解。但是，这一举措将雷亚尔置于与比索同样的困境——币值被高估。虽然巴西在1996年采取爬行汇率制意图实现软着陆，但依然无法完全解决前期汇率高估问题。1994年墨西哥金融危机与1997年东亚金融危机爆发，致使跨境资本对新兴经济体金融市场期望下降、大量出逃。为阻止跨境资本进一步流出，巴西政府提高国内利率，进而抑制了巴西经济发展。当巴西政府外汇储备消耗殆尽时，只得宣布实行浮动汇率制。

3. 跨境资本流动与阿根廷金融危机

巴西与墨西哥金融危机是过度依赖跨境资本和资本流入结构失衡的结果，而阿根廷在2001年爆发的金融危机则是新兴经济体过度依赖国际援助力量的典型。阿根廷在20世纪90年代加入南方共同市场，并积极推动市场自由化，以一种高度开放的态度对待世界资本市场，导致大量跨境资本迅速流入阿根廷境内，刺激当地政府扩大财政赤字。跨境资本流入初期带来先进技术和充足资金，具有正向影响。但同时提高了阿根廷资本市场对国外市场的依赖性，容易受到"危机传染"的影响。

从跨境资本流动角度来看，这一时期的阿根廷跨境资本流动存在两种隐患：第一，跨境资本流入规模激增。实体经济与金融市场不同步使金融市场出现虚假繁荣现象，整体杠杆率的上升也使金融市场风险大大增加。第二，跨境资本流动波动较大。受俄罗斯金融危机、东亚金融危机、墨西哥金融危机影响，阿根廷资本市场中几次出现跨境资本流动突停现象，表明跨境资本对经济环境变化十分敏感。另外，阿根廷在制度方面过度依靠国外组织。阿根廷在20世纪90年代进行的经济改革中，大量采用国际货币基金组织建议，实行财政改革，没有因地制宜探索适合阿根廷当地情况的财政体制。

另外一个导致阿根廷金融危机爆发的重要原因是国际货币基金组织的决策。国际货币基金组织在2000年与阿根廷展开多次谈判，并给予阿根廷大量援助，其提供的多种保护措施使阿根廷市场迅速稳定下来。阿根廷政府借此机会在欧洲市场发行主权债券，用以缓解资金短缺问题，但土耳其金融危机的爆发严重打击了欧洲投资者对新兴经济体信心，大量债券遭到抛售。国际货币基金组织为恢复市场信心，进一步扩大对阿根廷的贷款力度，但直到2001年都没有明显改变阿根廷国内融资困难的情况，之后宣布放弃并终止所有对阿根廷的援助。在国际货币基金组织放弃援助后，阿根廷金融危机彻底爆发，全国范围内出现银行挤兑现象，最后政府不得不采取强硬措施限制储户提取资金，甚至在2001年2月19日宣布国家进入紧急状态。

（三）跨境资本流动与亚洲金融危机

南美经济危机根源在于钉住汇率制，同时，过度依靠跨境资本流入支撑经济无异于饮鸩止渴。一旦国内经济环境发生变化或受美国加息影响，来自发达国家的跨境资本更倾向于回流至发达国家。而亚洲金融危机的爆发同样与前期跨境资本激增以及后期跨境资本投机行为冲击有关。

20世纪60年代开始，亚洲经济经历了一段黄金时期，亚洲的新加坡、韩国、中国香港、中国台湾建设劳动密集型产业扩大出口贸易，在短时间内实现经济总量快速增长，被并称为"亚洲四小龙"。其他亚洲国家也同步发展劳动密集型产业，为获得充足资金，泰国、马来西亚、菲律宾等国积极实施金融自由化政策，吸引大量跨境资本流入。

此时流入东亚国家的跨境资本同样存在结构失衡问题，其中在流入泰国、韩国、印度尼西亚、马来西亚、菲律宾五国的跨境资本中，政府主导的资本占比很小，大多数跨境资本源头来自私人资本。另外，跨境资本流入增长主要由短期银行贷款与证券投资等非直接投资构成，且大部分流动性注入房地产与证券市场。

1997年亚洲危机爆发最先从泰国开始，当市场价格开始出现下降态势时，坏账率也在不断提高，抵押品价值下降导致贷款下降，继续使资产价格下滑。在泰国国内经济环境恶化与美元加息的双重影响下，跨境资本流动出现逆转。面对跨境资本大量流出，泰国政府选择提高利率用以维持泰铢币值，稳定市场信心。然而在泰铢币值高估与跨境资本大量流出的情况下，泰国外汇储备逐渐消耗殆尽，最终宣布放弃钉住汇率制。此次危机导致泰铢兑美元汇率大跌超20%，并以此为起点波及整个东亚，形成亚洲金融危机。

四 新兴经济体金融危机特点及成因

经过对1970年到2000年发生的新兴经济体金融危机的介绍，我们可以概括出新兴经济体金融危机爆发的特点以及与发达国家金融危机之间的联系，并通过总结，为新兴经济体未来发展做出警示。

(一) 新兴经济体金融危机特点

首先，新兴经济体金融危机大多以货币危机的形式爆发，主要表现为本币价值急速下跌、外汇储备不断消耗、跨境资本流动出现逆转。新兴经济体货币危机还会不断扩散至银行及实体企业乃至整个经济生态圈，从而引发利率上升、失业率上升、股市崩盘等现象。其次，新兴经济体正处于对外开放的关键时期，对跨境资本往往采取开放的态度，并与世界市场联系日渐紧密。由于金融自由化程度超前，无法很好地应对国际金融环境变化，极易受到跨境资本冲击。几乎所有新兴经济体危机爆发前跨境资本流动都出现了由大量激增到突然停止的现象，且跨境资本流入时期的投资结构极不合理。因此，新兴经济体金融危机还具有爆发突然、传播范围广的特点，甚至部分国家在金融危机爆发前经济增长势头良好并保持着较低通胀率。

(二) 新兴经济体金融危机成因

第一，经济开放进程过快。新兴经济体发展初期，经济实力较弱、宏观调控力量不足，过早进行金融自由化或开放经济将直接减少政府干预市场力度，削弱政府维持正常经济秩序的能力。在面对跨境资本激增以及外国商品对国内市场的冲击时，经济增长压力会明显增加，失业等社会问题也会更加凸显。短期内新兴经济体金融自由化会引入大量境外资本刺激国内经济发展，但长期来看也使得政府调控压力倍增。

第二，汇率政策与货币政策的矛盾。大部分新兴经济体为解决通货膨胀问题采取固定汇率制度，但随着经济不断开放与跨境资本流入激增，央行必须提升外汇储备维持本币币值稳定。一方面，央行需要采取措施收紧银根以抵消多余的货币供应。另一方面，公开市场中的操作造成利率上升与债券价格下降，进一步吸引跨境资本流入。因此，汇率稳定与物价稳定的矛盾造成经常账户赤字恶化，减缓新兴经济体经济增长。

第三，政府财政压力过大。新兴经济体在进行金融自由化前普遍通过控制金融体系来维持稳定财政收入，造成经济开放后金融市场部分压力转嫁至政府部门。除此之外，政府转移财政负担的能力在金融自由化程度加深后逐渐被弱化，且跨境资本流动变化极快，远超政府财政政策转变速度，政府财政政策灵活性不足使政府在危机爆发时的决策范围缩小，经济发展缺少有力保障。

第三章

新兴经济体跨境资本流动影响因素实证分析

第一节 跨境资本流动风险溢出研究

一 引言及文献综述

党的十九届五中全会做出"十四五"时期要实行高水平对外开放的重要决定,其内涵体现在"更加自主、系统集成、包容并蓄、安全稳定"四大方面。若要实现安全稳定的目标需要防范化解金融风险,尤其是在当今世界经济形势错综复杂、大国博弈越发激烈的情况下,防范风险显得尤为重要。随着全球经济一体化的迅速发展,各国经济互联互通,资本跨境流动频繁,国际资本流动的风险不仅对本国经济造成影响,还会通过国际金融体系向其他国家溢出。因此,对国际资本流动的风险溢出效应进行研究不仅有利于监管机构防范金融风险、维护金融市场稳定,还有利于投资者进行投资组合选择以及风险规避。

目前国内外对于国际资本流动风险溢出的研究主要集中在区域溢出以及发达经济体和新兴经济体的整体溢出上。在对区域溢出的研究中,Lee 等(2013)将经济体按区域划分,认为区域内的溢出效应显著高于区域外的溢出效应,强烈的区域内溢出效应反映了投资者的羊群行为。Forbes 和 Warnock(2012)用地理临近度、贸易联系、金融联系来衡量传染,运用 Probit 模型证明传染与极端资本流动有关。同时对发达经济体和新兴经济体的研究表明,相较于发达经济体,新兴经济体更依赖于资本流入，这意味着其来自发达经济体的风险溢出可能很大（Arezki and Liu，2020）。在大型负面冲击下，新兴经济体比发达经济体更容易受到风险传染，同时被冲击影响的时间更长（Rigobon and Broner，2005）。然而对于个体间资本流动的风险溢出效应缺乏探究。风险不单是从较大的市场向较小的市场溢出的，当危机在相对较小的市场发生时，仍然会对全球造成巨大冲击（Rigobón，2019）。因此在全球经济形势不稳定、资本流动方式迅速变化的情况下，对资本流动体系的复杂互动以及国家间的风险溢出水平需要做进一步的探究。

不同类型国际资本流动风险均具有明显溢出效应，无论是在全球金融周期"繁荣"阶段还是在"萧条"阶段，溢出效应一直存在（Rigobón，2019）。在繁荣阶段，国际资本流动风险被全球风险指数和大部分经济体内部因素所驱动；在"萧条"阶段，则主要被全球风险指数所驱动（程立燕和李金凯，2020）。现有研究多把重点放在"萧条"时期资本流动波动的溢出效应上，并未衡量样本期间其他状态下的风险溢出效应，但历次危机皆是由于各种风险积累到一定程度，最终导致危机爆发，若是忽视了风险积累的过程，则不利于日后进行有效的风险防控。同时，对于不同类型资本流动风险溢出的研究亦有所欠缺。通过对文献的梳理可知，相较于直接投资，宏观不确定性主要导致证券投资和其他投资的急停或外逃（杨海珍和杨洋，2021）。外国直接投资波动最小，最不易受区域内传染影响（Lee et al.，2013）。然而已有研究并未将不同类型的资本流动看作一个系统，探究关联网络中个体风险溢出情况以及中国在其中扮演的角色。

随着世界经济体之间的联系越发紧密，国际资本流动的关联网络也引起广泛关注，当某一经济体的国际资本流动波动增加造成风险损失并持续扩大时，会通过关联网络对其他经济体造成影响，进而形成风险溢出。对于如何构建国际资本流动关联网络这一问题，Diebold 和 Yilmaz（2012；2014）提出了广义预测误差方差分解，运用连通性思维进行风险度量。宫晓莉和熊熊（2020）便使用该方法从波动溢出的网络视角度量我国金融系统的风险溢出，同时用时变参数模型代替了滚动窗口方法。将时变参数模型与广义预测误差方差分解相结合的方法由 Antonakakis 等（2020）提出，该方法克服了滚动窗口回归的一些缺点，改进了动态的连通性度量。因为考虑到"维度诅咒"的问题,所以本书在构建关联网络之前,运用 Nicholson 等(2017)的 Sparse Own/Other Group Lasso VAR 模型进行降维处理。

本章的贡献主要有以下几点:第一,构建国际资本流动波动的静态溢出网络,使用 Sparse OOglasso-VAR 方法来度量国际资本流动风险的溢入、溢出效应,克服了"维度诅咒"的问题。第二,基于 TVP-VAR 模型,结合 Diebold 和 Yilmaz(2012;2014)的方法,构建动态溢出网络,度量国际资本流动的动态特征。第三,探究不同类型的资本流动,即外国直接投资、外国证券投资、外国其他投资的风险溢入效应和溢出效应,分析它们的差异。第四,分析中国国际资本流动的动态风险溢入溢出效应,探究我国与其他经济体的风险溢出关系和动态特征。

二 数据及研究方法

(一)数据说明

数据来自国际货币基金组织国际金融统计(IFS)在线数据库,样本期为 1998 年第一季度到 2020 年第四季度。鉴于数据的可得性,在删除数据缺失严重的经济体之后,本章选取 46 个经济体的外国直接投资、外国证券投资以及外国其他投资的季度数据,并定义总资本流入为外国直接投资、外国证券投资以及外国其他投资之和。

对于国际资本流动波动的度量,参考 Forbes 和 Warnock(2012)的做法,并在此基础上稍作改动。首先,计算四个季度国际资本流动的移动和:

$$CF_t = \sum_{i=0}^{3} Flow_{t-i}, \ t = 1, 2, \cdots, n \tag{3-1}$$

其次,计算的年同比变化量:

$$\Delta CF_t = CF_t - CF_{t-4}, \ t = 5, 6, \cdots, n \tag{3-2}$$

最后,计算 ΔCF_t 过去 3 年的滚动均值与标准差,并运用 $\dfrac{\Delta CF_t - 3\text{年均值}}{3\text{年标准差}}$ 来计算资本流动的波动,以此衡量资本流动风险。

(二)研究方法

1. Sparse OOglasso-VAR 模型

低频率、高维度的宏观经济数据常常有着"维度诅咒"的困扰,面对这一问题,正则化方法取得了重大突破,如 Lasso(Tibshirani,

1996)、Group Lasso（Yuan and Lin，2006）以及 Sparse Group Lasso（Simon 等，2013）。其中 Sparse Group Lasso 模型既克服了普通 Lasso 模型的变量选择只能在单一变量间进行的缺点，又克服了 Group Lasso 模型的变量选择只能在组间进行的缺点，它不但可以从单一变量出发进行组内选择，使变量在组内具有稀疏性，而且可以进行组间选择，使变量在组间也具有稀疏性。为了使 VAR 模型能够准确预测，参考 Nicholson 等（2017）的方法，引入 Sparse Own/Other Group Lasso VAR 模型。

首先，构建国际资本流动波动的 p 阶 VAR 模型：

$$V_t = \phi + \psi_1 V_{t-1} + \psi_2 V_{t-2} + \cdots + \psi_p V_{t-p} + \varepsilon_t \tag{3-3}$$

其中，V_t 表示 $n \times 1$ 维列向量，由 n 个经济体的国际资本流动波动构成，ϕ 为 $n \times 1$ 维常向量，$\psi_i (i = 1, 2, \cdots, p)$ 表示 $n \times n$ 维系数矩阵，ε_t 代表 $n \times 1$ 维白噪声序列，其服从独立同分布。

其次，构建惩罚多元回归框架对 VAR 模型的参数进行估计：

$$\min_{\phi,\psi} \sum_{t=1}^{T} \left\| V_t - \phi - \sum_{i=1}^{p} \psi_i V_{t-i} \right\|_F^2 + \gamma p_v(\psi) \tag{3-4}$$

其中，$\|H\|_F \sqrt{\sum_i H_i^2}$ 表示矩阵 A 的 F-范数，$\gamma \geq 0$ 为惩罚参数，惩罚参数越大，惩罚力度便越大。γ 通过滚动交叉验证的方法来选择，即首先运用网格法算出一组递减的 γ，然后通过滚动交叉验证来选取最优的 γ 值。惩罚参数网格由网格的深度和网格的长度来描述，网格深度代表相邻两个 γ 的间隔，网格长度代表所选取的 γ 序列的数量，本章设置网格深度为 25，网格长度为 10。$p_v(\psi)$ 表示内生系数的惩罚函数，其表达式如下：

$$p_v(\psi) = (1-\rho) \left(\sqrt{n} \sum_{i=1}^{p} \|\psi_{i,on}\|_F + \sqrt{n(n-1)} \sum_{i=1}^{p} \|\psi_{i,off}\|_F \right) + \rho \|\psi\|_1 \tag{3-5}$$

在式（3-5）中，$\psi = [\psi_1, \cdots, \psi_p]$，$0 \leq \rho \leq 1$ 是控制组内稀疏性的额外惩罚参数，ρ 默认由 $1(n+1)$ 计算得到，也可以运用交叉验证法度量。当 $\rho = 1$ 时，该模型变为 Basic Lasso VAR 模型；当 $\rho = 0$ 时，该模型变为 Own/Other Group Lasso VAR 模型；当 ρ 位于 0 和 1 之间时，该模型是 Basic Lasso VAR 模型和 Own/Other Group Lasso VAR 模型的结合，即 Sparse OOglasso-VAR 模型，本书设置 ρ 为 0.02。

2. 溢出指数度量

本章基于 Diebold 和 Yilmaz（2012；2014）的广义预测误差方差分解来计算国际资本流动波动的静态溢出指数，该方法克服了传统的 Cholesky 分解会受到变量排序影响的缺点。同时采用了 Antonakakis 等（2012）提出的将 TVP-VAR 模型与 Diebold 和 Yilmaz（2012；2014）模型相融合的方法，以度量国际资本流动波动的动态溢出效应，克服了原方法对异常值不敏感的不足，且具有不需要受窗口长度选择的影响、不损失有用的原始数据的优点。

首先，对于静态分析，惩罚了参数后的式（3-5）可以表示为以下移动平均过程；对于动态分析，由于各变量皆为时变的，所以在任意时期，各个经济体的国际资本流动波动构成的向量 V_t 亦可以表示成以下移动平均过程：

$$V_t = \sum_{i=0}^{\infty} E_i \varepsilon_{t-i} \tag{3-6}$$

其中，E_0 为 $n \times n$ 维单位矩阵，E_i 为 $n \times n$ 维系数矩阵，E_i 服从以下迭代运算：

$$E_i = \psi_1 E_{i-1} + \psi_2 E_{i-2} + \cdots + \psi_p E_{i-p} \tag{3-7}$$

其次，进行第 H 步广义预测误差方差分解，用以度量在第 H 步方差分解中，V_i 可以被 V_j 解释的比例，反映国际资本流动体系内某一经济体的国际资本流动波动受自身或受其他经济体的影响程度，用 $\dot{\theta}_{ij}^H$ 来表示：

$$\dot{\theta}_{ij}^H = \frac{\tau_{jj}^{-1} \sum_{h=0}^{H-1} (e_i' E_h \Sigma e_j)^2}{\sum_{h=0}^{H-1} (e_i' E_h \Sigma E_h' e_i)} \tag{3-8}$$

其中，Σ 为 ε_t 的协方差矩阵，τ_{jj} 表示 Σ 的第 j 个对角元素。因为在广义方差分解环境中，冲击不一定正交，所以预测误差方差贡献的和并不为 1，即方差分解表的每行之和不为 1。为了分析方便，将方差分解矩阵中的 $\dot{\theta}_{ij}^H$ 按照每行之和为 1 进行归一化，即 $\tilde{\theta}_{ij}^H = \dot{\theta}_{ij}^H / \sum_{j=1}^{n} \dot{\theta}_{ij}^H$，使 $\sum_{j=1}^{n} \tilde{\theta}_{ij}^H = 1$，$\sum_{i,j=1}^{n} \tilde{\theta}_{ij}^H = n$。

最后，进行溢出指数的构建。方差分解会形成一个 $n \times n$ 阶矩阵，其非对角线上的数据表示某一变量的预测误差方差份额，该方差来自单个其他变量，即 $\tilde{\theta}_{ij}^H$。将变量 i 来自其他所有变量的方差加总，形成"From"，即系统对变量的溢出指数，用来描述其他经济体的国际资本流动波动对经济体的溢出水平，用 $D_{i\leftarrow\cdot}^H$ 来表示：

$$D_{i\leftarrow\cdot}^H = \sum_{j=1, j\neq i}^{n} \tilde{\theta}_{ij}^H \times 100 \qquad (3-9)$$

将变量 j 对其他所有变量的方差加总，形成"To"，即变量 j 对系统的溢出指数，用来描述经济体 j 的国际资本流动波动对其他经济体的溢出水平，用 $D_{\cdot\leftarrow j}^H$ 来表示：

$$D_{\cdot\leftarrow j}^H = \sum_{i=1, i\neq j}^{n} \tilde{\theta}_{ij}^H \times 100 \qquad (3-10)$$

同时使用非对角线数据的总和来度量总溢出指数"Total"，描述所有经济体国际资本流动波动的总溢出水平，用 D^H 来表示：

$$D^H = \frac{\sum_{i,j=1; i\neq j}^{n} \tilde{\theta}_{ij}^H}{\sum_{i,j=1}^{n} \tilde{\theta}_{ij}^H} \times 100 = \frac{\sum_{i,j=1; i\neq j}^{n} \tilde{\theta}_{ij}^H}{n} \times 100 \qquad (3-11)$$

并利用变量 i 的"To"减"From"，即 $D_i^H = D_{i\leftarrow\cdot}^H - D_{\cdot\leftarrow i}^H$，构建变量 i 的净溢出指数"Net"，用来描述经济体 i 的国际资本流动波动的净溢出水平。

三 实证结果及分析

（一）总资本流入风险分析

1. 静态分析

根据广义预测误差方差分解的溢出指数法分析总资本流入的风险溢出效应，具体结果如表3-1所示。由表3-1可知：第一，总资本流入的总风险溢出指数为75.58%，即系统变化的75.58%是由于各国之间的相互作用所引起的，表明总资本流入的风险具有明显的跨国传染特征。

表 3-1　　　　　总资本流入的风险溢出效应　　　　　单位：%

国家	To	From	Net	国家	To	From	Net
阿根廷	100.44	82.90	17.54	哈萨克斯坦	59.28	72.93	-13.65
亚美尼亚	28.11	53.92	-25.81	韩国	90.37	81.88	8.48

续表

国家	To	From	Net	国家	To	From	Net
孟加拉国	25.84	52.35	-26.51	拉脱维亚	99.09	82.36	16.73
白俄罗斯	67.79	75.25	-7.46	立陶宛	91.55	81.56	9.99
巴西	108.48	83.67	24.81	马耳他	125.64	85.10	40.54
保加利亚	76.64	77.05	-0.41	墨西哥	59.60	70.56	-10.97
加拿大	47.36	68.01	-20.65	摩尔多瓦	65.24	73.30	-8.07
智利	49.15	67.85	-18.70	荷兰	63.43	74.25	-10.82
中国	139.71	86.68	53.03	北马其顿共和国	42.19	63.58	-21.39
哥伦比亚	62.21	74.73	-12.52	巴基斯坦	51.65	71.18	-19.52
捷克共和国	48.11	67.34	-19.23	菲律宾	60.83	72.74	-11.91
厄瓜多尔	42.24	67.00	-24.77	葡萄牙	67.12	76.16	-9.05
爱沙尼亚	88.90	80.56	8.34	罗马尼亚	68.22	75.51	-7.30
法国	111.49	83.60	27.89	俄罗斯	76.71	77.10	-0.39
格鲁吉亚	74.79	78.02	-3.23	新加坡	117.81	85.05	32.76
德国	71.46	77.82	-6.36	斯洛伐克	42.08	62.72	-20.64
危地马拉	71.30	77.01	-5.72	斯洛文尼亚	74.36	77.66	-3.31
匈牙利	60.10	71.38	-11.27	南非	96.67	80.85	15.82
印度	115.94	84.57	31.37	泰国	62.65	73.10	-10.45
印度尼西亚	78.10	77.22	0.88	土耳其	84.01	79.01	4.99
以色列	49.40	70.36	-20.96	乌克兰	78.29	76.85	1.44
意大利	70.55	77.14	-6.59	英国	109.16	84.05	25.11
日本	74.22	78.67	-4.45	美国	128.32	85.94	42.38
合计							75.58

第二，从溢出方向来看，一是充当安全港角色的发达经济体和经济

规模较大的新兴经济体①的溢出效应较大。在国际市场中，当人们预期风险较低时，资本会流入经济规模较大的新兴经济体，而人们预期风险上升时，资本又会外流至充当安全港角色的发达经济体（Goldberg and Krogstrup，2018）。随着经济形势的频繁变动，人们对风险的预期也在不断变更。在风险预期变化推动国际资本进出这些经济体时，这些经济体的资本流动风险也通过各种渠道向其他经济体溢出。正如研究结果所示，风险溢出较大的经济体分别为中国（139.71%）、美国（128.32%）、马耳他（125.64%）、新加坡（117.81%）；风险溢出较小的是亚美尼亚共和国（28.11%）、孟加拉国（25.84%）等发展中经济体。二是充当安全港角色的发达经济体和经济规模较大的新兴经济体的溢入效应较大。如表3-1所示，对于开放程度较高、与其他经济体联系较为密切的发展中经济体来说，受系统的冲击较大，例如：中国（86.68%）、美国（85.94%）、马耳他（85.10%）。而对于开放程度不高、与其他经济体联系并没有那么紧密的发展中经济体来说，它们受系统的冲击较小，例如：亚美尼亚共和国（53.92%）、孟加拉国（52.35%）。

第三，充当安全港角色的发达经济体和经济规模较大的新兴经济体更多充当净溢出者的角色，而其他发展中经济体更多充当净溢入者的角色。如表3-1所示，中国（53.03%）净溢出最大，其次是美国（42.38%）；孟加拉国（-26.51%）净溢出最小。

为了能够更清晰地分辨各个经济体之间净溢出的大小、方向和结构，绘制了2002年第二季度至2020年第四季度资本流动风险净溢出的复杂网络，如图3-1所示。其中，节点大小代表净溢出程度，箭头的指向代表净溢出方向，线的粗细则代表净溢出强度。结果与表3-1相似，中国、美国、新加坡等经济体净溢出程度较大，而厄瓜多尔、亚美尼亚共和国、孟加拉国等经济体净溢出程度较小。同时，通过复杂网络图的绘制，我们可以得出有向网络的平均加权度为11.462，即每个经济体在总资本流入风险方面与其他11.462个经济体相关。

---

① 本书根据国际国币基金组织发达经济体标准，将样本的46个经济体划分为17个发达经济体以及29个发展中经济体。同时根据摩根士丹利新兴市场指数的统计范围，划分出了17个新兴市场经济体。

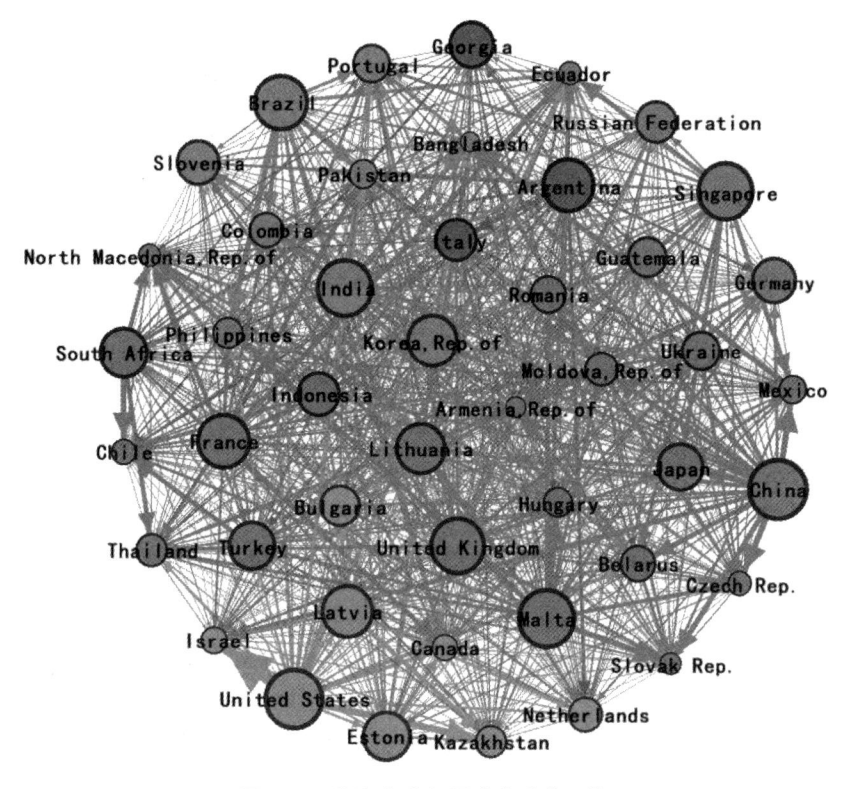

图 3-1 总资本流入风险净溢出网络

2. 总风险溢出的动态分析

基于 TVP-VAR 模型度量样本期内总资本流入风险的动态水平，结果如图 3-2 所示。第一，在 2002 年第二季度到 2020 年第四季度期间，总溢出指数在 75%—87% 波动，证明全球总资本流入的总风险溢出水平具有明显的时变特征，且在国际具有传染性。

第二，在全球金融市场形势良好的情况下，总资本流入的风险溢出水平与资本流动额正相关。2002—2007 年全球金融市场较为稳定，据样本数据计算，总资本流入额稳步上升，由 2002 年的 1.86 万亿美元增至 2007 年的 9.06 万亿美元。随着总资本流入额的增加，各经济体之间的联系也更加紧密，由于在顺周期的情况下，总资本流入会放大国内金融市场的波动性（范小云等，2020），因此也放大了相互联系的经济体之间的风险传染性，总资本流入的风险溢出水平也随之上升，总溢出指数由 2002 年的 75.27% 增至 2007 年的 84.19%。

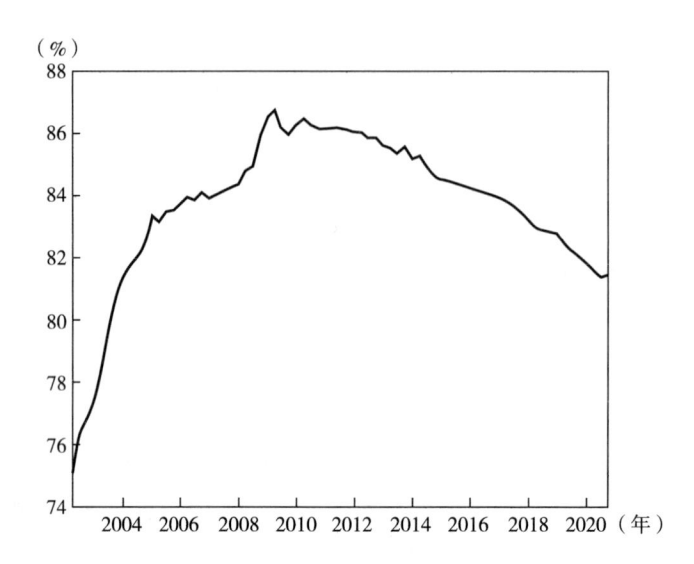

图 3-2 总资本流入的总风险溢出水平

第三，极端事件的冲击会使总资本流入的风险溢出效应增强。极端事件的发生往往伴随着极端资本流动，即资本的激增、中断、外逃和回流。而全球风险，与极端资本流动事件显著相关（Forbes and Warnock，2012），风险溢出效应也因极端资本流动事件的频繁发生而不断增强。2007年美国爆发次贷危机，并迅速蔓延至全球，总资本流入额呈断崖式下降，降至近年来的最低水平，然而风险溢出效应不降反升，在2009年达到最高点，总溢出程度为86.82%。随着全球经济复苏，总资本流入额稍有攀升，风险溢出水平也短暂下降，但随之而来的欧债危机再次对全球的资本流动造成了冲击，风险溢出水平居高不下，2010—2012年，总溢出指数维持在86%左右。欧债危机之后全球经济回暖，总溢出指数也持续下降，直至2020年新冠疫情期间，总溢出有再次上升的趋势，但幅度不大。这是因为虽然人们对新冠病毒传播的担忧导致资本流动波动迅速上升，但只有少部分经济体经历了资本突停，远低于金融危机前市场压力时期的发生率（Forbes and Warnock，2012）。

3. 中国总资本流入风险溢出的动态分析

图 3-3 为样本期内中国总资本流入的动态风险溢出水平，由于篇幅所限，仅列出对中国溢出水平最高的四个经济体以及中国对其他经济

体溢出水平中最高的四个经济体。由图3-3可知，中国与充当安全港角色的发达经济体和经济规模较大新兴经济体存在较强的溢入溢出关系，同时极端事件对我国总资本流入的风险溢出结构有较大冲击，与前文分析一致。

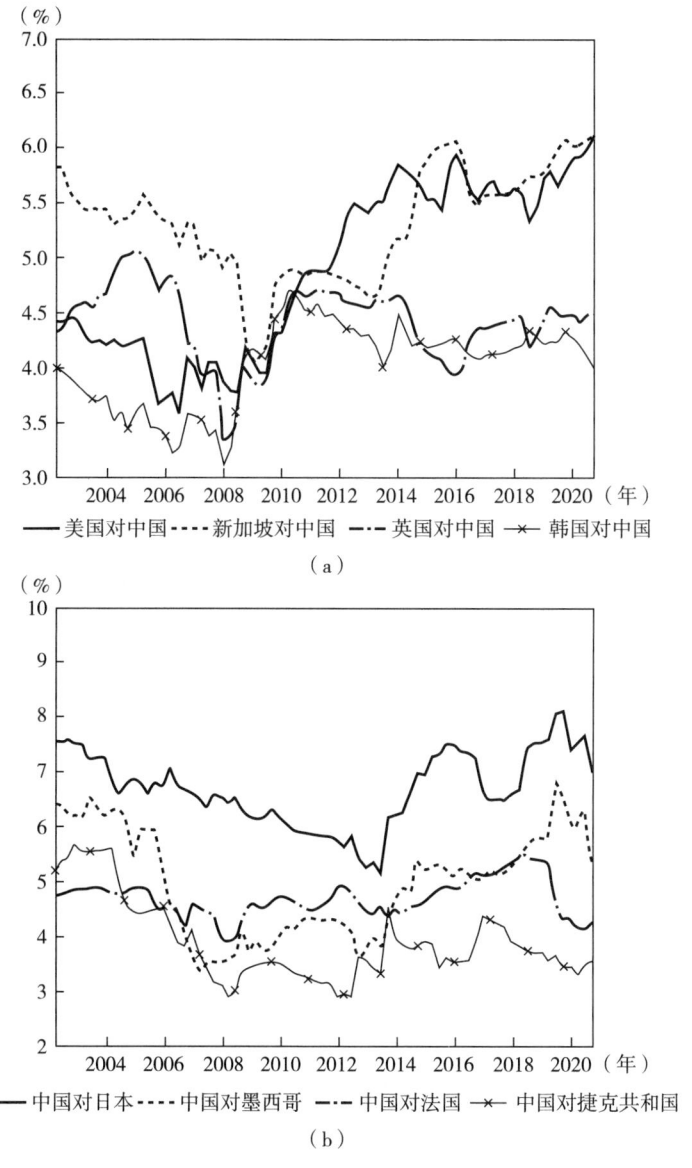

图3-3 中国总资本流入的风险溢出结构

由图3-3（a）可知，美国、新加坡、英国、韩国对中国有较强的溢出效应。近些年来，美国和新加坡对我国的影响最大。美国是当今世界体量最大的经济体，2008年受国际金融危机的影响，美国对中国的溢出水平上升，到了2009—2017年，中美领导人多次会晤，建立了共赢的合作关系，这段时间中美交往密切，美国对中国的溢出水平也直线上升，一度成为我国最大的风险溢出国。从2018年开始，受到中美贸易争端的影响，溢出水平上升，并在2019年有了一个小高峰，之后受疫情影响，美国对中国的风险溢出再次攀升。同时在总资本流入中，新加坡对中国的风险溢出也居高不下，2008年虽然受到金融危机冲击，但严格的宏观审慎监管会降低资本流动波动以及资本流动对全球因素的敏感程度（Forbes and Warnock，2012），由于新加坡政府有效控制了金融危机在本国的蔓延，并迅速实现了经济转型，因此2008年新加坡对中国的溢出水平上升幅度不大。2009年随着《中国—新加坡自由贸易区协定》生效，新加坡对中国的溢出水平迅速攀升。2015年，双方建立"与时俱进的全方位合作伙伴关系"，新加坡也一跃成为我国最大新增外资来源国，溢出水平也再次攀升。2020年受到新冠疫情的影响，新加坡对中国的溢出水平相应上升，在2020年第三季度达到峰值。在金融危机以及新冠疫情时期，英国和韩国对中国的溢出水平也明显上升，其中在疫情期间，韩国对中国的影响早于英国。

由图3-3（b）图可知，中国对日本、墨西哥、法国、捷克共和国有较强的溢出效应。其中，中国对日本的溢出效应最大。中国作为日本最大的贸易伙伴，与日本有着密不可分的联系。1978年之后，中日关系逐渐回暖，贸易往来更加密切，中国对日本的风险溢出也一直保持在一个较高的水平。2008年受到金融危机的冲击，中国对日本的风险溢出稍有上升，但上升幅度不大，随后风险溢出下降，直至2014年风险溢出才迅速反弹。2020年在新冠疫情的影响下，日本对中国的溢出水平也出现了一个小高峰。对于墨西哥、法国和捷克共和国而言，在2008年国际金融危机时期，中国对它们的溢出水平也明显上升，到了2020年，由于受到疫情冲击，溢出水平再次上升，但中国对墨西哥的风险溢出早于对捷克共和国和法国的风险溢出。

(二) 外国直接投资

1. 静态分析

由于总资本流入中外国直接投资、外国证券投资以及外国其他投资面临的风险不同,所以它们的风险溢出效应也有所差异。因此有必要分别对外国直接投资、证券投资以及其他投资的风险溢出效应进行分析。

通过溢出指数法构建外国直接投资的风险溢出网络,由表3-2可知:第一,外国直接投资的总风险溢出指数为66.48%,表明各经济体的外国直接投资风险之间的信息传递较为紧密,外国直接投资风险具有明显的跨国传染特征。

表3-2　　　　　外国直接投资的风险溢出效应　　　　　单位:%

国家	To	From	Net	国家	To	From	Net
阿根廷	62.12	65.24	-3.12	哈萨克斯坦	62.00	64.35	-2.35
亚美尼亚	45.09	57.28	-12.18	韩国	67.84	67.16	0.67
孟加拉国	62.88	64.82	-1.94	拉脱维亚	107.95	77.82	30.12
白俄罗斯	55.61	64.71	-9.10	立陶宛	91.12	74.82	16.30
巴西	63.64	67.30	-3.65	马耳他	79.57	72.20	7.37
保加利亚	77.93	72.37	5.57	墨西哥	62.74	65.03	-2.28
加拿大	102.47	77.18	25.28	摩尔多瓦	87.27	73.71	13.56
智利	60.92	65.27	-4.36	荷兰	79.09	71.41	7.68
中国	87.47	74.28	13.18	北马其顿共和国	75.73	70.29	5.44
哥伦比亚	63.75	65.72	-1.97	巴基斯坦	58.60	62.98	-4.38
捷克共和国	69.64	67.59	2.05	菲律宾	43.29	55.63	-12.34
厄瓜多尔	37.24	53.26	-16.02	葡萄牙	38.37	52.88	-14.50
爱沙尼亚	60.52	64.05	-3.53	罗马尼亚	57.59	63.60	-6.01
法国	82.62	72.60	10.02	俄罗斯	63.85	66.11	-2.26
格鲁吉亚	58.68	66.67	-7.98	新加坡	56.05	63.71	-7.67
德国	57.53	63.62	-6.09	斯洛伐克	53.89	61.71	-7.83
危地马拉	64.77	66.39	-1.62	斯洛文尼亚	77.93	70.88	7.05
匈牙利	68.99	67.03	1.96	南非	55.18	63.15	-7.97
印度	45.06	58.97	-13.91	泰国	57.70	62.77	-5.07
印度尼西亚	69.25	68.92	0.33	土耳其	102.05	76.12	25.93

续表

国家	To	From	Net	国家	To	From	Net
以色列	58.64	65.58	-6.95	乌克兰	74.63	69.66	4.96
意大利	46.02	60.03	-14.01	英国	64.09	65.08	-1.00
日本	64.06	66.26	-2.20	美国	76.59	71.80	4.79
合计	66.48						

第二，从溢出方向来看，一是充当安全港角色的发达经济体和经济规模较大的新兴经济体的溢出效应较大。外国直接投资往往是出于避税的动机或者寻求市场的原因（Beckmann 和 Czudaj，2017），因此具有有利的地理位置、完善的运输体系、优惠的税收政策以及充满活力的市场的经济体，容易吸引大量的外国直接投资，与多个经济体在经济上建立联系。经济体在经济上的关联性与依赖性随着经济一体化的发展而逐渐增强，溢出效应也越发明显（刘清杰等，2020）。如表3-2所示，风险溢出较大的经济体分别为拉脱维亚（107.95%）、加拿大（102.47%）、土耳其（102.05%）等。拉脱维亚之所以能在一众经济体中脱颖而出，主要依赖于它的低税率以及良好的营商环境，根据世界银行和普华永道的交税报告，拉脱维亚的企业总税率在波罗的海国家中最低。而对于经济政策不稳定的发展中经济体来说，溢出效应较小。研究结果表明，风险溢出较小的经济体为印度（45.06%）、菲律宾（43.29%）、葡萄牙（38.37%）、厄瓜多尔（37.24%）等。对于印度来说，虽然它是金砖五国的成员国之一，但由于长久以来的政治动荡以及政府频繁更改外国直接投资法规的行为，不利于外国直接投资长期增长，所以其外国直接投资的风险溢出效应较小。二是充当安全港角色的发达经济体和经济规模较大的新兴经济体的溢入效应较大。如表3-2所示，受系统冲击较大的经济体主要有拉脱维亚（77.82%）、加拿大（77.18%）、土耳其（76.12%）。受系统冲击较小的经济体主要有菲律宾（55.63%）、厄瓜多尔（53.26%）、葡萄牙（52.88%）。

第三，充当安全港角色的发达经济体和经济规模较大的新兴经济体更多充当净溢出者的角色，而其他发展中经济体更多充当净溢入者的角色。如表3-2所示，拉脱维亚（30.12%）净溢出最大，其次是土耳其

（25.93%）；厄瓜多尔（-16.02%）净溢出最小。

随后，通过绘制外国直接投资的风险净溢出的复杂网络，分析各经济体之间净溢出的大小、方向和结构。如图3-4所示，加拿大、土耳其以及拉脱维亚等经济体净溢出程度较大，而厄瓜多尔、菲律宾等经济体净溢出程度较小。同时我们可以从复杂网络中得出外国直接投资的风险净溢出网络的平均加权度为5.944，表明在外国直接投资的风险方面，每个经济体平均与5.944个经济体显著相关。

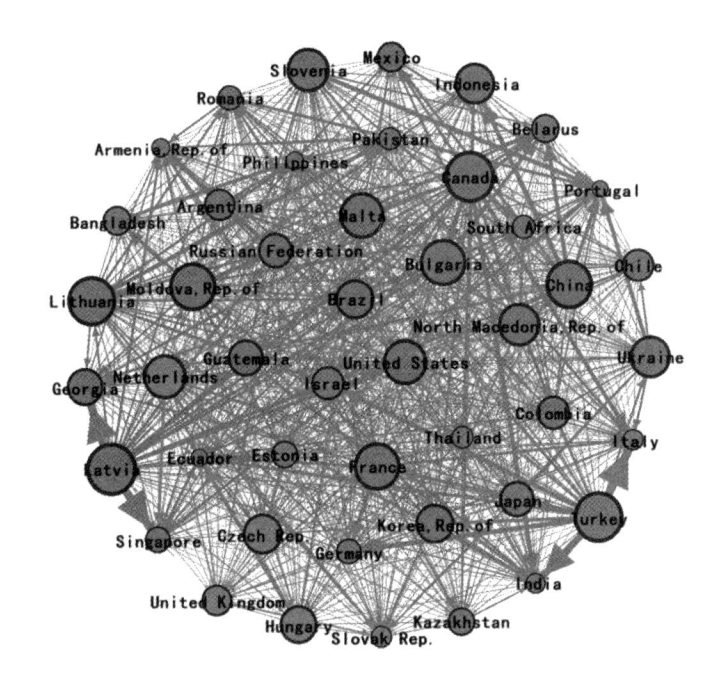

图3-4 外国直接投资的风险净溢出网络

2. 总风险溢出的动态分析

基于TVP-VAR模型度量样本期内外国直接投资波动的动态水平，结果如图3-5所示。第一，在2002—2020年，总溢出指数在66%—83%波动，证明外国直接投资的总风险溢出效应具有明显的时变特征。

第二，在全球金融市场形势良好的情况下，外国直接投资的风险溢出水平与外国直接投资额正相关。2002—2007年，全球经济贸易发展迅速，外国直接投资额由2002年的0.53万亿美元增至2007年的2.29

万亿美元，同时，总溢出指数也由 2002 年的 66.27% 增至 2007 年的 80.27%。

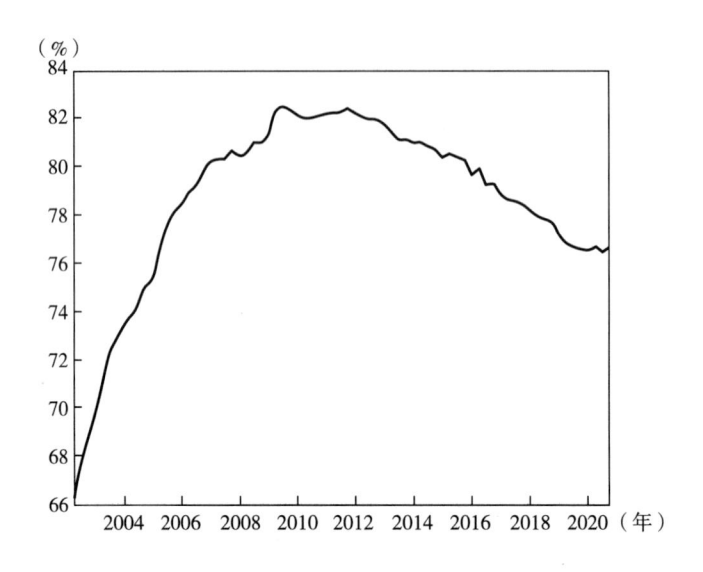

图 3-5　外国直接投资的总风险溢出水平

第三，极端事件的冲击使外国直接投资的风险溢出效应增强。在 2008 年国际金融危机时期，全球金融市场遭受了巨大冲击，在避险心理的作用下，外国直接投资额直线下降。外国直接投资的剧烈波动，增强了风险溢出效应，总溢出指数有一个上升的趋势，在 2009 年达到最高点 82.46%。在 2011 年欧洲主权债务危机时期，风险溢出水平亦居高不下，围绕着 82% 上下波动。欧债危机之后溢出指数一直有一个下降的趋势，直至 2020 年新冠疫情时期，溢出指数短暂上升，在第三季度稍有下降后又再度攀升。

3. 中国外国直接投资风险溢出的动态分析

图 3-6 为我国外国直接投资的风险溢出水平。由图 3-6 可知，中国多与充当安全港角色的发达经济体和经济规模较大的新兴经济体存在较强的溢入溢出关系，同时极端事件对我国外国直接投资的风险溢出结构有较大的冲击。

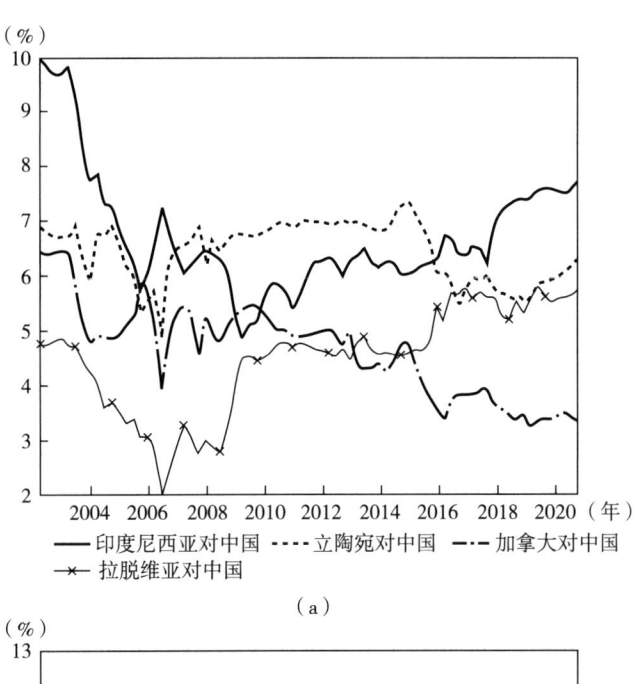

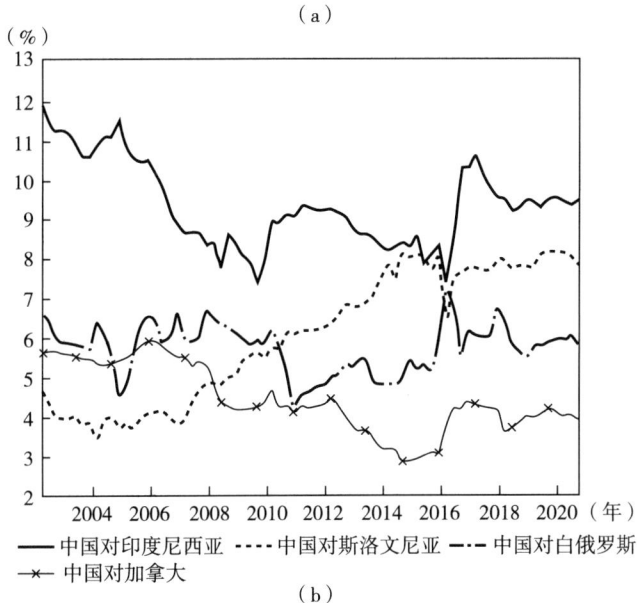

图3-6 中国外国直接投资的风险溢出结构

如图3-6（a）所示，印度尼西亚、立陶宛、加拿大、拉脱维亚对中国有较强的溢出效应。在国际金融危机期间，各经济体对中国的溢出水平明显上升；在新冠疫情期间，各经济体的溢出水平亦有上升，但趋

85

势不明显,并且加拿大对中国的影响早于印度尼西亚、拉脱维亚和立陶宛。

如图3-6(b)所示,中国对印度尼西亚、斯洛文尼亚、白俄罗斯、加拿大有较强的溢出效应。其中,印度尼西亚与中国有着较强的双向溢出关系,这与中国和印度尼西亚一直保持着良好的贸易合作关系有关。2008年受国际金融危机的影响,中国对印度尼西亚的溢出水平上升,随后2011年风险溢出再次增加,这与欧债危机对外国直接投资的冲击有关。2015年3月,中国与印度尼西亚签订《中华人民共和国政府和印度尼西亚共和国政府关于对所得避免双重征税和防止偷漏税的协定》,双边投资保护协定的签署大大促进了中国和印度尼西亚的经贸往来,这段时间双方的风险溢出也相应攀升,但中国对印度尼西亚的溢出水平要明显高于印度尼西亚对中国的溢出水平,这或许与中国在印度尼西亚有更高的投资有关。同时,中国对斯洛文尼亚、白俄罗斯和加拿大的溢出水平在金融危机时期也有上升趋势,但中国对加拿大的影响不大,这是因为加拿大对金融危机有着良好的应对措施,其在G7国家里受金融危机的冲击最小。

(三) 外国证券投资

1. 静态分析

通过溢出指数法构建外国证券投资的风险溢出网络,由表3-3可得:第一,外国证券投资的总风险溢出指数为70.10%,表明某经济体的外国证券投资的风险不仅受自身影响,而且很大程度上受其他经济体风险溢出的影响,外国证券投资的风险具有明显的跨国传染特征。同时可以发现,外国证券投资的总风险溢出指数高于外国直接投资的总风险溢出指数。因为外国直接投资属于长期资本流动,而外国证券投资中存在大量短期资本流动,所以它与外国直接投资相比更不稳定,风险溢出更容易被资本突停等事件影响。

表3-3　　　　　　外国证券投资的风险溢出效应　　　　　　单位:%

国家	To	From	Net	国家	To	From	Net
阿根廷	57.37	65.98	-8.60	哈萨克斯坦	106.46	80.97	25.49

续表

国家	To	From	Net	国家	To	From	Net
亚美尼亚	43.98	59.35	-15.36	韩国	84.06	76.96	7.10
孟加拉国	51.44	64.52	-13.08	拉脱维亚	38.89	55.08	-16.19
白俄罗斯	71.34	72.40	-1.06	立陶宛	52.41	64.04	-11.63
巴西	104.79	80.59	24.20	马耳他	55.71	66.12	-10.41
保加利亚	61.92	69.54	-7.62	墨西哥	70.49	71.61	-1.12
加拿大	40.44	59.09	-18.64	摩尔多瓦	45.01	59.71	-14.70
智利	44.20	57.98	-13.78	荷兰	56.94	64.87	-7.93
中国	106.83	80.87	25.96	北马其顿共和国	62.80	68.23	-5.43
哥伦比亚	81.94	76.04	5.90	巴基斯坦	109.68	81.09	28.59
捷克共和国	54.17	63.41	-9.24	菲律宾	70.36	72.84	-2.48
厄瓜多尔	42.25	60.34	-18.09	葡萄牙	53.96	64.19	-10.23
爱沙尼亚	38.56	57.93	-19.36	罗马尼亚	63.34	70.53	-7.18
法国	80.73	72.81	7.92	俄罗斯	62.66	68.93	-6.26
格鲁吉亚	49.73	63.79	-14.06	新加坡	102.64	80.45	22.20
德国	65.77	71.00	-5.23	斯洛伐克	76.31	72.94	3.37
危地马拉	57.09	64.73	-7.64	斯洛文尼亚	67.64	71.34	-3.71
匈牙利	49.51	64.94	-15.43	南非	83.04	76.10	6.93
印度	112.90	81.57	31.33	泰国	84.57	74.60	9.97
印度尼西亚	83.73	76.54	7.18	土耳其	119.90	81.80	38.10
以色列	59.97	69.47	-9.50	乌克兰	67.41	71.97	-4.57
意大利	59.07	67.63	-8.55	英国	70.29	71.94	-1.66
日本	75.19	74.89	0.30	美国	127.25	83.04	44.21
合计					70.10		

第二，从溢出方向来看，一是充当安全港角色的发达经济体和经济规模较大的新兴经济体的溢出效应较大。发达经济体和经济规模较大的新兴经济体拥有丰富的金融产品及较高的市场自由度使投资者可以无障碍地配置资产（杨海珍等，2020）。其中美国最受全球投资者的欢迎，外国证券投资额遥遥领先，对其他经济体的风险溢出也相应最大。除美国以外，风险溢出较大的其他经济体为土耳其（119.90%）和印度

(112.90%);风险溢出较小的是拉脱维亚(38.89%)、爱沙尼亚(38.56%)。二是充当安全港角色的发达经济体和经济规模较大的新兴经济体的溢入效应较大。如表 3-3 所示,美国(83.04%)、土耳其(81.80%)、印度(81.57%)、巴基斯坦(81.09%)等经济体受系统影响较大;智利(57.98%)、爱沙尼亚(57.93%)、拉脱维亚(55.08%)等经济体受系统影响较小。

第三,充当安全港角色的发达经济体和经济规模较大的新兴经济体更多充当净溢出者的角色,而发展中经济体更多充当净溢入者的角色。如表 3-3 所示,净溢出较大的经济体主要有美国(44.21%)、土耳其(38.10%)、印度(31.33%);净溢出最小的为爱沙尼亚(-19.36%)。

随后,绘制外国证券投资的风险净溢出的复杂网络,如图 3-7 所示。首先,可以发现美国、土耳其、印度等经济体净溢出程度较大,而爱沙尼亚、拉脱维亚等经济体净溢出程度较小,与表 3-3 分析一致。其次,可以得到网络平均加权度为 9.453,明显高于外国直接投资的风险网络的平均加权度,即外国证券投资的网络相关性高于外国直接投资。

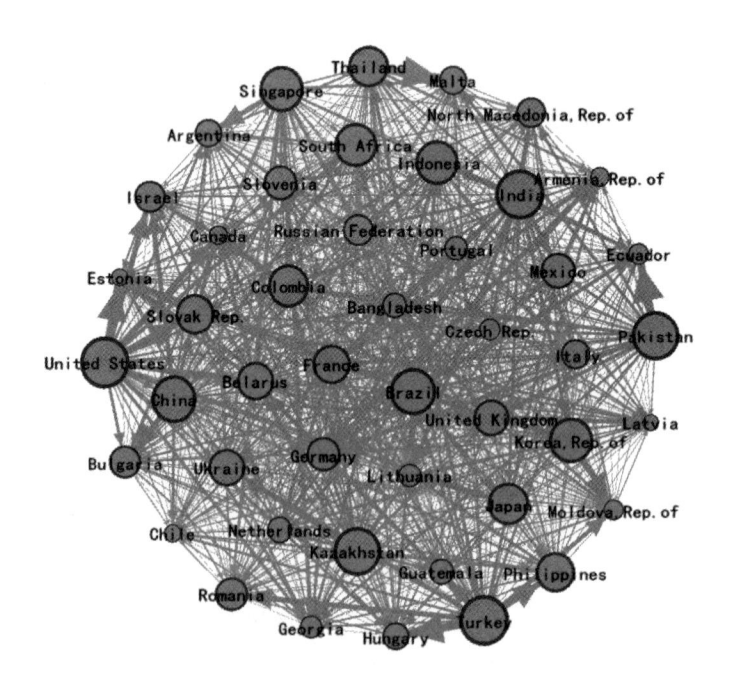

图 3-7 外国证券投资的风险净溢出网络

2. 总风险溢出的动态分析

图 3-8 为外国证券投资的动态总风险溢出水平趋势图。由图可知，第一，2002—2020 年，总溢出指数在 69%—84% 波动，证明外国证券投资的总风险溢出水平具有明显的时变特征。同时可以发现，外国证券投资的动态风险溢出指数高于外国直接投资的动态风险溢出指数，即外国证券投资风险具有更强的溢出效应，与静态分析一致。

第二，在全球金融市场形势良好的情况下，外国证券投资的风险溢出水平与外国证券投资额正相关。2002—2007 年，经济全球化迅速发展，各经济体金融市场开放度提高，证券市场也越发活跃，外国证券投资额由 2002 年的 0.88 万亿美元增至 2007 年的 2.52 万亿美元。随着投资额的迅速增加，经济体之间的联动效应增强，投资风险也更容易在经济体之间传染，如图 3-8 所示，风险溢出指数由 2002 年的 69.93% 增至 2007 年的 81.16%。

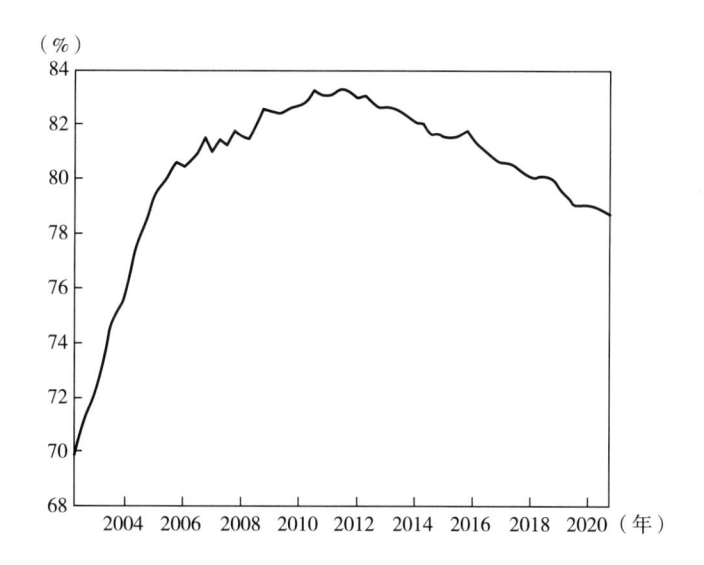

图 3-8 外国证券投资的动态总风险溢出水平

第三，极端事件的冲击使外国证券投资的风险溢出效应增强。外国证券投资极易被国际经济环境影响，在 2008 年国际金融危机时期，外国证券投资额急剧缩减至 1.02 万亿美元，风险溢出指数也迅速升至

82.51%。由于外国证券投资具有高流动性、投机性的特征,所以在金融危机发生之后,面对全球经济不确定性增加的形势,外国证券投资呈现出较强的波动性,因此在欧债危机时期风险溢出水平进一步攀升至83.23%。随着国际资本流动的波动性以及对全球环境变化的敏感性下降(Forbes and Warnock,2012),资本突停事件发生率大大降低,风险溢出指数也缓慢下降。直到新冠疫情期间,外国证券投资的风险溢出有了一个短暂的上升趋势,随之继续下降。

3. 中国外国证券投资风险溢出的动态分析

图3-9为我国外国证券投资的动态的风险溢出水平。由研究结果可知,中国多与充当安全港角色的发达经济体和经济规模较大的新兴经济体存在较强的溢入溢出关系,同时极端事件对我国外国证券投资的风险溢出结构有较大的冲击。

如图3-9(a)所示,美国、保加利亚、南非、以色列对中国有较强的溢出效应。在样本期间内,美国对中国的影响最大,但其风险溢出在金融危机冲击下上升并不明显,而保加利亚、南非、以色列在此期间对中国的风险溢出有一个小幅度的上升,这或许是因为金融危机在美国爆发,为此中国政府采取了强有力的宏观调控,但大部分发达经济体和发展中经济体受金融危机影响较大,中国在与它们进行频繁的经贸往来时,受其证券市场对我国证券市场的风险传染(卢新生和方胜,2015)。同时由图可知,在新冠疫情期间,各经济体对中国的溢出效应明显增加,其中南非对中国的影响早于其他经济体。

如3-9(b)所示,中国对美国、南非、日本、以色列有较强的溢出效应。中国对美国的风险溢出最大。2008年受国际金融危机的影响,中国对美国的溢出水平直线上升;2016年受美联储加息的影响,中国对美国的溢出水平再次上升。同时在金融危机的冲击下,中国对南非、日本和以色列的溢出水平也显著上升。

(四)外国其他投资

1. 静态分析

通过溢出指数法构建外国其他投资的风险溢出网络,由表3-4可知:第一,外国其他投资的总风险溢出指数为68.01%,表明外国其他投资的风险具有明显的跨国传染特征。进一步对比总溢出指数可知,外国其他投资的总风险溢出指数高于外国直接投资的总风险溢出指数，低于外国证券投资的总风险溢出指数。表明在外国证券投资网络中，各经济体之间存在更紧密的信息传递，风险的跨国传染效应最大。

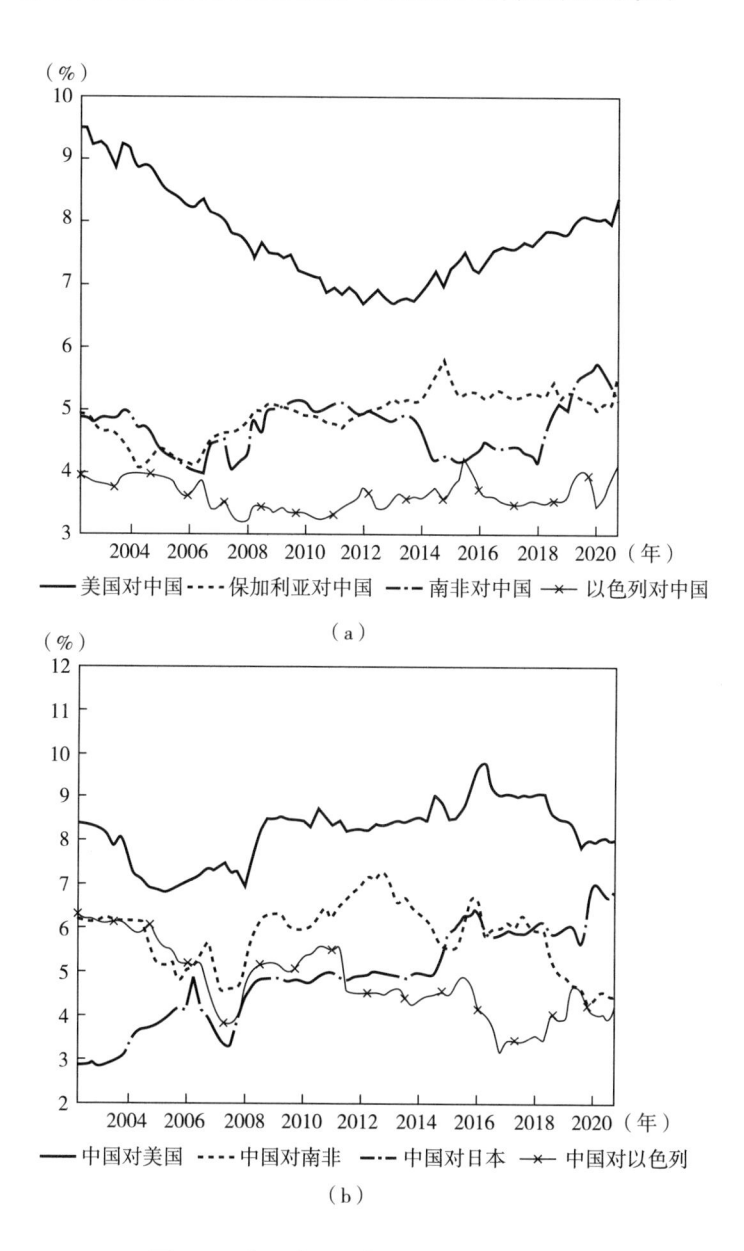

图3-9　中国外国证券投资的风险溢出结构

第二，从溢出方向来看，一是充当安全港角色的发达经济体和经济规模较大的新兴经济体的溢出效应较大。对于其他投资来说，最主要的部分是银行贷款（Beckmann 和 Czudaj，2017），更稳定和更有利可图的银行体系有助于将流入的其他投资转化为经济增长，同时，更具竞争力的外资银行加强了其他投资的增长纽带（Lgan 等，2020）。由此可见，拥有完善的银行系统的经济体更容易吸引其他投资，与其他经济体建立联系，风险溢出也相应较大。由表 3-4 可知，风险溢出较大的经济体为中国（114.47%）、新加坡（112.43%）、捷克共和国（105.88%）；风险溢出较小的是印度尼西亚（31.22%）、哈萨克斯坦（30.66%）、亚美尼亚共和国（28.82%）。二是充当安全港角色的发达经济体和经济规模较大的新兴经济体的溢入效应较大。其中，中国（81.31%）、新加坡（80.83%）、捷克共和国（80.23%）等经济体受系统影响较大；哈萨克斯坦（51.57%）、印度尼西亚（49.77%）、亚美尼亚共和国（46.91%）等经济体受系统影响较小。

第三，充当安全港角色的发达经济体和经济规模较大的新兴经济体更多充当净溢出者的角色，而其他发展中经济体更多充当净溢入者的角色。如表 3-4 所示，净溢出较大的经济体主要有中国（33.16%）、新加坡（31.60%）、捷克共和国（25.65%）；净溢出最小的为哈萨克斯坦（-20.91%）。

表 3-4　　　　　　外国其他投资的风险溢出效应　　　　　　单位:%

国家	To	From	Net	国家	To	From	Net
阿根廷	93.49	76.13	17.36	哈萨克斯坦	30.66	51.57	-20.91
亚美尼亚	28.82	46.91	-18.09	韩国	80.95	73.62	7.34
孟加拉国	35.50	51.69	-16.19	拉脱维亚	85.30	74.89	10.41
白俄罗斯	78.25	72.89	5.36	立陶宛	96.44	77.85	18.58
巴西	80.76	73.49	7.27	马耳他	102.11	79.10	23.01
保加利亚	53.71	63.50	-9.79	墨西哥	42.82	58.81	-15.99
加拿大	53.50	62.78	-9.29	摩尔多瓦	87.37	76.08	11.29
智利	54.11	63.68	-9.56	荷兰	89.45	75.27	14.18

续表

国家	To	From	Net	国家	To	From	Net
中国	114.47	81.31	33.16	北马其顿共和国	42.31	55.66	-13.35
哥伦比亚	54.95	64.98	-10.03	巴基斯坦	34.33	52.35	-18.02
捷克共和国	105.88	80.23	25.65	菲律宾	60.89	66.15	-5.26
厄瓜多尔	54.61	64.36	-9.75	葡萄牙	66.16	68.76	-2.60
爱沙尼亚	64.17	66.47	-2.31	罗马尼亚	67.07	71.40	-4.33
法国	86.97	74.34	12.63	俄罗斯	64.76	68.13	-3.37
格鲁吉亚	79.19	74.99	4.20	新加坡	112.43	80.83	31.60
德国	92.14	77.07	15.07	斯洛伐克	46.05	59.14	-13.09
危地马拉	76.70	74.78	1.92	斯洛文尼亚	76.63	72.93	3.70
匈牙利	46.42	62.92	-16.50	南非	47.11	60.29	-13.19
印度	91.53	76.53	15.00	泰国	58.65	64.82	-6.16
印度尼西亚	31.22	49.77	-18.54	土耳其	64.72	68.37	-3.65
以色列	62.78	67.49	-4.71	乌克兰	64.26	69.37	-5.12
意大利	69.45	71.86	-2.41	英国	79.90	74.56	5.34
日本	35.83	54.92	-19.09	美国	83.46	75.22	8.24
合计				68.01			

随后，绘制外国其他投资的风险净溢出的复杂网络，如图3-10所示。首先，中国、新加坡、捷克共和国等经济体净溢出程度较大，而亚美尼亚共和国、哈萨克斯坦等经济体净溢出程度较小，与表3-4分析一致。其次，复杂网络的平均加权度为8.696，高于外国直接投资的5.944，低于外国证券投资的9.453，表明外国其他投资的风险网络的相关性高于外国直接投资，低于外国证券投资。

2. 总风险溢出的动态分析

图3-11为外国其他投资的动态总风险溢出水平趋势图。由图可知，第一，2002—2020年，总溢出指数在67%—84%波动，证明外国其他投资的总风险溢出水平具有明显的时变特征。同时可以发现，外国其他投资的动态风险溢出指数高于外国直接投资的动态风险溢出指数，低于外国证券投资的动态风险溢出指数，与静态分析一致。

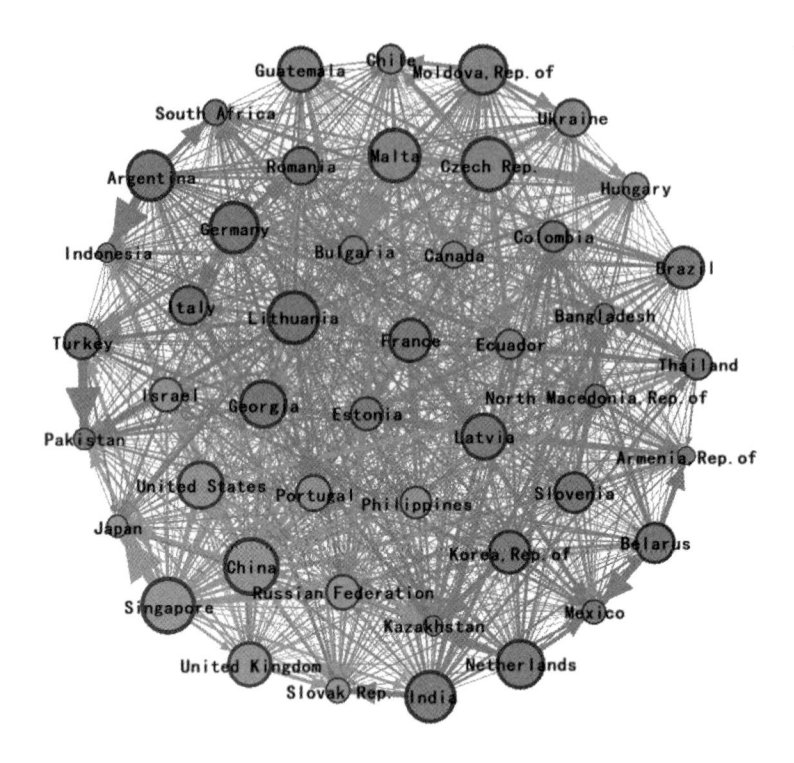

图 3-10 外国其他投资的风险净溢出网络

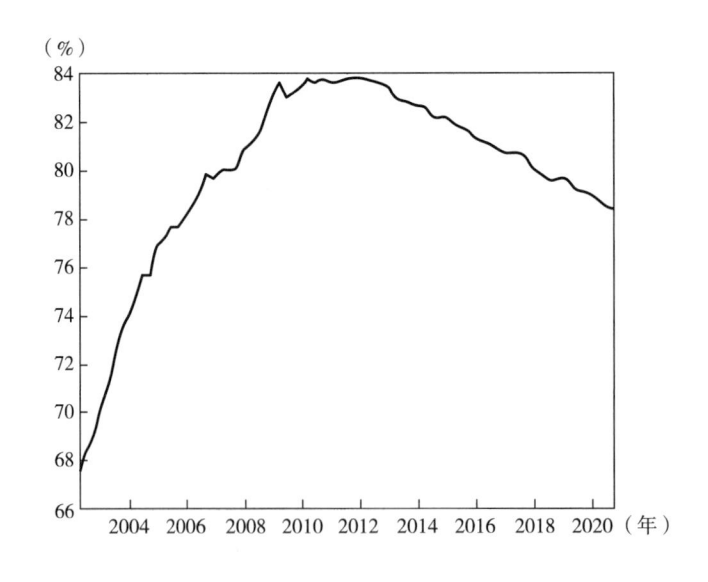

图 3-11 外国其他投资的动态总风险溢出水平

第二，在全球金融市场形势良好的情况下，外国其他投资的风险溢出水平与外国其他投资额正相关。2002—2007年，各经济体信贷规模扩张，外国其他投资额由2002年的0.44万亿美元增至2007年的4.24万亿美元。银行负债的衡量标准是风险溢价的重要信息来源，也是金融部门脆弱性的重要信息来源（Shin，2012），银行负债的增加伴随着风险的上升，各经济体风险的传染效应也随之上升，如图所示，风险溢出指数由2002年的67.66%增至2007年的79.97%。

第三，极端事件的冲击使外国其他投资的风险溢出效应增强。对于外国其他投资来说，极端事件的发生往往伴随着资本突停，流入驱动型资本突停会显著增加银行危机爆发的概率（马宇和王红平，2018），进而对银行系统造成冲击，扩大外国其他投资风险。在2008年国际金融危机时期，外国其他投资波动剧烈，风险溢出指数也迅速上升，在2009年一度达到83.62%。在2011年欧债危机时期，欧洲全球银行的去杠杆化对各经济体的资本流动产生了巨大影响，风险溢出水平居高不下，围绕着83%上下波动。在2020年新冠疫情时期，由于只有少部分经济体经历了资本突停事件，并未对整个网络造成太大影响，因此外国其他投资的风险溢出指数上升趋势并不明显。

3. 中国外国其他投资风险溢出的动态分析

图3-12为我国外国其他投资的动态的风险溢出水平。由图3-12可知，中国多与发达经济体和经济规模较大的新兴经济体存在较强的溢入溢出关系，同时极端事件对我国外国其他投资的风险溢出结构有一个较大冲击。

如图3-12（a）所示，新加坡、捷克共和国、马耳他、摩尔多瓦共和国对中国有较强的溢出效应。在2008年国际金融危机的影响下，捷克共和国、马耳他和摩尔多瓦共和国的风险溢出水平明显增加，而新加坡风险溢出水平的增加幅度并不大，这是因为在金融危机时期新加坡政府有效的宏观调控使其受金融危机的影响大大减少。

如图3-12（b）所示，中国对捷克共和国、新加坡、马耳他、俄罗斯有较强的溢出效应。其中，中国对捷克共和国的风险溢出最大。在金融危机时期，中国对捷克共和国的风险溢出增加，于2008年第四季度达到一个小高峰；在2014年，习近平主席会见捷克共和国总统泽曼，自此中国与捷克共和国开始了密切往来，建立起了友好的外交关系，中国对捷克共和国的风险溢出也开始不断攀升。同时在金融危机时期中国对于俄罗斯和马耳他的风险溢出也显著增加，而对新加坡的风险溢出波动不大，仅稍有上升。

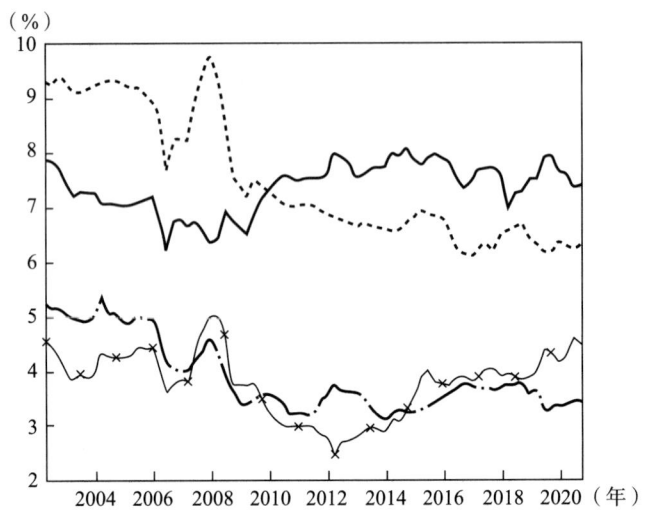

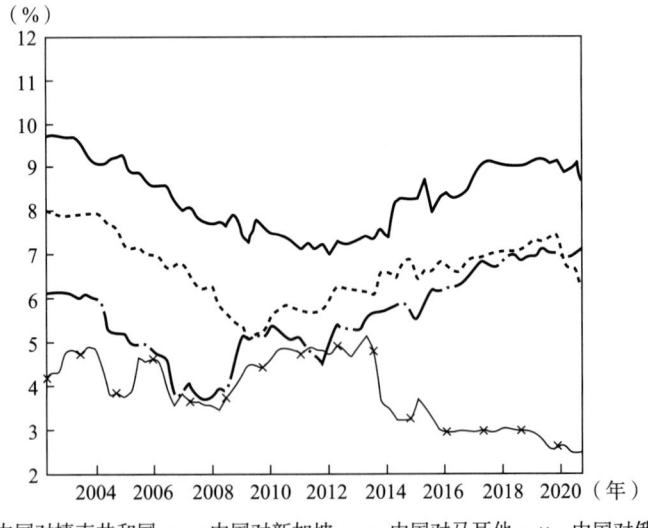

图 3-12 中国外国其他投资的风险溢出结构

四　结论与政策建议

通过度量国际资本流动的风险溢出结构，得到如下结论：第一，国际资本流动的风险溢出效应具有明显的跨国传染特征，其中充当安全港角色的发达经济体和经济规模较大的新兴经济体的溢入溢出效应较大，并且更多充当净溢出者。第二，国际资本流动的风险溢出效应具有明显的时变特征，在全球金融市场形势良好的情况下，资本流动额上升常随着国际资本流动的风险溢出上升；在形势较差的情况下，极端事件的发生常随着国际资本流动的风险溢出上升。第三，网络相关度越高，总溢出效应越高。外国证券投资的风险网络相关度最高，总溢出效应也最高，外国其他投资次之，外国直接投资最低。第四，中国多与发达经济体和新兴经济体存在较强的溢入溢出关系。具体而言，对于总资本流入来说，我国主要受到美国和新加坡的溢出影响，对日本有较高的风险溢出效应；对于外国直接投资来说，我国与印度尼西亚有较强的双向溢出；对于外国证券投资来说，我国与美国有较强的双向溢出；对于外国其他投资来说，我国与新加坡和捷克共和国有较强的双向溢出。同时极端事件对我国国际资本流动的风险溢出具有正向冲击。

针对本章的结论，得出如下政策建议：第一，有效管控以降低其他经济体带来的风险。对于政府来说，应密切关注对自己溢出较大的经济体的资本流动，尤其是发达国家和经济规模较大的新兴市场国家，对其加大监管力度，做好风险防控预案。对于投资者来说，应该重视经济体的溢出者和溢入者的角色，不要将两者放在同一个投资组合里，因为风险溢出者更容易影响整个系统，而风险溢入者更容易受到系统影响。第二，不同时期进行针对性的风险防范。在全球金融形势不稳定的情况下，政府在"繁荣"时期应注意资本流动过程中的风险积累，加强信息披露，减少各国之间信息不对称；"萧条"时期应做好宏观调控，及时出台具有针对性的措施，在危机蔓延之前及时切断风险溢出途径。而投资者应格外注意"萧条"时期的风险规避。第三，区分资本流动类型并关注其投向的合理性。对于政府来说，更应该做好外国证券投资和外国其他投资的风险识别，关注外国资本流入的类型，防止出现资金投向不合理、投机盛行的局面。对于投资者来说，进行证券投资更应该做好风险防范措施，加强对所投资经济体的信息掌握。第四，健全我国监管体系。我国政府应针对不同资本类型着重关注对我国溢入溢出程度较高的经济体，加强彼此之间的监管合作，并健全风险预警系统，采取必要预防措施以降低其他经济体对我国的影响。

第二节　新兴经济体资本外逃影响因素实证分析

资本外逃对新兴经济体的负面影响是巨大的。首先，长期资本外逃会使该国国际收支处于逆差，国家外汇储备不断减少，这时，对于实行固定汇率制国家，央行将动用外汇以平衡该国汇率水平，此举将使本国外汇储备进一步缩水，原本紧缺的外汇储备更是雪上加霜；对于实行浮动汇率制国家，资本外逃会使该国汇率下跌，进而使得本币快速贬值。其次，随着全球金融一体化，各国与各国之间经济上的往来交织成一张巨大的网，当一国经济衰退，发生资本外逃，在全球范围内极易引发多米诺骨牌效应，这势必会引发更大范围的资本外逃，从而造成全球金融市场的剧烈波动，影响国际金融体系的稳定，这种联动效应对资本流出国所带来的负面影响是不可估量的。

新兴经济体借其后发优势处于经济的转型升级阶段，资本外逃时期任何冒进的政策措施都很可能引起金融体系的震荡，严重时将引发金融危机，以2014年俄罗斯金融危机为例，作为俄罗斯重要出口品之一的原油，其价格在2014年6—12月跌幅近一半，在国际贸易严重受损的情况下，俄罗斯经受了经济停滞和卢布急速贬值的巨大压力，这引起了资本市场的极大恐慌，投资者纷纷将资金大规模撤离俄罗斯市场，这种资本外逃引致的市场剧烈波动进一步使金融体系出现严重混乱。俄罗斯央行为试图阻止卢布的继续贬值，降低资本外逃速度与规模，2014年年底将基准利率由10.5%调至17%，短短一年间，俄罗斯央行便进行了六次加息操作，然而，俄央行的货币政策不仅没有阻止卢布的下跌趋势，其跌幅反而更为严重。由此看来，危机时期，政府阻止资本外逃的手段有时候不但不能有效遏制资本的继续外逃，反而会加大其外逃速度和规模。

因此，在新兴经济体面临资本外逃风险的大背景下，我们在关注资本外逃带来的负面影响的同时更需要对资本外逃规模进行合理测算，发现导致资本外逃的原因即决定因素，以便采取最有效的措施进行防范，从根源上避免资本外逃的发生。

一 资本外逃研究文献回顾

由于资本外逃体现了一国经济体系的脆弱性与制度的欠缺性，且多数国家在不同历史时期都经历过不同程度的资本外逃，因此，国内外学者对资本外逃早有研究，现有研究主要包括以下几个方面。

（一）资本外逃的界定

金德尔伯格（Kindleberger，1937）将资本外逃阐释为资本持有人出于对一国经济或政治的怀疑和不信任而形成的恐慌性资本转移，属于自主性短期资本流动。卡廷顿（Cuddington，1987）认为资本外逃指存在巨大的政治或金融危机风险，高税收、严格的资本控制或对本国货币贬值预期引发的资本外流。莱萨德和威廉姆森（Lessard and Williamson，1987）认为资本外逃本质上是由非正常风险（如汇率贬值、国内恶性通货膨胀、资本管制等风险）的存在而引发的，企业或个人为规避非正常风险而使资本出现非正常流动，这种资本流动包括短期资本流动及长期资本流动。托尼尔和维拉索（Tornell and Velasco，1992）指出资本外逃是发生在贫穷国家的公共地悲剧的反应，贫穷国家理应获得比富裕国家更多的资本流入，因此，贫穷国家的任何资本流出对其发展都是不利的。我国学者田冬炜（2003）在界定资本外逃时首次提到"三性平衡"，即国家居民为达到其资产收益的安全性、保密性和收益性而将资本转移至国外，这是一种非正常性资本流出，这种情形也是国家无法控制的。潘镇和金中坤（2008）认为资本外逃是一种以违规的方式将资金进行迁移而达到自己的某种目的，同时逃避国家监管的行为，这种过程具有隐蔽性，游离于国家控制之外。郑英梅和郑思敏（2011）把资本外逃定义为一国经济或政治的不稳定致使国内资产相对于国外资产价值缩水而引发的未经记录的私人资本外流。郝红娟（2013）从两个方面对资本外逃进行定义：一方面，她认为资本外逃不仅是非法的资本流出，还包括合法资本流出。另一方面，资本外逃也指为逃避国家监管而发生的资本外流，这里的外流资本包括合法所得也包括非法所得。王西（2014）从合法性和可受监管两个方向对资本外逃进行定义，只要是未经官方批准的资本流出造成的官方公布的统计数据与实际数据的不匹配，该流出就被认为是外逃资本。秦文波（2015）将资本外逃的概念界定为由于居民对本国货币存在贬值预期，而将资本从国内向国外转移。刘琼瑶（2017）将狭义的资本外逃定义为一种非正常的资本流出，它是个体经济利益与国家整体利益发生冲突后，相关主体跨国摆布资金的结果。Zdanowicz（2018）强调了资本外逃主要是不发达国家财富的流失，主要表现为生产资本从不发达国家流向发达国家。赵方华等（2019）认为资本外逃本质上是由于居民对货币贬值使其经济造成损失的焦虑而迫使其将资本转移到国外的经济行为。梁涛和张春生（2020）认为资本外逃是居民为了资本投机和资本安全将国内资本转移到国外用来避免国家正常的监督和管理的一种手段。张杰等（2021）定义资本外逃为通过非正常途径流出并超出正常经济活动的外流资本，且该外流资本不是以逐利为目的的，而是以保本、止损或其他目的而快速撤离某一国，并给所在国带来巨大影响的经济行为。

（二）资本外逃规模估算

由于对资本外逃至今并没有一个令国内外学者普遍接受的界定，加之这种非正常的资本流动自身具有极强隐蔽性，因此对于资本外逃的界定不同，测量方法及结果也大相径庭。总体来看，直接测算法、间接测算法以及混合测算法是目前测量资本外逃被广为使用的方法。直接测算法是最早用以测算资本外逃的方法，数据直接采集于国际收支平衡表，它将对风险反应敏感的几个资本外逃项目指标进行简单累加求和得到的数值认定为一国资本外逃额。该方法以卡丁顿法（1986）为代表，他在将国际平衡表中代表资本外逃的项目值进行加总的基础上考虑了隐蔽性资本流出（误差遗漏项），他将私人非银行机构短期投机外流资本与隐蔽性资本流出之和视为资本外逃，简言之，卡丁顿为代表的直接测算法测算式为：资本外逃总额＝非银行机构短期投机外流资本＋误差遗漏项，前者统称为游资，后者为隐蔽性资本流动。间接测算法为世界银行（1985）最先提出，其测算式可总结为：资本外逃总额＝对外债务的增加额＋外国投资净流入−经常项目逆差−储备变动量，与直接测算法所衡量的短期资本外流不同，间接测算法涵盖了私人部门所有资产净增额。美国摩根公司（Morgan Guaranty Trust Company，1986）和克莱因（Cline，1987）均在世界银行法的基础上进行了进一步的修正，间接测算法得到进一步发展。混合测算法则是直接测算法和间接测算法二者的融合，其提出者是 Dooley（1986）。该方法强调居民未申报对外债权，鉴于该方法数据较难获取，因此在估测资本外逃时直接测算法与间接测算法使用居多。国内学者也在上述研究基础上使用适当方法对我国资本外逃规模进行估算，例如，汪小勤和陈俊（2013）从探讨估算我国资本外逃规模相关指标的适用性出发，通过修正的直接法和间接法估算我国 1982—2011 年资本外逃的规模。邓王杰（2017）则使用直接测算法、间接测算法、混合测算法以及权益差额调整法相结合的一种结构测算方法估算了我国 1985—2015 年资本外逃规模。管涛、王霄彤（2019）利用服务贸易这个渠道对中国资本外逃规模进行分析，反驳了"中国旅游逆差隐藏大量资本外逃"的论断。由于资本外逃存在隐蔽性、波动性、界定模糊性以及统计数据的准确性等缺陷，加之不同的学者测算外逃规模所使用的测算方法及调整方法也不尽相同，这使得资本外逃规模的衡量只能是大致估计而无法达到精准。

（三）资本外逃的影响因素

学术界对于资本外逃影响因素进行了多年的研究且已经形成了一套完整的理论体系。金德伯格（Kindleberger，1937）认为资本外逃受利率影响，即投资者在利益驱使下使得资本通常从低利率国家向高利率国家流动。马柯维茨（Markowitz，1952）从资产组合角度来分析资本外逃，投资者追求风险最小化下收益最大化，因此他认为能够反映投资风险的所有指标均应成为资本外逃的影响因素。Sheets（1996）通过建立资产组合模型论证了资本外逃受投资者资本财富存量及心理预期的影响。Ndikumana L. 和 Boyce J. K.（2002）通过研究 1970—1976 年来自 30 个撒哈拉以南非洲国家（其中包括列为严重负债的 24 个低收入国家）资本外逃的决定因素，结果发现外部借贷与资本外逃显著相关，表明在很大程度上资本外逃是债务推动的。Gunter（2017）对 1984—2014 年中国三次资本外逃进行估算，发现腐败、交易成本以及移民便利会促进资本外逃，且长期来看资本管制对资本外逃没有显著作用。Ndikumana 和 Sarrde（2019）研究了 FDI 对资本外逃的影响，发现 FDI 流入量与资本外逃呈正相关关系，但 FDI 存量对资本外逃无显著影响。Cheung 等（2020）认为，利差等传统因素对资本外逃的影响不大，而经济政策不确定性、欧洲央行的抵押品政策以及货币错配等会明显改变投资者的投资方向。国内学者对资本外逃的研究尽管滞后于国外，但研究成果也是自成一套体系的。国内学者王东纬（2012）选取了一系列中国宏观经济指标，采用逐步回归方法，得出资本外逃受外债、通胀、经济增长及本币贬值的影响。张明和肖立晟（2014）将国际资本流动因素分为拉动因素和推动因素两大类，发现美国标准普尔指数波动和利率水平变化对新兴市场短期资本流动影响较大。周媛和孙利（2015）以中国1986—2013年相关经济指标数据为样本，通过建立自回归分布滞后模型进行实证分析，发现外国直接投资、币值变动、金融稳定程度与宏观经济状况、银行及贸易信贷规模对资本外逃影响显著。才凌惠和朱延福（2018）对60个国家2006—2016年的面板数据进行实证分析，结果发现法律和政治环境指数同时对发达国家和发展中国家的资本外逃产生了不同程度的负向影响，而实物产权指数仅对发达国家的资本外逃产生显著的正向影响。喻海燕和范晨晨（2018）对"金砖五国"资本账户开放、制度质量与资本外逃进行了研究，发现跨境资本流出方向开放度的提高会促进资本外逃，跨境资本流入方向开放度的提高会抑制资本外逃。在资本账户开放进程中，制度质量的完善，特别是有关合同保护、产权保护的法律制度质量的提升，能够有效地减少资本外逃。阙澄宇、程立燕（2020）基于1999年第一季度至2017年第四季度全球64个国家（地区）总资本流动数据实证发现全球流动性上升以及他国区域、贸易和金融等传染因素都会提高资本流动外逃的概率，且上述因素对我国短期资本流动外逃也有相同的影响（李金凯和程立燕，2020）。郭红等（2020）用阈值法对选取的18个"一带一路"国家资本流动状况进行测度，发现国内GDP增长率、通货膨胀率、金融开放度、贸易开放度、政治稳定性、恐慌指数、国际流动性以及国际利差均会对资本外逃产生影响。李昕和谭莹（2019）通过建立非限制性VAR模型对中国资本外流的驱动因素进行分析，发现自2008年国际金融危机爆发至2013年美联储货币周期转向之前，我国资本外流主要影响因素为人民币贬值预期和经济周期性调整等国内因素；2014年以来，我国资本外流加剧受美国经济复苏和我国房地产市场调整等国内外因素共同影响，国外因素是主要诱因。

综上所述，可以看出国内外学者对于资本外逃的研究起源较早，研究理论较为丰富，其主要研究方向多为对一个或几个国家资本外逃规模的测度或对其外逃原因的分析。对其影响因素的探讨多集中于为数不多的几个国家，且使用的模型方法多是固定效应模型，对资本外逃的递延性考虑甚少，未从动态的角度关注资本外逃的惯性影响。因此，我们拟弥补上述研究的不足，以41个新兴经济体1992—2020年年度数据作为样本，使用动态面板模型进行计量分析，其目的是寻找影响新兴经济体资本外逃的一些共同因素。据此为面临资本外逃风险的新兴经济体提供一些政策建议。

二 构建资本外逃影响因素模型

（一）变量选取

1. 被解释变量

我们使用1992—2020年41个新兴经济体年度面板数据作为实证分析的样本。在选取被解释变量时考虑到直接测算法估测的资本外逃量将非银行机构短期外流资本都看作投机热钱并不合理，且在统计误差与遗漏项时并没有把正常的统计误差排除在外，从而导致外逃量被严重高估，因此，采取前文提到的世界银行法对41个新兴经济体资本外逃量进行大致测算，并在此基础上进行一定调整。在资本外逃调整方面做了以下处理：前文提及净误差与遗漏项中含有部分正常统计误差，因此应将正常统计误差予以剔除，我们参照美国与日本的处理方法，将净误差与遗漏与贸易总额的比值作为统计误差标准，该值和净误差与遗漏的乘积则为统计中存在的正常误差。除此之外，外国投资净流入与外债流入的统计中有重复计算部分，该部分以23%的FDI予以剔除，该处理方法参照漆若诗（2014）有关论述。综上所述，调整后的资本外逃测算式为：资本外逃总额=对外债务的增加额+（1-23%）×外国投资净流入-经常项目逆差-储备变动量-正常统计误差标准×净误差与遗漏，由于新兴市场各国GDP存在较大差异，为降低资本外逃对GDP波动的敏感性，方便理解与比较，分别取各国资本外逃额与其GDP的比值的相反数（cap1、cap2）作为被解释变量。负值代表资本流入，正值代表资本流出。

2. 解释变量

总体来说，资本外逃依赖于投资收益率、经济开放程度、宏观环境稳定性三个方面。

（1）投资收益率。这体现在国内外投资收益差异上，一国投资收益率水平越高，国际投资者投资热情越高涨，短期内资本流入该国的概率越大，发生资本外逃的可能性越低，相反，在该国投资收益率较低时，投资者为规避投资风险，往往将大量资本转移至国外，资本的迅速撤离使得该国出现大规模的资本外逃。本国存款利率（domesr）、本币币值变动率（exchange）、标准化后的标准普尔指数增长率（npool）较为直观地反映了投资收益的可能性，因此选其为代理变量。其中本币贬值率为笔者采用间接标价法计算而得的。

（2）经济开放程度。表明一国经济对外深化程度，金融市场体系越完善，对外界资本的吸引力越大，发生资本外逃的可能性越小，但是对外部依赖性的加强使得在别国遭受经济冲击时其自身也无法幸免，这又增加了资本外逃的可能性。因而经济开放程度对资本外逃的影响较为复杂，在这里，选取进出口总额占 GDP 比重（open）作为代理变量。

（3）宏观环境稳定性。宏观环境是否稳定决定了投资者资本的安全性，政局的动荡会给投资者带来悲观的预期，资本会从该国撤离去寻求更为安全的地方。国家政治风险能够有效反映一国经济、政治局面是否稳定，因此政治风险指数（polisk）作为代理变量。外汇储备规模大小也能反映一国经济发展前景和稳定程度，用外汇储备数额与 GDP 指标来表示外汇储备规模（reserves）。

各解释变量与被解释变量含义、类型、资料来源如表 3-5 所示。

表 3-5　　　　　　　　　　解释变量定义

变量类型	变量符号	变量名称	变量含义	资料来源
被解释变量	cap1		世银法测算资本外逃额/GDP	世界银行
	cap2		调整后资本外逃额/GDP	世界银行
解释变量	npool	国际金融风险	标准普尔指数增长率	世界银行
	exchange	本币汇率变化	本币币值变动率	直接标价法计算
	domesr	国内利率水平	国内存款利率	世界银行
	open	对外依存度	进出口总额/GDP	世界发展指标
	reserves	外汇储备	外汇储备/GDP	世界发展指标
	polisk	政治风险	政治风险指数	美国政治风险服务集团

（二）建立模型

根据上文所确定的解释变量与被解释变量，针对资本外逃建立回归方程如下：

$$cap1_{it}=\alpha_0+\alpha_1 npool+\alpha_2 exchange+\alpha_3 domesr+\alpha_4 open+\alpha_5 polisk+$$
$$\alpha_6 reserves+\varepsilon_i+\mu_{it} \tag{3-12}$$

$$cap2_{it}=\alpha_0+\alpha_1 npool+\alpha_2 exchange+\alpha_3 domesr+\alpha_4 open+\alpha_5 polisk+$$
$$\alpha_6 reserves+\varepsilon_i+\mu_{it} \tag{3-13}$$

其中，i 代表新兴经济体，t 代表年度，cap_{it} 代表新兴经济体 i 第 t 年资本外逃规模占 GDP 比重，α_0 为常数项，α_1、α_1、…、α_6 为回归系数，ε_i 为各国个体效应，μ_{it} 为随机误差项。

三 资本外逃实证结果分析

（一）变量描述性统计分析

表 3-6 是对 1992—2020 年 41 个新兴经济体样本面板数据的描述性统计结果。从 cap1 和 cap2 来看，41 个新兴经济体资本外逃无论从最大值、最小值还是标准差来观察，其数值都极为相近，仅均值 cap1 稍低于 cap2。这表明，调整后的资本外逃相对未调整的资本外逃额偏离并不是十分明显，cap1 和 cap2 宜同时作为衡量资本外逃规模的指标。

表 3-6　　　　　　　　　　变量统计性描述

	cap1	cap2	npool	exchange	domesr	open	polisk	reserves
均值	-0.005	0.005	8.808	-11.411	16.615	0.559	51.815	13.792
最大值	0.423	0.423	34.110	21.555	5175.200	1.977	68.666	54.492
最小值	-0.968	-0.959	-38.490	-1550.000	0.490	0.096	19.166	0.000
标准差	0.090	0.089	16.925	59.236	161.800	0.313	6.342	8.898

（二）实证结果分析

为综合分析新兴经济体资本外逃的影响因素，使结果更具普遍性，考虑到资本外逃具有长期性与持续性，且本期及下一期的资本外逃规模极易受上一期情况影响，因此，引入两步 GMM 估计方法，其目的是消除被解释变量作为解释变量带来的内生性问题。

1. 动态面板模型回归结果

为避免使用固定效应存在的内生性问题，使结果更具有可靠性，解决的方法通常采用工具变量法，即引入与随机误差项不相关但与内生解释变量相关的工具变量，通常随机误差项存在难以测得的问题，因而对工具变量的选取存在困难性。Arellano 和 Bond（1991）针对这一情况提出一阶差分广义矩估计法，但是该方法存在一定缺陷：若被解释变量在时间上具有一定惯性那么将会削弱工具变量的作用，结果的有效性便值得怀疑。因此，Arellano 和 Bover（1995）、Blundell 和 Bond（1998）进一步提出了系统广义矩估计（System GMM），该方法对差分广义矩估计法进行了一定修正，将原水平方程与差分方程看作一个系统进行估计。系统广义矩估计相较于差分广义矩估计，精确度更高，应用更广泛。将上文模型（3-12）与模型（3-13）调整为模型（3-14）与模型（3-15）。

$$cap1_{it}=\alpha_0+\alpha_1 L1+\alpha_2 npool+\alpha_3 exchange+\alpha_4 domesr+\alpha_5 open+ \\ \alpha_6 polisk+\alpha_7 reserves+\mu_{it} \quad (3-14)$$

$$cap2_{it}=\alpha_0+\alpha_1 L1+\alpha_2 npool+\alpha_3 exchange+\alpha_4 domesr+\alpha_5 open+ \\ \alpha_6 polisk+\alpha_7 reserves+\mu_{it} \quad (3-15)$$

其中，$L1$ 为被解释变量一阶滞后项，其中，i 代表新兴经济体，t 代表年度，cap_{it} 代表新兴市场 i 第 t 年资本外逃规模占 GDP 比重，α_0 为常数项，α_1，α_2，$\cdots$，α_7 为回归系数，μ_{it} 为随机误差项。模型估计结果如表 3-7 所示。

表 3-7　　　　　　　　动态面板模型回归结果

变量	模型1	模型2
cap1（-1）	0.2766*** (34.70)	
cap2（-1）		0.2891*** (38.34)
npool	-0.0001*** (-3.78)	-0.0002*** (-4.81)
exchange	0.0004** (2.53)	0.0003* (1.81)

续表

变量	模型 1	模型 2
domesr	0.0001 (0.59)	0.0000 (0.49)
open	-0.0419*** (-3.64)	-0.0275** (-2.31)
polisk	-0.0019*** (-8.03)	-0.0016*** (-4.79)
reserves	-0.0002 (-0.60)	0.0004 (1.24)

注：括号内为 t 值，***、**、* 分别表示各个统计量在 1%、5%、10% 的水平下显著。

表 3-7 第 1 列为各被解释变量和解释变量，第 2 列、第 3 列是基于未调整与调整后的资本外逃进行回归分析的结果。可以发现，总体来看世银法测算资本外逃和调整后的资本外逃的影响因素基本一致。国际金融风险对资本外逃的影响在 1% 水平下显著，且符号为负，即国际金融风险越高，资本外逃的数量越少，因为外逃资本需要考虑投资到国外的风险，国际金融风险高导致外逃动机减弱。汇率变化在 5% 和 10% 水平下显著影响资本外逃，且符号为正，即本币汇率贬值幅度越大，外逃资本数量越多，因为本币贬值导致投资者损失，当预期到本币汇率贬值时，投资者会加大资本外逃的数量和速度。对外依存度对资本外逃的影响在 1% 和 5% 水平下显著，且符号为负，即对外依存度越高，资本外逃的数量越少，因为对外依存度高意味着本国与国外的经济交往频繁，本国对外开放度也较高，一般来说资本流动也更加自由，因此没有必要从事比较隐蔽的资本外逃。政治风险与资本外逃表现出负相关性，且在 1% 水平下显著，即一国政治局面越动荡，资本外逃规模则越大，因为投资者在投资时首先考虑安全问题，当一国的政治环境稳定性比较差时，就会带来一定规模的资本外逃。

2. 稳健性检验

为验证前面动态面板回归结果的稳健性，采取两种方式进行稳健性检验。第一，将国际金融风险指标滞后一期进行动态面板模型回归；第二，将对外依存度替换为出口占 GDP 比例进行动态面板模型回归，结果如表 3-8 所示。可以看出，几个变量的显著性及符号并没有发生变化，因此，回归结果是稳健的。

表 3-8　　　　　　　　　　稳健性检验

变量	npool 滞后一期 模型 1	npool 滞后一期 模型 2	open 替换为 trade 模型 1	open 替换为 trade 模型 2
cap1（-1）	0.2697*** (40.76)		0.2629*** (58.07)	
cap2（-1）		0.2532*** (15.20)		0.2753*** (37.20)
npool			-0.0001*** (-3.68)	-0.0001*** (-3.92)
npool（-1）	-0.0004*** (-7.78)	-0.0002*** (-4.53)		
exchange	0.0004*** (3.30)	0.0003*** (4.30)	0.0004*** (4.44)	0.0003** (2.01)
domesr	0.0002 (1.45)	0.0002 (1.42)	0.0001 (1.42)	0.0001 (0.61)
open	-0.0405*** (-3.83)	-0.0376** (-2.28)		
trade			0.0006*** (6.84)	0.0006*** (2.97)
polisk	-0.0019*** (-6.07)	-0.0021*** (-5.60)	-0.0026*** (-11.94)	-0.0020*** (-5.43)
reserves	-0.0002 (-0.48)	0.0003 (1.13)	-0.0006*** (-5.32)	0.0001 (0.17)

注：括号内为 t 值，***、**、* 分别表示各个统计量在 1%、5%、10% 的水平下显著。

四　结论及政策建议

资本外逃问题已经成为当前新兴经济体所面临的重大问题之一，新兴经济体处于经济发展的初级阶段，市场条件不成熟，内部经济结构相对不够完善，经济体系有一定脆弱性，一旦发生持续大规模资本外逃，遭受的负面影响要远远大于发达经济体，如何采取有效措施避免资本外逃带来的负面影响是非常值得研究的。选取41个新兴经济体作为样本，利用动态面板模型，对新兴经济体资本外逃的影响因素进行实证分析，得出以下结论和政策启示。

第一，由于本币贬值率对资本外逃具有负向影响，本币出现大幅贬值，可能会引起巨额的资本外逃。新兴经济体正处于经济发展的过渡期，经济体制与经济结构必然存在些许不合理之处，对此政府应采取灵活的汇率制度，强化汇率制度的改革与外汇市场的建设，在对市场规范运行严格监管的前提下，对外汇市场进行进一步开放，保持本币币值在合理的范围内波动。

第二，新兴市场国家政治局势是否稳定对资本外逃具有巨大的影响。政治局势不稳，投资者担心资本安全，因此一国一旦出现政局动荡，必然会导致资本外逃，因此，新兴市场国家需要保持政策的连续性，保持社会稳定，提高政府公信力，设置社会风险预警机制，制定好相关预案，尽最大可能保证国家政局稳定，从而起到保障投资安全，稳定投资者心理的作用。

第三，全球性因素是新兴经济体资本外逃的重要外部因素。尤其是美国经济政策和经济形势的变化会对新兴经济体资本流动产生直接影响。因此，新兴经济体有必要关注美国经济政策的变化，特别是在当前美国结束量化宽松货币政策，处于上调基准利率期间，美国政策的任何变化都会对全球资本流动带来巨大影响。

第三节　新兴经济体资本流动异常影响因素的实证分析

随着经济全球化程度不断加深，国际资本流动愈加频繁，许多国家在20世纪80年代之后相继经历了国际资本流动浪潮，尤其在进入20世纪90年代之后，由于新兴经济体放松资本管制，国际资本流入新兴经济体呈现繁荣局面，这些大规模资本流入增加了资本供给，弥补了资金缺口，促进了经速增长。然而，国际资本流动也是一把双刃剑，每一次大规模资本流入后几乎都会呈现大规模资本撤出甚至逆转的现象，并且大大增加了金融危机爆发的概率，给新兴经济体经济带来巨大冲击。例如，1997—1998年发生的东亚金融危机就是典型的由资本大规模流入之后大规模撤出引发的。也正是在东亚金融危机之后，"资本突停"的概念第一次被Calvo（1998）正式提出。

2007年美国次贷危机爆发之后，国际资本流动呈现出新的特征，即更具有易变性，波动周期缩短。由于发达国家实施量化宽松货币政策，导致资本大幅流入新兴经济体，但从2014年美联储开始退出量化宽松政策，又导致大量资金流出新兴经济体。从我国情况来看，也随着国际资本流动波动周期，经历着一轮又一轮从资本激增到突然停止的循环。由于美联储加息和美元升值的影响，2014年开始我国资本流入大幅度下降，出现了资本流入突停甚至内资外逃的异常现象。2015年我国资本账户出现了严重逆差，面临着较为严峻的跨境资本流出形势。因此，研究新兴经济体跨境资本流动异常的影响因素对于我国防范资本流动冲击具有一定现实意义。

一 跨境资本流动异常研究文献回顾

国内外一些学者对跨境资本流动异常的概念进行了深入研究。Calvo（1998）提出了"资本流入突然停止（Sudden stop）"的概念。Calvo（2004）对资本突然停止进行了量化处理，他认为与上年同期相比，资本流入比样本均值低两倍标准差就认定发生了资本流入突然停止。Frankel和Cavallo（2008）对资本流入突然停止量化定义作了进一步约束，认为在第t年一国的资本账户剩余超过其均值两个标准差，并且经常账户赤字和人均GDP在第t年或者t+1年下降便发生了资本突然停止。Edwards（2004）从百分比的角度指出当资本流入净值的减少量超过了本国GDP的5%便认为发生资本流动突停。Sula（2010）进一步改进了这种测算方法，去除了最为稳定的FDI。潘赛赛（2012）根据Calvo（2004）对资本流入突然停止的量化，认为当资本流出的增加量比样本均值多两倍标准差时便发生了资本外逃。与之相对应的，短时期内的资本大量涌入一国，被称为资本流入激增。资本激增的识别方法主要有两种：第一种是阈值定义法，即根据整个时期国际资本流入的分布确定阈值，若当期国际资本流入（占GDP的比重）大于前20%或30%的分位值，则被识别为资本大幅流入事件。Ghosh 等（2015）认为，一国资本流入不仅位于本国资本流动的前 30% 分位，还应当同时位于全部样本的前 30% 分位，才可以被定义为资本大幅流入事件。第二种是标准差定义法，即聚焦于资本流入增量的变化。当资本流动的年变化量高于过去 5 年均值的一倍标准差，并至少有一个季度/月达到两倍标准差时，就被定义为资本流入激增事件（Forbes and Warnock，2012；Calderon and Kubota，2014）。陆静和罗伟卿（2012）计算资本突停和资本激增时选取的临界值为 4%。刘莉亚等（2013）将 FDI、证券投资、其他投资三类资本流动的阈值都设定为 1.5%。

已有文献将跨境资本流动异常状态分为四种：资本流入激增、资本流入突停、资本外逃和资本回流。其中 Forbes 和 Warnock（2012）认为资本流入激增和资本流入突停是由国际投资者驱动的，资本外逃和资本回流是由国内投资者驱动的，并且全球金融风险在推动资本流动发生异常过程中发挥着重要作用。刘莉亚等（2013）基于 105 个发展中国家的数据分别从国际资本流动异常状态、规模和波动性视角进行了研究，认为资本管制对国际资本流动影响不显著。也有学者把资本流动异常分为流入驱动型突然停止和流出驱动型突然停止。Cowan 和 Gregorio 等（2008）认为对于新兴经济体来说，资本流入驱动型突然停止会导致投资减少和产出下降，从而严重阻碍经济发展。Calderón 和 Kubota（2011）研究发现，流入驱动型突停具有集中性，流出驱动型突停一般会单独发生，且流入驱动型突然停止对宏观经济影响更大，FDI 比重增加会抑制流入驱动型突然停止的发生。郑璇（2014）通过建立面板数据模型考察两种突然停止类型的影响因素，发现流入驱动型突然停止受国际因素影响较大，流出驱动型突然停止受国内因素影响较大。何国华和李洁（2017）构建跨境资本流动与金融摩擦的 DSGE 模型，发现本币升值预期会使金融系统的风险选择趋于激进，因此会引发资本流动异常现象。张荧天和孟昊（2019）研究了金砖五国在 2011—2017 年跨境资本流动异常的影响因素，发现通货膨胀率、经济增长率等拉动因素以及发达国家经济增长率、全球流动性等推动因素都能显著影响跨境资本流动异常现象的发生。程立燕和李金凯（2020）选取 1999—2017 年全球 64 个国家和地区的季度面板数据，采用 Probit 交互效应模型实证发现在全球金融周期"繁荣"阶段（VIX指数较低时），全球风险指数和大部分经济体内部因素均为国际资本异常流动的驱动因素；在全球金融周期"萧条"阶段（VIX指数较高时），全球风险指数成为第一主导因素，大部分经济体内部因素的影响变得不显著。梁锶、杜思雨（2020）基于1990—2017年31个发达经济体和28个发展中经济体的季度数据，计算6类资本急停样本后实证发现，国际金融周期进入萧条期将增加SSI（总流入型资本急停）、SSIN（总流入且净流入型资本急停）、SSION（总流入且总流出且净流入型资本急停）、SSO（总流出型资本急停）、SSN（净流入型资本急停）的发生概率。杨海珍等（2021）采用马尔科夫区制转移法及Bry-Boschan拐点法将1980年第一季度至2018年第一季度划分为三轮美元周期，实证发现相较于美元上行周期，美元下行周期内新兴市场经济体、发展中经济体及非美发达经济体的短期资本流动规模均显著增加，且新兴市场经济体和发展中经济体发生短期资本流动极端波动的概率显著提高。何雨霖等（2021）运用滚动窗口和TVP-VAR模型，发现随着金融市场不断开放，源于开放制度自由化便利化带来的投资者结构变化，使资本流动受国际因素的影响明显增强。杨海珍和杨洋（2021）以1995—2018年22个发达经济体和18个新兴市场经济体与发展中经济体为研究样本，运用面板Probit模型实证发现全球层面的金融市场不确定性和经济政策不确定性会显著增加资本急停概率，国家层面通货膨胀不确定性上升将显著提高发达经济体资本外逃概率，国家层面金融市场不确定性上升显著增加了新兴市场经济体与发展中经济体资本急停概率。

有不少学者就资本激增与资本突停做了进一步研究。Sula（2010）的研究结果表明国际资本大量涌入会通过直接影响和间接影响两种渠道提高资本突停发生的概率，并且如果资本过度流入是由银行贷款、证券投资引起的，则发生资本突停的概率更大。陆静和罗伟卿（2012）通过实证研究也发现资本激增在引发资本突停的过程中起着重要作用，同样情况下资本过度流入会加大资本流动突停发生的概率，因为资本大量流入的同时带来了外部冲击风险，增加了经济体系脆弱性，一旦经济环境变化更易引发货币危机。Crys-taunina等（2013）实证研究了在不同定义标准下资本激增与资本突停之间的关系，发现两者之间存在稳定且显著的正向关系。李安娜（2014）发现FDI最不容易发生逆转，而证券投资和其他投资前期大量流入会显著增加突然停止发生的概率，另外，银行体系和证券市场两大金融体系在传导过程中扮演着重要角色。李宇轩（2019）利用VAR模型脉冲响应模型进行分析，研究发现总资本、FDI、证券投资项突然中断会导致汇率波动减小，而其他投资项突然中断导致汇率波动增加，汇率波动造成了各资本项资本流动突然中断的增加。陈奉先和李娜（2020）利用全球68个经济体在1985—2018年的面板数据实证发现资本账户开放显著地提高了资本流动突停的发生概率，而金融发展是资本账户开放影响资本流动突停的渠道，主要通过推动经济增长、降低汇率波动率抑制资本流动突停。陈奉先和贾丽丹（2021）基于1985—2018年68个经济体年度面板数据，采用面板Logit模型研究发现，主权信用评级调整能够显著影响经济体国际资本流动"突然停止"的发生概率，当主权信用评级上调时，"突然停止"的发生概率下降；反之亦然。鲍星和张德亮（2022）发现公共部门、银行部门跨境资本流入与资本流入急停之间有显著的正向关联关系。陈中飞等（2021）基于费雪"债务—通缩"理论，选取1986—2018年的39个国家和地区的面板数据，实证发现，杠杆率对发生突然中断的影响具有倒"U"形特征，即发生突然中断的概率先随杠杆率上升而增加，越过拐点后发生突然中断的可能性降低，但发生资本外逃的风险随之提高。

从以上文献中可看出，资本流动异常可分为四种类型，即国外资本流入增加导致的资本激增，国外资本流入突然减少导致的资本突停，国内资本流出数量突然增加导致的资本外逃，国内资本流出数量突然减少或从外部撤回导致的资本回流。本章采用阈值法，根据资本流动变化与GDP的比率对资本流动的四种异常表现进行判断，并对这四种资本流动异常的影响因素进行实证分析。本书与已有文献的不同之处在于：第一，从国内和国际两个方面来分析影响国际资本流动异常的因素，发现证券资本流动异常主要受全球金融风险和全球流动性等国际因素影响，FDI流动异常主要受国内外经济基本面因素的影响。第二，样本数量较大，采用43个新兴经济体的数据作为样本，基本上涵盖了具有统计数据的全部新兴经济体，因此实证结果更具可靠性。

二 跨境资本流动异常状态的确定

选取的资本流动数据包括 FDI、国际证券投资和其他投资。根据资本流动方向对内投资还是对外投资共计 6 组数据 12 个指标，首先对数据进行标准化处理，即对各个数据同时除以 GDP，用式可以表示为：

$$\frac{I_t}{GDP_t} \tag{3-16}$$

其中 I_t 表示 t 年的 FDI、国际证券投资和其他投资。借鉴 Sula 和 Willet（2009）、Sula（2010）、陆静和罗伟卿（2012）以及刘莉亚等（2013）的研究，当某一时期内国际资本流动的变化量超过某一阈值，那么该时期被识别为国际资本流动异常。当国际资本流入或流出满足：

$$\frac{I_t - I_{t-1}}{GDP_{t-1}} > \lambda_i \tag{3-17}$$

则认为国际资本流动分别为激增和外逃状态，当国际资本流入或流出分别满足：

$$\frac{I_t - I_{t-1}}{GDP_{t-1}} < -\lambda_i \tag{3-18}$$

则认为国际资本流入或流出分别为停止或回流状态。

根据式（3-17）和式（3-18）以及不同种类的资本流动的规模不同，并根据刘莉亚等（2013）在文献中对阈值的设定，将证券投资的阈值设定为 1.5%。根据李稻葵和梅松（2009）的阀值设定方法，以及 Sula（2008）、陆静和罗伟卿（2012）在研究新兴经济体时将 FDI 和其他投资阀值设为 4%，本书综合考虑将 FDI 和其他投资的阈值设定为 3.5%。选取 1988—2020 年 43 个新兴经济体为样本，确定资本流动异常情况如表 3-9 所示。

表 3-9　　　　　　　　国际资本流动异常频数统计

方向	类型	FDI	证券投资	其他投资
国际资本流入	激增	84	173	173
	突停	60	155	148
本国资本流出	回流	18	119	123
	外逃	16	139	130

注：证券投资的阈值设定为 1.5%，FDI、其他投资的阈值设定为 3.5%。

由表 3-9 可以看出，国际资本流动异常较为频繁，其中发生资本激增的次数最多，根据 FDI、证券投资和其他投资三组数据确定的资本激增次数依次为 84 次、173 次、173 次。发生资本回流的次数较少，次数分别为 18 次、119 次、123 次。从资本类型看，FDI 发生流动异常的次数最少，因为 FDI 属于长期投资，因此最为稳定，这与大多数研究结论是一致的。从资本流动方向来看，国外资本流入更容易发生资本流动异常，由于本章研究的是新兴经济体，这符合实际情况。主要是因为新兴经济体经济发展对资金需求较大，且与发达国家相比市场完善程度等偏低，当资本收益较高时便会有大量资金流入，而当资本收益下降时，就会大幅波动。

三 跨境资本流动异常影响因素的实证研究

（一）指标选取与资料来源

国际经济环境对投资者决策会产生重要影响，当国际经济环境较好时，投资者会增加对新兴市场的投资，而当国际经济环境恶劣时，投资者会减少对新兴市场的投资。李稻葵和梅松（2009）发现美国国内流动性松紧程度与新兴经济体资本流入逆转密切相关。Fratzscher（2011）认为在 2008 年国际金融危机爆发期间，全球流动性变化导致国际资本流动变化。Ghosh 等（2015）研究发现，新兴经济体资本流动异常受美国利率、国际投资者偏好等国际性因素影响显著。Forbes 和 Warnock（2012）研究发现新兴经济体资本流动突然停止主要受到全球风险和传染性等因素影响。郑璇（2014）也发现风险传染对"突然停止"的发生具有显著影响。刘莉亚等（2013）发现全球金融风险等外部因素是决定国际资本异常流动的主要原因。

相对于国际经济环境的变化，投资者对东道国国内经济状况反应程度更加敏感。国内经济环境变化不仅会影响国际投资者决策行为，对国内投资者也会产生较大影响。国内利率、汇率的变化直接影响投资者收益，通货膨胀率变化则会影响投资者预期收益。潘赛赛（2012）考察了本国利率变动、失业率变动、GDP 增长率、外汇储备变动及贸易开放度等变动对国际资本流动的影响，发现 GDP 增长率和外汇储备变动对国际资本流入突停存在着显著影响。陆静和罗伟卿（2012）研究资本流入突停时则考虑了经济增长、贸易开放度、通货膨胀水平、外债以及实际汇率等因素。根据上述研究，本书选取经济增长率、金融开放度、通货膨胀率、贸易依存度、汇率变化、国内利率、外债规模、外汇储备及信贷规模作为衡量国内经济状况的指标；选取全球流动性、全球金融风险、全球经济增长率、国际利率作为衡量国际经济状况的指标，如表3-10所示。

表3-10　　　　　　　　　　变量说明

因素	序号	指标	变量名称	意义
本国内部因素	1	gdpg	经济增长率	国内实际GDP增长率
	2	cpi	通货膨胀率	按消费者价格指数衡量的通胀年率计算
	3	rate	国内利率	国内实际利率
	4	credit	信贷规模	国内私营部门贷款占GDP的比例
本国对外因素	5	trade	贸易依存度	进出口总额占GDP比例
	6	exchange	汇率变化	本币币值变化百分率
	7	kaopen	金融开放度	Chinn-Ito金融开放指数
	8	fdebt	外债风险	短期外债与外汇储备之比
	9	reserves	外汇储备	外汇储备与GDP之比
全球影响因素	10	gflow	全球流动性	美元M2占美国GDP比例
	11	gfin	全球金融风险	笔者计算
	12	ggdpg	全球经济增长率	全球实际经济增长率
	13	grrate	国际利率	美国实际利率

资料来源：国务院发展研究中心统计数据库。

1. 经济增长率

一国经济增长率高代表经济繁荣，经济效率提升速度快，投资易于获得较高回报，因此经济增长率高可以吸引国际资本流入。当经济增长率处于低位时，意味着实体经济层面开始恶化、收益率下降，资本流动容易发生突然停止和外逃。

2. 金融开放度

金融开放度越高，资本流动管制程度越低，而资本管制强度对国际资本流动具有重要影响。当金融开放度高时，资本流入和流出都较为容易，发生资本流动异常的可能性更大。

3. 通货膨胀率

通货膨胀率代表了货币实际购买力变化，较高的通货膨胀率会扰乱社会经济秩序，同时也可能使投资收益率下滑，降低资本实际收益水平，从而本国对国际资本的吸引力下降，带来资本突停或外逃。

4. 贸易依存度

以往研究发现贸易依存度对资本流动异常的影响方向不一，尤其对资本突停，但贸易开放度一般都是资本流动异常的重要影响因素之一。

5. 汇率变化

新兴市场国家货币汇率升值有利于吸引国际资本流入，但是汇率过高容易导致投资者预期贬值，从而资本外流。货币汇率贬值初期，为规避贬值损失，资本会出现流入突停或外逃，而当市场预期汇率贬值到了底部，则会有大量资本流入，以赚取未来升值的收益。

6. 国内利率

根据利率平价理论，利率水平的差异影响国际资本流动的方向，高利率代表着高收益率，国际投资者会将资金投入高利率国家。

7. 外债规模

一个国家外债规模越大，未来需要偿还的外债越多，需要更多的外汇，如果外汇数量不足，未来本币汇率就可能受到冲击，出现贬值，因此，外债水平会给资本流动带来影响。

8. 外汇储备

外汇储备规模越大，一国抵御风险的能力越强，同时外汇储备充足表示偿债能力较强，有利于提高投资者信心，从而降低资本流动发生逆转的风险。

9. 信贷规模

信贷规模是金融发展程度的重要体现，有学者研究发现信贷规模紧缩会引发通货紧缩，以至于出现消费缩减，生产萎缩，资产价格下降，从而影响资本流动。

10. 全球流动性

全球流动性越高代表着资本越充裕，可以用来投资的资本越多，因此国际货币发行国尤其是美国采取宽松型货币政策会影响新兴市场国家资本流入情况。

11. 全球金融风险

全球金融风险反映了国际金融环境的稳定性，也是金融危机传染性的综合表现，全球金融风险越高，投资者越谨慎，对外投资意愿越低，从而影响新兴市场国家资本流动。

12. 全球经济增长率

经研究发现，美国等发达国家经济增长率变化和新兴市场国家资本流动密切相关。以全球实际 GDP 增长率代表全球经济增长率。

13. 国际利率

国际利率水平的高低是影响新兴市场国家资本流动的直接动力。国际利率水平高，一方面表明国际资金紧张，从而流入新兴市场国家的资本减少，另一方面国际利率水平上升表明投资于发达国家的收益率提高，因此会吸引新兴市场国家的资本流向发达国家。

（二）模型构建

因变量资本突停、资本激增、资本回流和资本外逃都是由 0 和 1 表示的虚拟变量，即资本流动异常发生时取值为 1，资本流动异常不发生时取值为 0，使用 Probit 回归模型进行实证分析。

Probit 回归模型可以描述为，在 x 给定的情况下，考虑 y 的两点分布概率：

$$\begin{cases} P(y=1 \mid x) = F(x, \beta) \\ P(y=0 \mid x) = 1 - F(x, \beta) \end{cases} \tag{3-19}$$

通过选择合适的函数形式 $F(x, \beta)$，可以保证 $0 \leqslant \hat{y} \leqslant 1$，并将 $\hat{y}$ 理解为 $y=1$ 发生的概率：

$$E(y \mid x) = 1 \cdot P(y=1 \mid x) + 0 \cdot P(y=0 \mid x) = P(y=1 \mid x) \tag{3-20}$$

如果 $F(x, \beta)$ 为标准正态分布的累积分布函数，则

$$P(y=1 \mid x) = F(x, \beta) = \Phi(x'\beta) = \int_{-\infty}^{x'\beta} \varphi(t) \, \mathrm{d}t \tag{3-21}$$

y 为资本流动异常，x 则是对流动异常的影响因素，回归模型可表示为：

$$y_{it} = \alpha + \beta x_{it} + \varepsilon_{it} \tag{3-22}$$

y_{it} 的取值为 0 和 1，可以表示资本流入激增、资本流入突停、资本回流和资本外逃。x_{it} 为解释变量，是影响资本流动异常原因。ε_{it} 为扰

动项，服从标准正态分布。

（三）实证结果分析

回归结果如表3-11和表3-12所示，其中表3-11是从国际资本流入角度对资本流入激增和资本流入突停进行实证分析的结果，表3-12是从本国投资者对外投资的角度，对资本外逃和资本回流进行实证分析的结果。可以发现，不同类型资本流动异常的影响因素不同，同样类型的资本不同异常状态的影响因素也不同，说明针对不同类别资本流动和不同状态资本流动异常分别研究具有较强的实际意义。

表3-11　　　　　　　　　　激增与突停状态回归结果

资本类型	FDI资本流入		证券资本流入		其他投资资本流入	
模型	模型1	模型2	模型3	模型4	模型5	模型6
状态	激增	突停	激增	突停	激增	突停
gdpg	0.0238 (1.02)	-0.0829*** (-2.97)	-0.0393* (-1.86)	-0.0641*** (-2.90)	0.0008 (0.03)	-0.0721*** (-3.38)
cpi	-0.0034 (-0.78)	0.0020 (0.73)	0.0044 (1.23)	-0.0039 (-0.70)	0.0231 (3.91)	-0.0035 (-0.83)
rate	-0.0190** (-2.49)	-0.0098 (-1.13)	-0.0138** (-2.11)	-0.0090 (-1.44)	-0.0001 (-0.02)	-0.0070 (-1.20)
credit	-0.0040 (-0.73)	0.0004 (0.06)	0.0066** (1.98)	0.0067** (1.97)	0.0004 (0.09)	-0.0025 (-0.61)
trade	0.0038 (1.43)	0.0112*** (3.30)	0.0021 (1.01)	-0.0002 (-0.10)	0.0096*** (4.25)	0.0054** (2.37)
exchange	0.0013 (0.44)	-0.0029 (-0.87)	-0.0045 (-1.02)	-0.0031 (-0.75)	-0.0291*** (-3.85)	0.0005 (0.19)
kaopen	0.1404** (2.41)	0.0545 (0.75)	0.1154** (2.21)	0.0716 (1.29)	0.1440*** (2.75)	0.1305** (2.42)
fdebt	0.0001 (0.00)	-0.0008 (-0.54)	-0.0026* (-1.74)	0.0010 (1.078)	-0.0049*** (-3.06)	0.0003 (0.49)
reserves	-0.5671 (-1.10)	-0.7470 (-1.05)	-1.2261** (-1.96)	-1.2601* (-1.78)	-1.4060*** (-2.53)	-1.1650* (-1.93)

续表

资本类型	FDI 资本流入		证券资本流入		其他投资资本流入	
gflow	−0.0087 (−1.50)	−0.0157* (−1.94)	−0.0027 (−0.72)	−0.0029 (−0.74)	−0.0081 (−1.61)	−0.0030 (−0.66)
ggdpg	−0.2087*** (−3.91)	−0.2412*** (−3.95)	−0.1501*** (−3.22)	−0.0899* (−1.80)	−0.2638*** (−5.49)	−0.1756*** (−3.63)
gfin	0.0023 (0.53)	−0.0052 (−0.97)	0.0006 (0.15)	−0.0175*** (−4.64)	0.0029 (0.74)	−0.0027 (−0.70)
grate	−0.1042** (−2.30)	−0.1775*** (−2.94)	−0.1104*** (−2.89)	−0.0935** (−2.28)	−0.0855** (−2.19)	−0.0694* (−1.74)
Log likelihood	−161.3375	−98.4969	−228.1752	−214.9835	−207.6731	−203.7689
观测值	652	652	637	640	649	649

注：括号中是 z 统计值，*、**、*** 分别代表 $p<0.1$、$p<0.05$、$p<0.01$。

由表 3-11 中模型 1 可以看出，国内利率、金融开放度、全球经济增长率和国际利率对 FDI 资本流入激增存在显著影响。国内利率对 FDI 激增在 5% 水平下存在显著的负向影响，说明一国利率水平越低，越容易带来 FDI 大规模流入，这主要是因为一国利率水平低说明经济环境较为宽松，经济繁荣，投资可以获得更高利润率，因此吸引更多外国资本流入，形成 FDI 流入激增的现象。金融开放度对 FDI 激增在 5% 水平下存在显著的正向影响，说明金融开放度越高，FDI 越容易形成激增，其原因可能是金融开放度高的国家，资本流动更加自由，法规和政策等方面也更多地与国际惯例接轨，国内投资环境也越好，因此更能吸引 FDI 流入。全球经济增长率对 FDI 激增在 1% 水平下存在显著负向影响，说明全球经济增长率越高，流入新兴市场国家 FDI 激增的可能性越小，其原因可能是全球经济增长率高的时候，发达国家的经济繁荣，很多资本流入发达国家，从而导致新兴市场国家 FDI 流入激增减少。

由表 3-11 中模型 2 可以看出，新兴市场国家 FDI 突停受到国内经济增长率、贸易依存度、全球流动性、全球经济增长率和国际利率的影响。国内经济增长率对 FDI 突停在 1% 显著水平下产生负向影响，即国内经济增长率越高，发生 FDI 突停的概率越低，因为国内经济增长率高说明国内经济繁荣，对国际直接投资的吸引力大，不容易发生 FDI 突停。贸易依存度在1%水平下显著正向影响FDI突停，即贸易依存度越高越容易出现FDI突停，主要是因为贸易依存度高说明对外经济联系密切，经济更易受国际环境影响，本国经济自由度也会更高，因此当经济环境变化时就会出现FDI突停。全球流动性在10%显著水平下对FDI突停产生负向影响，即全球流动性收紧容易引发新兴市场国家FDI突停，主要原因是全球流动性减少导致可用资金紧张，有些企业就会撤回原有的投资，因此更容易出现FDI突停。全球经济增长率在1%水平下显著影响FDI突停，符号为负，即全球经济增长率越高，新兴市场国家越容易出现FDI突停，因为全球经济增长率高意味着发达国家经济繁荣，更容易吸引资本回流发达国家，因此新兴市场国家更容易出现FDI突停。国际利率在1%水平下显著负向影响新兴市场国家FDI突停，即国际利率水平低的情况下更容易出现新兴市场国家FDI突停，主要是因为国际市场利率水平低会导致较多资本流入新兴市场国家，一旦投资环境出现变化，则会导致新兴市场国家FDI突停。

由表3-11中模型3可以看出，新兴市场国家证券投资激增受到国内经济增长率、国内利率、信贷规模、金融开放度、外债风险、外汇储备、全球经济增长率和国际利率的影响。国内经济增长率在10%水平下显著负向影响证券投资激增，即国内经济增长率越低越容易吸引证券投资流入，看似与常理违背，实际上可能是因为证券投资者在决定投资时主要看未来一段时间的经济情况，当新兴市场国家经济增长率较低时正是投资者进行投资的良好时机，等到经济繁荣时期则出售证券，从而获得收益。国内利率在5%水平下显著负向影响证券投资激增，即国内利率越低，越容易发生证券投资激增，主要是因为新兴市场国家利率较低时也是经济不景气之时，证券投资者投资可以购买到价位较低的证券，具有较大的上涨空间，因此会吸引证券投资激增。信贷规模在5%水平下显著正向影响证券投资激增，即信贷规模越大越容易引发证券投资激增，主要是因为信贷规模增加会导致经济更加繁荣促进证券价格上涨，因此吸引证券投资激增。金融开放度在5%水平下显著正向影响证券投资激增，主要因为金融开放度高的国家资本流动更加自由，因此更容易发生证券投资激增。外债风险在10%的水平下负向影响证券投资激增，即外债风险越高的国家发生证券投资激增的概率越小，这与常理一致。外汇储备在5%水平下负向影响证券投资激增，即外汇储备越多越不容易发生证券投资激增，这可能是因为外汇储备较多的国家多是对资本流动管制比较严格，对国外资金投资本国证券市场有着很多限制，因此导致证券投资激增概率下降。全球经济增长率在1%水平下负向影响证券投资激增，即全球经济增长率越高，新兴市场国家出现证券投资激增的概率越低，主要是因为全球经济增长率高时也是发达国家经济繁荣之时，吸引更多资金流入发达国家，因此新兴市场国家出现证券投资激增的概率较低。国际利率在1%水平下负向影响新兴市场国家证券投资激增，即国际利率越低，新兴市场国家发生证券投资激增的概率越小，主要是因为利率较低导致发达国家证券市场繁荣，吸引更多资本流入发达国家市场，因此新兴市场国家证券投资激增概率下降。

由表3-11中模型4可以看出，新兴市场国家证券投资突停受到国内经济增长率、国内信贷、国际储备、全球经济增长率、全球金融风险和国际利率的影响。国内经济增长率在1%水平下负向影响证券投资突停，即国内经济增长率越低证券投资越容易出现突停，这与常理一致。国内信贷在5%水平下显著正向影响证券投资突停，即国内信贷规模越大越容易出现证券投资突停，主要是因为当国内信贷规模过大必然出现泡沫，投资者为避免损失会提前退出投资，从而造成证券投资突停。国际储备在10%水平下负向影响证券投资突停，即国际储备越少越容易导致证券投资突停，这与常理是一致的。全球经济增长率在10%水平下负向影响证券投资突停，即全球经济增长率越低，越容易出现证券投资突停，主要是因为全球经济不景气导致投资者亏损，收缩全球投资，因此更容易造成新兴市场国家证券投资突停。全球金融风险在1%水平下显著负向影响新兴市场国家证券投资突停，即全球金融风险越低，越容易出现新兴市场国家证券投资突停，主要是因为全球金融风险低的情况下，很多投资者会转移新兴市场国家的投资到发达国家，因此新兴市场国家更容易出现证券投资突停。国际利率在5%水平下显著负向影响新兴市场国家证券投资突停，即全球利率越低越容易出现新兴市场国家证券投资突停，因为低利率会导致发达国家证券市场繁荣，从而吸引一些资本回流到发达国家证券市场。

由表3-11中模型5可以看出，新兴市场国家其他投资激增受到贸易依存度、汇率变化、金融开放度、外债风险、外汇储备、全球经济增长率和国际利率的影响。贸易依存度在1%水平下显著正向影响其他投资激增，即贸易依存度越高，其他投资激增的概率越高，主要是因为其他投资里面很重要的组成部分是与贸易相关的资金往来，因此贸易依存度高导致其他投资激增的概率增高。汇率变化在1%水平下负向影响其他投资激增，即本币升值的情况下其他投资激增的概率更高，主要是因为本币升值时持有本币会获取升值收益，因此本币升值导致其他投资激增。金融开放度在1%水平下正向影响其他投资激增，因为金融开放度高意味着资本流动更加自由，因此更容易出现其他投资激增。外债风险在1%水平下负向影响其他投资激增，即外债风险越高，其他投资激增概率越低，主要是因为一国外债风险高就更有可能出现汇率贬值和外汇管制，从而导致投资者损失，因此出现其他投资激增的概率小。外汇储备在1%水平下负向影响其他投资激增，即外汇储备规模越小越容易出现其他投资激增，主要是因为外汇储备较少的国家制定了更加积极的吸引外资的政策，因此更易出现其他投资激增。全球经济增长率在1%水平下负向影响其他投资激增，即全球经济增长率越低，发生其他投资激增的概率越高，因为全球经济增长率低意味着发达国家经济不景气，资本为寻找更有利的投资机会，会更多流向新兴市场国家，从而更易造成其他投资激增。国际利率在5%水平下负向影响其他投资激增，即国际利率越低，越容易出现其他投资激增，主要是因为国际利率低时资金较为充裕且发达国家投资收益率较低，因此资本更倾向于投资新兴市场国家，从而更容易出现其他投资激增。

由表3-11中模型6可以看出，新兴市场国家其他投资突停受到经济增长率、贸易依存度、金融开放度、外汇储备、全球经济增长率和国际利率的影响。经济增长率在1%水平下负向影响其他投资突停，即经济增长率越低，发生其他投资突停的概率越大，这是因为经济增长率低被投资者认为经济发展前景不好，从而减少资金投入，所以更容易发生其他投资突停。贸易依存度在5%水平下显著正向影响其他投资突停，即贸易依存度越高越容易发生其他投资突停，因为贸易依存度高的国家一般对外开放程度都高，资本流动更加自由，因此更容易发生其他投资突停。金融开放度在5%水平下显著正向影响其他投资突停，即金融开放度越高越容易发生其他投资突停,主要是因为金融开放度越高,资本流动自由度越高,其他投资来去更加自由,因此发生其他投资突停的可能性更大。外汇储备在10%水平下显著负向影响其他投资突停,即外汇储备越少越容易发生其他投资突停,因为外汇储备越多越能保障国外投资者将来撤资时自由兑换外汇和汇率稳定,因此外汇储备越少,投资者越谨慎,越容易发生其他投资突停。全球经济增长率在1%水平下显著负向影响其他投资突停,即全球经济增长率越低越容易发生其他投资突停,这是因为全球经济不景气导致全球贸易增长乏力,通过贸易渠道形成的其他投资会下降;另外可能出现损失,从而减少对外投资,因此全球经济增长率低导致其他投资突停的概率增加。国际利率在10%水平下显著负向影响其他投资突停,即国际利率越低越容易发生其他投资突停,这里的原因与全球经济的影响是类似的。

表3-12　　　　　　　　　回流与外逃状态回归结果

资本类型	FDI资本流出		证券资本流出		其他投资资本流出	
模型	模型7	模型8	模型9	模型10	模型11	模型12
状态	回流	外逃	回流	外逃	回流	外逃
gdpg	0.1494*** (2.66)	-0.0214 (-0.32)	-0.0093 (-0.37)	-0.0363 (-1.60)	0.0476** (2.00)	-0.0803** (-2.55)
cpi	-0.0722** (-1.98)	-0.0507*** (-2.70)	-0.0126 (-0.79)	-0.0011 (-0.16)	-0.0005 (-0.18)	0.0032 (0.75)
rate	-0.0105 (-0.67)	-0.0354** (-2.43)	-0.0204** (-2.01)	-0.0167 (-1.53)	-0.0043 (-1.55)	-0.0248** (-2.20)
credit	-0.0233 (-1.25)	-0.0105 (-0.63)	0.0087** (2.13)	0.0048 (1.06)	-0.0139** (-2.01)	-0.0078 (-0.90)
trade	-0.0437*** (-2.75)	-0.0169** (-2.56)	-0.0033 (-1.22)	0.0004 (0.18)	0.0117*** (4.48)	0.0082*** (2.96)
exchange	0.0379*** (2.60)	0.0122** (2.06)	-0.0099 (-1.17)	-0.0013 (-0.19)	0.0034 (1.00)	-0.0052 (-1.07)
kaopen	0.2864* (1.85)	0.1916*** (3.19)	0.1826*** (2.80)	0.1608** (2.59)	0.1152* (1.94)	0.1194* (1.76)

续表

资本类型	FDI 资本流出		证券资本流出		其他投资资本流出	
fdebt	-0.0167** (-1.95)	-0.0108* (-1.92)	-0.0002 (-0.21)	-0.0059*** (-2.81)	-0.0079*** (-4.30)	0.0006 (0.81)
reserves	0.1873 (0.20)	-1.5424 (-0.69)	0.4525 (0.90)	-0.0880 (-0.18)	-3.3907*** (-3.80)	-0.5566 (-1.06)
gflow	0.0086 (0.58)	0.0062 (0.48)	-0.0100** (-2.22)	-0.0049 (-1.11)	0.0095 (1.40)	-0.0004 (-0.05)
ggdpg	-0.0902 (-1.07)	-0.2185*** (-3.04)	-0.1833*** (-3.59)	-0.1933*** (-3.34)	-0.2283*** (-4.03)	-0.1872*** (-2.87)
gfin	-0.0172*** (-3.11)	-0.0048 (-0.71)	-0.0083** (-2.07)	0.0020 (0.38)	-0.0012 (-0.24)	-0.0063 (-1.22)
grate	0.1601*** (2.59)	0.1719** (2.59)	-0.0546 (-1.18)	-0.0846 (-1.48)	-0.1758*** (-4.09)	-0.1697*** (-3.43)
Log likelihood	-24.81193	-28.9903	-163.8549	-162.6541	-178.5617	-157.6606
观测值	609	607	612	613	649	649

注：括号中是 z 统计值，*、**、*** 分别代表 p<0.1、p<0.05、p<0.01。

表 3-12 是对国内投资者对外投资的资本流动异常，即对资本外逃和回流的回归结果。由表 3-12 中模型 7 可以看出，FDI 回流受到经济增长率、通货膨胀率、贸易依存度、汇率变化、金融开放度、外债风险、全球金融风险和国际利率的影响。经济增长在 1% 水平下显著正向影响 FDI 回流，即经济增长率越高越容易发生 FDI 回流，因为经济增长越好，越能为投资者带来丰厚的利润，投资者越愿意来进行直接投资。通货膨胀在 5% 水平下负向影响 FDI 回流，即通胀越低，FDI 越多，因为通胀率低意味着经济发展健康稳定，投资者更倾向于到稳定的国家进行直接投资，因此通胀率低可以增加 FDI 回流的概率。贸易依存度在 1% 水平下负向影响 FDI 回流，即贸易依存度越高，FDI 回流的概率越低，因为对外贸易联系紧密，对外贸易自由度高，本国投资者没有必要将投资国外的资金撤回国内，因此贸易依存度越高，FDI 回流的概率越低。金融开放度在 10% 水平下正向影响 FDI 回流，即金融开放度越高，FDI 回流的概率越高，这是因为金融开放度高意味着资本流动更加自

由，本国的超额盈利投资机会减少，因此本国已经投资到国外的直接投资资本没有必要再撤回国内，导致FDI回流概率减少。全球金融风险在1%水平下负向影响FDI回流，即全球金融风险越低，新兴市场国家越容易发生FDI回流，因为全球金融风险低表明国外证券投资更加稳定，发达国家金融化程度更高，实体经济投资更多转向新兴市场国家，因此本国投资者在国外的直接投资会倾向于撤回本国，发生FDI回流。国际利率在1%水平下显著正向影响FDI回流，即国际利率越高越容易发生FDI回流，因为国际利率高意味着国际经济不景气，获利机会减少，因此更易发生FDI回流。

由表3-12中模型8可以看出，FDI外逃受到通货膨胀率、国内利率、贸易依存度、汇率变化、金融开放度、外债规模、全球经济增长率和国际利率的影响。通货膨胀率在1%水平下负向影响FDI外逃，即通胀越低越容易发生FDI外逃，因为通胀率低意味着经济不景气，更易引发FDI外逃。国内利率在5%水平下负向影响FDI外逃，即国内利率越低越容易发生FDI外逃，原因与通胀的影响类似。贸易依存度在5%水平下负向影响FDI外逃，即贸易依存度越低越容易发生FDI外逃，因为贸易依存度低意味着国内外经济联系不够密切，国内外投资存在更多差别，在某些领域到国外直接投资有利于增加收益，因此贸易依存度越低越容易发生FDI外逃。汇率变化在5%水平下正向影响FDI外逃，即汇率贬值更可能造成FDI外逃，主要是因为汇率贬值导致以外币衡量的投资收益出现亏损，因此汇率贬值更易发生FDI外逃。全球经济增长率在1%水平下负向影响FDI外逃，即经济全球经济增长率越高越不容易发生FDI外逃，因为全球经济增长率高意味着全球经济景气，各国经济都健康发展，因此不易发生FDI外逃。国际利率在1%水平下正向影响FDI外逃，即国际利率越高越容易发生FDI外逃，因为国际利率高意味着在国外投资收益率更高，投资者为获取更多盈利会更倾向于发生FDI外逃。

由表3-12中模型9可以看出，证券投资回流受到国内利率、国内信贷、金融开放度、全球流动性、全球经济增长率和全球金融风险的影响。国内利率在5%水平下负向影响证券投资回流，即国内利率越低越容易发生证券投资回流，因为国内利率低意味着经济发展健康，证券市场繁荣，会吸引国外资金流入，因此更易发生证券投资回流。国内信贷在5%水平下正向影响证券投资回流，即国内信贷规模越大，发生证券投资回流的概率越高，因为信贷规模大意味着经济更加繁荣，会吸引外部资金流入，更易出现证券投资回流。金融开放度在1%水平下正向影响证券投资回流，即金融开放度越高越容易出现证券投资回流，因为金融开放度高意味着资本流动自由程度更高，因此也更易发生证券投资回流。全球流动性在5%水平下负向影响证券投资回流，即全球流动性越少越容易发生证券投资回流，因为全球流动性减少意味着证券市场资金下降，国际金融资产价格下跌，为规避损失，一部分投资者很可能将资金撤回国内，从而发生证券投资回流。全球经济增长率在1%水平下负向影响证券投资回流，即全球经济增长越低越可能发生证券投资回流，因为全球经济增长乏力，意味着国外经济不景气，从而带动金融资产价格下跌，因此更易发生证券投资回流。全球金融风险在5%水平下显著负向影响证券投资回流，即全球金融风险越低越容易发生证券投资回流，因为全球金融风险低同时也意味着国外市场萎靡不振，一部分投资者为获取盈利会从国外撤回投资，因此更易发生证券投资回流。

由表3-12中模型10可以看出，证券投资外逃受到金融开放度、外债风险和全球经济增长率的影响。金融开放度在5%水平下正向影响证券投资外逃，即金融开放度越高越容易发生证券投资外逃，因为金融开放度高意味着资本流动更加自由，因此在经济情况发生变化的情况下更容易形成证券投资外逃。外债风险在1%水平下负向影响证券投资外逃，即外债风险越低越容易发生证券投资外逃，可能是因为外债风险低的国家对跨境证券投资管控得较松，因此更易发生证券投资外逃。全球经济增长率在1%水平下负向影响证券投资外逃，即全球经济增长越低越容易发生证券投资外逃，因为全球经济增长乏力意味着发达国家经济不景气，证券资产价格也较低，因此投资国外证券更有利可图，从而更易发生证券投资外逃。

由表3-12中模型11可以看出，其他投资回流受到国内经济增长率、国内信贷、贸易依存度、金融开放度、外债风险、外汇储备、全球经济增长率和国际利率的影响。国内经济增长率在5%水平下正向影响其他投资回流，即国内经济增长率越高，其他投资回流的概率越高，这与常理是一致的。国内信贷在5%水平下负向影响其他投资回流，即国内信贷规模越大发生其他投资回流的概率越小，因为信贷规模大意味着国内经济进入依靠货币幻觉刺激经济的阶段，随后就会发生通货膨胀，因此其他投资回流的概率降低。贸易依存度在1%水平下正向影响其他投资回流，即贸易依存度越高越容易发生其他投资回流，因为贸易依存度高意味着经济更加国际、资本流动更加自由，因此更易发生其他投资回流。金融开放度在10%水平下正向影响其他投资回流，即金融开放度越高越容易发生其他投资回流，原因与贸易依存度的影响类似。外债风险在1%水平下负向影响其他投资回流，即外债风险越低越容易发生其他投资回流，因为外债风险低意味着经济健康稳定，汇率不会发生大幅波动，因此更易发生其他投资回流。外汇储备在1%水平下负向影响其他投资回流，即外汇储备越多越不容易发生其他投资回流，这是因为外汇储备多的国家一般不缺乏资金，不会制定优惠政策吸引资本流入，因此相比较而言，外汇储备缺乏的国家更会制定优惠政策吸引国际资金流入，从而更易发生其他投资回流。全球经济增长率在1%水平下负向影响其他投资回流，即全球经济增长率越高越不易发生其他投资回流，这是因为全球经济增长率高意味着国外经济繁荣，存在更多的投资机会，因此不易发生其他投资回流。国际利率在1%水平下负向影响其他投资回流，即国际利率越低，其他投资回流发生的概率越小，因为国际利率水平低意味着国际证券市场繁荣，资产价格上涨，投资机会较多，因此发生其他投资回流的概率越小。

由表3-12中模型12可以看出，其他投资外逃受到国内经济增长率、国内利率、贸易依存度、金融开放度、全球经济增长率和国际利率的影响。国内经济增长率在5%水平下负向影响其他投资外逃，即国内经济增长率越高越不容易发生其他投资外逃，这与常理是一致的。国内利率在5%水平下负向影响其他投资外逃，即国内利率越高越不易发生其他投资外逃，因为国内高利率意味着国内投资的高收益率，所以不易发生其他投资外逃。贸易依存度在1%水平下正向影响其他投资外逃，即贸易依存度越高越易发生其他投资外逃，因为贸易依存度高意味着国内外经济联系密切，资本流动更加自由，因此发生其他投资外逃的概率更高。金融开放度在10%水平下正向影响其他投资外逃，即金融开放度越高越容易发生其他投资外逃，原因与贸易依存度的影响是类似的。全球经济增长率在1%水平下负向影响其他投资外逃，即全球经济增长率越低越易发生其他投资外逃，因为全球经济增长率低意味着国际经济不景气，一些投资者出现亏损，因此更急于撤回在新兴市场国家的投资，因此新兴市场国家更易发生其他投资外逃。国际利率在1%水平下负向影响其他投资外逃，即国际利率越低越易发生其他投资外逃，原因与全球经济增长率的影响类似。

四　结论及政策建议

本节收集了1988—2020年43个新兴市场国家样本数据，对导致国际资本流动异常的国内因素和全球因素进行实证研究，结果发现不同类型的资本稳定性差别较大，发生流动异常的影响因素也不尽相同。FDI的突停和激增既受到国内因素的影响，又受到国际因素的影响；证券投资突停主要受国际因素影响，证券投资激增受国内和国际因素的同时影响；其他投资突停受国内因素及国际因素的影响，而其他投资激增受一国对外因素和国际因素同时影响。全球流动性变化是影响新兴市场国家投资者对外投资的重要因素。FDI回流和外逃受到国内经济因素和国际经济因素的影响；证券投资回流和外逃更多受到本国对外经济因素和全球因素的影响；其他投资的回流与外逃则要同时受到国内因素和国际因素的影响。从以上研究结果可以得出一些政策启示。

第一，加强金融监管防范资本流动冲击。从上述分析得知金融开放度，即资本管制是影响资本流动的重要因素之一，2016年10月1日随着人民币正式加入国际货币基金组织（IMF）特别提款权（SDR）货币篮子，人民币国际化到达一个新的高度，资本账户开放度也进一步提高。跨境资本流动也出现了新的趋势，产品、渠道、规模和币种等方面都有所变化，尤其产品和渠道有了创新，这有可能导致投机性资本大规模快进快出，给我国宏观调控带来挑战。因此我国必须积极应对，避免出现资本流动异常，影响经济发展。要进一步提高金融监管力度，加强跨境资本流动检测，实现多个相关部门相互协调，宏微观相结合，货币市场、外汇市场以及资本市场等不同经济市场的统一监控，扩大金融监管的广度与深度。

第二，更多关注国际因素对资本流动的影响。从实证研究结果可以看出，全球流动性、国际利率、全球金融风险和全球经济增长率等国际指标对资本流动异常起到了重要影响作用，尤其是对短期资本流动的影响更大。因此，我们应该比以往更加重视国际因素变化带来的影响。我国必须加强对国际经济形势的研究，密切跟踪国际金融市场的变化，做好对一些"黑天鹅"事件爆发的防范预案。例如，2022年俄乌冲突就是一个"黑天鹅事件"，如果我们能早做准备，有预案，就能变不利为有利，把相关风险降到最低。

第三，针对各类资本不同特点设置不同监管指标。从以上实证分析可以发现，不同类型资本流动异常的影响因素存在着巨大差别，从国际投资者的视角来看，流入激增受到国内和国际因素的双重影响，而突停则主要受到国际因素的影响；从本国投资者的角度来看，证券投资的外逃和回流都主要受到国际因素的影响，而FDI和其他投资受国内和国际因素的双重影响。因此，我国需要针对不同类型的资本流动，进行不同指标的重点监测，以防止发生资本流动异常。例如，为防止证券资本出现流动异常，就应该重点关注国际经济因素变化，尤其是在当前美联储加息压力持续增大的背景下，我们更应研判美联储加息的可能性及影响，及早采取一些措施避免我国证券资本出现外逃或突停。

第四，关注其他国家可能出现的金融风险。从实证分析结果可看出，全球金融风险对证券资本回流和突停影响巨大。全球金融风险上升来源于两个方面，一方面是发达国家金融体系出现问题导致全球金融风险上升；另一方面是重要的新兴市场国家出现问题也会导致全球金融风险上升。因此，我们需要关注发达国家的金融问题，如果持续恶化或者发生危机，导致全球金融风险上升，则有可能引发我国资本流动突停或回流；同时我们也须关注新兴市场国家的金融问题，尤其是在目前美联储加息，大量资本回流美国的时期，那些高风险的新兴市场国家一旦出现问题，就可能出现传染效应，导致全球金融风险上升，从而引发我国资本突停或回流，给我国经济带来冲击。总之，我们应该关注全球金融风险的变化，及早采取措施预防冲击。

第四节 新兴经济体对外投资影响因素研究

自20世纪90年代以来,新兴经济体在国际经济中的地位越来越重要,在大量吸收国外投资的同时,也不断增加对外投资,包括对外直接投资、对外证券投资和对外其他投资。例如,2017年中国对外直接投资总额达1200亿美元,呈现企业对外投资并购活跃、行业结构更加优化、投资质量稳步提高的特点。不仅中国如此,其他新兴经济体也在积极进行对外投资以拓展新的经济增长点。参与对外投资的投资者的目的是获取更大收益,只是目标地不再是本国,而是投向境外。对外投资在目标、途径、发生方式、影响因素等方面都不同于传统的对内投资。企业对外投资的目的包括:通过把生产环节转移至国外,以降低劳动力、资源等生产要素成本,保护本国稀缺资源;生产能迎合目标国需求的商品,增加出口;在国内投资途径已不具备太大获利空间的时候,投资于国外可以拓宽投资渠道,打破投资收益局限性格局等。但是它也比对内投资风险大:汇率的波动会随时改变资金的机会成本;母国和东道国经济社会文化差异以及时空的距离带来的信息不对称,使投资者可能因无法准确预判投资环境而面临资金回收风险。

那么,有哪些因素会引起新兴经济体对外投资数额的变动呢?各因素又会如何影响对外投资?下面将采用理论与实证相结合的分析方法,对新兴经济体对外投资行为展开研究。

一 新兴经济体对外投资研究文献回顾

关于对外投资,无论是细分至对外直接投资、对外证券投资和对外其他投资,还是概括总量上的对外总投资,前人已有很多成熟的观点和相当多的研究文献,其中对于影响因素的研究文献也相当多。关于新兴经济体对外投资的研究首先面临着"哪些国家可以被定义为新兴经济体"的问题。1994年美国商务部把中国、印度、韩国、巴西、南非等国定义为新兴经济体。2009年国际货币基金组织在《世界经济展望(2009)》中定义了26个新兴市场经济体,同年博鳌亚洲论坛将阿根廷、巴基斯坦、俄罗斯等在内的11国定义为新兴经济体(《新兴经济体发展2009年度报告》)。此后在2012年,国际货币基金组织重新定义了保加利亚、波兰、秘鲁等 24 个国家为新兴经济体。除此之外，还有很多经济机构和经济组织也按照不同的标准定义了世界上的新兴经济体。综合来看，新兴经济体可以被定义为，人均 GDP 处于发达国家之下但高于低收入发展中国家，实行市场经济体制而非计划经济体制，对外开放，金融市场不够成熟的发展中国家（李政，2014）。

第一，新兴经济体对外直接投资影响因素。Yiu 等（2007）在研究新兴经济体的对外投资行为时发现，跨国公司的海外分部与母国建立越紧密的网络联系，进行对外投资时就越有优势。欧阳艳艳（2008）认为，人均收入、借贷利率、资本账户开放程度对对外直接投资产生显著影响；资源价格、劳动力价格变动带来资源寻求型投资是一种重要投资模式；为规避发达国家贸易壁垒而直接把产地放置在目标国，在目标国投资设厂，也显著推动对外直接投资。Liu 等（2014）的研究认为企业高管的相关待遇成为影响中国企业对外投资的重要因素之一。Helpman 等（2014）、Shao 和 Shang（2016）都认为企业生产率是决定企业是否对外投资的关键，对于中国企业来说，全要素生产率的作用大小受到进入的东道国市场潜力和产权性质的影响。董华平和干杏娣（2015）认为，如果一国银行之间构成竞争性较大的结构，那么贷款效率将提高；投资主体获得信贷的难易程度将会下降，投资也将增多。韩剑等（2015）在对中国微观经济层面——企业的对外投资行为研究中发现，由于垂直型对外直接投资拥有较低的生产率门槛，所以发展中国家可以较大程度地发展垂直型对外直接投资；研究还发现母国企业生产率能够影响对外投资行为。许钢祥（2016）认为，企业的合宜性（被接受和认同的程度）寻求动机和面对外部同行业伙伴的"同构"压力是中国企业对外投资的动因，且对外投资是根据历史期对外投资行为作出的选择，具有序贯性。徐昱东（2016）提出，发展中国家应在优化外商投资结构的同时，积极加快内资企业产业结构转化升级增加对外投资，减少本国环境污染，避免成为"污染天堂"的替罪羊。沈勇涛和吴俊培（2017）认为，发展中国家对外直接投资多集中在传统工业和半成品工业，其直接投资东道国主要指向发展中国家且投资规模较小；对发达国家金融业投资较少，对同类经济水平国家的金融直接投资收益与回报是有限的。余壮雄和付利（2017）利用中国 2003—2014 年企业对外直投资数据进行研究，结果发现双边投资协定有利于促进企业到签约国投资。王培志等（2018）发现"一带一路"倡议显著促进了中国对沿线国家直接投资，且东道国完善的政治制度可以为直接投资提供有力保证。欧阳艳艳等（2020）研究了中国企业对外直接投资与对外间接投资的互动关系，发现对外直接投资增长会显著促进对外间接投资增长，而对外间接投资增长则会显著抑制对外直接投资增长。王光等（2020）采用倾向得分匹配方法实证分析双边贸易协定对中国对外直接投资的影响，结果表明，在"国民待遇"水平较低的历史背景下，中国企业的对外直接投资活动更关注东道国是否提供较高标准的"公平公正待遇"和"最惠国待遇"水平。戴翔和王如雪（2022）利用95个"一带一路"沿线国家的数据进行研究，研究表明"一带一路"倡议可以对中国在"一带一路"沿线国家开展的对外直接投资起到显著的促进作用。

第二，新兴经济体对外证券投资影响因素。吕艳艳（2008）认为居民财富积累、国际收支逆差、外来的货币升值压力、本国证券市场泡沫以及国内外投资收益比较和国家政策是对外证券投资的主要影响因素。郭丽（2008）认为，证券投资变动对汇率变动预期比较敏感，而且主要发达国家提高基础利率的行为也会增加我国对外证券投资。王月（2013）除对上述因素展开分析外，还认为本国是否具有自主创新能力的产业体系及本国制造型企业所占比重的大小都会影响到对外证券投资。韩伟萍（2015）指出，中国用于对美国证券投资的资金多流向于收益不高但安全系数高的美国国债；此外，通胀状况及前期表现、金融市场指数、人民币贬值以及国内极具国际竞争力企业的稀缺，都会带来对美证券投资的增加。Andrew等（2015）认为，对投资组合多元化和高质量金融资产的追求是新兴经济体投资者对外证券投资的主要诱因之一。杨达和刘洪钟（2018）指出心理距离或心理距离各构成要素对两类对外证券投资都具有显著的负向影响，且对于对外债券投资的负向影响强于对于对外股权投资的负向影响。刘双双（2019）认为，由于我国对外证券投资规模变动受国际经济环境和国家政策影响较大，故人民币汇率波动与我国对外证券投资规模变动呈低度负相关关系。

纵观前人对新兴经济体对外投资影响因素的分析，可以发现关于直接投资和证券投资的比较多，且内容完善，基本形成比较成熟的理论体系。已有文献鲜有把对外直接投资、对外证券投资、对外其他投资分组并加总进行实证分析，这样分析有利于比较不同类型对外投资影响因素的同质性与异质性。另外，现有文献从收入水平和收入分配的角度研究新兴经济体对外投资的也较少。

本节拟在前人研究成果的基础上进行一些创新。第一，拟将对外直接投资、对外证券投资、对外其他投资和对外总投资进行比较分析，比较影响因素的异同；第二，引入一些新的变量作为影响对外投资的因素，如代表收入分配公平程度的基尼系数、代表经济中价格在多大程度上由市场决定的经济自由度、代表一国经济发展水平的人均收入等变量，并分析它们对新兴经济体对外投资的影响。

二　新兴经济体对外投资的理论分析

在参考古典主义、凯恩斯主义、货币主义等经济学派相关投资理论的前提下，选出适合的影响因素和实证方法。下文将针对模型建立的经济背景和模型经济含义进行论述。

凯恩斯学派系统分析了宏观经济的各个组成部分。它指出，国民收入按照支出法衡量，式为：$Y=C+I+G+NX$。

Y是总需求，也可以看作国民收入，C是消费，I是投资，G是政府支出，NX是净出口。消费的依据是收入；投资的依据是市场利率水平；政府购买受国民收入和政府相关调控政策目标影响；净出口通常被看作外生变量。投资是构成总需求的一部分，投资增加会通过投资乘数的放大数倍作用于总产出。投资根据指向地不同分为对内投资和对外投资，对外投资带动出口，从而增加国民收入。在对"货币的需求"的论述中凯恩斯学派认为，投资由利率、收入等因素决定，收入越高，可用于投资的资金越多，投资增长的可能性就越大。因此，在对外投资影响因素分析中，收入应作为内生解释变量加以考虑。

除了人均收入和市场利率，对外投资还有一些具有普遍性的因素。第一，汇率变动。汇率变化率可以反映本币贬值或升值程度，也反映投资于国内还是国外的机会成本。本币汇率相对于世界流通货币的汇率越是升值，越增加对外投资的动机。第二，通货膨胀率。本币通胀程度随货币供应量等因素发生改变，如果经济中通胀率上升，会使货币持有者产生通货膨胀预期，进而增加将手持货币投资到更稳定、更能保值增值渠道的动机，从而刺激投资者增加对外投资。第三，外汇储备规模和资本管制程度。外汇储备指为应对国际支付需要，各国央行及其他政府机构掌握的外汇资产，形式主要有外币、外国支票以及外币汇票等。由于外汇储备是以外币或外币资产形式储存的本国资产，所以其储量的多少也会影响到可用于对外投资的资金量。投资者要在国外进行投资，就必须将本币兑换成外币或者美元这种"世界货币"。各国对外投资既受到本国换汇管制程度的影响，又受到外汇储备数量的影响。第四，收入分配公平程度。一国国民收入分配的公平程度主要是通过基尼系数来衡量的。一般而言，新兴市场经济国家由于发展阶段的特殊性，收入分配差距较大；收入分配差距越大，社会财富越集中在少数个人和大企业大集团手中，对外投资的可能性越大。

按照通常的分类，对外投资分为对外直接投资、对外证券投资和对外其他投资，对外总投资是对外直接投资、对外证券投资和对外其他投资三者之和。

对外直接投资被看作"投资者直接在外国举办并经营企业进行的投资"，投资活动多为经营设厂和跨国公司设立海外分部。由于涉及设立企业，其动机相对于对外投资这个笼统的概念而言具有一定的特殊性，除了国民收入、市场利率等因素，还有一些特有的因素：①市场化程度。一国的经济通常由政府部门和私人部门构成。政府部门主要控制关系国计民生的产品，如水、电、石油等的价格，私人部门则依据市场供求，"自动"生成和调节大部分产品的价格。市场化程度高的国家，价格依供求等因素灵活变动，企业对外投资的自由度也较高，因此，市场化程度也会影响对外投资。②跨国公司数量。跨国公司是对外直接投资的主力军。③出口贸易比重。通常认为，在目标国进行投资的直接目的是生产能符合当地需求的适销对路商品，增加出口；这也通常是经济并不发达的国家对外直接投资采取的普遍路径。因此，为增加出口，投资便会相应增加。

对外证券投资的途径是通过在境外购买股票、债券等有价证券的方式进行的，本质上属于间接投资。除了对外投资普适的因素，还有一些因素可能引起对外证券投资的变化。①本国证券市场风险。现代投资学认为，参与投资的经济体通常是风险厌恶型，它们的投资行为相对于高收益,更偏向于较小风险。所以一旦国内证券市场风险增加,投资者便倾向于将资本转移至国外的比较稳定的金融市场上去,对外证券投资便会增加。②金融市场指数。国际货币基金组织曾根据一系列标准计算出各国的金融发展程度,即金融市场指数,该指数是由金融市场发展程度和金融机构发展程度的指标构成的,而每部分又从深度、准入、效率三个角度进行考察。金融市场指数可以反映一国金融市场的深度、健全程度等,数值在 0—1,越接近 1,金融市场越完善,本国金融市场越完善,对外证券投资就越少,理论上呈反比关系。

三 新兴经济体对外投资影响因素的模型构建

采用面板模型来分析对外直接投资、对外证券投资、对外其他投资和对外总投资的影响因素。面板分析中四个对外投资模型的基本架构是一致的:

$$FI_{it} = \partial_0 + \partial_1 X_{1t} + \partial_2 X_{2t} + \cdots + \partial_i X_{it} + \lambda_i + \theta_t + \varepsilon_{it} \qquad (3-23)$$

FI 表示对外投资,分别包括对外直接投资(FDI)、对外证券投资(FPI)、对外其他投资(FOI)和对外投资总额(FTI)。∂_0 是常数项,X_{it} 是所有准备引入模型的能够对四种对外投资产生影响的解释变量。λ_i、θ_t、ε_{it} 分别代表个体效应、时间效应和残差项。

被解释变量 FDI、FPI、FOI 和 FTI 的数据均来源于 IMF 统计数据库中的 BOP 数据库。对外总投资 FTI 是其余三个部分投资的加总。

主要的解释变量如表 3-13 所示。

(1)人均收入水平(gdpp)。人均收入水平作为衡量一国人均收入水平的重要变量被广泛用于各种类型的回归分析中,成为表示一国经济实力的重要标志。资料来源于 World Bank 的 World Development Indicator 数据库(下文简称 WDI)。

(2)国内利率(rate)。指银行间市场短期同业拆借利率(国际货币基金组织 IMF),用以表征货币市场借贷成本。资料来源于 IMF 统计数据库中的 IFS 统计库。

(3)通货膨胀率(inf)。衡量物价上涨或下跌的水平,用 GDP 平减指数代表,资料来源于 WDI。

(4)汇率变化率(fluct)。采用直接标价法,根据名义汇率计算而来,本币升值为负,本币贬值为正,资料来源于 WDI。

表 3-13　　　　　　　　　变量含义

序号	指标	变量名称	变量含义
1	FTI	对外投资总额	新兴经济体投资者对外投资总额/GDP
2	FDI	对外直接投资	新兴经济体投资者对外直接投资额/GDP
3	FPI	对外证券投资	新兴经济体投资者对外证券投资额/GDP
4	FOI	对外其他投资	新兴经济体投资者对外其他投资额/GDP
5	gdpp	人均收入水平	人均 GDP
6	rate	国内利率	国内实际利率
7	inf	通货膨胀率	按 GDP 平减指数衡量的年通货膨胀率
8	fluct	汇率变化率	直接标价法下本币的币值变化率
9	open	对外依存度	进口、出口之和与该国 GDP 之比
10	reser	外汇储备	外汇储备总额与 GDP 之比
11	gini	基尼系数	收入分配公平程度
12	spool	国际资产价格	标准普尔股票指数变化率
13	bubb	股市泡沫	国内股票换手率

（5）对外依存度（open）。以一国进口和出口之和与该国 GDP 总量之比代表对外依存度。进出口、GDP 总量资料来源于 WDI。

（6）外汇储备（reser）。其数值的多少反映了一国可用于对外投资、交易的外汇储备总额，一般认为外汇储备越多，对外投资可用资金越多。用外汇储备额与 GDP 比值来表示，资料来源于 WDI。

（7）基尼系数（gini），用以反映一国收入分配的公平程度，数值越高，分配越不公平。资料来源于联合国人类发展报告（Human Development Reports）、World Bank。

（8）国际资产价格（spool）。用标准普尔股票指数变化率表示，代表国际金融风险，数值越高，风险越大，资料来源于 WDI。

（9）股市泡沫（bubb），用一国国内股票换手率作为股市泡沫的衡量标准，换手率越高，泡沫越严重。

数据取自 26 个新兴经济体 1995—2020 年的年度数据，进行实证分析。国家地理分布包含亚洲、欧洲、非洲、拉美洲国家及地区，涉及样本有较高收入、较低收入和中等收入的新兴经济体。

四 实证结果分析

(一) 回归结果分析

进行 Hausman 检验，判定四个不同被解释变量的模型都应采用固定效应模型，回归结果如表 3-14 所示。从表 3-14 中模型 1 可以看出，新兴经济体对外直接投资的影响因素主要包括人均收入水平、国内利率、对外依存度、外汇储备、基尼系数、国际资产价格及股市泡沫。人均收入水平在 1% 水平下显著影响新兴经济体对外直接投资，而且符号为正，即人均收入水平越高，对外直接投资数量越多。因为人均收入水平高意味着这个国家发展水平较高，企业和个人已经积累了较多资金，拥有了对外投资的实力，因此符合基本经济规律。国内利率在 1% 水平下正向影响对外直接投资，即国内利率越高，本国对外直接投资越多，因为利率高意味着本国实体经济投资成本高，资本就会向国外寻找更好的投资机会，因此高利率促进新兴经济体对外直接投资增加。对外依存度在 1% 水平下显著影响对外直接投资，而且符号为正，即对外依存度越高，对外直接投资越多，这可能是因为对外依存度高意味着本国与国外的经济交往密切，本国企业对国外了解更多，更愿意到国外投资；另外，随着本国出口数额的增加，本国企业在外国关税壁垒和非关税壁垒较高的时候，也会通过增加对外直接投资将原来为出口生产的工厂搬迁到出口目的国，避开关税和非关税壁垒，并能更好地把握东道国市场需求，灵活地调整生产活动。因此，对外依存度越高，对外直接投资越多。外汇储备在 1% 水平下负向影响对外直接投资，即外汇储备越多，新兴经济体对外直接投资越少，这可能主要是因为新兴经济体外汇储备增加多数是依靠制造业产品出口带来的贸易顺差，这其实从另一方面反映了这个国家制造业是很有竞争力的，因此在本国直接投资进行生产更有利，因此外汇储备越多，对外直接投资越少。基尼系数在 1% 水平下显著影响新兴经济体对外直接投资，符号为负，即基尼系数越高，对外直接投资越少。这可能是因为基尼系数越小，这个国家的社会公平度越高，管理也越规范，资本获取超额收益的机会越少，投资者有更强的动机对外进行直接投资。国际资产价格在 1% 水平下显著正向影响对外直接投资，即国际资产价格上涨越多，对外直接投资则越多，因为国际资产价格上涨意味着国外经济景气度更高，经济环境良好，因此新兴经济体的资本更倾向于对外直接投资。股市泡沫在1%水平下显著影响对外直接投资,即股市泡沫越大,对外直接投资越多,主要是因为股市泡沫导致股价飞涨,脱离实际价值,大多数投资者都期望在股市泡沫破灭之前逃离,因此很多投资者会增加对外直接投资。

表3-14 新兴市场国家对外投资影响因素的面板模型回归结果

变量	模型1 对外直接投资	模型2 对外证券投资	模型3 对外其他投资	模型4 对外总投资
gdpp	0.0097*** (7.84)	0.0077*** (30.53)	0.004 (0.60)	0.0175*** (12.86)
rate	0.0318*** (3.52)	-0.0272*** (-14.71)	0.0091** (2.04)	0.0202** (2.01)
inf	0.0041 (0.45)	-0.0246*** (-13.14)	0.0367*** (8.14)	0.0265*** (2.61)
fluct	-0.0008 (-1.21)	-0.0002 (-1.51)	0.0001 (0.43)	-0.0011 (-1.41)
open	7.4518*** (24.31)	0.4336*** (6.92)	1.5762*** (10.35)	10.6288*** (31.19)
reser	-0.0913*** (-10.83)	-0.0085*** (-4.94)	-0.0055 (-1.31)	-0.1442*** (-15.38)
gini	-0.0228*** (-2.69)	0.0366*** (21.11)	-0.0051 (-1.22)	0.0022 (0.23)
spool	0.0108*** (2.48)	0.0061*** (6.87)	0.0188*** (8.74)	0.0400*** (8.25)
bubb	0.0047*** (3.28)	-0.0023*** (-7.93)	0.0029*** (4.19)	0.0067*** (4.21)
F	31.31	64.08	8.89	53.84
观测值	421	422	422	423

注:表格中数值是系数,括号中是t值;*、**、***分别表示10%、5%、1%显著性水平下显著。

从表3-14中的模型2可以看出,新兴经济体对外证券投资受到人均收入水平、国内利率、通货膨胀率、对外依存度、外汇储备、基尼系数、国际资产价格及股市泡沫的影响。人均收入水平在1%水平下显著影响新兴经济体对外证券投资，且符号为正，即人均收入水平越高，对外证券投资越多，这可能是因为收入水平高的国家，资金充裕，可用于对外投资的资金数量较多，从而对外证券投资数量也相应增加。国内利率在1%水平下负向影响对外证券投资，即国内利率越低，对外证券投资越多，这是因为国内利率最低时也是证券价格最高之时，投资者会将手中证券抛售，将资金投资于国外证券，因此利率越低，对外证券投资越多。通货膨胀率在1%水平下显著负向影响对外证券投资，即通胀率越低，对外证券投资越多，主要是因为通胀率很低就意味着整体经济非常不景气，证券市场也会不振，投资者会将增加对外证券投资。对外依存度在1%水平下显著正向影响对外证券投资，即对外依存度越高，对外证券投资越多，因为一般来说对外依存度高的国家都与国际经济联系密切，更与国际惯例接轨，资本流动更加自由，因此也会出现更多的对外证券投资。外汇储备在1%水平下显著影响对外证券投资，符号为负，即本国外汇储备越多，对外证券投资越少。因为外汇储备多的国家往往是对资本跨境流动限制比较严格的国家，因此对外证券投资也会较少。基尼系数在1%水平下显著影响对外证券投资，而且符号为正，说明基尼系数越高，对外证券投资越多，原因可能如上文所说，即收入分配差距过大，导致资金更加集中到少数人手中，而当这些人的资金积累到一定数量就会增加对外证券投资。国际资产价格在1%水平下显著正向影响对外证券投资，即国际资产价格上涨越多，新兴经济体对外证券投资越多，这与常理是一致的。股市泡沫在1%水平下负向影响对外证券投资，即股市泡沫越多，对外证券投资越少，主要是因为本国股市泡沫高涨导致获利机会较多，投资者更愿意在一个繁荣的证券市场投资，因此会减少对外证券投资。

从表3-14的模型3中可以看出，新兴经济体对外其他投资主要受国内利率、通货膨胀率、对外依存度、国际资产价格及股市泡沫的影响。国内利率在5%水平下显著影响对外其他投资，且符号为正，说明货币市场利率越高，对外其他投资越多。这可能是因为一个国家经济繁荣，通货膨胀率上升，导致利率上升，但是经济非常活跃也导致本国与外国经济交往增加，由于对外其他投资主要是银行贷款、贸易融资等与对外经济交易密切联系的活动，所以，利率水平越高，对外其他投资越多。通货膨胀率在1%水平下显著正向影响其他对外投资，即通货膨胀率越高，对外则其他投资越多，主要是因为通货膨胀率高意味着货币贬值比较严重，因此投资者更倾向于将资金投资到国外，从而造成对外其他投资增加。对外依存度在1%水平下显著正向影响对外其他投资，即对外依存度越高，对外其他投资越多，其原因与前文论述类似。国际资产价格在1%水平下显著正向影响对外其他投资，即国际资产价格越高，对外其他投资越多，主要是因为国际资产价格上涨快带来的盈利机会多，本国投资者更倾向于将资金通过其他投资渠道转移到国外进行投资。股市泡沫在1%水平下显著正向影响对外其他投资，即股市泡沫越大，对外其他投资越多，主要是因为股市泡沫大导致很多投资者拥有更多资金，因此更加有实力增加对外投资。

从表3-14的模型4中可以看出，新兴经济体对外总投资受到人均收入水平、国内利率、通货膨胀率、对外依存度、外汇储备、国际资产价格及股市泡沫的影响。人均收入水平在1%水平下显著影响对外投资总额，而且符号为正，即人均收入水平越多，对外总投资越多，原因与前文所述类似。国内利率在5%水平下显著影响对外总投资，而且符号为正，即国内利率越高，对外总投资越多，原因与前文所述类似。通货膨胀率在1%水平下显著正向影响对外总投资，即通货膨胀率越高，对外总投资越多，原因与前文论述类似。对外依存度在1%水平下显著影响对外总投资，且符号为正，即对外依存度越高，对外总投资越多。对外总投资在1%水平下受到外汇储备的显著影响，且符号为负，即外汇储备越多，对外总投资越少，其原因与前文论述一致。国际资产价格在1%水平下显著正向影响对外总投资，即国际资产价格上涨越快，对外总投资越多，其原因与前文论述一致。股市泡沫在1%水平下显著正向影响对外总投资，即股市泡沫越多，对外总投资越多，其原因与前文论述一致。

从以上分析可以发现，对外直接投资、对外证券投资、对外其他投资和对外总投资主要受人均收入水平、国内利率、通货膨胀率、对外依存度、国际资产价格以及股市泡沫的影响。总体来看，人均收入水平越高，对外投资越多；对外依存度越高，对外投资越多；国际资产价格上涨幅度越大，对外投资越多。

（二）稳健性检验

为检验前文所做回归结果是否稳健进行稳健性检验，第一种稳健性检验将对外依存度换成出口占 GDP 比例，第二种稳健性检验是增加了美元指数增长率作为解释变量，检验结果如表 3-15 所示。四种类型的对外投资的稳健性检验 1 都是将对外依存度换成出口占 GDP 比例，回归结果与前文结果基本没有变化，说明回归结果是稳健的。为进一步考察回归的稳健性，增加了美元指数增长率作为解释变量，如表 3-15 中四种类型对外投资的检验 2 所示，主要解释变量的回归结果依然没有很大变化，再次说明我们的回归是稳健的，结果具有较高的可信度。

五　结论及启示

利用 26 个新兴经济体 1995—2020 年的年度数据作为样本，运用面板模型实证研究新兴经济体对外投资影响因素，分别回归分析了新兴经济体对外直接投资、对外证券投资、对外其他投资和对外总投资的影响因素。实证结果发现，人均收入水平、国内利率、通货膨胀率、对外依存度、国际资产价格以及股市泡沫是新兴经济体对外投资的主要影响因素。

从 2009 年以来，我国对外投资呈现出爆发式增长的态势，一方面是因为我国收入水平近年来大幅提高，剩余资金增多；另一方面可能是因为我国国内利率水平高、对外依存度高以及国际资产价格涨幅较大。正常的对外投资有利于经济健康发展，如果由于某些因素导致资金过度外流，国内资金不足，就会对本国经济带来破坏性影响。因此，研究结论带给我们以下几个启示。

第一，国内利率水平过高可能是引发我国资本对外投资增加的重要因素。长期以来我国整体利率水平一直维持在较高水平，较高的利率不利于实体经济的健康发展，也不利于资金使用效率的提高，会引发经济金融化，从而促进对外投资的不断增加。因此，我国有必要适度调控利率水平，尤其是与国际利率水平保持步调一致，避免出现过高利率，维持一个正常健康的对外投资水平。

表3-15 稳健性检验结果

变量	对外直接投资 检验1	对外直接投资 检验2	对外证券投资 检验1	对外证券投资 检验2	对外其他投资 检验1	对外其他投资 检验2	对外总投资 检验1	对外总投资 检验2
gdpp	0.0076*** (6.08)	0.0095*** (7.78)	0.0074*** (29.18)	0.0077*** (30.83)	-0.0001 (-0.11)	0.0005 (0.86)	0.0149*** (10.78)	0.0178*** (13.03)
rate	0.0225** (2.53)	0.0315*** (3.47)	-0.0272*** (-14.93)	-0.0268*** (-14.52)	0.0073* (1.67)	0.0099** (2.23)	0.0064 (0.64)	0.0214** (2.13)
inf	-0.0178** (-1.96)	0.0043 (0.46)	-0.0258*** (-13.90)	-0.0248*** (-13.29)	0.0319*** (7.14)	0.0362*** (8.04)	-0.0056 (-0.56)	0.0258** (2.54)
fluct	-0.0007 (-1.06)	-0.0008 (-1.18)	-0.0002 (-1.47)	-0.0002 (-1.63)	0.0001 (0.50)	0.0001 (0.33)	-0.0009 (-1.20)	-0.0011 (-1.48)
open	0.1505*** (24.97)	7.4837*** (24.32)	0.0101*** (8.25)	0.3996*** (6.36)	0.0319*** (10.70)	1.5018*** (9.84)	0.2113*** (31.60)	10.5101*** (30.75)
reser	-0.1064*** (-12.31)	-0.0917*** (-10.87)	-0.0103*** (-5.84)	-0.0081*** (-4.70)	-0.0086** (-2.01)	-0.0046 (-1.10)	-0.1632*** (-16.99)	-0.1427*** (-15.22)
gini	-0.0247*** (-2.92)	-0.0228*** (-2.68)	0.0367*** (21.27)	0.0365*** (21.13)	-0.0057 (-1.36)	-0.0051 (-1.21)	-0.0020 (-0.21)	0.0021 (0.23)
spool	0.0105** (2.41)	0.0098** (2.21)	0.0062*** (7.02)	0.0072*** (7.97)	0.0187*** (8.70)	0.0214*** (9.77)	0.0387*** (8.002)	0.0439*** (8.88)

续表

变量	对外直接投资 检验1	对外直接投资 检验2	对外证券投资 检验1	对外证券投资 检验2	对外其他投资 检验1	对外其他投资 检验2	对外总投资 检验1	对外总投资 检验2
bubb	0.0037*** (2.68)	0.0047*** (3.31)	−0.0022*** (−7.92)	−0.0023*** (−8.11)	0.0027*** (3.96)	0.0028*** (4.03)	0.0052*** (3.33)	0.0065*** (4.11)
usdx		0.0210 (1.181)		−0.0226*** (−6.21)		−0.0529*** (−6.02)		−0.0793*** (−4.01)
F	32.34	30.43	64.81	63.55	9.12	9.73	54.67	52.81
观测值	421	421	422	422	421	422	423	423

注：表格中数值是系数，括号中是t值；*、**、***分别表示10%、5%、1%显著性水平下显著。

第二，国际资产价格波动是引发新兴经济体对外投资的重要因素。从2009年以来在发达国家量化宽松货币政策的作用下，国际资产价格尤其是美国资本市场过度繁荣，在缺乏业绩支撑的条件下，价格大幅度上涨，吸引了众多新兴经济体的资金来投资，从而对新兴经济体对外投资产生影响。因此，我国应该采取一定措施防止过多资金对外投资到发达国家证券市场，造成国内资金紧张，尤其是导致国内利率水平下降。

第三，实证结果显示国内股市泡沫越多，对外投资越多，因此需要防范股市形成较大的资产泡沫。新兴经济体的股市体量较小，经济增长较快，带动一些企业盈利增加，从而造成股价上涨过快，很容易形成较大的资产泡沫，一方面泡沫破灭对经济健康发展带来巨大危害，另一方面较大的股市泡沫也会导致投资者将一部分资金投资到国外，造成本国资金的过度流出，给未来经济发展带来不利影响。因此，各国应适度发展资本市场，恰当调控市场走势，防止泡沫过大，防止股市泡沫带来的资金外逃。

第五节　汇率变动、收入水平与新兴经济体对外投资

一　引言

随着经济全球化的不断推进，发展中国家特别是新兴经济体的经济实力快速增长，对外投资也不断增加，现已逐渐成为国际资本的主要来源地之一。到2014年，发展中国家对外直接投资占全球的比例已达34.6%。此外，由于证券资本特有的流动性、收益性和创新性特点，信息技术的迅速发展，以及许多经济体逐步取消或放宽了证券投资限制，使证券投资的国际化日益兴起。2020年世界投资报告显示，全球短期跨境资本流动增长迅速，国际生产及生产要素跨境交易正日益从有形模式向无形模式转变。近年来，我国对外投资也快速增长，至2021年末，我国企业对外直接投资存量达25819亿美元，位列世界第二，也是发展中国家中最大的对外投资国。我国对外证券投资规模也逐年扩大，截至2021年12月，我国对外证券投资资产已达9797亿美元。

在对外投资快速增长的同时，全球汇率制度也在发生变革。20世纪70年代初，随着美元危机的爆发，布雷顿森林体系瓦解，许多发达

经济体放弃了本国货币与美元之间的固定汇率，转而采用浮动汇率制。而广大发展中国家受限于自身的实际经济情况仍更倾向于实行盯住汇率、参考篮子货币等固定汇率制度。但是，随着全球化趋势不断深入发展，越来越多的发展中国家也逐步放松了对汇率的控制和资本账户的管制。这使发展中国家的汇率逐渐市场化，汇率波动性增加，币值更容易受到国内外经济形势的影响。而汇率变化将直接影响对外投资的成本和收益，因此，汇率制度对一国对外投资存在着重要影响。1994年1月1日，人民币官方汇率和外汇调剂价格正式并轨，我国开始实行以市场供求为基础的、单一的、有管理的浮动汇率制度。2005年，由于我国经济持续高速增长，对外贸易和跨境投资蓬勃发展，为长远利益考虑，我国开始实行以市场供求为基础的、参考一篮子货币进行调节的、有管理的浮动汇率制度。2015年"811"汇率改革进一步强化了外汇供求对汇率的影响，进一步提高了人民币汇率的市场化程度。三次人民币汇率形成机制的改革使市场化的人民币汇率形成机制更完善，人民币汇率变化对我国对外投资的影响也越来越大。

对外投资是国际资本流动的重要形式之一，也是经济全球化高度发达之后的必然现象。增加对外投资，有利于充分利用国际市场资源，扩大国际贸易份额，提高投资回报率，促进国际收支平衡。从长期来看，新兴经济体经过一定时期的高速发展，积累了一定经济实力之后增加对外投资，是一个必然的发展趋势。但为什么同一时期的不同经济体，同一经济体的不同时期，对外投资情况存在显著差异？哪些因素决定了新兴经济体的对外投资行为？本节将从汇率变动和收入水平的角度来深入研究这个问题。

二 文献综述

近年来，许多学者研究了汇率因素对对外投资的影响。汇率影响企业对外投资的理论认为，汇率主要通过"相对成本效应"和"财富效应"两个渠道影响一国的对外投资。"相对成本效应"是指对外投资国货币升值，东道国货币相对贬值导致外币标价的生产成本下降，出口利润提高，利润增加会使对外投资增加。持这种观点的是Kohlhagen（1977），他利用英国、德国、法国和美国的数据进行研究，发现汇率变动对跨国企业对外投资的选择产生影响，当本币相对于外币升值时，跨国企业会增加对外投资。Cushman（1985）认为对外投资国货币的相对升值会降低被投资国生产要素的相对成本，从而对东道国直接投资更有利可图。"财富效应"认为汇率水平变化会影响跨国公司的相对财富，从而影响对外投资。这一理论的前提是资本市场不完全性导致跨国公司对外投资的融资能力受限，企业只能依靠自己的财富进行投资。因此，本国货币升值将增加跨国企业的相对财富，从而对外投资能力增强。Froot 和 Stein（1991）通过构建理论模型，证明了当存在信息不对称时，跨国公司的外部融资成本非常高，国外投资者需要使用自身财富或者内部融资，因此，汇率与 FDI 存在正相关关系。Goldberg 和 Klein（1997）使用美国和日本与东南亚和拉美经济体之间的直接投资数据来研究对外直接投资和汇率之间的关系，结果发现当美元和日元升值时，美国和日本对样本中经济体的对外直接投资增加。邢予青和吴桂英（2003）通过日本在中国 9 大制造业部门的直接投资数据，证实了日元和人民币之间的汇率变动是日本对中国投资的正向影响因素。张宗斌和于洪波（2006）发现 2005 年后中国企业对外投资规模的迅速增长在很大程度上是人民币汇率升值造成的，这一点和 20 世纪 80 年代日元升值后日本企业进入对外直接投资高速发展期极为相似。马宇和唐羽（2017）使用 63 个新兴经济体的数据进行研究，发现当本币出现大幅度贬值时，可能会引起巨额的资本外逃。

上面两种理论均认为本币升值会使对外投资增加，有学者对此持有不同观点。Dixit（1989）指出，对外投资国汇率的大幅或频繁波动将会导致其对外直接投资减少，这是由于汇率大幅或频繁波动会使投资者在决策时充分考虑投资的不可逆性。Campa（1993）认为，一国的对外投资决策由预期利润决定，而一国货币升值意味着用本国货币表示的预期利润将会下降，因此，对外投资国货币升值会导致其对外投资减少。Gorg 和 Wakelin（2002）使用美国对 12 个国家的直接投资数据，实证研究了对外投资与汇率的关系，结果发现当美元相对东道国货币贬值时，对外直接投资有所增加。夏良科（2012）发现人民币实际汇率升值对中国对外直接投资的正向影响只在短期内成立，而在长期内人民币贬值是推动中国对外投资的因素。王广谦（2017）发现人民币对美元的贬值预期刺激了中国企业在海外配置资产的需求。田巍和余淼杰

（2017）研究了人民币汇率变化对不同类型中国企业对外直接投资的影响及机制，结果发现人民币汇率变化对于贸易服务型投资和生产型投资的影响是相反的，贸易服务型直接投资和出口具有互补关系，当人民币升值时，企业出口下降，从而在外建立服务分支的动机下降，对外直接投资减少。

还有学者认为，如果满足某些条件汇率变化将不会影响对外投资。McCulloch（1989）认为，如果把对外投资看作以资本流入国货币计价的未来现金流的索求权，且汇率服从随机游走，汇率变化就不会影响预期收益，原因在于投资收益将会以不变的预期汇率换算成投资国货币，这种情况下的汇率变动将不会影响对外投资。Dewenter（1995）认为，假定购买力平价条件成立，那么对外直接投资与汇率无关，因为汇率会抵消相对通胀率，最终使以对外投资国货币计算的收入保持不变。不过由于购买力平价的条件在现实中不太可能成立，因此这种观点是比较有争议的。Benassy-Quere（2001）认为汇率变动对对外直接投资的影响由对外直接投资的市场定位决定。对外直接投资可根据其市场定位和目的分为出口导向型对外直接投资和市场占领型对外直接投资。出口导向型对外直接投资的目的是利用东道国廉价的生产要素，生产的产品最终在全球范围内进行销售；而市场占领型对外直接投资则是为了占据东道国市场，生产的产品直接在东道国进行销售。对于出口导向型对外直接投资，对外投资国货币升值将促进对外直接投资流出，但对于市场占领型对外直接投资来说，对外投资国货币相对东道国升值意味着东道国市场相对规模变小，因此将会减少对东道国的直接投资。罗忠洲（2005）研究了日元汇率变化对日本对外投资的影响，研究发现日元汇率的变化对不同类型的对外直接投资有不同影响，以市场为导向的对外直接投资受日元汇率的正向影响，而以出口为导向的对外直接投资则不受日元汇率变化的影响。

也有学者研究了不同汇率制度下的对外投资问题，这部分研究成果不多，所得结论也不尽相同。Aizenman（1993）发现在固定汇率制度下，名义冲击和实际冲击对对外直接投资的影响都要大于浮动汇率制度。夏良科（2012）使用1982—2010年亚洲五个经济体的数据进行研究发现，本币升值有利于对外直接投资的结论只在经济发展程度较高的、实行自由浮动汇率制的经济体成立，且只在长期成立，而对外直接投资受汇率制度的影响不明显。Rey（2015）则从全球金融周期的视角进行研究，发现不同地区以及不同类型的资本流动出现一致性变动的特点，与各国采取何种汇率制度无关。刘粮和陈雷（2018）认为，汇率制度可以在跨境资本流动中发挥作用，尤其对新兴经济体而言，浮动汇率制度能够在一定程度上缓解全球金融波动对跨境资本流动的影响。朱琳和徐剑刚（2018）认为，基于市场主导的汇率形成机制是国际资本流出的自动稳定器，浮动汇率制下的经济体受到冲击而导致资本流出时，外汇市场上对外币的需求会立即增加，减少对本币的需求，从而导致本币贬值，抑制资本流出。郑建明等（2019）探讨了汇率制度对公司投资弹性的影响，研究发现汇率制度对公司投资弹性产生显著影响，汇率制度弹性越大的经济体，公司投资弹性越小，原因在于汇率制度弹性增大会通过增大公司需求不确定性和削弱公司间学习效应作用于公司投资弹性，另外，金融发展水平较高的国家会减弱汇率制度弹性对公司投资弹性造成的负向影响。

还有一些学者研究了经济发展水平对一国对外投资的影响。其中Dunning（1981）提出了投资发展路径理论，他对1967—1978年包括发达经济体和发展中国家在内的67个经济体的对外直接投资与经济发展水平之间的关系进行了实证分析，结果发现一国对外直接投资与其经济发展水平即人均GDP呈正相关关系。Barry等（2002）通过对爱尔兰的研究发现，对外直接投资受其经济发展水平的正向影响。涂万春和陈奉先（2006）对中国1982—2003年的人均GDP和人均对外投资的数据做了格兰杰因果关系检验，结果显示，1982年以来中国的人均GDP和人均对外直接投资之间不存在因果关系。李辉（2007）利用55个经济体的数据进行实证分析，发现人均GDP是影响对外直接投资的重要因素。

还有学者研究了其他影响对外投资的因素。Ohlin（1933）提出要素禀赋理论，该理论假定资本是自由流动的，在这种情景下，由于要素禀赋不同导致资本利润率不同，资本的逐利性导致资本会从利润率低的经济体流向利润率高的经济体，当国外利率高于本国利率时，投资国外资产可以获得更高的利润。Kohli（2001）的研究表明，1989—1992年美元利率下跌以及西方发达经济体经济增长速度减慢是导致那个时期国际资本从发达经济体流向印度的主要因素。Carlson 和 Hernandez（2002）将国际资本分为三类：对外直接投资、证券投资和短期负债，并研究发现 GDP 增长率、利率和汇率等是影响证券投资的因素。Reinhart 和 Reinhart（2008）研究发现，美国的经济增长率和利率水平是影响国际资本从发达经济体流入发展中国家的重要因素。

从上面已有文献可以看出，国内外学者对于汇率因素影响对外投资的理论研究和实证研究较为丰富，分别从投资国币值变化、汇率制度等方面研究了汇率因素对对外投资的影响，也有学者研究了经济发展水平对对外投资的影响，但鲜有学者专门研究对于不同经济发展水平的经济体，汇率变动与对外投资之间的关系。为弥补上述研究存在的不足，本书创新之处表现在以下几点：第一，之前关于对外投资的研究多针对某一国家或某几个国家的对外投资，模型也多为向量自回归模型和静态面板模型，本节则以 49 个新兴经济体 1993—2019 年的数据作为样本，使用动态面板模型进行实证分析，充分考虑了投资的惯性以及经济体层面的共性因素。第二，对外投资包括以 FDI 为主的长期投资和以证券投资为主的短期投资，现有文献多针对某一类型的对外投资进行研究，本研究则将 FDI 和证券投资分别作为被解释变量，比较了汇率变动和收入水平对长期投资和短期投资影响的差异。第三，不同新兴经济体的收入水平和经济发展阶段差异巨大，而收入水平是影响对外投资的最重要因素之一，因此，按照收入水平将新兴经济体分为高收入组与低收入组，并分别研究高收入组和低收入组的汇率变化和汇率制度对新兴经济体对外投资的影响。

三　汇率、收入水平影响对外投资的理论模型

假设经济中存在这样一个代理人，其持有的财富为 W，且是可分的。为实现财富增值，其可以将一部分财富在国内进行投资，用 W_d 表示；将剩余的财富投资到国际机构，用 W_f 表示。于是有

$$W = W_d + W_f \tag{3-24}$$

根据投资收益方程，代理人投资收益可以表示为

$$\pi = rW \tag{3-25}$$

其中 r 表示投资收益率水平，进一步有

$$\pi = r_d W_d + e \cdot r_f \frac{W_f}{e} = r_d W_d + r_f W_f \qquad (3-26)$$

其中 r_d 表示国内投资收益率，r_f 表示国际投资收益率，e 为直接标价法表示的汇率。下面考虑代理人如何分配财富的投资方式，以实现收益最大化。假设代理人是风险厌恶的，则在投资过程中除了考虑资本收益率，还要降低投资风险，而分散投资则是规避风险的有效方式。一般而言，当国内投资的资本收益率高于国际投资的资本回报率时，则代理人会将全部的财富投资到国内市场，反之，则投资到国际市场。这就需要代理人考虑影响资本回报率的因素，资本回报率的确定，借鉴樊潇彦（2004）的做法，基于 Cobb-Douglas 生产函数进行确定，即

$$r_d = r(g_Y, g_A, g_L) = \frac{[g_Y - g_A - \beta g_L]}{\alpha} \text{①} \qquad (3-27)$$

其中 g_Y 表示产出增长率，g_A 表示技术进步率，g_L 表示劳动增长率，α、β 分别表示资本份额和劳动份额。但式（3-27）并未考虑到通货膨胀（fl）因素，于是对上式进一步修正，得到实际资本回报率为

$$r_d = r(g_Y, g_A, g_L, fl) = \frac{[g_Y - g_A - \beta g_L]}{\alpha} - fl \qquad (3-28)$$

朱孟楠和刘林（2010）指出资产价格与汇率的变化会引起对外投资方向的转变，在国际市场上影响资本价格（利率或资本回报率）的因素是国际经济增长率（g_{NY}）和名义国际利率水平，汇率和国内名义利率也是需要考虑的因素，即利差：

$$\Delta r = r_d^n - \frac{r_f^n}{e} \qquad (3-29)$$

其中 r_d^n、r_f^n 分别表示国内外名义利率。于是国际资本回报率可以表示为

$$r_f = r_f(g_{NY}, \Delta r) \qquad (3-30)$$

将式（3-28）和式（3-30）带入到式（3-26）可以得到

---

① Cobb-Douglas 生产函数 $Y = AK^\alpha L^\beta$，方程两侧取对数得到 $\ln Y = \ln A + \alpha \ln K + \beta \ln L$，方程两侧关于时间 t 求导数可以得出 $\frac{\dot{Y}}{Y_t} = \frac{\dot{A}}{A} + \alpha \frac{\dot{K}}{K} + \beta \frac{\dot{L}}{L}$，于是 $g_Y = g_A + \alpha g_K + \beta g_L$，移项后可得式（3-27）。

$$\pi = \left\{\frac{[g_Y - g_A - \beta g_L]}{\alpha} - fl\right\} W_d + r_f(g_{NY}, \Delta r) W_f \qquad (3-31)$$

将式（3-31）移项整理得

$$W_f = \frac{\pi - \left\{\frac{[g_Y - g_A - \beta g_L]}{\alpha} - fl\right\} W_d}{r_f(g_{NY}, \Delta r)} = \frac{\pi - \left\{\frac{[g_Y - g_A - \beta g_L]}{\alpha} - fl\right\} W_d}{r_f\left(g_{NY}, r_d^n - \frac{r_f^n}{e}\right)} \qquad (3-32)$$

式（3-32）描述了对外投资的影响因素，其中 π 可以由人均国内生产总值（非劳动收入部分）（$PGDP$）替代。于是式（3-32）变为

$$W_f = \frac{PGDP - \left\{\frac{[g_Y - g_A - \beta g_L]}{\alpha} - fl\right\} W_d}{r_f\left(g_{NY}, r_d^n - \frac{r_f^n}{e}\right)} \qquad (3-33)$$

关于汇率、利差、本国经济增长率、通货膨胀率、发达经济体经济增长率，以及经济发展水平对对外投资的影响，在其他条件不变的情况下，对上述因素关于 W_f 分别求偏导数：

$$\frac{\partial W_f}{\partial e} = -\frac{PGDP - \{[g_Y - g_A - \beta g_L]/\alpha - fl\} W_d}{r(g_{NY}, \Delta r)^2} r_2'(g_{NY}, \Delta r) \cdot \frac{r_f^n}{e^2} \qquad (3-34)$$

$$\frac{\partial W_f}{\partial \Delta r} = -\frac{PGDP - \{[g_Y - g_A - \beta g_L]/\alpha - fl\} W_d}{r(g_{NY}, \Delta r)^2} r_2'(g_{NY}, \Delta r) \qquad (3-35)$$

$$\frac{\partial W_f}{\partial g_Y} = -\frac{W_d}{\alpha \cdot r(g_{NY}, \Delta r)} < 0 \qquad (3-36)$$

$$\frac{\partial W_f}{\partial fl} = \frac{W_d}{r(g_{NY}, \Delta r)} > 0 \qquad (3-37)$$

$$\frac{\partial W_f}{\partial g_{NY}} = -\frac{PGDP - \{[g_Y - g_A - \beta g_L]/\alpha - fl\} W_d}{r(g_{NY}, \Delta r)^2} r_1'(g_{NY}, \Delta r) \qquad (3-38)$$

$$\frac{\partial W_f}{\partial PGDP} = \frac{1}{r(g_{NY}, \Delta r)} > 0 \qquad (3-39)$$

式（3-34）至式（3-39）是各因素对对外投资的偏导数，其中式（3-36）、式（3-37）和式（3-39）可以很直观地判断出符号的方向，通货膨胀率和经济发展水平与对外投资同方向变化，而本国经济增长率与对外投资呈反方向变化。汇率、利差以及发达经济体的增长率对对外

投资的影响，则受到本国经济增长等因素的制约。

四　变量选择与资料来源

选用49个新兴经济体1993—2019年的年度数据作为研究样本，资料来源如表3-16所示。被解释变量为新兴经济体对外直接投资和对外证券投资与GDP的比值。解释变量选择为新兴经济体汇率变动，汇率变动用本币价值与上一期相比变化的幅度来表示，升值为正，贬值为负。先采用本币兑换美元比例换算出的汇率变化幅度作为解释变量，并将本币兑换特别提款权（SDR）换算出的汇率变化幅度作为替换变量进行稳健性检验。控制变量借鉴已有文献，选择经济发展水平、金融开放程度、国内利率与美国利率之差、本国通货膨胀率与美国通货膨胀率之差、本国实际经济增长率与美国实际经济增长率之差以及国际储备与GDP比值六个指标作为控制变量。用人均GDP代表经济发展水平，因为一国经济发展水平越高，人均GDP越高，本国投资者积累的财富越多，对外投资能力越强。用Chinn和Ito（2006，2008）构造的KAOPEN指标来衡量新兴经济体金融开放度大小，金融开放度越高，对跨境投资障碍越少，跨境资本交易成本越小，本国投资者对外投资越多。一般情况下，新兴经济体借贷利率要高于美国的借贷利率，且国内外利差越高，越容易吸引资金留在国内，因此，对于新兴经济体来说，国内外利差越大，对外投资越少。用本国CPI变化率和美国CPI变化率之差来衡量国内外通货膨胀水平差距，一国通货膨胀率越高，资本贬值速度越快，为规避资本贬值风险，投资者将增加对外投资，以达到保值增值的目的。而外国通胀水平较高时，对外投资会带来资本贬值损失，新兴经济体倾向于减少对外投资。因此，本国通胀率越是高于外国通胀率，对外投资越多。本国实际经济增长率与美国实际经济增长率之差越大，说明本国经济发展相较于美国经济发展更繁荣，企业盈利状况良好，从而吸引资本留在国内而不是出去寻找更好的投资机会。新兴经济体对外投资需要将本币兑换成国际货币，所以国际储备是新兴经济体对外投资的保障，一般情况下一国的国际储备越多，对外投资能力越强，并且国际储备越多的国家也意味着对资本流动的管制较少，而资本跨国流动的障碍少，本国对外投资也就相对越多。

表 3-16　变量描述

变量	序号	变量名称	符号	含义	来源
被解释变量	1	对外直接投资	FDI	本国投资者对国外直接投资占 GDP 百分比	IFS 数据库
	2	对外证券投资	PORTF	本国投资者对国外证券投资占 GDP 百分比	IFS 数据库
解释变量	3	汇率变动	EXC(USD)	本国货币与美元兑换比例本期比上一期贬值或升值的幅度	IFS 数据库
			EXC(SDR)	本国货币与 SDR 兑换比例本期比上一期贬值或升值的幅度	IFS 数据库
控制变量	4	收入水平	PerGDP	本国人均 GDP（万美元）	IFS 数据库
	5	金融开放程度	KAOPEN	本国资金跨境流动的受限制程度	Chinn 和 Ito 计算的金融开放度指数
	6	国内外利差	RATE	本国市场借款利率减去美国市场借款利率	IFS 数据库
	7	国内外通胀率之差	CPI	本国消费者价格指数变化幅度减去美国消费者价格指数变化幅度	IFS 数据库
	8	国内外经济增长率之差	GDPg	本国实际经济增长率减去美国实际经济增长率	IFS 数据库
	9	国际储备	RESERVE	国际储备与 GDP 的百分比	IFS 数据库

各变量的符号、含义及来源如表 3-16 所示，处于不同发展阶段的新兴经济体对外投资能力差别巨大，因此，按照收入水平对样本进行分组，分别考察了低收入新兴经济体和高收入新兴经济体的汇率因素对对外投资的影响。表 3-17 分别给出总体样本、低收入组和高收入组的统计性描述。其中，收入分组的标准来源于世界银行，将世界银行经济体分类中的高收入和中高收入新兴经济体列入高收入组，低收入新兴经济体和中低收入新兴经济体列入低收入组。样本数据的统计性描述如表 3-17 所示。

表 3-17 描述性统计

		样本数	均值	标准差	最小值	最大值
FDI	总体样本	1176	2.2942	10.6495	-7.4428	68.7273
	高收入新兴经济体	626	3.7872	15.2954	-7.1099	68.7273
	低收入新兴经济体	550	0.5949	4.3223	-7.4428	45.2672
PORTF	总体样本	1164	5.3998	9.8381	-29.2528	57.4603
	高收入新兴经济体	624	5.8793	13.4676	-29.2528	57.4603
	低收入新兴经济体	540	2.8456	6.6771	-2.1925	42.6782
EXC (USD)	总体样本	1266	-2.9166	11.4270	-87.8535	43.2046
	高收入新兴经济体	647	-1.4825	11.5740	-87.8535	43.2046
	低收入新兴经济体	619	-4.4156	11.0838	-80.6581	27.4784
EXC (SDR)	总体样本	1266	-3.4552	9.7482	-87.7488	28.8217
	高收入新兴经济体	647	-2.2256	10.1096	-77.5567	28.8217
	低收入新兴经济体	619	-4.7362	9.2300	-87.7488	26.4645
PerGDP	总体样本	1270	0.8727	1.2282	0.0111	9.0203
	高收入新兴经济体	642	1.5131	1.3940	0.0535	9.0203
	低收入新兴经济体	628	0.2180	0.4658	0.0111	4.5020
KAOPEN	总体样本	1303	0.5560	1.5629	-1.9240	2.3600
	高收入新兴经济体	666	0.8209	1.5864	-1.9240	2.3600
	低收入新兴经济体	637	0.2790	1.4895	-1.9104	2.3600
RATE	总体样本	1151	9.5619	12.3557	-3.5000	113.7049
	高收入新兴经济体	583	6.8262	13.7614	-3.5000	113.7049
	低收入新兴经济体	568	12.3699	9.9828	-2.3033	87.2708
CPI	总体样本	1290	7.8148	63.8548	-11.6401	1610.6520
	高收入新兴经济体	657	4.9477	58.8606	-11.6401	1497.0480
	低收入新兴经济体	633	10.7905	68.5756	-11.4155	1610.6520
GDPg	总体样本	1244	1.2701	4.8764	-26.8039	17.9459
	高收入新兴经济体	630	0.4325	4.8358	-13.6285	12.6766
	低收入新兴经济体	614	2.1296	4.7709	-26.8039	17.9459
RESERVE	总体样本	1256	18.3721	21.6655	0	194.8113
	高收入新兴经济体	636	24.5067	27.7041	0.0238	194.8113
	低收入新兴经济体	620	12.0792	9.2732	0	81.5231

从新兴经济体对外直接投资的分组统计性描述中可以看出，高收入组对外直接投资的均值是3.7872，标准差是15.2954，低收入组对外直接投资的均值是0.5949，标准差是4.3223，低收入组对外直接投资占GDP比重小于高收入组，波动性也小于高收入组。而高收入组对外证券投资均值为5.8793，也远大于低收入组的2.8456；标准差上高收入组为13.4676，高于低收入组的6.6771。说明对于不同发展阶段的国家来说，无论是长期投资（直接投资）还是短期投资（证券投资）均存在非常明显的差距，即高收入组新兴经济体对外投资水平显著高于低收入组新兴经济体。

从汇率变化的统计性描述中的均值来看，无论是按照本币兑换美元还是本币兑换特别提款权换算出的汇率变动幅度，低收入组汇率贬值幅度均大于高收入组汇率贬值幅度，且低收入组汇率波动性也大于高收入组汇率波动性，这可能是因为高收入新兴经济体的经济体制和汇率机制更加健全有效，同时高收入组的经济发展已经比较成熟，相对比较稳定；而低收入的经济体可能由于经济调控机制不健全，政府经济管理能力较差，汇率经常面临较大幅度贬值。从两组人均GDP水平来看，高收入组的均值1.5131远高于低收入组的0.2180，波动性方面，高收入组的标准差为1.3940，低收入组为0.4658。金融开放程度方面，高收入新兴经济体相对低收入新兴经济体来说金融更为开放。从国内外利差的均值可以看出，高收入新兴经济体为6.8262，低于低收入新兴经济体的12.3699，这可能是因为与高收入新兴经济体相比，低收入新兴经济体资金更加紧张，因此利率水平较高。高收入新兴经济体的通货膨胀率之差低于低收入新兴经济体，这主要是因为低收入新兴经济体为快速发展经济往往超发货币，而高收入新兴经济体一般经济发展相对成熟，相对规范，从而本国通货膨胀率与外国通胀率之差较低。

五　实证结果与分析

（一）估计模型

考虑对外投资的时间效应，本节选用动态面板模型进行实证分析，构建模型分别如式（3-40）和式（3-41）所示：

$$FDI_{i,t} = \alpha_0 + \alpha_1 FDI_{i,t-1} + \beta_1 EXC_{i,t} + \beta_2 PerGDP_{i,t} + \beta_3 KAOPEN_{i,t} +$$
$$\beta_4 RATE_{i,t} + \beta_5 CPI_{i,t} + \beta_6 GDPg_{i,t} + \beta_7 RESERVE_{i,t} + \mu_i + \varepsilon_{i,t} \quad (3-40)$$
$$PORTF_{i,t} = \alpha_0 + \alpha_1 PORTF_{i,t-1} + \beta_1 EXC_{i,t} + \beta_2 PerGDP_{i,t} + \beta_3 KAOPEN_{i,t} +$$
$$\beta_4 RATE_{i,t} + \beta_5 CPI_{i,t} + \beta_6 GDPg_{i,t} + \beta_7 RESERVE_{i,t} + \mu_i + \varepsilon_{i,t}$$
$$(3-41)$$

其中：$i=1, 2, \cdots, 49$ 代表新兴经济体（或地区），$t=1, 2, \cdots, 27$ 代表各观测年度，μ_i 代表个体效应，$\varepsilon_{i,t}$ 代表随机误差项。

（二）估计结果及分析

采用系统 GMM 估计方法进行回归分析。为检验各变量之间是否存在严重的共线性，计算各变量的方差膨胀因子，结果发现所有变量的 VIF 均小于 2。因此，可以判断各主要变量间不存在严重的多重共线性问题。

1. 汇率因素对对外投资影响的回归结果

由于使用系统 GMM 估计的前提条件是扰动项的一阶存在自相关，二阶及更高阶不存在自相关，于是我们进行了自相关检验。检验结果显示两个模型的 AR（1）均小于 0.1，AR（2）统计量均大于 0.1。此外，我们也使用 Sargan 统计量进行了工具变量的外生性检验，两个模型的 P 值均为 1，无法拒绝工具变量符合外生性条件的原假设。因此，采用系统 GMM 估计方法是合理的，能够较为有效地说明汇率变动对对外投资的影响。此外，从表 3-17 描述性统计结果来看，变量 FDI、PORTF、EXC、RATE、CPI、GDPg、RESERVE 最大值最小值之差均在均值的五倍以上，表明这些变量波动剧烈，可能存在异常值。为了规避异常值对回归估计结果产生影响以致结论有偏差，我们对这些变量在 1% 水平下进行缩尾处理。最终回归结果如表 3-18 所示。模型 1 和模型 2 的被解释变量分别为对外直接投资占 GDP 比重和对外证券投资占 GDP 比重。从表 3-18 中可以发现，汇率变动、人均 GDP 水平、金融开放程度、利差、本国与美国实际 GDP 增长率之差和国际储备显著影响对外直接投资和对外证券投资，而证券投资还受到本国与外国通胀率之差的显著影响。

表 3-18　　1993—2020 年全部样本数据动态系统 GMM 面板模型回归结果

变量	模型 1（FDI）	模型 2（PORTF）
L1	0.2228*** (37.11)	0.4019*** (58.22)
EXC（USD）	0.0037*** (3.41)	0.0326*** (5.75)
PerGDP	4.5640*** (27.18)	6.9963*** (31.71)
KAOPEN	1.7449*** (9.50)	0.7346*** (9.46)
RATE	-0.0354*** (-15.35)	-0.0713*** (-9.74)
CPI	-0.0255 (-1.65)	0.0077*** (5.67)
GDPg	-0.0258*** (-2.66)	-0.0292*** (-2.57)
RESERVE	0.0228*** (2.85)	0.7853*** (34.93)
常数项	-2.9264*** (-29.62)	-7.5175*** (-57.95)
样本数	940	940
个体效应	固定	固定
Wald	8.97e+06 [0.0000]	1.16e+09 [0.0000]
AR（2）	0.1834	0.2888
Sargan	45.2694 [1.0000]	46.9939 [1.0000]

注：L1 代表 1 阶滞后项；***、** 和 * 代表变量系数在 1%、5% 和 10% 水平下显著；[ ] 内为统计量相应的概率值，( ) 内为 t 统计量，下同。

从回归结果中可看出，两个模型中汇率变化变量均在1%水平下显著影响对外直接投资和对外证券投资，而且符号为正，说明本币升值时，对外投资增加，这与Kohlhagen（1977）、Cushman（1985）及邢予青和吴桂英（2003）的观点一致。这主要可能是因为本币升值导致的财富效应，对外投资实力增强，投资者能以比升值前更少的资金到国外购买同样多的资产，从而刺激投资者增加对外投资。人均GDP水平均在1%水平下显著影响对外直接投资和对外证券投资，符号均为正，即人均GDP水平越高的新兴经济体对外投资越多，因为人均GDP水平高意味着经济发展水平更高，拥有更多的资金对外投资。金融开放程度在两个模型中1%水平下显著为正，即本国资金跨境流动的受限制程度越小的经济体对外投资越多，这也与实际情况相符合；国内外利差在1%水平下显著为负，说明新兴经济体与美国的利差越大，对外投资越少，原因在于利差增大表明在本国投资收益率更高，从而减少对外投资更有利可图，符合理论预期；国际储备的影响显著为正，表明外汇储备越丰富越强的经济体对外投资能力越强，对外投资也就越多。实际经济增长率之差对对外投资的影响在1%水平下显著为负，表明当一国经济相较于美国更为繁荣时，会吸引资本留在本国国内，减少对外投资，这与理论模型推导结果一致。另外，在对外证券投资模型中，本国通胀率与外国通胀率之差的影响显著且为正，说明当一国相对美国通胀更严重时，投资者为规避资本贬值风险，会通过增加对外证券投资以达到保值增值的目的。此外，对外直接投资和对外证券投资的一阶滞后项均显著为正，表明从1993—2019年整体数据来看，新兴经济体对外投资存在时间上的正相关关系。

2. 按收入分组下汇率因素对对外投资影响的回归结果

投资发展路径理论的分析发现，随着一国经济发展水平不断提高，该国会逐步从外资净流入国转变为对外投资国。因此当新兴经济体发展到一定阶段，具有较强经济实力之后，对国外进行较大规模投资是一个必然的趋势。从样本描述性统计结果也可以看出，高收入新兴经济体和低收入新兴经济体对外投资存在非常明显的差距。因此，将样本按照人均收入水平进行分组，进一步分析不同收入水平的新兴经济体影响对外投资的因素是否存在差异。估计方法依然采用系统GMM方法，回归结果如表3-19所示。

表 3-19　　按收入水平分组系统 GMM 估计结果

变量	高收入新兴经济体 模型1（FDI）	高收入新兴经济体 模型2（PORTF）	低收入新兴经济体 模型1（FDI）	低收入新兴经济体 模型2（PORTF）
L1	0.3066*** (13.42)	0.3221*** (29.28)	0.0572* (1.69)	0.6190*** (15.07)
EXC（USD）	0.0213*** (4.22)	0.0098* (1.69)	-0.0032* (-1.98)	-0.0646** (-2.05)
PerGDP	3.5672*** (19.55)	5.5628*** (25.05)	1.4001*** (10.62)	3.7655*** (35.85)
KAOPEN	1.4627*** (5.02)	1.0675*** (2.74)	0.0208 (0.51)	0.6641*** (10.66)
RATE	-0.0560 (-1.28)	-0.0666*** (-4.94)	-0.0158*** (-2.94)	0.0017 (0.17)
CPI	0.0382 (1.62)	-0.0210 (-0.45)	0.0091*** (2.60)	0.0184*** (6.22)
GDPg	-0.0389** (-2.52)	-0.0687*** (-3.01)	0.0068 (1.40)	-0.0183*** (-5.93)
RESERVE	0.0106* (1.74)	0.0903*** (24.15)	0.0146*** (2.85)	0.0121*** (4.79)
常数项	-3.9387*** (-3.94)	-3.5459*** (-4.09)	-0.0878 (-1.51)	-0.4540** (-2.24)
样本数	511	511	429	429
个体效应	固定	固定	固定	固定
Wald	9380.42 [0.0000]	50212.13 [0.0000]	118681.28 [0.0000]	7.23e+06 [0.0000]
AR（2）	0.2182	0.8640	0.3546	0.0941
Sargan	17.5954 [1.0000]	17.9208 [1.0000]	14.4559 [1.0000]	15.5655 [1.0000]

从表 3-19 的回归结果可以看出，对于不同收入水平的样本经济体，影响其对外投资的因素存在显著差异。根据实证结果，汇率变动对

对外投资的影响会因收入水平不同而有所差异。高收入新兴经济体的汇率变动正向显著影响对外直接投资和对外证券投资，说明本币升值使高收入新兴经济体对外投资增加。相反，低收入组的汇率变动与对外投资呈现出显著负相关关系，即本币汇率升值会使低收入新兴经济体对外直接投资和对外证券投资均减少，即低收入新兴经济体汇率贬值将导致资本外流增加。可以看出，名义汇率升值对一国对外投资的影响在某种程度上取决于该国收入水平。这可能与不同收入水平经济体金融系统的完善程度有关，对于高收入新兴经济体来说，由于拥有相对更完善的金融市场、更多样化的金融工具和更少的资本管制，使高收入新兴经济体的投资者拥有更大的选择性，可以根据自身需要，选择追加投资、撤回投资还是转移投资。因此，当本币升值时，在"相对成本效应"和"财富效应"两个渠道的作用下，高收入新兴经济体增加对外投资更有利可图。而对于低收入新兴经济体来说，由于自身财富较少，且金融市场相对不完善，低收入新兴经济体投资者的选择不如高收入新兴经济体投资者的选择丰富，而汇率升值时持有本币会获得升值收益，因此会吸引资本留在国内，从而对外投资会减少。

3. 稳健性检验

（1）变量替换。

选择使用替换变量的方式进行稳健性检验，将本币相对美元币值变动幅度替换为本币相对特别提款权（SDR）币值变动幅度，构建模型并采用上述方式，分别对整体数据以及按人均收入水平分组的数据进行系统 GMM 回归，回归结果如表 3-20、表 3-21 所示。从表中可以看出，汇率变动变量替换之后的回归结果与替换之前的回归结果基本一致，不存在明显变化。

表 3-20　　　　　　　整体样本替换变量稳健性检验结果

变量	模型 1 （FDI）	模型 2 （PORTF）
L1	0.2222 *** （68.98）	0.3983 *** （53.41）

续表

变量	模型1 (FDI)	模型2 (PORTF)
EXC (SDR)	0.0184*** (4.24)	0.1378*** (13.85)
PerGDP	4.5582*** (24.10)	6.9809*** (27.35)
KAOPEN	1.8220*** (33.06)	0.7439*** (10.01)
RATE	-0.0442*** (-3.46)	-0.0315*** (-4.71)
CPI	0.0020 (0.91)	0.0572*** (5.96)
GDPg	-0.0197*** (-5.26)	0.0010 (0.25)
RESERVE	0.0225*** (9.22)	0.7816*** (6.86)
常数项	-2.9617*** (-4.43)	-7.4551*** (-6.68)
样本数	940	940
个体效应	固定	固定
Wald	6.94e+06 [0.0000]	1.24e+07 [0.0000]
AR (2)	0.1833	0.3043
Sargan	44.41934 [1.0000]	44.39401 [1.0000]

表3-21 按收入分组替换变量稳健性检验结果

变量	高收入新兴经济体		低收入新兴经济体	
	模型1 (FDI)	模型2 (PORTF)	模型1 (FDI)	模型2 (PORTF)
L1	0.2983*** (18.44)	0.3318*** (6.94)	0.1158*** (4.81)	0.3255*** (7.47)

续表

变量	高收入新兴经济体 模型1（FDI）	高收入新兴经济体 模型2（PORTF）	低收入新兴经济体 模型1（FDI）	低收入新兴经济体 模型2（PORTF）
EXC（SDR）	0.0181*** (2.70)	0.0299*** (3.76)	−0.0066*** (−3.31)	−0.0091*** (−2.95)
PerGDP	3.4061*** (21.10)	5.6924*** (27.01)	1.036*** (3.03)	3.7556*** (43.68)
KAOPEN	1.7201*** (6.91)	1.0989** (2.50)	0.0694** (2.43)	0.6859*** (8.69)
RATE	−0.0572 (−1.37)	−0.0831*** (−6.02)	−0.0156*** (−2.84)	−0.0044 (−0.39)
CPI	0.0119 (0.55)	0.1020*** (4.69)	0.0069* (1.76)	0.0160*** (4.67)
GDPg	−0.0277** (−2.14)	−0.0239 (−1.16)	−0.0130*** (−5.26)	−0.0172*** (−5.52)
RESERVE	0.0062 (0.90)	0.0911*** (19.12)	0.0165*** (3.37)	0.0081* (1.95)
常数项	−3.1241*** (−3.00)	−3.6359*** (−3.98)	−0.1034 (−1.38)	−0.5281** (−2.53)
样本数	511	511	429	429
个体效应	固定	固定	固定	固定
Wald	8579.65 [0.0000]	118752.32 [0.0000]	2900.45 [0.0000]	1.13e+07 [0.0000]
AR（2）	0.2157	0.8171	0.5613	0.1177
Sargan	16.4024 [1.0000]	17.5562 [1.0000]	14.4559 [1.0000]	15.5655 [1.0000]

（2）固定时间效应。

在回归模型中加入时间效应，进行固定时间效应稳健性检验。整体样本与按收入分组的回归结果分别见表3-22和表3-23，从表中结果可以看出，各变量系数的显著性和方向均未发生明显变化，也证明前文的结果是稳健且有说服力的。

表 3-22　　整体样本固定时间效应稳健性检验结果

变量	模型 1 (FDI)	模型 2 (PORTF)
L1	0.1034*** (9.13)	0.7351*** (18.64)
EXC（SDR）	0.0201*** (5.28)	0.1041*** (6.83)
PerGDP	2.0137*** (14.81)	3.1937*** (19.02)
KAOPEN	0.9145*** (10.16)	0.6219*** (7.14)
RATE	-0.0192** (-2.17)	-0.1853*** (-10.46)
CPI	0.0372 (0.23)	0.0924*** (4.18)
GDPg	-0.1383*** (-3.13)	-0.2294*** (-4.93)
RESERVE	0.3623*** (23.62)	0.4790*** (29.48)
常数项	-1.2730*** (-9.93)	-2.9227*** (-10.37)
样本数	940	940
个体效应	固定	固定
时间效应	固定	固定
Wald	12261.52 [0.0000]	26393.37 [0.0000]
AR（2）	0.2539	0.1963
Sargan	38.6812 [1.0000]	29.7848 [1.0000]

表 3-23　　按收入分组固定时间效应稳健性检验结果

变量	高收入新兴经济体 模型1（FDI）	高收入新兴经济体 模型2（PORTF）	低收入新兴经济体 模型1（FDI）	低收入新兴经济体 模型2（PORTF）
L1	0.2734 *** (4.72)	0.2191 *** (19.28)	0.1736 *** (3.73)	0.6026 *** (13.05)
EXC（SDR）	0.1834 *** (6.09)	0.0172 ** (1.98)	-0.1027 ** (-2.36)	-0.0926 ** (-1.99)
PerGDP	1.3428 *** (9.37)	2.0026 *** (5.05)	0.9784 *** (9.91)	1.2834 *** (5.22)
KAOPEN	1.0238 *** (4.18)	1.2714 *** (3.02)	0.1729 *** (2.92)	0.3462 *** (6.67)
RATE	-0.0653 ** (-2.03)	-0.0598 ** (-2.48)	-0.0722 ** (-2.27)	-0.0459 * (-1.89)
CPI	0.0521 * (1.69)	0.0617 (1.58)	0.0053 * (1.76)	0.0027 (1.63)
GDPg	-0.0090 (-1.54)	-0.0895 *** (-2.73)	-0.0052 (-0.92)	-0.1083 ** (-2.04)
RESERVE	0.0421 *** (2.81)	0.0981 *** (4.25)	0.1629 *** (2.83)	0.2472 *** (5.17)
常数项	-1.5291 *** (-4.11)	-2.2784 *** (-5.32)	-0.3824 *** (-3.17)	-0.4016 *** (-3.01)
样本数	511	511	429	429
个体效应	固定	固定	固定	固定
时间效应	固定	固定	固定	固定
Wald	1976.33 [0.0000]	1274.62 [0.0000]	107573.52 [0.0000]	2.71e+06 [0.0000]
AR（2）	0.1942	0.2036	0.4613	0.5109
Sargan	22.7873 [1.0000]	29.7667 [1.0000]	14.6783 [1.0000]	16.7893 [1.0000]

4. 不同汇率制度下汇率变动影响对外投资的进一步分析

根据 IMF 事实分类法将所有样本按照汇率制度进行分组，并进行回归分析。IMF将所有经济体的汇率制度分为9类，包括：无独立法定货币的汇率制度、货币局制度、其他传统固定盯住制度、水平波幅盯住汇率、稳定汇率安排、爬行盯住、区间盯住、没有预先确定汇率路径的管理浮动和独立浮动。我们将管理浮动和独立浮动的经济体列入浮动汇率制组，将其他的无独立法币制度、货币局制度和各类盯住制的经济体列入固定汇率制组，估计方法依然采用系统GMM方法，回归结果如表3-24所示。

表3-24　　　　　　　　　按汇率制度分组回归结果

	固定汇率制				浮动汇率制			
	模型1 (FDI)		模型2 (PORTF)		模型1 (FDI)		模型2 (PORTF)	
L1	0.5951*** (25.49)	0.5265*** (52.52)	0.5848*** (28.41)	0.5194*** (61.35)	0.2301*** (37.29)	0.2900*** (62.06)	0.2353*** (84.26)	0.2898*** (68.58)
EXC (USD)	0.0353** (2.46)		0.1207*** (5.28)		−0.0011 (−0.88)		−0.0030 (−1.20)	
EXC (SDR)		0.2633*** (6.39)		0.1846*** (5.92)		0.0032 (1.52)		0.0028 (1.49)
控制变量	是	是	是	是	是	是	是	是
样本数	395	395	395	395	545	545	545	545
个体效应	固定	固定	固定	固定	固定	固定	固定	固定
Wald	710942.82 [0.0000]	3.01e+06 [0.0000]	734899.95 [0.0000]	9.30e+06 [0.0000]	43761.72 [0.0000]	1.61e+07 [0.0000]	358036.01 [0.0000]	132685.24 [0.0000]
AR(2)	0.3078	0.3656	0.3040	0.3722	0.6771	0.6107	0.6972	0.6101
Sargan	16.3265 [1.0000]	16.2370 [1.0000]	17.8213 [1.0000]	18.3097 [1.0000]	21.6680 [1.0000]	26.7601 [1.0000]	19.4709 [1.0000]	24.5238 [1.0000]

根据表3-24的结果，可以看出在不同汇率制度下，汇率变动对对外投资的影响存在显著差异。对于固定汇率制的经济体，汇率变动的系数显著为正，说明当本币升值时对外投资增加，而浮动汇率制的经济体

汇率变动则不影响对外投资，这可能是由于浮动汇率制的经济体通常使用金融衍生工具在即期或者远期外汇市场进行干预，以对冲汇率变动对跨境资本流动的影响，这与 Jeanneret（2005）得出的金融工具的发展导致汇率变动不影响对外投资的结论相一致。克鲁格曼 1999 年提出"三元悖论"原则，即一国不可能同时实现固定汇率制、资本自由流动和独立的货币政策。因此，对于固定汇率制的经济体，对外投资势必受到金融开放程度的正向影响，金融开放程度越高的经济体，对外投资越多。而浮动汇率制的经济体由于不存在资本自由流动和独立货币政策的选择问题，一般而言，浮动汇率制的经济体对跨境投资的干预较少，金融开放度较高，因此对外投资更多受到其他因素的影响。

六　研究结论及启示

（一）结论

使用 49 个新兴经济体 1993—2019 年的年度数据作为样本建立动态面板模型，采用系统 GMM 方法进行实证分析，主要研究了汇率变动和收入水平对新兴经济体对外投资的影响，得出以下结论。

第一，从整体样本回归结果来看，汇率变动是影响新兴经济体对外投资的重要因素。当本币升值时，会促使新兴经济体投资者对外投资增加。此外，人均 GDP 水平、金融开放度和国际储备对新兴经济体对外投资具有显著正向影响，国内外利差和本国与外国实际经济增长率之差对对外投资具有显著负向影响。而本国与外国通胀率之差也对新兴经济体对外证券投资有显著影响，但不影响对外直接投资。

第二，按照收入水平分组后的样本回归结果表明，对于收入水平不同的新兴经济体来说，影响对外投资的因素有明显差异。汇率变动对一国对外投资的影响在一定程度上依赖于该国收入水平。对于高收入新兴经济体来说，汇率变动正向影响对外直接投资和对外证券投资，即本币升值使高收入新兴经济体的对外投资增加；而对于低收入组来说，汇率变动则与对外投资有显著的负相关关系，即本币升值会使低收入新兴经济体对外投资减少。

第三，不同类型汇率制度的新兴经济体的对外投资影响因素差别显著。根据 IMF 的事实分类法，进一步将样本经济体分为两类：固定汇率制的经济体和浮动汇率制的经济体，并分别进行回归分析，结果发现，影响不同汇率制度的新兴经济体对外投资的因素也有显著差异。固定汇率制的新兴经济体本币升值时对外投资增加，而浮动汇率制的新兴经济体汇率变动则不影响对外投资。

（二）启示

随着人民币国际化进程的不断推进，势必要求我国资本账户进一步开放和汇率弹性进一步提高，在这种情况下，我国面临着资本大量流出冲击的风险。因此，加强国际资本流动管理，尤其是加强资本流出的管理势在必行。从上述关于新兴经济体对外投资影响因素的实证研究结果可以得出以下一些启示。

第一，汇率变动是影响我国对外投资的重要因素。实证结果表明对于高收入新兴经济体，汇率变动正向影响对外直接投资和对外证券投资，即汇率升值使高收入新兴经济体的对外投资增加；对于高收入新兴经济体而言，经济发展水平越高，对外投资规模越大。根据世界银行公布的人均收入水平和分组标准，我国已于2010年进入中等偏上收入国家行列，2021年我国人均收入已达到12551美元，在新兴经济体中已属于高收入国家。因此，在现阶段我国对外投资规模不断增加也是经济发展到一定阶段的正常现象。例如，2018年我国对外直接投资达1451.9亿美元，位居全球第三，对外直接投资存量为2.58万亿美元，位居全球第二。从2010年到2015年人民币汇率升值期间，也是我国对外投资大幅增加的时期，2009年我国对外直接投资为565.3亿美元，2015年我国对外直接投资达1456.7亿美元，这期间人民币汇率也从6.85人民币/美元升值到6.04人民币/美元。实际上在这段时间内，人民币汇率升值成为推动我国对外投资快速增加的重要因素之一。因此，对于我国来说，经济发展水平提高和人民币汇率升值都是促进我国对外投资增加的重要因素。

第二，保持汇率稳定有利于现阶段我国对外投资持续增长。由于我国目前的经济调控机制和金融市场还有待进一步完善，较大幅度的汇率波动和大规模资本流出势必将对我国宏观经济带来严重的负面冲击，因此，需要保持人民币汇率稳定，保证对外投资可持续增长。我国政府应该深刻认识到发达国家片面推广完全浮动的汇率制度和资本完全自由流动带来的潜在危害，不应受到西方国家政治压力的影响，而是根据我国具体国情来独立自主地制定汇率政策。我国也应积极参与国际汇率调整规则的制定，推动符合中国利益的相关议题的讨论并达成共识，以不断促进中国对外投资的健康发展和经济的长期可持续发展。

第三，关注影响对外投资的国际因素。从实证研究结果可以看出，美国利率水平、美国通货膨胀率和美国实际经济增长率等国际因素也会影响新兴经济体的对外投资，因此，应多加关注国际因素变化给对外投资带来的影响，加强国际经济形势研究，密切跟踪国际金融市场变化。尤其在美国政府财政政策与货币政策不断出现大幅度变化的背景下，我们要随时做好相关准备，争取变不利为有利，把相关风险降到最低。

第四，加强对对外投资的分类监管。从实证分析结果来看，对外投资可以分为以对外直接投资为代表的长期投资和以证券投资为代表的短期投资，这两种类型的对外投资的影响因素存在较大差异，除两种类型对外投资都受到汇率、经济发展水平、金融开放程度、国内外经济增长率之差和国际储备等因素的影响之外，对外证券投资还会受到国内外通货膨胀率的影响，因此，我们在预警和监控对外投资的时候，应该分类监管，尤其是对于影响证券投资的这些因素，更需要我们格外关注。

第四章

新兴经济体跨境资本流动的经济影响

第一节 资本流动突停对银行风险的影响

一 资本流动突停对银行风险影响文献回顾

自20世纪90年代以来，经济快速发展和金融体系开放使大量国际资本流入新兴经济体，新兴经济体获益匪浅。虽然资本流动促进了新兴经济体的发展，但与此同时也带来巨大风险，金融体系的稳定性面临严峻挑战。新兴经济体金融体系没有发达国家成熟，且缺乏完善的调控体系和严格的监管体系，一旦新兴经济体经济增长下滑，国际资本流入就会大量减少，严重时甚至发生资本外逃。新兴经济体不健全的金融秩序也会加速这种恶性的资本流动。投机者们会看准时机，大量减少对新兴经济体的资本投入甚至撤出已投入的资本，一旦发生这种"羊群效应"，新兴经济体就会面临爆发银行危机的风险。

自20世纪90年代以来，新兴经济体经历了多次金融危机，可以发现金融危机发生前，通常会有大量资本流入，而一旦出现不利情况，则会反转，资本流入突然大幅度下降，或者出现资本外逃，这种现象我们称为"资本流动突然停止"，简称"资本突停"。资本突停的发生具有以下几个共同特征：一是在新兴经济体的爆发频率比较高；二是资本突停在多个相邻的新兴经济体相继发生；三是资本突停国的GDP会严重下滑。在一定条件下资本突停会导致银行危机的爆发，主要传导机制表现为：一是资本突停发生后，国内资金紧张，利率上升，企业融资成本增加，引发证券和房地产等资产价格大幅度下降，导致持有该类资产的银行遭受损失，同时用此类资产抵押贷款的企业会被银行要求增加抵押物品，如果无法达到要求，企业会陷入困境，甚至倒闭破产给银行带来损失，如果损失达到一定程度就可能爆发银行危机；二是资本突停也会导致本币汇率大幅贬值，为规避损失很多投资者会兑换外币，造成本币持续贬值，持有外币资产较多的银行可能会陷入资不抵债的境地，从而出现挤兑现象，形成银行危机；三是资本突停会给投资者带来不良的经济前景预期，从而改变原有投资策略，从该国撤出投资或者减少投资，严重的情况可能出现金融恐慌，引发银行危机。因此，研究资本突停是否会导致银行危机，以及采取何种措施来防范资本突停导致银行危机具有重要的现实意义。

一些学者研究了资本突停的危害。Hutchison 等（2005）的研究认为资本流动突停会严重影响国内经济发展，特别是对实体经济影响较为严重。Kaminsky（2008）的研究结果显示资本突停与金融危机存在着共同的影响因素，资本突停是一种新的货币危机。邹炜和李亚培（2009）认为资本突停会给东欧新兴国家带来经济增长放缓，资产价格暴跌，货币大幅贬值和社会动荡等不利影响。任力和黄崇杰（2011）认为资本突停导致国内资金紧张，私人支出减少，资产价格下挫，汇率大幅度贬值，从而引发金融危机。项卫星和王达（2011）的研究发现，国际金融危机使资本流动出现异常变化，资本流动异常破坏了金融体系稳定，对于金融体系不完善的新兴经济体来说，更易受到冲击，爆发危机的概率增大。陆静和罗伟卿（2012）发现资本流动的异常变动会加剧金融体系的脆弱性，有可能进一步加重金融危机。Calderon 等（2013）则从国内投资者进行海外投资决策与外国投资者切断对国内投资两个方面的决定因素是否相同的角度出发研究了国际资本流动突停。郑璇和罗明铭（2016）发现国际资本流动突然停止显著促使货币危机爆发。张旭萌等（2017）发现资本流入突停会对我国股市波动带来负面影响。吴成颂等（2019）利用中国上市银行数据实证研究发现，若短期跨境资本流动发生大幅逆转，商业银行系统性风险会大幅提升。Ho Tai-kuang 和 Yeh Kuo-chun（2019）研究发现 1931 年德国发生经济危机的原因并不是国内生产力冲击或者战后赔款,而是资本流动突停。

一些学者研究了资本突停与银行危机两者之间的关系。刘仁伍等(2008)研究了国际资本流动对银行危机和货币危机产生作用的机制,结果认为国际资本流动异常会增加银行危机与货币危机同时发生的概率。Reinhart等(2011)选择1980—2007年181个样本国家进行研究,结果发现资本流动只是对发达国家的GDP增长、经常账户项目等有显著影响,并不一定会产生危机。还发现对于新兴经济体而言,有资本突停比无资本突停的情况下发生危机的概率高八个百分点,即资本突停显著增加了新兴经济体爆发危机的概率。Joyce和Nabar(2009)的研究结果表明银行危机可以对投资产生负面影响,资本突停没有对投资产生必然的影响,所以推断资本突停是先诱发银行危机,进而对投资产生影响的。梁权熙和田存志(2011)的研究认为单独出现资本突停或者银行危机,不会对宏观经济产出造成显著影响,只有在资本突停和银行危机两者叠加时才会对经济产出造成严重影响。党超(2017)认为资本的突然流出会造成商业银行的流动性不足,资金链断裂,信贷规模收缩,陷入经营危机。顾海峰和卞雨晨(2020)选取2009—2019年108家中国商业银行年度数据,构建面板回归模型实证发现跨境资本流动规模扩大会加大银行期限错配程度,由此增加银行流动性风险。顾海峰和卞雨晨(2021)选取2010—2019年中国372家商业银行年度数据对跨境资本流动对银行稳定性的影响及其作用机制进行了实证分析。研究表明:跨境资本流动对银行稳定性具有抑制作用,跨境资本流动通过加大银行流动性错配而降低了银行稳定性,同时经济政策不确定性提高会加剧跨境资本流动。顾海峰和卞雨晨(2021)选取2010—2019年中国16家上市银行季度数据,采用面板回归模型对跨境资本流动对银行系统性风险的影响及其作用机制进行了实证分析。研究表明:跨境资本流动对银行系统性风险具有促进作用,跨境资本流动规模的提高会加大银行存贷期限错配程度,由此引发银行流动性创造过度,从而加大银行系统性风险。徐蕾(2021)使用2001—2016年72国的非平衡跨国面板数据,发现无论由常规还是非常规货币政策所驱动,全球流动性扩张均会显著提高新兴市场国家银行的风险承担水平。谢贤君和王晓芳(2022)基于风险累积效应和风险传染效应的视角研究发现跨境资本流动、跨境资本流入、跨境资本流出均显著增加了银行风险，且三者对银行风险的影响均存在显著的风险累积效应。

以上文献研究了新兴经济体资本流动与银行风险的关系，并分析了资本突停对银行风险的传递机制，多数文献使用的数据是基于国际投资者的资本流动突停，即流入驱动型资本突停的概念，而国际资本流动的形式有很多，不同类型资本流动对金融体系带来的冲击是不同的，而这一问题在现有文献中涉及较少，基于此，本书将在已有文献基础上，在以下几个方面进一步拓展：将资本突停区分为三类情况，即流入驱动型资本突停、流出驱动型资本突停、净流入型资本突停，然后分别研究这三种资本突停是否会对银行风险带来影响。因为这三种突停的计算方法和性质都存在着重要区别，所以考虑不同类型的资本突停对政策制定具有较强的现实意义。

二 资本流动突停对银行风险影响模型构建

（一）数据的来源

使用 40 个新兴经济体 1997—2020 年的年度数据，资料来源于国际货币基金组织（IMF）、世界银行（World Bank）数据库和国研网统计数据库，少量指标经过简单计算。

（二）银行风险和资本突停的界定和测算

1. 银行风险（banrisk）的界定和测算

多数文献都采用不良贷款与贷款总额之比来衡量银行风险。本节也采用这个指标来衡量银行风险，不良贷款与贷款总额之比越高，银行风险越大。

2. 资本突停的界定和测算

Calvo（1998）首先提出了资本突停的问题，此后资本突停问题引起了国内外学者的广泛关注。Radelet 等（1998）根据资本突停中资本流动的方向，将"资本突停"定义为资本账户的逆转，且将其视为金融危机发生的一种形式。Edwards（2007）从国际收支的角度来界定资本流动突停，当资本净流入的减少量大于 GDP 的 5%时，就认为发生了资本突停。Calvo 等（2004）、Cavallo 等（2008）对资本突停的界定标准较为类似：人均国内生产总值减少；资本流入转为大量流出；经常账户赤字在第 t 年或者 t+1 年降低。Cowan 等（2008）将"资本突停"

界定为两个方面，一种是流入驱动型资本突停，即净资本流入减少是由于外国投资者减少投资量或者大量撤出投资；另一种是流出驱动型资本突停，即净资本流入减少是由于本国投资者将投资方向转为国外。如果流入驱动型和流出驱动型两种投资者的投资量相对平衡的话，就被叫作混合型资本突停。刘莉亚等（2013）认为资本突停是指一国在前期经历过大量资本流入后，突发性的资本流入大幅下降，分为由外部资本流入导致的资本突停、本国投资者的资金外逃导致的突停和净资本流入测算的资本突停。资本突停和资本外逃的本质是一样的，我们将这三种国际资本流动异常现象均定义为"资本突停"。

根据以上学者的研究，我们将资本突停分为三类：一是国外投资者资本流入下降导致的资本突停，称为流入驱动型资本突停；二是本国投资者资本外逃引发的资本突停，称为流出驱动型资本突停；三是国际资本净流入衡量的资本突停，称为净流入型资本突停，其中，国际资本净流入=国际资本总流入-国际资本总流出。

定义资本突停为虚拟变量，即当它们满足下式时，取值为1，不满足时取值为0。当国际资本总流入或者净流入符合

$$\frac{K_t - K_{t-1}}{GDP_{t-1}} < -\lambda_t \tag{4-1}$$

则认为发生了流入驱动型资本突停；

当国际资本总流出符合

$$\frac{K_t - K_{t-1}}{GDP_{t-1}} > \lambda_t \tag{4-2}$$

则认为发生流出驱动型资本突停；其中 K_t 表示国际资本净流入或总流入或总流出，t 表示时间单位为年，GDP 为国内生产总值，λ 表示是否发生资本突停的临界值，取值为5%。

（三）资本突停的描述性统计

表4-1是通过对资本突停界定之后，识别的资本突停发生的次数，发生突停定为1，不发生突停定为0。由表4-1可知根据本国投资者的"资本外逃"造成的流出驱动型资本突停次数为95次，由外部资本总流入造成的流入驱动型资本突停次数为108次，净流入型资本突停次数为173次。

表 4-1　　　　　　　　　资本突停次数统计

资本类型	虚拟变量	资本突停
流出驱动型资本突停	1	95
	0	812
流入驱动型资本突停	1	108
	0	822
净流入型资本突停	1	173
	0	716

（四）其他控制变量的选择

根据现有研究成果，选取经济增长速度、通货膨胀率、汇率变化、实际利率、金融开放度、全球经济增长、全球流动性及国际资产价格8个指标作为控制变量。

1. 经济增长速度（gdpg）

经济增长速度用国内生产总值增长率来衡量，可以直接反映一个国家经济发展形势，是通用的宏观经济指标。选取不变价 GDP 的同比增长率。

2. 通货膨胀率（cpi）

通货膨胀严重时，物价水平上升，进口增加，出口减少，经常账户受到影响。高通货膨胀率会导致经济波动，严重时可能导致危机。本书选取平均消费价格指数年度变化百分比来衡量通货膨胀。

3. 汇率变化（fluct）

汇率变化影响一国商品在国际上的竞争力，如果本国商品竞争力强会导致出口增加，国际收支状况良好，会吸引国际资本流入。本书选取的是间接标价法的汇率变化，以直接反映本币的升值或贬值情况。

4. 实际利率（rate）

实际利率是去除通胀后的真实利率，实际利率的高低决定着人们对储蓄和投资的决策。实际利率水平对银行经营存在着显著影响，过低的甚至是负的实际利率会导致资金大量流出银行体系，过高的实际利率也会导致银行放款项目风险增高，未来不良资产增加，从而冲击银行体系稳定。

5. 金融开放度（kaopen）

采用 Chinn-Ito 金融开放指数来表示金融开放度。金融开放度越高，资本流动管制程度越低，而资本管制强度对国际资本流动具有重要影响。当金融开放度高时，资本流入和流出都较为容易，发生资本流动异常的可能性更大。

6. 全球经济增长率（ggdp）

新兴经济体资本流动状况还会受到国际经济形势的影响。全球经济变化会对新兴经济体带来显著影响。采取全球 GDP 增长率衡量国际经济形势。

7. 全球流动性（gflow）

采用美元 M2 占美国 GDP 比例来表示全球流动性。全球流动性越高代表着资本越充裕，可以用来投资的资本越多，因此国际货币发行国尤其是美国采取宽松型货币政策会影响新兴市场国家资本流入情况。

8. 国际资产价格（spool）

国际资产价格变化对国际金融市场和国际投资都会产生巨大的影响，因此，用美国标准普尔指数增长率代表国际资产价格。

相关控制变量如表 4-2 所示。

表 4-2　　　　　　　各变量的名称、符号和意义

序号	符号	变量名称	含义
1	banrisk	银行风险	银行不良贷款/银行贷款总量
2	tci	流入驱动型资本突停	突停发生为1，否则为0
3	tco	流出驱动型资本突停	突停发生为1，否则为0
4	tcna	净流入型资本突停	突停发生为1，否则为0
5	gdpg	国内经济增速	GDP 同比增长率，不变价
6	cpi	通货膨胀率	通胀的年度变化百分比（平均消费价格）
7	rate	实际利率	新兴经济体国内实际利率
8	fluct	汇率变化幅度	本币汇率升值或贬值百分比
9	kaopen	金融开放度	Chinn-Ito 金融开放指数
10	ggdp	全球经济增长率	全球 GDP 增长率
11	gflow	全球流动性	美元 M2 占美国 GDP 比例
12	spool	国际资产价格	美国标准普尔指数上涨幅度

三　实证结果分析

（一）实证结果

采用固定效应面板模型进行回归分析，结果如表 4-3 所示。从表 4-3 中第一列的回归结果可以看出，流入驱动型资本突停在 1% 的水平下显著影响着银行风险，而且符号为正，表明外部资本流入突然大幅度下降，增加了银行风险爆发的概率。这是因为：一是对于新兴经济体来说，流入本国的外资很大一部分是银行短期借贷，在没有意外的情况下，都会顺利展期，但是当遇到外部冲击，国外投资者就可能不再将贷款展期，从而造成新兴经济体银行需要归还贷款，一旦这种情况集中发生，就会增加银行风险爆发的概率；二是资本突停打破了投资者的预期，很多项目因不能获得预期的后续资金而失败，增加了银行不良资产；三是如果证券资本流入减少，则会导致国内证券市场资金紧张，证券价格显著下降，以证券抵押的信贷额减少，信贷缩减，带来紧缩效应，导致很多企业陷入困境，银行不良资产率上升。因此，外部资本流入突停会增加银行风险爆发的概率。

表 4-3　　资本突停对银行风险影响的基本回归结果

变量	模型 1	模型 2	模型 3
C	6.6478*** (40.47)	6.6527*** (40.26)	6.7884*** (40.53)
tci	2.0838*** (13.48)		
tco		0.2231 (1.45)	
tcna			0.3808*** (3.35)
gdpg	-0.4462*** (-29.90)	-0.4300*** (-27.46)	-0.4222*** (-26.91)
cpi	0.0089*** (2.98)	-0.0395*** (-10.31)	-0.0386*** (-10.02)

续表

变量	模型 1	模型 2	模型 3
rate	0.0459*** (11.81)	0.0338*** (8.20)	0.0318*** (7.74)
fluct	0.0195*** (5.41)	0.0777*** (16.44)	0.0763*** (16.10)
kaopen	−0.4784*** (−14.54)	−0.3611*** (−10.69)	−0.3643*** (−10.86)
ggdp	0.6055*** (15.23)	0.5868*** (14.56)	0.5744*** (14.26)
gflow	−0.0073*** (−5.66)	−0.0022* (−1.69)	−0.0058*** (−4.38)
spool	0.0001 (0.05)	−0.0025 (−0.91)	0.0001 (0.05)

注：括号内为 t 值，***、**、*分别表示各个统计量在1%、5%、10%的水平下显著。

根据表4-3中第一列的回归结果可以发现，流出驱动型资本突停对银行风险影响不显著，这可能是因为新兴经济体对本国投资者向境外投资管制比较严格，不愿意让本国资本外流，导致本国投资者到国外投资的途径和数量都有限，另外，新兴经济体投资者实力有限，没有充足的资金投资到国外，因此，新兴经济体资本外逃对银行风险影响不大。

从表4-3中第三列的回归结果可以发现，净流入型资本突停对银行风险影响在1%水平下显著，且符号为正，说明净资本流入突停越严重，银行风险越高。这主要是因为：一是净资本流入突停导致国内资金紧张，流动性下降，一部分投资者抽逃资金，银行资金外流严重；二是净资本流入突停导致国内资金不足，利率上升，冲击经济运行，企业融资困难，甚至出现亏损倒闭；三是净资本流入突停会带来国际收支恶化，本币贬值的压力增大，一旦发生贬值，则会因导致外币负债较多的银行出现资产负债表恶化现象。因此，净资本流入突停越严重，银行风险越高。

另外，在模型1、模型2和模型3中可以发现，经济增速在1%水平下显著影响银行风险，且符号为负，说明经济增速越高，银行风险越低，这与常理是一致的。实际利率在1%的水平下显著影响银行风险，且符号为正，说明实际利率越高，银行风险越高，因为较高利率导致实体经济发展受阻，经济衰退，银行风险增加。本币汇率贬值在1%的水平下正向影响银行风险，即本币对外贬值幅度越大则银行风险越大，这与常理是一致的。金融开放度在1%的水平下显著负向影响金融风险，即金融开放度越高，银行风险越小，这可能是因为一般来说金融开放度高的国家已经发展到一定阶段，市场机制已比较成熟，已具有应对资本流动突停的经验，因此金融开放度越高，银行风险越小。另外我们也发现，全球GDP增长率在1%的水平下显著影响银行风险，而且符号为正，说明全球经济增长率越高，新兴经济体银行风险越高，这可能是因为发达国家经济增长较快，经济繁荣，能吸引资本从新兴经济体回流，从而抑制新兴经济体的发展，因此全球经济增长越快，新兴经济体银行风险越高。

（二）稳健性检验

为检验上述实证部分回归结果是否稳健，进行稳健性检验。一是将资本流动突停和GDP增长率滞后一期进行回归，结果如表4-4所示，发现回归结果变化不大。二是考虑全球资本中心国家美国的货币政策变化及资本流动变化情况，选择2001—2014年数据进行回归，检验结果是否会发生显著变化。选择从2001年到2014年的数据，主要因为美国在2001年开始实施宽松的货币政策，一直持续到2014年量化宽松政策结束，大量资本从美国流向新兴经济体，全球资本充裕，资本流动活跃，且数量增长很快，因此将这一时间段单独进行实证检验。回归结果如表4-5所示，流出驱动型资本突停对银行危机的影响仍然不显著，流入驱动型资本突停在1%的水平下显著正面影响银行危机，净流入型资本突停在1%的水平下显著正面影响银行危机，其他控制变量的回归结果变化不大。三是增加新的解释变量信贷规模和国际利率作为解释变量进行回归，结果如表4-6所示，可以看出，流出驱动型资本突停对银行危机的影响仍然不显著，流入驱动型资本突停在1%的水平下显著正面影响银行危机，净流入型资本突停在1%的水平下显著正面影响银行危机，其他变量回归结果变化不大。因此，可以认为本书回归结果是稳健的。

表4-4 稳健性检验1

变量	模型1	模型2	模型3
C	5.9462*** (35.14)	5.7145*** (31.56)	5.6813*** (31.16)
tci（-1）	1.1887*** (8.51)		
tco（-1）		-0.0256 (-0.18)	
tcna（-1）			0.5162*** (4.97)
gdpg（-1）	-0.4412*** (-36.98)	-0.4333*** (-35.06)	-0.4270*** (-34.31)
cpi	0.1404*** (28.55)	0.1544*** (19.64)	0.1564*** (19.98)
rate	0.0778*** (21.62)	0.0671*** (17.36)	0.0673*** (17.51)
fluct	0.0467*** (14.35)	0.0657*** (15.19)	0.0647*** (15.04)
kaopen	-0.1796*** (-5.78)	-0.1171*** (-3.61)	-0.1124*** (-3.50)
ggdp	0.0648* (1.86)	0.0310 (0.87)	0.0421 (1.19)
gflow	0.0090*** (7.17)	0.0150*** (11.58)	0.0115*** (8.80)
spool	0.0050** (2.03)	0.0030 (1.19)	0.0070*** (2.76)

注：括号内为t值，***、**、*分别表示各个统计量在1%、5%、10%的水平下显著。

表4-5 稳健性检验2

变量	模型1	模型2	模型3
C	5.7022*** (38.93)	6.2421*** (41.92)	6.0393*** (40.19)

续表

变量	模型1	模型2	模型3
tci	1.3823*** (9.69)		
tco		-0.1684 (-1.29)	
tcna			1.2668*** (11.17)
gdpg	-0.2208*** (-15.87)	-0.2813*** (-19.87)	-0.2398*** (-16.78)
cpi	-0.0606*** (-9.81)	-0.0999*** (-14.65)	-0.0995*** (-14.69)
rate	0.0918*** (23.23)	0.1007*** (25.19)	0.1006*** (25.23)
fluct	0.0782*** (16.90)	0.0701*** (14.84)	0.0702*** (14.97)
kaopen	-0.0891*** (-2.93)	-0.1116*** (-3.55)	-0.1505*** (-4.87)
ggdp	0.2798*** (8.72)	0.2900*** (8.96)	0.2854*** (8.87)
gflow	0.0048*** (3.84)	0.0064*** (5.15)	0.0028** (2.20)
spool	-0.0161*** (-7.03)	-0.0182*** (-7.88)	-0.0145*** (-6.29)

注：括号内为t值，***、**、*分别表示各个统计量在1%、5%、10%的水平下显著。

表4-6　　　　　　　　　稳健性检验3

变量	模型1	模型2	模型3
C	4.5922*** (27.09)	4.4741*** (26.05)	4.7251*** (27.02)
tci	2.0264*** (13.46)		

续表

变量	模型1	模型2	模型3
tco		0.0914 (0.62)	
tcna			0.3693*** (3.35)
gdpg	−0.4960*** (−33.52)	−0.4756*** (−30.67)	−0.4773*** (−30.70)
cpi	−0.0020 (−0.69)	−0.0489*** (−13.08)	−0.0485*** (−12.92)
rate	0.0029 (0.74)	−0.0075* (−1.84)	−0.0079* (−1.95)
fluct	0.0190*** (5.45)	0.0758*** (16.48)	0.0753*** (16.30)
kaopen	−0.6058*** (−18.65)	−0.4674*** (−13.96)	−0.4831*** (−14.49)
ggdp	0.3741*** (9.40)	0.3744*** (9.25)	0.3898*** (9.63)
gflow	0.0556*** (23.97)	0.0576*** (24.46)	0.0574*** (24.36)
spool	0.0095*** (3.63)	0.0085*** (3.19)	0.0100*** (3.73)
credit	−0.0692*** (−30.05)	−0.0654*** (−28.16)	−0.0691*** (−29.61)
grate	1.0134*** (37.77)	1.0092*** (36.60)	0.9486*** (34.08)

注：括号内为t值，***、**、*分别表示各个统计量在1%、5%、10%的水平下显著。

四 结论及政策建议

（一）结论

选取1997—2020年40个新兴经济体的样本数据，运用固定效应面板模型实证分析了国际资本流动突停对银行风险的影响。实证结果表明流出驱动型资本突停对银行风险的影响不显著；流入驱动型资本突停会显著增加银行风险；净流入型资本突停也会显著增加银行风险。另外发现 GDP 增速、通货膨胀率、实际利率、本币汇率、金融开放度、全球经济增长率和全球流动性都对银行风险存在显著影响。

（二）政策建议

为降低新兴经济体银行风险，提出以下几点政策建议。

第一，保持银行体系健康，提高银行体系的抗冲击能力。实证结果显示，流入驱动型资本突停和净流入型资本突停都会显著增加银行风险。2013 年我国经济进入新常态以来，经济增速下降，银行体系健康问题凸显，邱兆祥等（2016）发现 2015 年我国银行业利润增速明显放缓，不良贷款余额和不良贷款率均有大幅上升，银行体系系统性风险上升。因此，在我国经济转型升级的新常态条件下，更应注意防范银行体系的系统性风险，使银行体系保持较高的资本充足率和抗冲击能力，从而有效抵御资本突停等外部冲击的不利影响。

第二，实施更加灵活和更具弹性的汇率制度，降低跨境资本流动波动幅度。2022 年美联储启动加息缩表，我国面临着国际资本流出的压力，人民币汇率可能进入贬值通道。在美联储政策变化和国际金融形势动荡的情况下，资本突停时常会发生，并冲击外汇市场，对市场情况变化反应迟缓的汇率制度无法抵御这种冲击，而实施更为灵活和更具弹性的汇率制度则可以有效地释放资本流动压力，降低跨境资本流动的波动幅度。因此，我国需要进一步强化人民币汇率的市场化机制，通过汇率波动来释放资本流动的压力。

第三，区分不同类型资本突停，采取相应的应对措施。相对于流出驱动型资本突停，新兴经济体受到流入驱动型资本突停的影响更大，流入驱动型资本突停会直接增加银行风险。所以，新兴经济体有必要采取措施抑制外部资本流入的大幅度波动，尤其在前期避免外部资本短期内大量集中流入本国。对于外部资本流入和流出设立预警机制，通过考虑通货膨胀率、GDP 增长率、汇率波动等变化因素，预测国际资本流动突停发生的风险及其传导机制，进而对相关的因素设定一个相对合理的阈值，一旦相关指标超过预定的值域，就应做采取措施抑制资本突停发生。

第四，建立跨国资本流动监管和沟通机制。国际资本流动突停往往具有较强的国际传染性，尤其是在具有某些相同特征的国家之间，因此有必要建立跨国的资本流动监控预警合作机制，及时互通信息，协调行动，共同抵御资本突停冲击。

第二节　资本突停、储蓄率差异与经济增长冲击

随着经济全球化进程的推进，各国金融一体化程度持续加深，跨国资本流动越来越频繁。2007年源于美国的次贷危机使发达国家经济受到重创，为应对这场金融风暴，全球几大主要发达经济体的中央银行实行了超低利率的宽松货币政策，向市场注入大量流动性。同时，由于发达经济体的利率较低，而新兴经济体有着较高的利率水平，使其成为国际资本流向新兴经济体的诱因。一方面，由于大多数新兴经济体资本相对稀缺，国际资本流入可以有效地补充国内发展所需资金，促进经济增长；另一方面，在短期内国际资本大举进入极易催生东道国经济泡沫，增加经济体系的不稳定性，一旦国际资本流入突然停止（以下统称为资本突停），将会严重破坏新兴经济体的经济稳定。

在金融政策和财政政策的双重作用下，以美国为主要代表的发达国家经济触底回升。美国于2015年12月重回加息通道，并在2016年和2017年多次加息，推动美元指数持续走高，自次贷危机以后全球金融市场普遍宽松的情形因之而变。与此同时国际资本亦受地缘政治的影响，为寻求安全之地，资本从新兴市场开始回流美国，导致对外资依赖严重的新兴经济体遭受了资本突停的负面影响。以中国为例，在这一波资本突停（或资本外逃）过程中，亦遭受了较为严重的冲击，2015年资本外流达6750亿美元，2016年则达7250亿美元[①]，远高于其他新兴经济体资本流出数量。不仅如此，资本突停还具有传递效应，若一个新兴经济体发生资本突停，则极易致使与该经济体在政治经济文化等方面相似的其他经济体亦受到资本突停影响，这种传递效应会造成新兴经济体金融市场动荡，不利于其经济稳定增长。

---

① 资料来源于国际金融协会（IIF）。

因此，在新兴经济体大概率发生资本突停的前提下，为更好地防范其对经济增长造成负面冲击，我们试图寻找一个有效应对资本突停冲击的对策和方法。拟使用 49 个新兴经济体 2005—2016 年季度数据作为研究样本，检验资本突停对经济增长的影响，然后以储蓄率差异为视角，进一步将新兴经济体分为不同组别进行实证检验。考虑资本流入方式的差异，本节进一步检验了直接投资、证券投资和其他投资三种不同类别资本突停所产生的经济效应。

一 资本突停对经济增长影响研究文献回顾

资本突停是指某一经济体在前期先遭遇国际资本流入激增，然后发生资本流入快速大幅降低的现象，由于对经济社会产生了诸多严重的负面影响，使其成为目前国际金融学的研究热点之一。资本突停是由 Calvo（1998）率先提出的，他认为资本突停最典型的特征是一国出现无法预期到的净资本流入大幅减少；Calvo 等（2004）、Cavallo 等（2008）将资本突停指标化，他们认为判断某一经济体是否发生资本突停的依据是在 1 年内净资本流入的减少程度能否超出样本均值两个标准差，进一步考虑到新兴经济体所拥有独特的系统性原因，其资本突停具有多发性，Calvo 等（2008）提出了"系统性资本突停"（System Sudden Stop）的概念，突出外生因素的影响，对资本突停的指标确定进行了补充，他们认为美国摩根债券指数和联邦国债利息率之差应超过所选样本国家平均值的两个均方差；Guidotti 等（2004）将资本突停定义为资本流动减少量超过该国样本平均数的一个均方差且大于 GDP 的 5%。此外，以往学者多从净资本流动视角出发研究资本突停现象，Rothenberg 和 Warnock（2006）、Forbes 和 Warnock（2012）、Alberola（2016）开始从总资本流动角度研究资本突停，因此，我们分别考虑总投资、直接投资、证券投资以及其他投资突停对新兴经济体的冲击。

在现有的资本突停文献中，大多数学者关注资本突停所产生的经济效应，且引起了国内外学者的广泛讨论，但是迄今为止仍没有一个确切结论。大部分学者认为资本突停会抑制经济增长，例如：Calvo 等（2000）、Mendoza（2001）、Cardarelli 等（2009）、李巍（2011）、杨农（2014）、Agosin 等（2019）。关于哪类经济体更易遭受突停冲击，刘怡婷（2012）、Korinek 等（2013）、张明和尚立晟（2014）基于国际数据研究发现，新兴经济体更容易遭受资本突停冲击；Padilla 等（2013）基于对新兴市场和发展中国家的数据研究，马宇和郑慧（2017）基于新兴经济体的实证检验均证实了这一结论。也有一些学者相信资本突停能促进经济增长，例如 Chari 等（2005）综合运用理论与计量分析，发现受抵押约束的资本突停可以有效改善经常账户状况，从而带动产出增加。曾松林等（2021）通过构建 65 个经济体从 1999 年第一季度至 2020 年第一季度资本账户子项目极端流动数据库，从资本账户类型、投资者属性和资本流动方向三个维度探讨极端国际资本流动的经济影响，发现外资大幅流入有利于一国经济增长，流出不利于经济增长，与本国资本极端流动的经济影响相反。此外，还有部分学者认为资本突停与一国经济增长之间没有确切关系，例如：Kehoe 和 Ruhl（2009）认为资本突停虽然能导致某一经济体实际汇率贬值，且对其要素的生产能力形成一定冲击，但并不会影响国内生产总值；Bordo 等（2010）研究发现紧随次贷危机而产生的资本突停虽然会对宏观经济形成负面冲击，但其不会改变长期经济增长的趋势；Mishkin（1999）发现只要家庭、企业和银行在资本突停时期资产负债状况没有变坏，那么资本突停就不能抑制经济增长。张岩（2021）研究表明，当前完全放开对外股权投资的数量约束会使中国陷入资本外流的困境并导致外汇储备急剧减少甚至面临枯竭的风险，由此会引发一系列经济和社会问题。王晋斌和刘璐（2021）运用动态因子模型提取 66 个经济体国际资本流动的共同因子代表全球资本流动周期，实证发现 1993—2014 年全球资本流动周期与 66 个样本经济体的全要素生产率之间呈倒"U"形关系，适量的资本流动对一国（地区）实体经济或生产率的提升是有益处的，但如果资本流动超过一定限度，就会带来不良影响。

在资本突停成为既定事实的情况下，新兴经济体该采用何种政策应对，降低资本突停对经济增长的冲击引起了很多学者的兴趣。梁权熙和田存志（2011）应用广义矩估计对 20 个新兴经济体的年度数据做检验，认为从国内银行进行内部融资能有效地代替国际融资，因而只要能保障新兴经济体内部银行系统平稳运行，资本突停就无法显著抑制经济增长；李芳和卢璐（2017）利用 2003—2015 年 26 个新兴经济体的季度数据实证发现，拥有差异化负债结构的经济体发生资本突停所带来的经济影响是不同的，可通过灵活调整负债结构来预防资本突停的负向影响；李芳等（2018）利用全球149个经济体1992—2015年的年度数据进行研究，发现资本流动突停会造成经济增长速度显著下降，但这种影响会因汇率制度不同而产生差别。Neanidis和Kyriakos（2019）利用跨国数据研究发现，确保金融稳定的银行监管政策可以抑制资本流动波动对经济增长的不利影响。上述文献暗示，银行体系（金融体系）、负债结构、汇率制度和银行监管政策可能会有效抑制资本突停冲击，那么，国家之间的储蓄率差异是否也能抑制资本突停对经济增长的负面冲击？这里试图使用新兴经济体季度数据并借助sys-GMM方法予以解答。

我们拟在以下方面做出新的尝试：一是是否不同储蓄率的经济体发生资本突停时所产生的经济影响不同？发现对于新兴经济体来说，资本流入能够起到弥补其内部储蓄欠缺的作用，因此，资本突停会导致新兴经济体投资动能下降，经济增长下滑。已有文献鲜有以国家间储蓄率差异为视角来探讨资本突停对一国经济的影响，本节将采用GMM方法验证不同储蓄率的新兴经济体受资本突停冲击的差异。二是国内研究资本突停经济效应的文献较少，且多是以资本净流入规模为基础的，采用时序模型研究资本流动对单一经济体的经济效应，本书则运用49个新兴经济体的数据，使用面板方法较为全面地研究新兴经济体资本突停问题。三是以往关于资本突停的研究多使用年度数据，而国际资本流动变化速度快，利用季度数据能更好地反映资本流动变化。因此，采用季度数据进行研究。四是迄今为止国内外学者的研究多聚焦于总体资本突停，很少有学者对资本突停进行细分研究，我们不仅探讨了总体资本突停冲击经济增长的效果，还进一步将资本突停划分为直接投资突停、证券投资突停和其他投资突停三种类型，研究分类突停冲击经济增长的效果，这样可以有助于我们了解哪一种资本突停对经济的危害更大，从而采取相应的预防措施。

二 理论分析与研究假设

（一）资本突停冲击经济增长的理论分析

Aghion等（2004）构建了一个小型动态开放经济体模型，他们研究发现，外国直接投资不会造成经济总产出的波动，但会影响国内外投资者的利润分配。李巍和张志超（2008）则认为外国直接投资可以稳定资本账户开放导致的国内经济产出波动,并采用更一般的CES生产函数来替代Aghion等(2004)小型动态开放经济模型中的Leontief生产函数进行理论分析。根据Aghion等(2004)、李巍和张志超(2008)的做法,用国内财富积累速度测度国内经济增长,分析非完全市场下,资本流动异常对国内经济增长的冲击。

假定一国或地区的生产要素包括货币资本K和物质资本z(如土地、劳动等),p为物质资本的价格。于是,CES生产函数可以表示为

$$f(K,z)=A(K^{\alpha}+\gamma z^{\alpha})^{\frac{1}{\alpha}} \tag{4-3}$$

其中$A>0$表示经济体内的技术水平,$\gamma>0$表示资本投入比(货币资本/物质资本),α是K与z的替代弹性,假定$\alpha<1$,K表示货币资本投入量,z表示物质资本投入量。

在新兴经济体国家中,金融市场普遍是不完善的,企业在进行生产活动时容易受到外部融资限制的影响;此外,新兴经济体国家的物质资本供给充裕,从国际产业分工视角来看,新兴经济体的产业主要是劳动密集型。因而为了分析方便,在构建理论模型时考虑W_B很小,信贷约束发生作用,$L=\mu W_B$,且$K/\alpha>z$的情况(Aghion等,2004)。

其中,W_B表示t时期一国的初始财富,L表示t时期借贷总量,$\mu>1$表示信用乘数,用于衡量金融市场发展程度,μ越大表示金融市场发展程度越高。于是,t时期的借贷可以表示为$L=\mu W_B$,t时期的总投资为$I=(1+\mu)W_B$。用于生产的货币资本可以表示为$K=I-pz$。但由于该经济体为开放经济体,资本可以实现跨国流动,国际资本流动总量可以表示为TF。在开放经济情况下,社会总投资可以表示为$I=(1+\mu)W_B+TF$,用于生产的货币资本可以表示为

$$K=I-pz=(1+\mu)W_B+TF-pz \tag{4-4}$$

为了便于分析,不妨假设国外资本流入量是国家初始财富的v倍,即$TF=vW_B$,于是式(4-4)可以表示为

$$K=I-pz=(1+\mu+v)W_B-pz \tag{4-5}$$

将式(4-5)代入式(4-3),得到开放经济下生产函数:

$$y_o=f_o(K,z)=A\{[(1+\mu+v)W_B-pz]^{\alpha}+\gamma\cdot z^{\alpha}\}^{\frac{1}{\alpha}} \tag{4-6}$$

在封闭经济下,国内财富动态方程可以表示为

$$W_{c,B}^{t+1} = y_c^t - \sigma \cdot \mu W_B^t \quad (4-7)$$

其中，σ 表示国内金融市场利率。在开放经济下，由于存在国际资本流动，于是国内财富动态方程可以进一步表示为

$$W_{o,B}^{t+1} = y_o^t - \sigma \cdot \mu W_B^t - \lambda \cdot TF \quad (4-8)$$

其中，λ 表示国际资本在新兴市场经济体投资中获得的收益率。根据李巍和张志超（2008），在 CES 框架下，国内最优总产出为 $y = \max_z f(I-pz, z)$，在一阶条件下可以得到

$$y^t = \varphi(p) I^t = \varphi(p)(1+\mu+\upsilon) W_B^t \quad (4-9)$$

其中，$\varphi(p) = A\varPhi^{(1-\theta)/\theta}$，$\varPhi = 1 + P^{\theta/(\theta-1)} \gamma^{1/(\theta-1)}$。于是，国内财富积累动态方程可以表示为

$$W_B^{t+1} = \varphi(p)(1+\mu+\upsilon) W_B^t - (\sigma\mu + \lambda\upsilon) W_B^t \quad (4-10)$$

即国内资本积累是剔除国内借贷和国际资本收益后的剩余总产出。将式（4-10）进一步整理为

$$W_B^{t+1} = \left[\frac{\varphi(p)}{\mu} + \varphi(p) - \sigma\right] \mu W_B^t + [\varphi(p) - \lambda] \upsilon W_B^t \quad (4-11)$$

根据式（4-11）可以直观地看出，开放经济体的国内资本积累由两个部分构成：国内资本创造的财富和国际资本创造的财富。为进一步分析国际资本流动变化对国内财富积累的影响，对式（4-11）两侧同时除以 t 时期的初始财富 W_B 得到

$$\frac{W_B^{t+1}}{W_B^t} = \left[\frac{\varphi(p)}{\mu} + \varphi(p) - \sigma\right] \mu + [\varphi(p) - \lambda] \upsilon \quad (4-12)$$

即国内资本的积累速度。事实上，国内借贷和国际资本流入量以及资本收益率是随时间变化的，于是将参数加入时间下标，令 $cg_t = \dfrac{W_B^{t+1}}{W_B^t}$，则式（4-12）可进一步表示为

$$cg_t = \left[\frac{\varphi(p)}{\mu_t} + \varphi(p) - \sigma\right] \mu_t + [\varphi(p) - \lambda_t] \upsilon_t \quad (4-13)$$

根据式（4-13）可以得到：国际资本流入与国内经济增长呈正相关，也就是说，存在国际资本流入时，可以提高国内经济增长水平；存在国际资本流出时，会抑制国内经济增长。那么，当资本流动出现异常时，如资本突停，会对国内经济增长产生怎样的影响？为此，本书试图

单独研究资本流动对新兴经济体经济增长的效应,即式(4-13)的右侧第二项

$$cg_t^F = [\varphi(p) - \lambda_t] v_t \qquad (4-14)$$

资本突停对新兴市场国家会带来许多负面影响,如产出、私人消费、私营部门信贷下降以及实际汇率下跌等(Dornbush 等,1994;1995)。在现有研究中,测算资本突停的方法较多,参考 Guidotti 等(2004)的研究,基于统计视角定义测度资本突停:一个时期的观测值同比降低于样本均值一倍的标准差,即 $v_t \leq \bar{v} = \mu - \sigma$。根据式(4-14),可以很容易得到 $\partial cg_t / \partial v_t \geq 0$,即国际资本流入对国内经济增长产生线性影响,且方程是连续的,在区间 $(0, \bar{v}]$ 也是单调的,因此国际资本流动突停会降低经济增长率。于是,提出以下假设。

H4-1:若新兴经济体遭遇资本突停,则会显著抑制经济增长。

(二)储蓄率差异对资本突停冲击的缓冲机制分析

根据国内经济核算理论,在支出法两部门国民经济核算方程中,国内财富主要有两种用途,即消费和储蓄($Y=C+S$)。因此,当经济体处于封闭状态时,仅有部分资本被用于生产投资,当经济处于开放状态时,国家或地区之间存在资本流动。通常情况下,资本由发达经济体流向新兴经济体,一方面,发展中国家或新兴经济体有较高的利率,另一方面,新兴市场国家有更多的投资机会,在相同或相近的收益水平下,投资风险相对较低。当经济处于开放状态时,投资的资金来源主要有两个:国内储蓄和国际资本流入。现假设,国内的储蓄率为 s($0<s<1$),于是可以得到国内投资额:

$$I_d = S = sW_B \qquad (4-15)$$

此时,式(4-5)可以表示为

$$K = I - pz = (s + \mu) W_B + TF' - pz \qquad (4-16)$$

但经济体投资总量保持不变时,国际资本流入量应满足

$$TF' = (1 - s + v) W_B \qquad (4-17)$$

当 $s=1$ 时,即为基准模型描述的情况。由式(4-17)可以看出,国际资本流入量是储蓄的函数,不妨将 v 表示为储蓄率的函数形式,即 $v(s)$,且 $dv/ds < 0$。于是,式(4-11)重新整理为

$$W_B^{t+1} = \left[s \cdot \frac{\varphi(p)}{\mu} + \varphi(p) - \sigma \right] \mu W_B + \left[\varphi(p) - \lambda \right] \left[1 - s + v(s) \right] W_B^t \quad (4\text{-}18)$$

由式（4-17）可以得到国内经济增长与国际资本流入之间的关系，

$$cg_t^s = \left[\varphi(p) - \lambda \right] \left[1 - s + v(s) \right] v \quad (4\text{-}19)$$

式（4-19）对 v 求偏导数得到

$$\frac{\partial cg_t^s}{\partial v} = \left[\varphi(p) - \lambda \right] (-ds/dv + 1) \quad (4\text{-}20)$$

下面讨论 dv/ds 的变化，当储蓄率上升时 v 减小，于是 $|dv/ds|$ 数值减少，$|ds/dv|$ 则增加，由此可以得到：在较高的储蓄水平下，国际资本流动突停对国内经济增长产生的冲击相对较小；在较低的储蓄水平下，国际资本流动突停对国内经济增长产生的冲击相对较大。因此，我们根据上述推导过程提出以下假设。

H4-2：储蓄率低的新兴经济体更易受到资本突停的负面影响，储蓄率高的新兴经济体受资本突停的影响较小。

三　实证研究设计

(一) 计量模型设定

考虑到资本突停对经济增长的影响具有持续性，以及经济增长本身具有的持续性，我们将滞后一期的经济增长率和资本突停作为重要的解释变量构建计量模型。则基础模型设定如下：

$$DGDP_{it} = a_1 DGDP_{it-1} + a_2 SS_{it-1} + \beta X_{it} + v_i + \lambda_t + \mu_{it} \quad (4\text{-}21)$$

其中，$DGDP_{it}$ 表示第 i 个国家在 t 季度的实际经济增长率，用于测度一国经济增长状况；$DGDP_{it-1}$ 为滞后一期的经济增长率；SS_{it-1} 为核心解释变量资本突停，代表国家 i 在第 t 季度是否发生资本突停，取值为 0 和 1，将资本突停滞后一期，这样一方面可以有效地避免内生性问题，另一方面新兴经济体发生资本突停后通常需要一定时间沉淀才能产生影响；X_{it} 为一组衡量国内和国外环境的控制变量，为一维列向量，v_i 为国家个体效应；λ_t 为时间效应；α_1、α_2 为回归系数，β 表示控制变量的回归系数，为一维行向量，μ_{it} 为随机误差项。

(二) 变量的选择

1. 核心解释变量资本突停的测度

综合参考 Guidotti 等（2004）以及 Forbes 和 Warnock（2012）的做

法，建立资本突停指标。

为测度总资本流入变化的幅度，使用 C_t 代表样本期内每四个季度的总资本流入 GINFlow 的移动总和（这里使用资本与金融账户下直接投资、证券投资与其他投资负债方数据的加总代表总流入），那么

$$C_t = \sum_{i=0}^{3} GINFlow_{t-i}, \quad t = 1, 2, \cdots, N \tag{4-22}$$

紧接着测算 C_t 年变化量 ΔC_t，即每间隔四个季度 C_t 的变化，从而有

$\Delta C_t = C_t - C_{t-4}$，$t = 5$，6，$\cdots$，$N$

然后运算之前 5 年 ΔC_t 的移动平均值和标准差。倘若 ΔC_t 在某个季度的值比其移动平均值的一个标准差还要低，我们便判定该经济体开始遭遇资本突停；当 ΔC_t 不再低于它移动平均值的一个标准差，则说明资本突停结束，同样地，对分类型突停的测度也采取同样的办法。

2. 控制变量的选取

为防止遗漏变量导致回归结果的不一致性（或内生性），在现有文献基础上，选取一些重要变量作为控制变量，即包括通货膨胀率、M2 增长率、利率水平和金融开放度等反映一国内部经济环境和政策的变量，也包括贸易开放度、外债增长率等反映外部经济状况的变量。

（三）实证方法

由于计量回归模型中引入被解释变量经济增长滞后一期，使用面板数据固定效应或随机效应回归容易受到变量的内生性影响，可能导致回归结果的不一致性。为此，采用广义矩估计（GMM）进行实证检验，主要有 Arellano 和 Bond（1991）推出的差分 GMM 方法、Blundell 和 Bond（1998）推出的系统 GMM 方法。系统 GMM 方法可以使用高效的工具变量替代内生变量，且工具变量的特征与模型的随机误差项无关，与内生变量高度相关，因此在解决模型的内生性问题上系统广义矩估计占有优势；在估计偏差上，系统广义矩估计也较差分广义矩估计小。广义矩估计方法有一步估计法与两步估计法的区别，但如果样本数据存在自相关或异方差性，则两步法比一步法的估计结果更有效。使用 GMM 估计方法，要通过工具变量过度识别检验（Sargan test）和序列相关检验［Arellano-bond AR（2）］，AR（2）的原假设为差分后的滞后 2 期

残差项不存在序列相关；Sargan 检验的原假设为过度识别约束有效，即工具变量有效，模型若能接受这两个原假设，则证明计量模型的设定是合理的。鉴于以上论述，实证运用两步系统 GMM 法。

四 实证结果及分析

（一）样本选择及数据说明

我们重点考察自 2007 年美国次贷危机后资本突停对新兴经济体的影响，并将样本期向前扩展两年，根据数据可获得性选取了包括中国在内的 2005—2016 年 49 个新兴经济体[①]的季度数据作为研究样本。表 4-7 对变量的名称以及资料来源给予了说明，并报告了各变量的均值、标准差、最小值与最大值。同时，新兴经济体数据质量良莠不齐，为预防极端异常值对估计结果产生偏误，在实证前对数据按照上下 1% 进行缩尾处理。通过表 4-7 我们可以看出 DGDP 的均值为 3.59%，标准差为 4.02%，最大值与最小值分别是 13.7% 和 -9.20%；这表示被解释变量 DGDP 在样本涵盖的 12 年里有较强变化，同时，其他变量的均值都低于其标准差，展现了一定的波动性。表 4-8 是用于判断各解释变量之间是否存在多重共线性的皮尔逊矩阵。为防止变量存在多重共线性导致过度拟合，笔者列出了各解释变量的方差膨胀因子（VIF），结果通过表 4-9 具体展现，可以看出各解释变量的 VIF 均在 2 以内，低于临界值 5[②]。因而我们可以认为各解释变量之间多重共线性不严重。

表 4-7　　　　　　　　变量说明和描述性统计

变量名	变量名称	资料来源	均值	标准差	最小值	最大值
DGDP	国内经济增长率	IFS 数据库	3.5957	4.0214	-9.2017	13.7000
SS	资本突停	源数据来自 BOPS 数据库	0.2462	0.4309	0	1.0000

[①] 所指的国家或地区包括：阿根廷、巴西、保加利亚、智利、哥伦比亚、捷克共和国、匈牙利、韩国、拉脱维亚、立陶宛、墨西哥、秘鲁、菲律宾、罗马尼亚、俄罗斯、新加坡、南非、泰国、克罗地亚、印度、印度尼西亚、马来西亚、波兰、土耳其、乌克兰、委内瑞拉、厄瓜多尔、斯洛文尼亚、亚美尼亚、阿尔巴尼亚、白俄罗斯、伯利兹、摩洛哥、阿塞拜疆、以色列、哈萨克斯坦、哥斯达黎加、约旦、斯洛伐克共和国、玻利维亚、哥斯达黎加、马其顿、危地马拉、塞浦路斯、吉尔吉斯斯坦、马耳他、毛里求斯、中国、中国香港。

[②] Freund 和 Littell（1986），在判断多重共线性时，若 VIF 的值低于 5，说明多重共线性不严重。

续表

变量名	变量名称	资料来源	均值	标准差	最小值	最大值
DCPI	通货膨胀水平	EIU-Country Data 数据库	5.3556	6.2521	-1.8500	39.0060
DM2	货币供应量	IFS 数据库	14.2713	11.4895	-6.5018	61.6655
INTE	国内利率	IFS 数据库	5.2590	4.4613	-0.0338	23.5000
OPEN	贸易开放度	源数据来自 BOPS 数据库	2.0942	6.8657	0.0665	48.1573
DEBT	外债增长率	源数据来自 QEDS 数据库	2.5539	8.9013	-19.1410	43.9527
FIOP	金融开放度	源数据来自 BOPS 数据库	0.2691	0.8502	-0.4690	6.7570

表 4-8　　　　　　　　　Pearson 相关系数矩阵

	DGDP	SS	DCPI	DM2	INTE	OPEN	DEBT	FIOP
DGDP	1.0000							
SS	-0.3521	1.0000						
DCPI	-0.0386	0.0363	1.0000					
DM2	0.4571	-0.1232	0.4495	1.0000				
INTE	-0.0812	0.0882	0.5921	0.3165	1.0000			
OPEN	0.0232	-0.0358	-0.2405	-0.1934	-0.4180	1.0000		
DEBT	-0.1010	-0.0315	-0.0135	-0.1043	-0.0439	-0.0260	1.0000	
FIOP	0.1533	-0.1508	-0.0656	0.0255	-0.1656	0.6275	0.0253	1.0000

表 4-9　　　　　　　　　方差膨胀因子

变量	VIF	1/VIF
SS	2.0700	0.4833
DCPI	1.8000	0.5564
DM2	1.7800	0.5617
INTE	1.7600	0.5696
OPEN	1.3500	0.7423
DEBT	1.0600	0.9407
FIOP	1.0300	0.9754
Mean VIF	1.5500	

（二）基于全部样本的基础检验

表 4-10 是全样本的回归结果，结果显示资本突停的系数为负，且

在1%显著性水平下显著,说明资本突停会抑制国内经济增长,这与Cardarelli等(2009)和Korinek等(2013)的研究结果一致。可能的解释是资本突停导致国内资金供给量减少,投资缩减,一些外资主导的项目无法持续,以致企业出现资金紧张和债务链条断裂,从而影响经济增长。因此,从总体来看,资本突停能显著对经济增长起到负向冲击作用,从而证明了本书假设H4-1成立。

表4-10　　　　资本突停对新兴经济体经济增长的冲击

解释变量	系统 GMM
$DGDP_{it-1}$	0.4013*** (14.83)
SS_{it-1}	-1.6441*** (-3.74)
DCPI	-0.0468* (-1.91)
DM2	0.2313*** (16.77)
INTE	-0.3819*** (-11.79)
OPEN	1.5239*** (3.55)
DEBT	0.0071** (1.96)
FIOP	0.7684*** (3.13)
AR(2)	[0.6396] 29.2697
Sargan 检验	[1.0000] 1331
N	

注:圆括号内为变量的t统计量;***、**、*表示分别在1%、5%、10%的统计水平下显著;N为观测值数量;方括号内为统计量的P值;实证检验控制了时间和国家个体效应;下同。

从国内环境看，货币供给量的系数为正值，且在1%的水平下显著，说明为经济注入流动性能有效地推动一国经济增长。通常增加市场货币供给，说明一国当局放松银根，象征着流动性充沛，货币的使用成本（利率）也会相应减小，从而有助于降低投资成本，扩大社会投资；此外，增加的流动性经过生产渠道部分变成个人工资，进而刺激消费，推动社会经济增长。国内利率的系数为负，且在1%的水平下显著，说明利率越高越能抑制经济增长，经济体内利率较高，象征着相应企业所使用的资金价格高，不利于国内生产实体扩大生产，此外，利率过高也会提高人们的借贷成本，抑制居民消费倾向，增加储蓄动力，不利于经济增长。通货膨胀系数为负，在10%水平下显著，表示一国发生通胀会抑制经济增长，致使货币不断贬值，导致价格信号紊乱，冲击社会经济再生产，影响经济效率。若一国发生严重通胀，可能导致人们对货币失去信心，引发经济系统混乱，对宏观经济形成负效应。上一期较高的经济增长对当期的经济增长具有促进作用，在1%显著水平下为正，这说明经济增长具有惯性，与实际吻合。金融开放度系数为正，在1%水平下显著，说明一国金融开放程度越高，资本跨境流动越自由，若将跨境资金的流入量和流出量控制在合理的水平，则能有效地促进经济增长。

从对外经济环境看，对外贸易度系数在1%水平下显著大于0，表明对外贸易有利于经济增长，对外贸易度提高代表着新兴经济体经济运行状况良好，生产和需求都参与了国际经济循环，为经济发展注入活力，进出口总额上升也会对经济发展起到推动作用；外债增长率系数在5%水平下显著大于0，说明新兴经济体通过筹借一定的债务来补充内部资金的不足，适当增加债务能有效促进经济增长。实证结果均通过了AR（2）和Sargan检验，说明模型设定合理。

（三）基于储蓄率分组的检验

根据开放经济下的国民经济核算方程（$I=S+NE$），储蓄是投资的重要来源，若储蓄通过金融体系转变成生产资本，则可以有效促进经济增长。国内储蓄增加是内部储蓄的主要来源，国外资本流入是获取外部储蓄的重要途径，内部储蓄和外部储蓄共同构成了一国投资资金的来源，内部储蓄欠缺可通过外部储蓄弥补，如果新兴经济体储蓄率水平较高，说明内部资金较为充沛，是一国经济发展的必要条件之一。

我们以样本期内单一新兴经济体的平均年储蓄率与样本所有新兴经济体的平均年储蓄率的差值为判断标准，低于这个差值的新兴经济体，把其认定为低储蓄率经济体，高于这个差值的新兴经济体，把其认定为高储蓄率经济体。在所有新兴经济体中，能获得各变量所需完整数据的前提下，我们事先排除了储蓄率波动较大的国家，这样可以使我们的实证样本更具合理性。选取49个国家作为实证样本，并分成低储蓄率经济体[1]和高储蓄率经济体[2]两组，以检验在储蓄率存在差异的前提下，资本突停产生的经济效应是否是不一致的。

结果如表4-11所示，我们可以看到在新兴经济体中，低储蓄率经济体资本突停在1%水平下显著抑制经济增长；高储蓄率经济体发生资本突停时并不能抑制经济增长，出现差异的原因是高储蓄率经济体拥有较高的储蓄水平，这暗示着经济体内部资金充足，储蓄可以转变成投资资金，为经济增长助力，因此，从总体上看，资本突停并未对高储蓄率经济体经济增长造成显著负面冲击，这一情况符合预期；反观低储蓄率经济体，由于其储蓄水平低下，说明内部储蓄难以填补外部储蓄下降带来的资金缺口，资本突停致使经济增长所需资金短缺，这就不难理解为什么资本突停对低储蓄率经济体的危害较大。综上所述证明了本书假设H4-2成立。

表4-11　　资本突停对不同储蓄率经济体经济增长的冲击

解释变量	系统 GMM	
	低储蓄率地区	高储蓄率地区
$DGDP_{it-1}$	0.4210*** (11.61)	0.6720*** (5.46)

---

[1] 低储蓄率国家或地区包括：阿根廷、巴西、保加利亚、智利、哥伦比亚、匈牙利、拉脱维亚、立陶宛、墨西哥、秘鲁、罗马尼亚、南非、克罗地亚、波兰、土耳其、乌克兰、亚美尼亚、约旦、斯洛伐克共和国、玻利维亚、哥斯达黎加、马其顿、危地马拉、塞浦路斯、吉尔吉斯斯坦共和国、马耳他、毛里求斯、阿尔巴尼亚、以色列。

[2] 高储蓄率国家或地区包括：捷克共和国、韩国、菲律宾、俄罗斯、新加坡、泰国、印度、印度尼西亚、马来西亚、委内瑞拉、厄瓜多尔、斯洛文尼亚、白俄罗斯、伯利兹、摩洛哥、阿塞拜疆、哈萨克斯坦、哥斯达黎加、中国、中国香港。

续表

解释变量	系统 GMM	
	低储蓄率地区	高储蓄率地区
SS_{it-1}	-1.0865*** (-6.54)	1.0339 (0.685)
DCPI	0.0172 (0.41)	0.1411 (0.43)
DM2	0.2641*** (8.46)	0.0828* (1.91)
INTE	-0.4861*** (-11.24)	-1.6857 (-1.23)
OPEN	1.2699 (1.42)	4.0441 (0.60)
DEBT	-0.0153** (-2.52)	0.0276*** (2.65)
FIOP	0.7625 (0.46)	0.5268 (0.81)
AR（2）	[0.9805]	[0.1005]
Sargan 检验	20.3582	6.3087
N	[1.0000] 911	[1.0000] 420

低储蓄率新兴经济体的经济增长还在1%显著性水平下受前一期经济增长率、国内利率水平和货币供应量的影响。值得注意的是低储蓄率经济体经济增长在5%显著性水平下受外债增长的负面影响，这主要是因为在低储蓄经济体中投资资金不足，政府如不加控制地举借外债会导致国内通胀加剧，甚至引发债务危机，从而对经济产生负面影响；高储蓄率经济体的经济发展较为成熟，经济调控机制健全，风险控制水平较高，较少出现过度负债等危害经济增长的情况。同时根据前文式（4-18）可知本国财富积累 $= \left[s \cdot \dfrac{\varphi(p)}{\mu} + \varphi(p) - \sigma \right] \mu W_B$，储蓄率 s 与本国自发财富增长呈正向关系，从而在储蓄率高的国家中，更容易提升本国投

资者信心，同时也对国际投资者释放了积极信号，使其可以享受更优惠的利率和更高的贷款限额，因而高储蓄率经济体在1%的显著水平下受外债增长的正影响。此外，高储蓄率经济体前一期经济增长能在1%水平下显著促进当期增长，其经济增长亦在10%显著性水平下受货币供给水平的正向影响。模型均通过了AR（2）和Sargan检验。

（四）稳健性检验

为验证估计结果的稳健性，我们采用两种方法进行稳健性检验。第一种方法是增加资本突停和储蓄率的交互项，第二种方法则对资本突停的衡量指标进行替换。

稳健性检验一：将带有交互项的实证模型重新设立如下：

$$DGDP_{it} = a_1 DGDP_{it-1} + a_2 SS_{it-1} + a_3 SAVE_{it} + a_4 SS_{it} \cdot SAVE_{it} + \beta X_{it} + v_i + \lambda_t + \mu_{it} \qquad (4-23)$$

在式（4-23）中各变量含义和上文一致。此外我们新增了储蓄率的二值变量 $SAVE$，利用全样本数据增加资本突停和储蓄率的交互项。此时，重点观察交互项 a_4 的系数及其显著性。

表4-12的检验结果显示，新兴经济体经济增长在1%的显著性水平下受上一期经济增长、货币供给量、利率水平及金融开放度的影响，在5%的显著性水平下受通货膨胀的影响，在10%显著性水平下受贸易开放的影响。滞后一期的资本突停在1%的显著性水平下对经济增长产生负向影响。我们关心的资本突停和储蓄率的交互项系数在5%的显著性水平下为负，这说明对于低储蓄率经济体而言，资本突停能显著影响经济增长，而对高储蓄率经济体影响不大，再次证明了假设H4-2的成立，从而证明了前文实证结果是稳健的。

表4-12　　　　　　　　　　增加交互项检验

解释变量	系统 GMM
$DGDP_{it-1}$	0.3815*** （12.77）
SS_{it-1}	-1.3735*** （-3.01）

续表

解释变量	系统 GMM
DCPI	−0.0633** (−1.99)
DM2	0.2267*** (26.76)
INTE	−0.3395*** (−8.68)
OPEN	1.8553* (1.83)
DEBT	0.0048 (1.55)
FIOP	0.6851*** (3.79)
SAVE	−0.1545 (−0.15)
SS * SAVE	−1.3406** (−2.51)
AR（2）	[0.4093]
Sargan 检验	29.6640 1331
N	[1.0000]

稳健性检验二：鉴于目前学界对于资本突停的衡量还未达成统一认识，界定资本突停大多通过标准差形式，在上述参考文献中，有些学者识别资本突停依据1倍标准差（董有德和谢钦骅，2015），有些学者依据2倍标准差（梁权熙和田存志，2011），上文的检验是以1倍标准差计算为基础的。因此，我们充分参考上述学者的研究，用1.5倍和2倍标准差计算的资本突停进行替代并重新检验。

检验结果如表4-13和表4-14所示，表4-13的检验结果显示无论是1.5倍还是2倍计算标准衡量的资本突停，均在5%的显著性水平下对新兴经济体产生负面冲击,其余各变量检验结果和上文相似。表4-14的检验结果显示,新增两种资本突停的衡量方法均有效地证明了对于低储蓄率经济体而言,资本突停对其经济增长产生了显著的负面冲击;而对于高储蓄率经济体而言,资本突停并未对其经济增长产生显著影响。此外,外债增长率再次展现了高储蓄率经济体和低储蓄率经济体截然相反的特性,具体的原因上文已有阐述,这里不再提及。这再次证明了假设H4-1和假设H4-2成立。

表4-13　　　　　　　替换资本突停计算标准检验(1)

解释变量	1.5倍	2倍
$DGDP_{it-1}$	0.4197*** (19.53)	0.4938*** (45.70)
SS_{it-1}	-1.8070*** (-14.05)	-0.8599** (-2.55)
DCPI	-0.0578 (-1.61)	-0.0079 (-0.31)
DM2	0.2202*** (16.65)	0.2249*** (24.47)
INTE	-0.3584*** (-11.65)	-0.4207*** (-13.34)
OPEN	1.4925*** (3.35)	1.1017*** (2.92)
DEBT	0.0037** (1.87)	0.0012 (0.36)
FIOP	0.7090*** (4.16)	1.1050** (2.19)
AR(2)	[0.3900]	[0.1148]
Sargan检验	31.0224 [1.0000]	31.5310 [1.0000]
N	1327	1196

表 4-14　　　　　　　替换资本突停计算标准检验（2）

解释变量	1.5 倍		2 倍	
	低储蓄率经济体	高储蓄率经济体	低储蓄率经济体	高储蓄率经济体
$DGDP_{it-1}$	0.3466*** (6.49)	0.6654*** (6.37)	0.4843*** (24.29)	0.6767*** (11.94)
SS_{it-1}	-3.1692*** (-3.67)	-1.1393 (-0.52)	-2.9571* (-1.86)	-1.5055 (-0.86)
DCPI	0.0036 (0.08)	-0.2595** (-2.11)	0.0740* (1.88)	-0.2172** (-2.38)
DM2	0.2655*** (9.81)	0.0995** (2.52)	0.2401*** (10.77)	0.0643 (1.27)
INTE	-0.4615*** (-15.54)	-0.1003 (-0.24)	-0.5868*** (-15.06)	-0.0512 (-0.37)
OPEN	-2.1746 (-0.91)	0.2008 (0.03)	2.6882 (1.49)	2.9904 (0.64)
DEBT	-0.0195*** (-3.37)	0.0290*** (2.85)	-0.0271*** (-3.42)	0.0234** (2.35)
FIOP	2.1639 (1.15)	0.5665 (0.98)	4.9341* (1.80)	0.7327* (1.74)
AR（2）	[0.5696]	[0.1511]	[0.2099]	[0.046]
Sargan 检验	18.1438 [1.0000]	6.2620 [1.0000]	18.7294 [1.0000]	5.7428 [1.0000]
N	907	420	692	361

（五）对资本突停的扩展分析

虽然目前有不少学者已经研究了资本突停的经济增长效应，但鲜有学者对资本突停进行细分探讨，究竟哪种类型突停更能影响经济增长？接下来把新兴经济体资本突停划分成直接投资突停、证券投资突停和其他投资突停三类，并检验储蓄率差异背景下各类资本突停影响经济增长的效果，均将各类资本突停滞后一期，将计量模型重新设定为

$$DGDP_{it}=a_1DGDP_{it-1}+a_2FS_{it-1}+\beta X_{it}+\upsilon_i+\lambda_t+\mu_{it} \qquad (4-24)$$

其中，FS_{it-1} 代表三种分类别资本突停的滞后一期，其余各项含义

和上文计量模型相同。本部分具体检验结果如表 4-15 和表 4-16 所示。

表 4-15 显示,证券投资突停和其他投资突停在 1% 的显著性水平下对经济增长造成了负面冲击,直接投资突停并没有抑制经济增长。证券投资突停造成证券市场资金来源减少,企业通过股市和债市融资的数额下降,从而影响企业发展,给经济增长带来负面影响。其他投资突停实际是国际银行信贷减少和国际贸易融资额下降,而对于普遍缺乏资金的新兴经济体,其他投资突停从信贷和贸易等方面对新兴经济体的经济增长造成负面影响。而直接投资主要为实体投资,投资周期较长,如在新兴经济体投资设厂、投资生产项目等,在直接投资流入发生突停情况下,生产性项目不能在短时间内停产或撤资,一般就会从其他渠道补充资金用于再生产,在短期内不能抑制经济增长。

表 4-15　　　　　　　　分类型资本突停对全部样本的检验

解释变量	其他投资突停	证券投资突停	直接投资突停
$DGDP_{it-1}$	0.4222 *** (15.72)	0.4595 *** (32.19)	0.7557 *** (26.64)
$OTHSS_{it-1}$	-1.2635 *** (-2.81)		
$FPISS_{it-1}$		-1.5944 *** (-5.02)	
$FDISS_{it-1}$			0.4744 (0.73)
$DCPI$	-0.0622 *** (-2.93)	-0.0493 * (-1.87)	-0.1182 *** (-6.80)
$DM2$	0.2333 *** (18.69)	0.2246 *** (19.90)	0.1395 *** (8.69)
$INTE$	-0.4008 *** (-13.56)	-0.3599 *** (-11.66)	-0.2401 *** (-10.63)
$OPEN$	1.4276 *** (3.26)	1.0229 *** (3.01)	0.8618 ** (2.48)
$DEBT$	0.0061 ** (2.54)	0.0012 (0.46)	0.0084 ** (2.52)

续表

解释变量	其他投资突停	证券投资突停	直接投资突停
FIOP	0.9590*** (5.02)	0.8129*** (5.28)	1.1407*** (5.40)
AR（2）	[0.4319]	[0.3179]	[0.8292]
Sargan 检验	32.3148 [1.0000]	30.7898 [1.0000]	29.6941 [1.0000]
N	1327	1327	1324

此外货币供给量、贸易开放度、外债增长率和金融开放度均在5%的显著性水平下对新兴经济体经济增长有正向影响，国内利率和通货膨胀均在10%的显著性水平下对新兴经济体的经济增长有负面影响，具体原因如上文所述。上一期经济增长也在1%的显著水平下对新兴经济体本期经济增长有正面影响，说明经济发展具有惯性。本部分检验结果说明，新兴经济体更应加强证券投资和其他投资突停的预防和监控，防止这两种类型资本突停对经济增长造成过大的负面影响。模型均通过了AR（2）和Sargan检验。

表4-16显示，对于低储蓄率经济体而言，证券投资突停和其他投资突停在10%的显著性水平下对经济增长产生了负面冲击，如上文所述，其他投资突停实际是国际银行信贷减少和国际贸易融资额下降，而低储蓄率经济体缺乏资金，因此，其他投资突停发生后会对低储蓄率新兴经济体造成负面影响。证券市场也是获取外部资金的重要来源，证券投资突停导致证券市场资金来源减少，从而降低经济增长速度。

表4-16　分类型资本突停对不同储蓄率经济体的检验

解释变量	其他投资突停		证券投资突停		直接投资突停	
	低储蓄率经济体	高储蓄率经济体	低储蓄率经济体	高储蓄率经济体	低储蓄率经济体	高储蓄率经济体
$DGDP_{it-1}$	0.6140*** (14.10)	0.8880*** (6.08)	0.4362*** (12.42)	0.5575*** (7.68)	0.4764*** (15.88)	0.8311*** (3.49)
$OTHSS_{it-1}$	-1.4108* (-1.73)	4.4382 (1.58)				

续表

解释变量	其他投资突停 低储蓄率经济体	其他投资突停 高储蓄率经济体	证券投资突停 低储蓄率经济体	证券投资突停 高储蓄率经济体	直接投资突停 低储蓄率经济体	直接投资突停 高储蓄率经济体
$FPISS_{it-1}$			−1.7849* (−1.73)	−3.5870** (−2.04)		
$FDISS_{it-1}$					0.4026 (0.70)	5.2777 (0.76)
DCPI	−0.0474 (−0.46)	−0.4172* (−1.82)	0.0062 (0.14)	−0.4303 (−1.51)	0.0037 (0.09)	−0.2128 (−0.36)
DM2	0.1711*** (5.74)	0.1095*** (3.02)	0.2599*** (9.89)	0.0866** (2.29)	0.2503*** (9.86)	0.0774* (1.89)
INTE	0.0070 (0.05)	0.4051 (0.70)	−0.4483*** (−11.89)	0.7927 (0.68)	−0.4994*** (−15.94)	−0.0657 (−0.03)
OPEN	1.0998 (0.52)	7.6793 (1.34)	1.1544 (0.51)	5.3423 (1.17)	2.0012 (1.19)	1.5471 (0.48)
DEBT	−0.0257*** (−2.92)	0.0202* (1.69)	−0.0151*** (−3.58)	0.0156 (1.28)	−0.0135** (−2.20)	0.0165 (1.41)
FIOP	1.1875 (0.81)	0.3321 (0.48)	0.3140 (0.31)	0.3726 (0.55)	−0.1039 (−0.07)	0.6854 (0.96)
AR（2）	[0.5114]	[0.2853]	[0.7698]	[0.0293]	[0.9269]	[0.2749]
Sargan 检验	16.8841 [1.0000]	5.5562 [1.0000]	20.1856 [1.0000]	8.0032 [1.0000]	20.6506 [1.0000]	6.0429 [1.0000]
N	582	412	907	412	907	420

对于高储蓄率经济体而言，只有证券投资突停能显著抑制经济增长，其余两类资本突停均没有产生明显的负面效果。由此可见，高储蓄率经济体应采取适当措施加强对跨境证券投资资本的监管，预防因证券投资突停产生的经济冲击。此外，对于低储蓄率新兴经济体而言，适当提高储蓄率能有效缓解资本突停冲击。

五　结论与启示

新兴经济体的经济发展不成熟，经济结构不完善，过度依靠外资不利于经济持久发展。资本流入可在一定程度上补充内部发展所需资金，而在利用资本流入带来好处的同时也会存在资本突停风险,不利于新兴经济体经济的健康增长。众多新兴经济体应该怎样应对资本突停冲击成为其对外开放进程中迫切需要解决的难题。我们使用2005—2016年49个新兴经济体作为研究样本,采取系统GMM方法做实证检验,结果发现资本突停会显著抑制经济增长。在基于储蓄率差异分组的基础上,进行实证检验发现,低储蓄率新兴经济体更容易遭受资本突停冲击的负面影响。并进一步发现不同类型资本突停产生的经济效应存在差异:低储蓄率经济体受到证券投资和其他投资突停的负面影响显著,而高储蓄率经济体只受到证券投资突停的负面冲击。基于上述研究,得到政策启示如下。

第一,加强资本流动监管,防范突停冲击。对于众多新兴经济体来说,遭受资本突停能显著抑制经济增长,尤其对于低储蓄率新兴经济体更是如此。因此,新兴经济体政策当局应对跨国资本流动做好实时监测,以达到资本流入和流出的动态平衡,新兴经济体可借鉴现有一些国家对资本流动管理的经验,采取以宏观审慎的监管措施为主,一定的资本管制为辅的监管策略,完善资本流动监控的预警机制。鉴于新兴经济体的经济体系普遍欠缺完善,每次资本突停之前都会出现资本大量流入,因此当出现异常的大量资本流入时,就需要提高警惕,及时对异常流入资本采取预防性抑制措施,在源头上减少资本突停冲击。

第二,健全金融体系,提高内源性储蓄。新兴经济体的金融体系不完善,影响了储蓄向投资转化的效率,因此,努力建设完善的金融体系势在必行,这样可以为储蓄提供便利和提高储蓄向投资转化的效率,与此同时还应大力发展实体产业,增加企业和居民收入,从而有利于提高新兴经济体的储蓄率,降低资本突停对经济发展的不利影响。此外,新兴经济体要力求通过市场供求来调节利率,发挥利率对市场资金供求的反映功能,通过有效的利率调节机制提高储蓄率;完善金融系统建设,提高金融市场的资源配置效率,从而提高储蓄率。

第三,注重分类监控,做好重点预警。不同类型的资本突停对经济的影响不同,这说明新兴经济体在监控资本流动时,要注意分类别监控,尤其加强对证券投资和其他投资的监控和预警。对于低储蓄率经济体而言,应加强对证券投资流入和其他投资流入的监管。证券资本通常具有一定投机性，容易引发金融市场系统性风险；其他投资流入最重要的两种方式是国际借贷与贸易融资，这些资金都具有短期性特点。新兴经济体控制好国际银行信贷规模，在对外贸易中，管控好国际贸易融资风险，以预防其他投资突停可能带来的潜在危害。包括中国在内的高储蓄率经济体应加强对跨国证券投资的监控，预防其抑制国内经济增长。

第四，降低外资依赖，提升自我发展能力。一些新兴经济体的经济发展方式主要依靠外资拉动，若发生资本突停，过度依赖外资的增长方式势必会遭受严重冲击。基于此，新兴经济体应降低对外资的依赖程度，更多通过自我积累增加储蓄以获得发展资金。同时，新兴经济体政府应拓宽经济发展渠道，增强国家创新能力，培育一批国际竞争力强的企业，鼓励其走出去发展，利用国内过剩产能增加投资，并以此带动出口。帮助企业树立创新意识，以创新引领经济增长。

第三节　跨境资本流动对资产价格影响的实证研究

自20世纪90年代布雷顿森林体系崩溃后，各国开始放弃钉住美元的固定汇率政策，普遍实行浮动汇率制度。各国外汇市场从此有了极大发展，密切了各国之间的经济联系，为跨境资本流动提供了更多渠道。21世纪以来，随着世界经济的快速发展，全球金融市场的一体化成为必然，包括新兴市场国家在内的很多国家开始采取适当宽松的资本跨境流动政策，跨境资本出入一国资本市场变得更为容易，也更加频繁。但与发达国家不同，新兴市场国家自身的金融市场发展不成熟，跨境资本流入为它们带来经济繁荣和资产价格上涨的同时，也带来了金融脆弱性。出于逐利目的，跨境资本极易发生逆转迅速撤离一个国家，导致资产价格下跌，严重时甚至会引发金融危机。

历史上爆发的金融危机大多都伴随着债务危机和资本外逃，出现本币贬值、股市暴跌等一系列现象。例如，1994年底，负有大量外债的墨西哥，国内政治局势动荡，经济增长缓慢。受美元加息等因素的影响，大量外资纷纷开始抽离，墨西哥比索在面临大量抛售的压力下不得不宣布大幅度贬值，这进一步加剧了资本外逃，比索价值一路狂跌，国内股票市场不断下跌，墨西哥金融危机最终爆发。这场危机不仅波及整个拉丁美洲的股票市场，欧洲股市指数及世界股市指数也都出现了不同程度的下跌。1997年由泰铢贬值引发的东亚金融危机，究其爆发原因，也有跨境资本流动的推波助澜。

2008年以后，为刺激次贷危机后的经济发展，美国连续实施了三轮量化宽松政策，释放了大量的流动性。受国外较高利率的吸引，这些流动性大量涌入新兴市场国家，这些国家的资本市场迎来一波上涨行情。随着美国经济复苏，2014年美国宣布正式退出量化宽松政策，美元加息，资本重新回流美国，新兴市场国家股价随之呈现一定程度的下跌。

那么，跨境资本流动对资产价格的变动是否能造成影响？面对跨境资本的冲击，发达国家和新兴市场国家的资本市场表现出的反应是否会有所不同？研究这些问题，对探究跨境资本流动的规律及维护金融系统的稳定具有重要的理论和现实意义。

我们尝试将跨境资本流动与股票价格、房地产价格、债券价格纳入一个统一的分析框架中，采用分样本研究来比较不同类型国家的资产价格受跨境资本流动影响的差异性。本节共分为四个部分，第一部分为文献综述，在研究开始前先对前人的研究成果进行归纳梳理，第二部分为理论分析与模型构建，先分析各相关因素作用于资产价格的机制，然后建立跨国动态面板模型并进行实证研究，第三部分是跨境资本流动与资产价格变化相关关系的实证结果分析，第四部分是结论与政策建议。

一 跨境资本流动对资产价格影响研究文献回顾

国内外对跨境资本流动的研究主要可以分为以下几类。

第一，有关跨境资本流动的影响因素分析。陈浪南和陈云（2009）运用 ARDL-ECM 模型得出，长期内人民币汇率预期变化率和国内外利差是短期国际资本流动的影响因素，股票市场收益率和房地产市场投资收益率不影响短期国际资本流动；在短期内，则有显著的滞后效应。Forbes 和 Warnock（2012）利用58个国家的数据研究发现股市风险传染是跨境资本流动出现异常状态的决定因素。张明和肖立晟（2014）构建固定效应和随机效应模型对52个经济体进行研究发现国内经济增长率对新兴经济体跨境资本的流动起首要拉动作用，而美国经济的增长和风险偏好选择则会推动新兴经济体的资本流动；发达经济体内拉动跨境资本流动的重要因素则是本币币值的变动。肖卫国和兰晓梅（2017）利用 VAR 模型研究发现，联邦拆借利率提高会抑制我国跨境资本的流入。Nishiyama（2017）发现东道国短期名义汇率贬值会降低国内出口型企业的成本，但是对垂直 FDI、水平 FDI 的影响取决于固定成本、交通和劳动力成本等。王柏杰和曾湘棋（2020）利用 23 个新兴经济体的数据构建固定效应和随机效应模型，研究发现一个国家（地区）的综合制度质量与短期资本流入存在显著正向关系。

第二，有关资本账户开放与跨境资本流动关系的研究。刘莉亚等（2013）用国际资本总流动数据从三个角度对新兴市场国家进行考察，发现资本管制对控制资本流动的影响有限。王彬和唐国强（2016）选用 1990—2010 年的数据，利用静态面板模型实证研究发现资本项目开放能显著影响到发达国家的资本市场，而保持汇率稳定更有利于新兴经济体的资本市场发展。周工等（2016）利用 VAR 研究认为资本账户开放对跨境资本流入的作用较小，总体上反而会导致我国跨境资本的净流出。唐国强和王彬（2017）利用静态和动态面板研究发现新兴经济体的资本账户开放会扩大跨境资本的进出，但相较于对跨境资本流入的影响对跨境资本流出的作用更大。喻海燕和范晨晨（2018）研究了"金砖五国"资本账户开放与资本外逃的关系，资本账户总体开放度的提高对资本外逃起到了抑制作用；跨境资本流出方向开放度的提高会促进资本外逃，跨境资本流入方向开放度的提高会抑制资本外逃。赵艳平等（2019）发现短期内资本管制并不能显著影响跨境资本流动，而长期均衡状态下资本管制会显著抑制资本流动，且资本管制只在高收入经济体发挥一定的作用。陈琼豪和应益荣（2019）认为资本账户开放会导致大规模跨境资本流入，加剧跨境资本流动波动性，从而会增加跨境资本流动风险。万晓琼和孟祥慧（2021）发现金融开放下国际资本流动显著影响中国上市公司的投资决策，金融账户的资本流入与流出均有利于提高企业的实物投资水平，并抑制企业的金融投资水平。

第三，有关跨境资本流动与资产价格波动关系的研究。宋勃和高波（2007）构建 ECM 模型分长短期检验，发现房价变化能引起跨境资本流动变化，但在短期内跨境资本流动的变化并不能引起房价变化，而长期内跨境资本流动变化能对房价产生显著影响。刘莉亚（2008）运用

VAR模型实证研究发现我国的住宅价格尤其是豪华住宅的价格更容易受到国际热钱的影响,而股票价格则受热钱的影响不明显。Kim和Yang(2008)利用PVAR模型对东亚经济体的资产价格进行研究发现,跨境资本流入对股价的直接影响大于对房价的直接影响。陈静、杨箐等(2013)选用2000—2011年的月度数据,基于VAR模型研究中国"热钱"与资产价格波动的关系,发现我国股票市场涨跌主要是受国内资金的推动而非跨境资金的影响,热钱对房价的影响也没想象中的那么严重。Tilhnann(2013)利用PVAR模型研究亚洲新兴经济体的股价与跨境资本流动的关系,发现跨境资本流入确实能对股价产生正向影响,且能解释股价波动的较大一部分。田敏(2016)用全球40个国家的数据建立Probit模型,研究发现股票波动加剧会激发国际投资者的避险情绪,增加跨境资本流出,减少跨境资本流入。杨海珍、纪学阳(2017)利用VAR模型检验得出我国股价和房价的上涨能引致跨境资本流入,但反过来,跨境资本流入并不会对股价和房价造成影响。Wang等(2016)研究发现短期内跨境资本流入会催生资产价格泡沫。何国华和李洁(2018)研究认为跨境资本流入会使金融机构道德风险和金融资产边际风险之间产生一个互相作用机制,道德风险增加会推高资产边际风险,资产边际风险增加又会使道德风险被迫降低。崔远淼等(2019)利用69个国家的数据构建跨国面板模型,研究发现短期跨境资本流入对股票价格具有显著正向影响。曾岚婷等(2019)认为省域异质性会影响我国跨境资本流动对房价的作用路径,利率变动对中西部房价调控效用有限,汇率升值能提升东部地区房价,但对中西部地区房价作用效果相反。翟少轩(2019)通过建立SVAR模型,发现房地产价格与货币供给剪刀差具有显著正向相互作用关系,跨境资本流入会扩大货币供给剪刀差,从而推动房价上升。谭小芬和邵涵(2020)研究了美联储宽松货币政策所引发的跨境资本流动对于新兴市场的冲击,研究认为跨境资本可通过利率渠道、汇率渠道和投资组合渠道等流入国内,致使本币升值,引发资产价格泡沫和经济过热。范小云等(2020)构建跨国面板模型研究了分部门资本流动波动对股市的冲击,研究认为分部门资本流动加剧了股票市场价格波动。金政和李湛(2022)通过构建TVP-VAR模型,实证研究自2008年以来中国短期跨境资本对外汇市场、股票市场和债券市场资产价格的动态影响,发现短期跨境资本对汇率、股价和债券收益率的动态影响具有明显的时变特征,且受到监管新政及国际重大事件的显著影响。

第四,有关汇率、资产价格与跨境资本流动关系的研究。朱孟楠和刘林(2010)构建VAR模型检验2005年汇改后汇率、资产价格与短期跨境资本流动之间的关系,认为资本流入会使人民币升值,形成升值预期,并推动股价房价的上涨。反过来,人民币升值、升值预期及资产价格的上涨又会吸引短期跨境资本流入。研究还得出股价上涨能导致房价上涨,房价上涨则会导致资本流出,股价下跌的结论。赵进文和张敬思(2013)引入风险溢价因素,考虑本币升值的双重作用,一方面本币升值会吸引短期国际资本流入,促使股价上涨;另一方面本币升值会吸引短期国际资本套利套汇,而短期国际资本的频繁进出,又会加剧股价的波动,从而导致短期国际资本流出,股价下跌。Taguchi等(2015)研究发现在浮动汇率制下,短期跨境资本流动不改变一国的货币供应量,通过汇率影响资产价格;而在固定汇率制下,短期跨境资本流动通过改变一国的货币供应量影响资产价格。陈创练等(2017)利用TVP-VAR模型研究了跨境资本流动的利率汇率传导渠道,发现在我国相较于利率,汇率对跨境资本流动的传导更顺畅。刚健华等(2018)利用VAR-MGARCH-DCC模型研究认为我国"8.11"汇改后汇差缩小,降低了跨境资本对汇市的投机性,套利资本对股市收益率的影响也减弱,资本市场的系统性风险变小。刘粮和陈雷(2018)研究认为浮动汇率制度对跨境资本流动冲击的缓冲作用呈"二元悖论"。魏伟(2019)通过构建时变参数向量自回归模型实证检验了人民币汇率、短期资本流动与股价之间的动态关系,发现三者的互动关系具有时变性和复杂性,特别是资本流动对股价和汇率变动具有显著影响。关筱谨等(2021)通过构建SV-TVP-VAR模型分析短期跨境资本流动对系统性金融风险的作用机制,发现短期跨境资本流动对股票市场价格具有正向促进作用且短期影响更加显著,汇率市场化改革可明显削弱跨境资本流动对人民币实际有效汇率的影响。王金明和王心培(2021)发现从资本流入角度看,各类资本流入对外汇市场压力的短期影响存在异质性,而长期中各类资本流入会带来显著的升值压力;从资本流出角度看,长期中资本流出的影响不确定，资本流出对外汇市场的影响主要体现为短期，OFDI 和证券投资流出的正向冲击在短期内会带来显著的贬值压力。王莹和施建淮（2022）发现国际资本净流入促使实际汇率升值，贸易保护进一步放大了这一效应；区分资本流动的方向和类型，资本流入（出）带来的汇率升（贬）值效应均被贸易保护放大，且该效应主要体现在证券投资和其他投资两类资本流动上。

已有文献研究多集中在跨境资本流动的影响因素分析，资本管制与跨境资本流动的关系，汇率与跨境资本流动的关系等。对跨境资本流动与资产价格波动关系的研究多集中在一国或几国范围内，样本数量少，而且对资产价格的关注主要是以股票价格和房地产价格为主，忽略了非常重要的债券市场，债券价格受跨境资本流动的影响的研究成果很少。在前人研究的基础上，拟在以下几个方面有所创新：一是将债券价格与股票价格及房地产价格一同纳入研究框架，采取动态面板模型分析跨境资本流动对资产价格的影响，增加了债券价格，使资产种类更加全面。二是分为发达国家和新兴市场国家两个子样本进行实证分析，比较两类国家跨境资本流动对资产价格影响的异同，对于各国实践更有借鉴意义。

二 变量选取及模型构建

选择固定效应面板模型进行实证研究。模型如下：

$$price_{it} = \alpha_0 + \alpha_1 price_{i,t-1} + \alpha_2 flow_{i,t-1} + \sum_{k=1}^{n} \alpha_k x_{k,i,t} + \mu_{i,t} \quad (4-25)$$

其中，$price_{it}$ 表示第 i 个国家在 t 时期的资产价格，$flow_{i,t-1}$ 表示国家 i 在 $t-1$ 时期的跨境资本净流动，x 代表国内宏观经济变量，$\mu_{i,t}$ 为随机干扰项。

需要考察的资产价格有：股票价格、房地产价格和债券价格。股票价格选择各国股票价格指数的期末值并取增长率，用 sp 表示；房地产价格以各国居民住宅价格指数替代，并取其增长率，用 rhp 表示；由于各国债券的交易指数不容易获得，这里用债券的市盈率指标予以替代，债券的市盈率由债券年利率倒数求得，以 bp 表示；跨境资本净流动为总跨境资本净流动，用 cf 表示。此外，国内的经济增长水平、货币政策以及通货膨胀率等因素也会对资产价格和跨境资本流动造成影响，把这些因素作为控制变量纳入面板模型。选取各国的实际GDP增长率代表国内的经济发展水平,用gdpg表示;选取国内利率和货币供应量的增长率代表国内的货币政策,分别以rate和m2表示;选取居民消费价格指数的增长率代表国内的通货膨胀率,用cpi表示;汇率作为本币在外汇市场上的价格,其涨跌也会对跨境资本的流动造成影响,从而影响到资产价格,必须予以控制,选择直接标价法下各国货币兑美元的期间平均汇率代表各国的汇率水平,用fluct表示。各变量说明如表4-17所示。

表4-17 变量说明

序号	指标	变量名称	变量意义
1	sp	股价指数	股票价格指数的期末值并取增长率
2	rhp	房地产价格指数	以各国居民住宅价格指数表示
3	bp	债券价格	债券的市盈率指标予以替代
4	cf	总资本净流动	包括证券投资、直接投资和其他投资的总资本净流动
5	gdpg	经济增长率	实际GDP增长率
6	rate	国内利率	国内市场利率水平
7	m2	货币供给量增长率	国内M2增长率
8	cpi	通货膨胀率	居民消费价格指数增长率
9	fluct	汇率	直接标价法下各国货币兑美元的期间平均汇率

下面对各变量进行说明。

(1)跨境资本净流动。

跨境资本净流动作为核心解释变量,由笔者通过对证券投资净流动、直接投资净流动和其他投资净流动加总计算得出。大规模跨境资本流动导致一国市场的资金供求状况发生明显变化,直接影响该国的资产价格。跨境资本流入一国时需要在外汇市场上兑换本币,对本币的需求增加,迫使央行增加一部分货币供给,加上商业银行的"派生乘数"效应,由此释放的流动性中一部分会流入资本市场,推动资产价格上涨,包括股票市场价格、房地产价格和债券价格。在股票市场上,资金越是充裕，购买者越多，股票价格越是上涨；反之亦然，资金匮乏，则股价下跌。因此，跨境资本流动导致本国市场资金增加，股票价格上扬。房地产是资金密集型行业，跨境资本流动导致国内市场资金增加，有一部分会流入房地产市场，从而导致房地产价格上涨。债券价格也是受资金驱动的，当跨境资本流入导致资金增加，会导致债券价格上涨。

（2）经济增长率。

一国经济的持续繁荣，会吸引国际投资者的目光，形成该国经济会良好发展的心理预期，对该国的投资信心增强，跨境资本会流入该国，对该国资本市场的投资相应增加，推动资产价格上涨。反之，一国经济发展持续低迷，考虑到国外市场的相对高收益，跨境资本将撤出该国资本市场，资本流出，资产价格下跌。因此，假设实际经济增长率与资产价格之间有正向相关关系。

（3）国内利率。

按照机会成本理论，当国内利率较低时，持有非货币资产机会成本较低，资金将流入资本市场，资产价格会上升。也就是说，利率会反作用于资产价格。

（4）货币供应量增长率。

该指标反映了央行的货币政策，货币供应量增加，经济中流动性增加，有更多的流动性进入资本市场，资产价格上涨。货币供应量变化应与资产价格变化同方向。

（5）通货膨胀率。

一般而言，通货膨胀产生是因为货币超量供给，过剩的流动性会流入资本市场，使资产价格上涨。但是过高的通货膨胀会造成实际的负利率，促使银行上调名义利率，企业的资金成本上升，股票价格下跌。政府采取一系列宏观经济政策治理通货膨胀，从而抑制经济发展，也会造成资产价格下跌。因此，通货膨胀率对资产价格的影响方向不能确定。

（6）汇率。

朱孟楠和丁冰茜（2017）用 TVP-SV-VAR 模型研究得出汇率预期升值会吸引国际资本流入，且在汇率波动大的时期，对房价的促进作用更明显。本币贬值，一方面，改善出口条件，利于国内经济增长，吸引外资流入，资产价格上涨；另一方面，如果本币长期呈现贬值趋势，国际投资者将在外汇市场上抛售本币,对外币的需求增加,跨境资本流出,资产价格下跌。同时,外汇市场上本币供给增多又会使本币进一步贬值。因此,汇率对资产价格的影响方向不能确定。

三 实证结果分析

采用分样本研究的方法,从跨境资本净流动的角度分三组研究了跨境资本流动与资产价格的关系,具体为:

(1) 跨境资本净流动与股票价格的关系。

(2) 跨境资本净流动与房地产价格的关系。

(3) 跨境资本净流动与债券价格的关系。

样本区间为2000年第一季度至2021年第四季度。股票价格指数来源于经合组织网站,各国货币供应量增长率、实际经济增长率、房地产价格指数来源于CEIC数据库,其他资料来源于国际货币基金组织的IFS统计数据库。

各变量的描述性统计结果见表4-18。从均值看,流入发达国家股票市场和房地产市场的资本量更多。发达国家的通货膨胀增长率的均值普遍小于新兴市场国家,且增长率非常小,表明发达国家的通货膨胀率低于新兴市场国家的,属于温和的通货膨胀。新兴市场国家经济增长率和货币供给增长率均高于发达国家。

表4-18 变量描述性统计

分类		股票		房地产		债券	
		发达国家	新兴市场国家	发达国家	新兴市场国家	发达国家	新兴市场国家
变量	统计量						
sp	均值	0.01	0.01				
	标准差	0.09	0.09				
	最大值	0.26	0.41				
	最小值	-0.71	-0.37				
rhp	均值			3.54	5.92		
	标准差			6.76	9.30		
	最大值			31.17	56.05		
	最小值			-21.24	-34.93		

续表

分类		股票		房地产		债券	
		发达国家	新兴市场国家	发达国家	新兴市场国家	发达国家	新兴市场国家
bp	均值					73.07	37.22
	标准差					701.98	36.49
	最大值					21963.64	322.58
	最小值					3.94	6.90
cf	均值	51.10	32.52	15.49	−18.97	8.30	38.11
	标准差	212.11	90.50	136.05	143.48	167.07	86.01
	最大值	1084.27	409.82	1084.27	1315.86	1066.44	409.81
	最小值	−1065.65	−405.46	−890.23	−502.58	−1065.65	−198.70
gdpg	均值	1.31	3.56	1.69	3.15	1.75	4.02
	标准差	2.75	3.95	3.23	4.22	3.40	4.47
	最大值	11.42	18.23	29.41	23.03	29.41	18.23
	最小值	−10.83	−12.00	−11.64	−21.77	−11.64	−15.75
cpi	均值	97.83	100.54	99.74	117.02	97.32	98.21
	标准差	12.63	12.37	8.83	28.06	11.84	13.31
	最大值	139.27	125.78	126.72	200.41	139.27	120.12
	最小值	53.84	70.76	76.20	57.91	53.84	70.76
m2	均值	5.85	7.53	5.77	9.88	6.19	8.79
	标准差	9.01	4.01	5.68	6.60	8.10	6.32
	最大值	88.76	23.03	22.80	43.50	88.76	32.80
	最小值	−13.58	−4.78	−20.97	−16.55	−20.97	−8.41
rate	均值	2.52	2.01	1.85	4.79	2.50	2.04
	标准差	3.09	1.80	1.85	3.47	2.66	1.87
	最大值	20.02	8.22	7.45	15.66	20.02	8.22
	最小值	−0.55	−0.37	−0.57	0.04	−0.37	−0.37
fluct	均值	0.16	0.17	0.29	0.10	0.30	0.25
	标准差	0.22	0.29	0.39	0.14	0.43	0.29
	最大值	0.79	0.81	1.98	0.64	1.98	0.81
	最小值	0.00	0.00	0.00	0.00	0.00	0.00

表4-19是跨境资本净流动与资产价格关系的面板实证结果。模型

1和模型2是研究跨境资本净流动与房地产价格之间的关系。可以看出，跨境资本净流动对发达国家房地产价格变化的影响在1%的水平下显著为负，这表示跨境资本流出会导致房地产价格下跌。从模型2回归结果可以看出，跨境资本净流动对新兴市场国家房地产价格变化的影响在1%的水平下显著为负，这表示跨境资本流出会导致房地产价格下跌，从系数可以看出与发达国家相比，新兴市场国家房地产价格下跌幅度更大。再次印证了新兴市场国家金融市场风险抵御能力差，对跨境资本监控乏力。实证结果符合前文预期，即跨境资本流出导致房地产价格下跌。

表4-19　　　　跨境资本净流动与资产价格关系实证结果

变量	房价 模型1 发达国家	房价 模型2 新兴市场国家	股价 模型3 发达国家	股价 模型4 新兴市场国家	债券价格 模型5 发达国家	债券价格 模型6 新兴市场国家
C	8.8215*** (10.89)	1.7196*** (4.04)	0.1067*** (12.97)	0.2164*** (6.95)	−787.9177*** (−3.29)	−83.1063*** (−8.31)
cf	−0.0014*** (−3.66)	−0.0058*** (−8.15)	−0.0000** (−2.17)	−0.0001*** (−2.85)	0.1415 (1.09)	−0.0004*** (−4.09)
gdpg	0.9187*** (54.91)	0.5126*** (22.37)	0.0067*** (22.41)	0.0026*** (4.34)	−14.7713** (−2.20)	0.5637*** (3.16)
cpi	−0.0733*** (−9.53)	−0.0073** (−2.14)	−0.0008*** (−10.31)	−0.0018*** (−6.40)	8.7012*** (3.80)	1.2174*** (13.55)
m2	0.2868*** (27.96)	0.2171*** (14.84)	−0.0003*** (−3.09)	−0.0001 (−0.12)	10.2174*** (3.31)	0.7111*** (5.40)
rate	−0.1123*** (−2.86)	0.0315 (1.08)	−0.0095*** (−26.59)	−0.0126*** (−6.60)	−2.5103 (−0.23)	−3.0041*** (−5.30)
fluct	−3.2522*** (−24.21)	10.0105*** (14.16)	−0.0188*** (−5.08)	−0.0148* (−1.83)	−59.6398 (−1.17)	−0.6599 (−0.25)

注：表中括号里的数值为t值，***、**、*分别表示在1%、5%、10%的显著性水平下显著。

发达国家和新兴市场国家货币供应量增长率指标均显著为正，说明货币供应量增加能推动房地产价格上涨。在发达国家和新兴市场国家房地产价格都受到经济增长和 m2 的正向显著影响，这与常理是一致的。利率只对发达国家的房价产生了显著影响，这可能与所选利率为各国货币市场利率而非与房地产市场联系比较紧密的贷款利率有关。在发达国家和新兴市场国家通货膨胀都会对房价产生显著的负向影响。在发达国家汇率贬值带来房地产价格下跌，而在新兴市场国家汇率贬值带来房地产价格上涨，这可能是多数新兴市场国家都依靠出口拉动经济增长，当汇率贬值时则促进出口，使经济更加繁荣，因此带动房地产价格上涨，而在发达国家汇率贬值则意味着资本外逃，导致房地产价格下降。

模型 3 和模型 4 研究跨境资本净流动对股票价格的影响。可以看出跨境资本净流动会对发达国家和新兴市场国家的股票价格造成影响，且方向显著为负。其中，对发达国家股价变动的影响在 5% 的水平下显著，而对新兴市场国家股票价格变动的影响则在 1% 的水平下显著。这说明无论是在发达国家还是在新兴市场国家资本外流都会显著导致股票价格下跌，这与常理是一致的。除跨境资本流动对股价会有影响外，国内的一些因素也会对股价造成影响。经济增长率对发达国家和新兴市场国家股票价格都会产生显著的正向影响；通货膨胀率都会产生显著负向影响；利率水平也都产生负向影响；汇率贬值都会产生负向影响。

模型 5 和模型 6 研究跨境资本净流动与债券价格的关系。可以看出，跨境资本净流动对发达国家债券市场价格影响不显著，对新兴市场国家债券市场价格产生显著的负向影响，即跨境资本流出造成新兴市场国家债券市场价格下跌，这主要是因为发达国家债券市场规模庞大，资本外流不会对市场产生巨大冲击，对价格影响不大，而新兴市场国家债券市场起步较晚，规模较小，品种较少，更容易受到资本流出的冲击。另外，发达国家和新兴市场国家债券市场价格都会受到通货膨胀和货币供给量的正向影响，这与常理是一致的。发达国家债券市场价格会受到经济增长的负向影响，主要是因为当经济不景气时更多资金为规避损失而投资于债券市场；而在新兴市场国家债券价格则受到经济增长的正向影响，主要是因为当新兴市场经济繁荣时证券市场容易产生泡沫，债券价格也会随着市场泡沫变大而不断上升。汇率变化对发达国家债券价格影响不显著，而对新兴市场国家债券价格影响显著，新兴市场国家汇率升值，债券价格上涨，这主要是因为发达国家市场机制健全，汇率相对稳定，而新兴市场国家汇率受外在因素影响较大，稳定性较差。

总而言之，跨境资本流动会对资产价格造成显著的影响，且新兴市场国家资产价格受资本流动影响程度要大于发达国家。发达国家的债券价格会受到跨境资本净流动影响不显著，而新兴市场国家的债券价格受到的影响显著。

四 研究结论及政策建议

主要结论有：第一，跨境资本净流出会使股票价格下跌，但是发达国家和新兴市场国家股票价格对跨境资本流出的敏感程度不同。新兴市场国家股票市场的抵御能力较差，金融体系较为脆弱，股票价格跌幅较大。发达国家股票市场的反应更灵敏，能有效缓冲跨境资本的冲击，股价跌幅较小。第二，发达国家和新兴市场国家的房地产价格都会受到跨境资本流动的影响，但对比发现，仍然是跨境资本流出会使新兴市场国家房地产价格下跌更多。第三，跨境资本流动对发达国家债券价格影响不显著，但对新兴市场国家债券价格影响显著。新兴市场国家的债券市场起步较晚，可供投资的债券产品种类较少，规模也较小，因此更容易受到跨境资本流动冲击。

从研究结论可以发现，新兴市场国家的资本市场存在更强的金融脆弱性，资产价格更易受到跨境资本流动冲击。我国作为新兴市场国家的代表，近年来经济发展表现亮眼，受到很多国际投资者青睐。我国正在完善利率市场化机制，并且积极推进汇率市场化机制改革。这一系列措施的实施必将为跨境资本的进出提供更多便利的渠道。随着我国资本市场的开放程度越来越高，可能受到的跨境资本流动的冲击也会越来越多。因此，对跨境资本流动的规模和方向进行实时检测和控制具有十分重要的意义。根据研究结论，提出以下几点建议。

第一，适当增加投机性跨境资本流动的成本，逐步放开资本流动管制。王书朦（2015）通过案例分析发现智利央行对银行的各类贷款收取一定比例的准备金，韩国和巴西限制外汇头寸和对跨境资本进行债券股票交易等行为进行征税的做法值得我国的跨境资本监管借鉴。事实上，对跨境资本冲击抵御能力稍差的国家确实可以通过采取征收托宾税等措施适当增加投机性跨境资本的成本，从而有效地引导跨境资本的流向，使流入的跨境资本利于国内经济增长，降低金融风险。对资本账户的开放要循序渐进，以免跨境资本流动突然激增。

第二，加强对跨境资本的流动渠道和规模的监控。跨境资本会通过贸易渠道进出一国境内，要加强对企业进出口贸易的价格审核，防止跨境资本通过虚报贸易价格而隐蔽出入。对进出口企业的贸易合同及收付款方式要严格审查，防止企业伪造贸易合同、信用证及进出口收据等转移跨境资本。同时，对跨境资本的流动规模进行实时监控，监测流入资本市场的跨境资本的数量，当有大规模的跨境资本进出资本市场时，采取适当的措施予以管制，以避免资产价格剧烈波动，防范金融风险的发生。

第三，在全球范围内建立跨境资本流动的监管合作体系。马宇和杜萌（2013）利用动态面板模型对29个新兴经济体的短期资本流动影响因素研究发现，美元的货币供给增加会使流入新兴经济体短期资本增多；新兴经济体提高利率或货币升值都会吸引短期跨境资本流入；然而，如果新兴经济体投资风险变大，则会抑制短期跨境资本的流入。跨境资本流动不仅受国内因素影响，国外因素的影响也不容小觑。随着经济全球化和金融自由化的发展，世界各国的资本市场有着很强的关联性，一旦发生金融危机，往往会迅速蔓延到其他国家乃至全球的金融市场，因此，单单对一个国家跨境资本流动进行监管是远远不够的，必须建立全球合作体系才能全面监控跨境资本流动动态。

第四，设计新产品，完善金融市场竞争机制，提高金融市场抵御风险的能力。新兴市场国家应加快国内金融市场建设，完善市场竞争机制，尤其是完善国内金融体系结构，从而使国内金融体系具有更强抗冲击能力。另外，积极推进利率、汇率的市场化进程，充分挖掘利率、汇率自身的自动调节机制。同时要完善国内金融市场建设，设计开发出更多新产品，拓展金融市场内部对冲消化风险的途径。采取措施引导外资进入实体经济，让外资在经济增长、就业等方面发挥更大作用。

第五章

新兴经济体跨境资本流量合意区间测算

第一节 引言及文献综述

一 引言

自20世纪60年代以来，全球跨境资本流动规模大幅增长，被广泛认为是推动经济增长的重要因素，同时，在跨境资本流动冲击下，众多新兴经济体爆发了一次又一次危机，多次被国际资本"剪羊毛"，即国际资本先向某新兴经济体投入大量"热钱"，推涨该国房市和股市，催生经济泡沫，紧接着撤回资金，从而引发国内经济体系混乱，对经济发展造成不利影响。尤其自2007年美国次贷危机以来，美联储连续实施多年的量化宽松政策，致使新兴经济体资本流入规模大幅增加。2014年底美国结束宽松转入加息周期，次贷危机以后全球金融市场普遍宽松的情形因之而改变，与此同时国际资本亦受地缘政治的影响，为寻求安全之地，从新兴市场开始回流美国，导致对外资依赖严重的新兴经济体遭受了资本流动冲击。

众所周知，一国吸引外部资金的能力可在一定程度上决定经济增长速度。跨国资本流动可有效地缓解新兴经济体内部资金不足问题，进而促进其经济发展。资本流动主要分为流入和流出两个方向，对新兴经济体来说，跨境资本流动的经济效应具有双面性。一方面，适度的资本流动规模能有效促进经济增长；另一方面，过大的资本流动规模在一定程度上不利于经济增长。随着新兴经济体资本账户的逐渐开放,在资本流入的同时也会存在资本流出,小规模的资本流出不会对经济发展带来显著影响,但大规模的资本流出则会对经济产生负面影响。

因此,对于新兴经济体而言,怎样既能利用资本流动带来的正向经济效应,又能采取措施防控资本异常流动带来的负面冲击成为货币当局制定政策时面临的难题。这迫切需要寻找一个较为合意的跨境资本流动区间,即只要跨境资本流动规模保持在合意区间内,新兴经济体可以享受资本流动对国内经济发展带来的益处,一旦超出这个合意区间,政策当局需要及时预警,防范资本流动的负面冲击。

二 文献综述

虽然国内外暂时缺乏对跨境资本流动合适规模的直接研究,但已有不少学者集中探讨了资本流动的经济效应、资本流动异常状态对经济的影响和资本流动监管三大方面,且取得了较为丰富的成果。本章的核心目的是为新兴经济体寻找一个合意的跨境资本流量区间,进而为其跨境资本流动监管提供参考。通过综合归纳这三个方面文献,引出研究假设和边际贡献。

(一)资本流动和经济增长的关系

关于资本流动和经济增长关系的探讨已引起许多国内外学者的兴趣,但尚未得出一致性结论。大多数学者的研究结论支持资本流动能有效促进经济增长,例如:Yasmin(2005)的研究相信跨国资本流入对巴基斯坦的经济产生了积极的正向作用,其中直接投资对经济的推动作用比证券投资与其他投资更显著。Klein(2008)通过对跨国面板数据的实证分析支持了资本流动能刺激一国或地区经济增长的结论。Sasi 和 Iamsiraroja(2015)通过对140个国家的数据实证得出直接投资能有效拉动经济增长。Beckmann 和 Czudaj(2017)对24个新兴经济体的实证分析发现资本流动能够促进经济增长,且证券投资对经济增长的促进作用比直接投资更显著。此外,国内也有部分学者持有相同看法,例如:陈春根和胡琴(2012)通过对巴西、印度、俄罗斯和中国的研究,得出直接投资能在较长时期内促进经济增长。冯乾和孙玉奎(2015)认为来自国外的证券投资流入能有效拉动新兴经济体的经济增长。袁仕陈和文学洲(2015)认为国际资本流动总体上有利于我国的经济增长,并且资本流动的影响效应因汇率制度不同而不同,实行固定汇率的国家,资本流入不利于经济增长,而资本流出能推动经济增长,实行浮动汇率的国家则相反。高洁超等(2021)使用从2000年1月至2019年2月的数据构建了我国的综合金融稳定指数,并基于TVP-VAR模型实证发现资本流入对我国经济增长总体起到促进作用,但这种促进作用更多地体现在短期资本流入方面。陈陶然和黄烨菁(2021)综合运用跨国宏观面板数据和企业层面微观数据,实证发现资本流入显著推升了一国企业部门的信贷增长速度,并提高了其经历信贷过热的概率;而从企业层面的分析则为此提供了进一步支持,即资本流入显著加速了更依赖于外部融资的企业的信贷扩张。徐延利和林广维(2021)利用TVP-SV-VAR模型,探究从2006年10月至2020年11月短期国际资本流动的驱动因素并发现经济增长和全球恐慌指数对短期国际资本流动的变动具有较大的解释力;全球恐慌指数和股票价格在面临巨大的不利外部冲击时(比如经济衰退),对短期国际资本流动的冲击最大。

与此相反,有的学者相信不适度的资本流动不利于一国经济增长,Edwards(2009)研究结论支持资本过量流入容易造成东道国经济过热,增加风险。姜永宏和冯启迪(2020)认为跨境债务资本流动的不确定性会对总投资和经济增长产生负面冲击。还有的学者认为资本流动与经济增长的关系是不相关或不确定的,例如:Edison等(2002)研究认为资本流动并不能有效推动经济增长,两者之间关系较弱。Borensztein等(1998)、Edwards(2001)的研究认为东道国必须在金融发展等附加条件达标的前提下,资本流动才会促进经济增长。刘怡婷(2012)认为资本流入对经济增长有显著的促进作用,资本流出对经济增长作用并不显著。何娟文等(2018)研究认为资本流动和经济增长的关系不是固定不变的,而是非线性的。胡亚楠(2019)发现跨境资本对经济增长的影响大部分年份为正,少数年份为负。Egyir等(2020)通过对非洲的研究发现不同类型的资本流动对经济增长的影响不同,FDI和国际汇款流入会促进非洲经济增长,但国外援助和外债类的资本流入对经济增长没有促进作用。王晋斌和刘璐(2021)运用动态因子模型提取66个经济体国际资本流动的共同因子代表全球资本流动周期,实证发现1993—2014年全球资本流动周期与66个样本经济体的全要素生产率之间呈倒"U"形关系，适量的资本流动对一国（地区）实体经济或生产率的提升是有益处的，但如果资本流动超过一定限度，就会带来不良影响。王莹和施建淮（2022）对82个主要经济体的跨国数据进行实证检验并发现东道国贸易开放度越高，跨境资本流入对本国经济增长越敏感，贸易开放还有助于增强跨境资本流入对东道国经济波动的敏感性。

（二）资本流动异常状态对经济增长的影响

目前，国内外学者认为资本流动具有四种状态：资本流入激增、资本流入突停、资本外逃和资本回流。Forbes和Warnock（2012）认为四种资本流动状态均是围绕资本流入和资本流出产生的，其中国际投资者可从流入端导致激增和突停，国内投资者可从流出端导致外逃和回流。从资本流入端出发，韩剑等（2015）认为激增和突停存在因果关系，资本激增会导致资本突停。虽然多数学者热衷于研究资本突停的经济效应，但也有部分学者从资本流出端出发研究资本外逃对经济的影响。本书以经济增长为研究视角，重点从资本的流入和流出两端评述资本突停和资本外逃这两种异常的流动状态对经济影响的相关研究成果，通常学者认为这两种状态对经济主体的经济增长具有负面作用。首先，最早涉及资本突停研究的学者是Calvo（1998），他将资本突停定义为一国或地区出现大规模的净资本流入锐减，且这种锐减无法预期到。此外，Cavallo和Frankel（2008）、Calvo等（2004）和Edwards（2004）还从数据离散度等方面定义了资本突停。对于何种经济主体更容易遭受资本突停冲击，Korinek和Mendoza（2013）、张明和肖立晟（2014）基于跨国面板数据的实证研究给出了答案，他们认为新兴经济体更容易遭受冲击。Agosin等（2019）提出了不同的看法，他们认为发达国家和新兴经济体遭受总资本流入突停冲击的概率是相同的。为验证资本突停能有效抑制经济增长，众多学者取得了较丰富的成果，例如：国外学者Hutchion和Noy（2006）、Cardarelli等（2009）的研究结论支持一国发生资本突停会导致产出下降，抑制经济增长的论点。国内学者王喜平（2005）、李巍（2011）、马宇和唐羽（2017）以及李芳等（2018）通过实证分析也得出了相同的结论，即认为资本突停能显著抑制经济增长，对一国经济发展不利。另外，何永（2016）、孟彦辉（2007）的研究结论支持过量的资本外逃亦对经济增长具有负面作用。林玉婷等（2022）基于面板模型的实证结果表明，资本流动骤停强化了系统性风险跨国别传染的溢出效应和吸收效应；国际资本流动的套利和套汇动机则是影响全球系统性风险传染的两个重要渠道。何国华和陈晞（2020）基于全球79个国家1996—2017年的面板数据，采用系统GMM估计方法实证发现大规模的跨境资本流动会增大金融体系脆弱性，加剧金融波动，对一国金融稳定造成强有力的威胁；跨境资本巨额的流出与流入均无助于金融稳定。程立燕和李金凯（2020）基于64个经济体1999—2017年的季度面板数据，采用工具变量广义矩估计（IV-GMM）方法实证发现资本流动激增显著促进了经济增长，资本流动中断、外逃和撤回对经济增长具有负向影响。

（三）资本流动监管

因为异常的跨境资本流动会对经济增长产生不利影响，所以如何对资本流动进行有效监管也引起了国内外相关学者的兴趣，并取得了一些研究成果。Ostry等（2010）发现在次贷危机时期，能有效管理资本流入的经济体经济运行良好，并认为经济体政策当局的管理效力可以决定实际经济效果的大小。Ostry等（2012）、丁志杰（2011）认为全球化时代对跨境资本流动的管理更多是有选择性的资本管制，这有助于稳定跨境资本流动。余永定和张明（2012）、Unsal（2013）、涂永红和吴雨微（2016）、彭红枫等（2018）等认为应综合运用宏观审慎监管与其他政策配合来管理国际资本流动。何迎新（2014）、季云华（2014）认为新兴市场应采取更灵活的监管措施以降低资本流动风险，强化资本流动的系统性风险管理，建立资本流动风险预警体系。陈嘉丽（2019）提出防范跨境资本流动风险的关键在于强化金融体系建设、稳定宏观经济基本面以及确立合理的监管方式。上述文献暗示出，一国一旦发生资本流动异常，能显著影响一国的经济状况，因而一国政策当局应积极采取合适的监管措施，来防范跨境资本流动风险，降低资本流动对经济的冲击。朱一鸣和程惠芳（2020）提出在宏观审慎监管工具箱中，应设计和纳入多种政策工具，例如：合理设计和运行基于泰勒规则的资本管制税，以实施反周期操作。吴婷婷等（2020）认为中国跨境资本流动的监管应当稳健审慎地开放中国资本账户，并引入高频观测预警体系。金成晓（2020）等实施对国内金融部门与对跨境资本流动的宏观审慎政策具有明显的区制特征。在常规时期，应当以针对国内金融部门的宏观审慎监管为主；而在危机爆发时期，应加强跨境资本流动宏观审慎政策力度，同时放宽对国内金融部门的宏观审慎管理。苗文龙（2021）认为现有的跨境资本流动宏观审慎监管工具监管效果有限，需要寻求和设计新的监管工具，体现宏观总量和逆周期调控的特征；日常监管应充分发挥市场化手段的作用，但在资本外逃严重等非常时期，可考虑采取外汇管理政策实现国际收支平衡。

三 边际贡献和研究假设

综合对以上三类文献的探讨，我们拟在以下几个方面做出新尝试并提出研究假设：既有文献关于跨境资本流动的探讨均集中在上述三个方面，然而，对于跨境资本流入和流出最优规模的研究却鲜有人涉及，为新兴经济体寻找一个较为适宜的资本净流入和净流出临界值是研究的核心目的。若能得到一个资本流动的合意区间，一方面，能使新兴经济体当局更好地进行资本流动监管；另一方面，又能更加高效地防范资本流动对经济增长造成冲击。目前这是一项较为开创性的工作，也是本书的边际贡献所在。基于此，选择 31 个新兴经济体作为研究样本，并采用季度数据做实证检验，从经济增长视角出发，首先利用固定效应模型和系统 GMM 模型证明资本流动和经济增长具有非线性关系，紧接着借助面板门槛模型进行实证分析，以得到新兴经济体较为合意的资本流动区间，并为其提出相关政策建议。最后，提出以下研究假设。

H5-1：对于新兴经济体来说，资本流动和经济增长的关系是非线性的，适宜的资本流动规模能有效促进经济增长，过量的资本流动规模则能抑制经济增长。随着资本流动规模的不断增加，其对经济增长发挥先促进后抑制的作用。

H5-2：新兴经济体存在一个较为合意的资本流动规模，即存在一个较为合理的资本流动区间，在这一合理区间内，资本流动能显著促进经济增长，一旦超出这一区间，资本流动则不能显著促进经济增长。

第二节　跨境资本流量合意区间测算模型

一　计量模型设定

（一）面板模型设定

上述文献已有学者认为资本流动和经济增长的关系是非线性的，本书认为资本流动对经济增长的作用是先促进后抑制的，因而两者之间呈倒"U"形。首先借鉴环境经济学领域常用的验证 EKC 曲线的方法，将核心解释变量的二次项引入线性经济增长模型中，用以验证资本流动和经济增长之间存在倒"U"形非线性关系。在实证检验方法上，选择固定效应估计或随机效应估计，并为了确保结果可靠性，使用系统 GMM 动态面板模型做稳健性检验，系统广义矩估计方法在处理内生性问题上具有一定的优势，且能反映经济的动态影响。基于此，我们分别将计量模型设定如下：

$$DGDP_{it} = \alpha_0 + \beta_1 ZBLD_{it} + \beta_2 (ZBLD_{it})^2 + \alpha_1 DCPI_{it} + \alpha_2 DM2_{it} + \alpha_3 OPEN_{it} + \alpha_4 INTE_{it} + \upsilon_i + \mu_{it} \tag{5-1}$$

$$DGDP_{it} = \alpha_0 + \beta_1 DGDP_{it-1} + \beta_2 ZBLD_{it} + \beta_3 (ZBLD_{it})^2 + \alpha_1 DCPI_{it} + \alpha_2 DM2_{it} + \alpha_3 OPEN_{it} + \alpha_4 INTE_{it} + \upsilon_i + \mu_{it} \tag{5-2}$$

其中，式（5-1）为静态面板模型，式（5-2）为动态面板模型；$DGDP_{it}$ 表示第 i 个国家在第 t 季度的实际经济增长率，用于测度一国经济增长状况；$DGDP_{it-1}$ 为被解释变量的滞后一期；$ZBLD_{it}$ 为核心解释变量资本流动，代表国家 i 在第 t 季度的资本流动水平；$DCPI_{it}$ 为通货膨胀率；$DM2_{it}$ 为货币供给增长率；$OPEN_{it}$ 为贸易开放度；$INTE_{it}$ 为利率水平；α_0 为常数项系数；式（5-1）中 β_1 为核心解释变量一次项的系数，β_2 为核心解释变量二次方的系数；式（5-2）中 β_1 为被解释变量滞后一期的系数，β_2 和 β_3 为核心解释变量的一次和二次项系数；α_1 至 α_4 为控制变量的回归系数；υ_i 为国家个体效应；μ_{it} 为随机误差项。

（二）面板门槛模型设定

若想进一步考察资本流动和经济增长的非线性关系，Hansen（1999）提出的面板门槛模型则是一个合适的方法，面板门槛模型既可以验证经济增长受资本流动的影响是否随资本流动规模的变化而变化，又能清楚地反映区制转移在哪一具体门槛值上，有助于寻找新兴经济体合意的资本流动规模，依据研究目的，将面板门槛模型设定如下：

$$DGDP_{it} = \alpha_0 + \beta_1 ZBLD_{it} \times I(IM_{it} < \gamma) + \beta_2 ZBLD_{it} \times I(IM_{it} \geq \gamma) +$$
$$\alpha_1 DCPI_{it} + \alpha_2 DM2_{it} + \alpha_3 OPEN_{it} + \alpha_4 INTE_{it} + \upsilon_i + \mu_{it} \quad (5-3)$$

其中，IM_{it} 为门槛变量，代表资本流动，与核心解释变量含义一致；γ 为被估计的门槛值，$I(\cdot)$ 为示性函数，其余各项含义和式 (5-1) 与式 (5-2) 相同，式 (5-3) 为单门槛模型，同理，若经验证适合多门槛模型，则可通过单门槛模型扩展得到。

二 变量说明

（一）被解释变量

选取实际 GDP 增长率（$DGDP$）作为被解释变量。$DGDP$ 能较好地反映一国或地区的经济增长状况，新兴经济体对跨境资本流动采取各种措施进行监管的核心原因是预防异常资本流动冲击自身经济增长，通常，适度的资本流动规模能有效促进经济增长，但不适度的规模则对经济增长不利。我们的研究从经济增长视角出发，验证资本流动对经济增长的影响是否随其规模变化而变化，并寻找一个合意的资本净流入和净流出的临界值，避免新兴经济体遭受资本流动冲击，使新兴经济体能更好地利用资本流动带来的经济正效应，维持经济持续增长。

（二）核心解释变量和门槛变量

核心解释变量和门槛变量均为标准化后的资本流动（$ZBLD$）。选取一国或地区国际收支平衡表中金融账户下的资产方和负债方数据，主要有直接投资、证券投资和其他投资。资产方数据代表一国或地区的总资本流出情况，负债方数据代表一国或地区的总资本流入情况。本书使用的数据为标准化后的资本流动净值数据，具体计算式为

$$ZBLD_{it} = \frac{ZBLR_{it} - ZBLC_{it}}{GDP_{it}} \times 100\% \quad (5-4)$$

式 (5-4) 中，$ZBLD_{it}$ 代表第 i 个国家第 t 期的标准化后的资本流动净值；$ZBLR_{it}$ 代表第 i 个国家第 t 期的总资本流入；$ZBLC_{it}$ 代表第 i 个国家第 t 期的总资本流出当期的总资本流出；GDP_{it} 为第 i 个国家第 t 期的实际国内生产总值。这样计算是因为通常经济体在获取资本流入的同时存在资本流出，因此取资本流入和资本流出的差值能更好地衡量资

本流动对经济的影响，若差值为正，说明当期该国或地区存在资本净流入，若差值为负，则说明该国或地区存在资本负流入（资本净流出），若单方面考虑资本流入和资本流出，则不能有效地体现资本流动对经济增长的影响。为缓解内生性问题，将标准化的资本流动滞后一期作为核心解释变量。同样选取资本流动作为门槛变量，利处是能使我们验证是否新兴经济体随着资本流动规模的变化，其对经济增长产生的影响亦发生变化，即有助于寻找资本流动规模在什么范围内能有效促进经济增长。

（三）控制变量

在充分借鉴上述参考文献的基础上，选取了部分对经济增长具有代表性的影响指标作为控制变量。

1. 通货膨胀率

若一个经济体的通货膨胀水平高，那么相应的生产成本也会提升。通常，通胀容易致使物价水平攀升，从而减少消费者的实际购买量，引致社会总体消费下降。根据宏观经济学原理，一旦一国长期维持高通胀率，那么会加剧该国的经济风险，因此，站在长期视角，通货膨胀不利于经济增长。

2. 货币供给量

若一个经济体增加货币供给，为市场注入适量的流动性，对于企业而言，意味着可贷资金增加，有利于企业扩大再生产，促进经济发展；对个人而言，货币供给增加有利于促进消费，消费增加有利于拉动经济增长。

3. 贸易开放度

对新兴经济体来说，贸易开放度提高有助于该经济体增加进出口并吸纳外部先进技术，以及学习别国的先进管理经验，进而实现规模化生产，带来规模收益。因此，提高贸易开放度在一定程度上与经济增长呈正相关。

4. 利率水平

利率水平对一国或地区经济增长的影响不容忽视，根据宏观经济学原理，当经济处于衰退或萧条周期时，宽松的利率政策有利于刺激经济增长。对于个人而言，利率过高会增加人们的借贷成本，抑制居民消费倾向，增加储蓄动力，从而减缓消费对经济的拉动作用，因此，高利率能抑制经济增长。

第三节 新兴经济体跨境资本流量合意区间测算

一 样本选择和数据说明

我们重点考察自2007年美国次贷危机发生以后,资本流动对新兴经济体经济的影响,选取这一时段开始研究,是基于美国为应对金融危机,采取了多轮量化宽松的货币政策,在2014年底结束宽松进入加息周期,美联储的货币政策势必对新兴经济体的资本流动造成显著影响。因此,根据数据的可获得性,选取2007—2017年31个[①]新兴经济体的季度数据作为研究样本。表5-1对变量的名称以及资料来源给予了说明,并报告了各变量的均值、标准差、最小值与最大值。可以看到DGDP的均值是3.0792%,最大值和最小值分别是18.57%和-19.70%,标准差为4.19%,表现出被解释变量在研究所选的时间段内具有明显变化,同时,大多数解释变量均表现出一定的波动性。表5-2是用于判断各主要解释变量之间是否存在多重共线性的Pearson相关系数矩阵。为防止变量存在多重共线性导致过度拟合,列出了主要变量的方差膨胀因子(Variance Inflation Factor,VIF),结果如表5-3所示,发现各变量的VIF均小于3[②]。因此,能说明实证所用变量的多重共线性问题不严重。

表5-1 变量说明和描述性统计结果

变量名	变量名称	资料来源	均值	标准差	最小值	最大值
DGDP	国内经济增长率	IFS数据库	3.0792	4.1880	-19.7000	18.5709
ZBLD	资本流动	源数据来自BOPS数据库	0.0801	0.0994	-0.3499	0.6459

---

① 所指的国家或地区包括:阿根廷、亚美尼亚、玻利维亚、巴西、保加利亚、智利、中国香港、哥伦比亚、克罗地亚、捷克共和国、厄瓜多尔、格鲁吉亚、匈牙利、印度、印度尼西亚、以色列、约旦、韩国、拉脱维亚、立陶宛、马其顿共和国、墨西哥、秘鲁、菲律宾、波兰、罗马尼亚、俄罗斯、南非、泰国、土耳其、乌克兰。

② Freund and Littell(1986),在判断多重共线性时,若VIF的值低于5,则不存在严重的多重共线性。

续表

变量名	变量名称	资料来源	均值	标准差	最小值	最大值
DCPI	通货膨胀水平	EIU-Country Data 数据库	5.0666	6.2379	-3.7360	58.9090
DM2	货币供应量	IFS 数据库	11.9939	9.1084	-22.2638	56.6857
INTE	国内利率	IFS 数据库	5.0008	4.4839	-0.4744	34.2867
OPEN	贸易开放度	源数据来自 BOPS 数据库	0.7315	0.6160	0.0467	3.9217

表 5-2　　　　　　　　　　Pearson 相关系数矩阵

	DGDP	ZBLD	DCPI	DM2	INTE	OPEN
DGDP	1.0000					
ZBLD	0.1928	1.0000				
DCPI	-0.1136	-0.0280	1.0000			
DM2	0.4079	0.1843	0.4164	1.0000		
INTE	-0.1361	-0.0433	0.7053	0.3528	1.0000	
OPEN	-0.0307	0.1363	-0.2271	-0.1760	-0.3970	1.0000

表 5-3　　　　　　　　　　方差膨胀因子

变量	VIF	1/VIF
ZBLD	1.08	0.93
DCPI	2.16	0.46
DM2	1.29	0.77
INTE	2.26	0.44
OPEN	1.23	0.82
Mean VIF	1.60	

二　实证结果分析

（一）固定效应模型实证结果分析

通过豪斯曼检验确定应采用固定效应估计还是随机效应估计，原假设为选择随机效应，表 5-4 结果显示拒绝原假设，所以本书以固定效应估计为主，同时列出随机效应的估计结果用作对比。实证结果显示核心解释变量资本流动的一次方项在1%的显著性水平下为正,说明资本流动有助于经济增长。资本流动的二次方项在1%的显著性水平下为负,说明资本流动能抑制经济增长。核心解释变量资本流动的一次方系数为正且显著,二次方的系数为负且显著,可以得知对于新兴经济体来说,资本流动和经济增长的关系为非线性的,呈倒"U"形关系,即适度的资本流动规模有助于经济增长,当资本流动规模超出一定临界值后则对经济增长不利,与实际相符。

表5-4 资本流动对新兴经济体经济增长的非线性影响检验

解释变量	固定效应模型	随机效应模型
ZBLD	3.6096***	3.4753***
	(5.13)	(4.96)
ZBLD^2	-1.3838***	-1.4543***
	(-3.22)	(-3.43)
DCPI	-0.0743***	-0.0849***
	(-2.64)	(-3.13)
DM2	0.2450***	0.2489***
	(20.79)	(21.37)
INTE	-0.2899***	-0.2633***
	(-7.66)	(-7.29)
OPEN	0.2956***	0.1397***
	(3.43)	(4.24)
常数项	1.1921***	1.4031***
	(4.39)	(4.32)
N	1408	1408
Hausman 检验	[0.0439]	

注:圆括号内为变量的t统计量;***、**、*表示分别在1%、5%、10%的统计水平下显著;N表示观测值数;方括号内为统计量的概率值;实证检验控制了个体效应;以下各表同。

通货膨胀系数为负,在1%的水平下显著,表示一国发生通胀会抑制经济增长,当发生通胀后会致使货币不断贬值,导致价格信号紊乱,冲击社会经济再生产，影响经济效率。若一国发生严重通胀，可能导致人们对货币失去信心，引发经济系统混乱，对宏观经济形成负效应。货币供给量的系数为正值，且在1%的水平下显著，说明为经济注入流动性能有效地推动一国经济增长。通常增加市场货币供给，说明一国当局放松银根，象征着流动性充沛，货币的使用成本（利率）也会相应减小，从而有助于降低投资成本，扩大社会投资；此外，增加的流动性经过生产渠道部分变成个人工资，进而刺激消费，推动社会经济增长。国内利率的系数为负，且在1%的水平下显著，说明利率越高越能抑制经济增长，经济体内利率较高，象征着相应企业所使用的资金价格高，不利于国内生产实体扩大生产，此外，利率过高也会提高人们的借贷成本，抑制居民消费倾向，增加储蓄动力，不利于经济增长。贸易开放度系数在1%水平下显著大于0，表明贸易开放有利于经济增长，贸易开放度提高代表着新兴经济体经济运行状况良好，生产和需求都参与了国际经济循环，为经济发展注入活力，进出口总额上升也会对经济发展起到了推动作用。

（二）稳健性检验

我们为验证资本流动与经济增长之间存在非线性关系，采取两种稳健性检验方法。第一种检验对式（5-2）运用系统GMM方法估计，用以检验固定效应的实证结果；第二种检验方法是在式（5-1）和式（5-2）基础上，加入资本流动的立方项，用以排除资本流动和经济增长之间存在N型关系。

检验1：表5-5实证结果显示，滞后一期的经济增长率在1%的水平下显著影响当期经济增长，且符号为正，这说明经济增长具有惯性，上一期较高的经济增长率对当期的经济增长具有促进作用，符合现实情况。资本流动的一次方项在1%的显著性水平下对经济增长有促进作用，资本流动的二次方项在5%的显著性水平下对经济增长有抑制作用，这再次证实了资本流动与经济增长之间存在倒"U"形的非线性关系。此外，其他控制变量的回归结果与固定效应模型类似，这里不再赘述，模型均通过了Sargan检验和AR（2）检验，说明模型设定较为合理。

表5-5　　　　　　　　　　　稳健性检验1

系统 GMM 实证结果	
$DGDP_{it-1}$	0.6281***
	(45.92)
ZBLD	5.9993***
	(3.54)
$ZBLD^2$	-1.2569**
	(-2.19)
DCPI	0.2437*
	(-1.95)
DM2	0.1110***
	(7.70)
INTE	-0.4557***
	(-11.14)
OPEN	3.5438*
	(1.70)
常数项	-1.0239
	(-0.72)
Sargan 检验	26.9391
	[1.0000]
AR（2）	[0.3290]
N	1116

检验2：通过表5-6的实证结果可以看出无论是系统GMM估计还是固定效应估计，资本流动的立方项系数均不显著，说明资本流动与经济增长之间不存在"N"型关系。此外，资本流动的一次方系数为正且显著，二次方系数为负且显著，亦印证了资本流动与经济增长之间为倒"U"形关系。从而结果支持假设H5-1成立。

表5-6　　　　　　　　　　　稳健性检验2

解释变量	系统 GMM	固定效应	随机效应
$DGDP_{it-1}$	0.6259***		
	(39.33)		

续表

解释变量	系统 GMM	固定效应	随机效应
ZBLD	6.1421***	3.9155***	3.8989***
	(3.49)	(4.72)	(4.74)
ZBLD²	-1.2869**	-3.9465**	-4.7121***
	(-2.20)	(-2.50)	(-3.06)
ZBLD³	-6.5103	1.4555	1.8092
	(-0.27)	(1.02)	(1.28)
DCPI	0.0397	-0.0627**	-0.0759***
	(1.64)	(-2.11)	(-2.64)
DM2	0.1124***	0.2449***	0.2494***
	(7.33)	(20.21)	(20.89)
INTE	-0.4565***	-0.3064***	-0.2778***
	(-11.14)	(-7.88)	(-7.55)
OPEN	3.5420*	0.3999***	0.1352***
	(1.7)	(2.92)	(3.77)
常数项	-1.0151	1.0531***	1.4662***
	(-0.71)	(3.11)	(4.51)
Sargan 检验	26.8662		
	[1.0000]		
AR（2）	[0.3535]		
Huasman 检验		[0.0393]	
N	1116	1408	1408

（三）面板门槛模型设定与估计方法

Hansen（1999）提出的面板门槛模型是一个寻找资本流动对经济增长影响转换点的合适方法，门槛模型既可以验证资本流动与经济增长之间的关系是否随资本流动规模的变化而变化，又能反映在不同的资本流动规模下资本流动对经济增长的影响。目标是寻找资本流动对经济增长影响的转换临界点，进而测度新兴经济体合意的资本流动规模，即寻找一个区间，当资本流动规模位于此区间，能显著促进经济增长。依据研究目的，面板门槛模型设定如下：

$$DGDP_{it} = \alpha_0 + \beta_1 ZBLD_{it} \times I(IM_{it} < \gamma) + \beta_2 ZBLD_{it} \times I(IM_{it} \geq \gamma) + \alpha_1 Z_{it} + \upsilon_i + \mu_{it}$$
(5-5)

式（5-5）中，IM_{it} 为门槛变量，代表资本流动，与核心解释变量含义一致；γ 为被估计的门槛值，$I(\cdot)$ 为示性函数，其余各项含义和上文相同，式（5-5）为一重门槛模型，同理，多门槛模型可通过一重门槛模型扩展得到。要想得到有效的参数估计量，我们应该先消除个体效应 υ_i，具体方法为将样本内每个观察值减去其组内平均值。如

$$DGDP_{it}^* = DGDP_{it} - \frac{1}{T}\sum_{t=1}^{T} DGDP_{it}$$

经过变换后，我们的一重门槛模型可表示为

$$DGDP_{it}^* = \beta_1 ZBLD_{it}^* \times I(IM_{it} < \gamma) + \beta_2 ZBLD_{it}^* \times I(IM_{it} \geq \gamma) + \alpha_1' Z_{it}^* + \mu_{it}^*$$
(5-6)

同样，我们可以继续对所有的观测值累叠，重新使用矩阵形式将式（5-6）表达为

$$DGDP^* = X^*(\gamma)\beta + \mu^*$$
(5-7)

接下来可使用普通最小二乘估计得到式（5-7）中给定门槛值 γ 的 β 估计值

$$\hat{\beta}(\gamma) = (X^*(\gamma)'X^*(\gamma))^{-1} X^*(\gamma)' DGDP^*$$
(5-8)

得出残差平方和为

$$S_1(\gamma) = \hat{e}^*(\gamma)' \hat{e}^*(\gamma)$$
(5-9)

这里 $\hat{e}^*(\gamma) = DGDP^* - X^*(\gamma)\hat{\beta}(\gamma)$ 是残差向量，若想得到 γ 的估计值，我们可将式（5-9）中的 $S_1(\gamma)$ 值最小化，即

$$\hat{\gamma}(\gamma) = \mathrm{argmin}_\gamma S_1(\gamma)$$
(5-10)

进而可得到 $\hat{\beta} = \hat{\beta}(\hat{\gamma})$，残差向量 $\hat{e}^* = \hat{e}^*(\hat{\gamma})$ 和残差平方和 $\hat{\sigma}^2 = \hat{\sigma}^2 \hat{\gamma}$。

当得到参数估计值后，接下来对于门槛模型应做两个检验，第一是检验门槛的显著性，第二是检验门槛存在的真实性，检验门槛显著性的原假设为 $H_0: \beta_1 = \beta_2$，备择假设为 $H_1: \beta_1 \neq \beta_2$，检验的统计量是

$$F_1 = \frac{S_0 - S_1(\hat{\gamma})}{\hat{\sigma}^2}$$
(5-11)

其中，S_0 是在原假设下得出的残差平方和，在原假设下，门槛值 γ

是识别不出的,所以 F_1 统计量服从非标准分布。因而我们可以借鉴 Hansen 的方法,运用自抽样(Bootstrap)获取渐进分布,用以构造 P 值,P 值若小于 10% 的临界值,则显著拒绝原假设,接受备择假设。检验门槛存在真实性的原假设为 H_0:$\hat{\gamma}=\gamma_0$,似然比统计量为

$$LR_1(\gamma) = \frac{S_1(\gamma) - S_1(\hat{\gamma})}{\hat{\sigma}^2} \tag{5-12}$$

式(5-12)中的统计量依然是服从非标准分布的,但可以借鉴 Hansen 的做法利用计算式计算出非拒绝域,即当 $LR_1(\gamma_0) \leq c(\alpha)$ 时,则不能拒绝 H_0,其中 $c(\alpha) = -2\mathrm{Ln}(1-\sqrt{1-\alpha})$,$\alpha$ 为显著性水平。

上述只是假设模型存在一重门槛,但根据计量经济理论,还可能存在二重门槛、三重门槛甚至 n 重门槛,接下来继续以二重门槛做简单介绍,同理,多重门槛可通过二重门槛方法扩展得到,二重门槛模型设定为

$$DGDP_{it} = \alpha_0 + \beta_1 ZBLD_{it} \times I(IM_{it} < \gamma_1) + \beta_2 ZBLD_{it} \times I(\gamma_1 \leq IM_{it} < \gamma_2) + \beta_3 ZBLD_{it} \times I(IM_{it} \geq \gamma_2) + \alpha_1 Z_{it} + v_i + \mu_{it} \tag{5-13}$$

对式(5-13)的估计中,γ_1 和 γ_2 为两个门槛值,假定一重门槛的 $\hat{\gamma}_1$ 已知,所以我们继续对 γ_2 搜索,从而得到

$$S_2^\gamma(\gamma_2) = \begin{cases} S(\hat{\gamma}_1, \gamma_2), & if \quad \hat{\gamma}_1 < \gamma_2 \\ S(\gamma_2, \hat{\gamma}_1), & if \quad \hat{\gamma}_1 > \gamma_2 \end{cases} \tag{5-14}$$

从而得到第二个门槛值 $\hat{\gamma}_2^\gamma = \mathrm{argmin}_{\gamma_2} S_2^\gamma(\gamma_2)$。在对上式的计算中,$\hat{\gamma}_2^\gamma$ 是渐进有效的,但 $\hat{\gamma}_1$ 因为在估计中的残差平方和涵盖了忽视的区间造成的影响,因为不能具有渐进性分布,可通过固定 $\hat{\gamma}_2^\gamma$ 对 $\hat{\gamma}_1$ 再次搜索,这样便可以得到其优化后的一致估计量 $\hat{\gamma}_1^\gamma$。二重门槛的假设检验和一重门槛情况下类似。

(四)门槛存在性检验

既然上文已通过固定效应估计和系统 GMM 估计证实了资本流动和经济增长之间的关系是非线性的,那么本书继续使用面板门槛模型做实证分析,旨在寻找出资本流动对经济增长的影响具体哪一区位发生转移,找到资本流动对经济增长影响转换的临界点。使用 Stata15 软件并借助 xthreg 命令对门槛模型进行检验。在面板门槛模型实证分析前,应

对门槛的存在与否做相关检验。通常，在实证过程中，我们应该依次对一重门槛、二重门槛和三重门槛进行存在性检验。首先，文章对一重门槛的存在性做检验，如果检验显示存在一重门槛，则继续检验是否存在二重门槛，若二重门槛也存在，继续进行三重门槛的检验。通过表5-7，我们可以看到在以滞后一期资本流动作为门槛变量时，一重门槛和二重门槛的P值均小于0.05，在5%显著性水平下显著，三重门槛不显著，P值为0.8233，所以判定实证模型为二重门槛模型。根据检验结果，计量模型重新设定如下：

$$DGDP_{it} = \alpha_0 + \beta_1 ZBLD_{it} \times I(IM_{it} < \gamma_1) + \beta_2 ZBLD_{it} \times I(\gamma_1 \leq IM_{it} < \gamma_2) + \beta_3 ZBLD_{it} \times I(IM_{it} \geq \gamma_2) + \alpha_1 DCPI_{it} + \alpha_2 DM2_{it} + \alpha_3 OPEN_{it} + \alpha_4 INTE_{it} + \upsilon_i + \mu_{it}$$
(5-15)

其中，各变量含义和式（5-3）相同。γ_1和γ_2为两个需要估计的门槛值。通过表5-8，我们可以得知第一个门槛值为-0.1215，95%的置信区间为[-0.1259，-0.1064]，第二个门槛值为0.2320，95%的置信区间为[0.1971，0.2350]。

表5-7　　　　　　　　　　门槛检验结果

门槛变量	门槛数	F值	P值	10%	5%	1%
ZBLD	一重门槛	22.19**	0.0167	12.8155	16.1511	22.8342
	二重门槛	8.99**	0.0300	6.3482	7.5633	10.7747
	三重门槛	16.13	0.8233	52.6719	57.1595	68.0849

注：**表示在5%水平下显著；P值和临界值采用Bootstrap反复抽样300次得到。

表5-8　　　　　　　　　门槛估计和置信区间

门槛值	门槛估计值	95%的置信区间	
γ_1	-0.1215	-0.1259	-0.1064
γ_2	0.2320	0.1971	0.2350

（五）门槛模型实证结果分析

表5-9的门槛估计结果显示，当ZBLD≤-0.1215时，核心解释变量的系数为-4.3552，且在1%的显著性水平下显著，说明在第一个门槛值左侧，资本流动能抑制经济增长，此时资本流动不利于新兴经济体

经济增长；当-0.1215<ZBLD≤0.2320时，核心解释变量的系数为37.3445，且在1%的显著性水平下显著，说明在两个门槛值之间时，资本流动能有效促进经济增长，此时资本流动对新兴经济体的经济增长有推动作用；当ZBLD>0.2320时，核心解释变量的系数为0.2843，且不显著，说明在第二个门槛值右侧，资本流动对经济增长的正向推动作用不显著，即资本流动不再显著有利于新兴经济体的经济增长。此外，各控制变量的结果和上文相似，这里不再进行赘述。

表5-9　　　　　　　　　　门槛模型估计结果

基于ZBLD作为门槛变量的双门槛效应模型检验结果	
ZBLD×I（ZBLD≤-0.1215）	-4.3552***
	(-2.92)
ZBLD×I（-0.1215<ZBLD≤0.2320）	37.3445***
	(5.46)
ZBLD×I（ZBLD>0.2320）	0.2843
	(0.69)
DCPI	-0.0485*
	(-1.86)
DM2	0.2303***
	(19.10)
INTE	-0.2835***
	(-7.32)
OPEN	4.8978***
	(6.84)
常数项	-1.5390***
	(-2.73)
N	1333

综上分析，实证结果暗示着资本流动与新兴经济体经济增长的关系是非线性的，当资本流动占GDP的比值小于等于-0.1215时，资本流动对经济增长不利，即新兴经济体资本净流出占GDP比例超12.15%时，对经济产生负面冲击，因此，当资本净流出达到GDP的12.15%

时，新兴经济体政策当局就要有所警醒，重点监控资本流出，防范资本过量流出对经济增长产生负面影响；当资本流动占GDP的比值在（-0.1215，0.2320］区间时，资本流动能给经济增长带来正影响。因此当资本净流出占GDP的比值小于12.15%，资本净流入占GDP的比值小于23.20%时，资本流动能有效地促进经济增长；当资本净流入占GDP的比值大于0.2320时，资本流动给经济增长带来的影响不显著。我们根据以上对实证结果的解读，可以得到新兴经济体较为合意的资本流动规模为：资本净流出占GDP的比值小于12.15%，资本净流入占GDP的比值小于或等于23.20%时，合意区间是（-0.1215，0.2320］，从而假设H5-2成立。

第四节 结论及政策建议

一 研究结论

随着经济全球化进程的推进和各国资本账户开放，为资本流动提供了便利条件，新兴经济体在经济发展过程中，适度的资本流动规模有助于补充经济发展所需资金，为经济快速增长奠定了资本基础，但是，过大的资本流动规模则会影响新兴经济体经济体系的稳定性，国际资本的大举进入极易催生经济泡沫。同时，资本的大幅流出会减少经济体内部发展所需资金，不利于新兴经济体经济持续发展。在新兴经济体对外开放的进程中，如何既能充分发挥资本流动对经济增长的推动作用，又能避免因过度资本流动而产生的负面冲击，成为新兴经济体政策当局面临的问题。

以2007—2017年31个新兴经济体的季度数据为研究样本，运用实证模型分析新兴经济体资本流动问题，旨在测度新兴经济体合意的跨境资本流动规模。研究发现资本流动与经济增长之间有着密切的关系，其中适度的资本流动规模有助于经济增长，不适度的资本流动规模不利于经济增长。通过实证研究发现，跨境资本流量与经济增长之间呈现倒"U"形关系，这进一步说明资本流动对经济增长的影响是随着其流动规模的变化而变化的，资本流动在初始阶段对新兴经济体经济增长起到促进作用，当资本流动规模达到一定峰值以后，资本流动对经济增长起到抑制作用。在此基础上，利用面板门槛模型实证分析发现，新兴经济体资本流动与经济增长之间具有双重门槛效应，通过门槛模型测度的新兴经济合意的资本流动规模为：1个季度资本净流出总额占当季GDP的比值小于12.15%，1个季度资本净流入总额占当季GDP的比值小于或等于23.20%时，合意区间是（-0.1215，0.2320]。新兴经济体若能将资本流动规模控制在这个区间内，资本流动能显著促进经济增长。

二 政策建议

基于研究结论，就新兴经济体如何既能利用资本流动带来的益处的同时，又能防范资本流动冲击，提出以下政策建议。

第一，注意对资本流动流量的监测，完善资本流动预警机制。为此，新兴经济体当局应注意对资本流动变化趋势的分析和监测。在管理方式上，充分借鉴现有的监管方式，以宏观审慎监管政策为主，辅之以必要的资本管制手段，从而扩大对资本流动的管控力度，力求均衡管理资本流动流量，将资本流入和流出保持在协调有序的范围内，通过这些手段，预防资本流动冲击。新兴经济体系欠缺完善，国际资本大举进入或退出势必会对其经济增长产生严重影响，因此，新兴经济体在资本账户开放的道路上，应加大对国际收支的分析，通过国际收支平衡表，增强对资本流动的波动性和变异性监控，当资本流动达到一定的临界值时，重点预警。历史经验展现，资本管制是一种行之有效的措施，能有效缓解异常资本流动冲击。此外，根据一些遭遇过资本流动冲击国家的经验，采取立法和建立规章制度，也能有效约束资本流动，比如征收托宾税。总之，做到对资本流动的动态监控是一项必要的工作。本书经研究发现，资本流动保持在适度的规模下有助于经济增长，新兴经济体政策当局应运用统计手段严格监控资本的净流动变化，当资本流入水平大于资本流出水平时，要密切注意资本净流入值；当资本流入水平低于资本流出水平时，要密切注意资本净流出值，使资本净流入和净流出水平与当期GDP的比值保持在合理范围内，发挥资本流动对经济增长的推动作用。

第二，加强和完善金融体系建设，推动银行体系稳健发展。据梁权熙和田存志（2011）等学者的研究，一个发达的银行体系，能有效抵御外部冲击，促进经济增长。异常资本流动极易导致银行危机，若新兴经济体银行系统发生危机，会不利于经济增长。金融体系的完善有助于防止异常资本流动对各生产行业造成负面冲击，在金融对外开放的征程中，若想保持经济平稳运行，建设一个能有效防止资本流动冲击的银行系统势在必行。因此，继续加大力度实行金融体制改革仍然十分关键，尤其要以银行系统改革为中心点，在此过程中一是要做到银行、企业和政府关系的清晰透明，加强银行业承担风险的能力，尽力保障各生产部门能够及时有效得到银行资金的支持。二是在资本账户开放的过程中，应该严格遵循审慎性和渐进性两大原则，以确保银行体系稳定为根基，即在银行部门完成改革后，再着手资本账户的开放，这样可以使银行部门增强抵御资本流动冲击的能力。健全金融体系和金融市场，应努力稳步推进利率市场化，让资金的供求可以更好地通过利率渠道反映。采取措施防止国内利率大幅变化，做好引导，提升国际投资者的信心，尽可能地避免因利率波动而产生的经济冲击。一些新兴经济体还应有勇气打破金融垄断，预防金融寡头阻碍金融系统配置资源的效率。

第三，降低外资依赖，寻求经济增长的内生动力。一些新兴经济体在经济发展的初期形成了对外资的依赖，这种依赖外资型的经济增长方式是脆弱的和不长远的，一旦资本流动出现异常，则容易对经济增长造成负面影响。因此，应尽力改变政府主导型的经济发展方式，推动产业结构优化和升级，加大科技科研投资，鼓励创新型发展，以多重渠道推动经济增长。从内部挑选或有重点地培育一批具有国际竞争能力的企业，在国际市场上形成自己的品牌，采取措施提升对外投资的收益水平，引导并支持企业开展技术创新，技术具有增长效应，以此形成一批具备国际视野和自主产权的跨国集团。新兴经济体应树立消费推动经济增长的理念，改变严重依赖投资推动经济增长的发展理念，加强新兴经济体之间的协作，使其不再受到来自发达经济体的资本束缚，提高自身经济实力。

第四，紧盯国际局势的变化，保持货币政策的独立。在国际局势复杂多变的今天，资本流动受到发达国家经济反弹、宏观经济政策变化的影响，当前美国逆全球化趋势抬头，美联储加息缩表对一些新兴经济体中央银行货币政策的传导产生了一定程度的影响，同时也对资本流动施加了重大影响。随着欧债危机、中美贸易摩擦等事件发生，造成相关地区跨境资本,特别是短期跨境资本大量外逃,从而损害其经济利益。新兴经济体对全球经济状况的变化非常敏感,一旦出现经济形势的不利信号,可能会导致严重的资本外逃。因此密切关注国际形势的变化是十分必要的,这样可以提前做好准备,以减轻由此带来的异常资本流动对经济增长产生的冲击。因此,新兴市场应保持货币政策的独立性,在面临资本流动异常情形时,相机行事,运用货币和财政政策等多种政策组合平滑经济波动,抵御外部资本冲击,为经济增长增添内生力量。

第六章

我国跨境资本流动特点及资本外逃影响因素

第一节 我国跨境资本流动的现状和特点

一 我国非储备性质的金融账户差额分析

自2001年我国加入WTO以后，经济快速崛起的同时跨境资本流动规模也逐渐扩大。从表6-1和图6-1所示的我国非储备性质的金融账户差额来看，2001年以后我国的跨境资本流动可以分成四个阶段：第一阶段为2001—2008年，经济全球化浪潮加上人口红利爆发使得我国在这几年间一直保持经常项目和资本金融项目双顺差，资本持续净流入，但顺差规模相对较小，基本上保持在1000亿美元以下；第二阶段是2009—2013年，美国次贷危机的爆发和美联储量化宽松政策造成我国金融账户顺差持续扩大，除了2012年欧债危机的爆发使得其他投资大幅外流，最终导致金融账户逆差360亿美元，其他时间保持金融账户顺差，2009—2011年金融账户顺差规模在2000亿美元左右，2013年金融账户顺差达到3430亿美元；第三阶段是2014—2016年，2014年美联储结束量化宽松的货币政策，2015年我国汇率制度改革，受这两个方面因素的影响，2014—2016年我国出现资本外流的情况，其中2015年和2016年资本流出规模较大，金融账户逆差在4000亿美元以上；第四阶段是2017—2019年，随着我国股票市场和债券市场进一步对外开放，外国投资者来华证券投资规模持续扩大，带动资本流出逆转，最终使得金融账户重回顺差。2020年受到新冠疫情的影响，我国非储备性质的金融账户逆差为778亿美元。

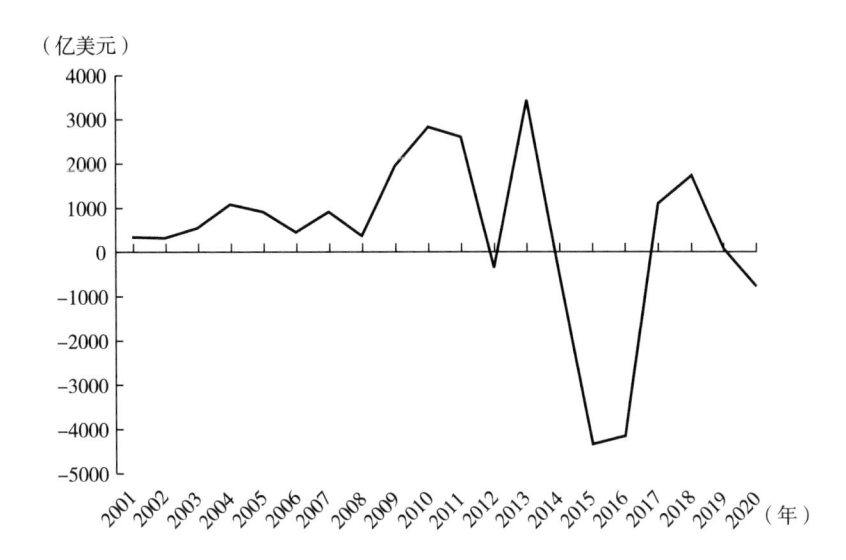

图 6-1　我国非储备性质金融账户差额走势

资料来源：国家外汇管理局。

表 6-1　　　　2001—2020年我国非储备性质的金融账户明细　　单位：亿美元

年份	资产 直接投资	资产 证券投资	资产 其他投资	负债 直接投资	负债 证券投资	负债 其他投资	顺差
2001	-69	-207	208	442	12	-39	348
2002	-25	-121	-31	493	18	-10	323
2003	-0	30	-180	495	84	120	549
2004	-20	65	-61	621	132	345	1082
2005	-137	-262	-447	1041	214	502	912
2006	-239	-1113	-319	1241	429	455	453
2007	-172	-45	-1548	1562	210	904	911
2008	-567	252	-976	1715	97	-150	371
2009	-439	-25	184	1311	296	619	1945

245

续表

年份	非储备性质的金融账户						顺差
	资产			负债			
	直接投资	证券投资	其他投资	直接投资	证券投资	其他投资	
2010	-580	-76	-1163	2437	317	1887	2822
2011	-484	62	-1836	2801	134	1923	2600
2012	-650	-64	-2317	2412	542	-284	-360
2013	-730	-54	-1420	2909	582	2142	3430
2014	-1231	-108	-3289	2681	932	502	-514
2015	-1744	-732	-825	2425	67	-3515	-4345
2016	-2164	-1028	-3499	1747	505	332	-4161
2017	-1383	-948	-1008	1661	1243	1527	1095
2018	-965	-535	-1418	2035	1604	1214	1727
2019	-1369	-894	-549	1872	1474	-437	73
2020	-1099	-1673	-3142	2125	2547	579	-778

二 银行视角的跨境资本流动

由于国家外汇管理局于2010年开始公布银行代客涉外收付款和银行结售汇明细，关于银行视角的跨境资本流动分析从2010年开始。

（一）银行代客涉外收付款

银行代客涉外收付款反映的是境内非银行部门通过境内银行与非居民之间发生的涉外收入和支出的规模，但由于不能反映实物交易和银行自身的涉外交易，所以统计范围小于国际收支统计；此外银行代客涉外收付款在统计原则上采用资金收付制，而国际收支统计采用权责发生制，因此，境内银行代客涉外收付款数据与国际收支平衡表统计数据存在一定的差异。从2010—2018年我国银行代客涉外收付款数据可以看出，我国在2015年以前一直保持资本金融账户顺差，顺差额在961亿美元到1570亿美元，2015年和2016年，资本金融账户逆差分别达到799亿美元和1907亿美元，2017年以后，资本金融账户又重回顺差，如表6-2所示，也反映了2008年国际金融危机以后我国的跨境资本流动的三个阶段。

表 6-2　　　　2010—2020 年银行代客涉外收付款明细　　　单位：亿美元

年份	收入 资本和金融账户	其中：直接投资	其中：证券投资	其中：其他投资	支出 资本和金融账户	其中：直接投资	其中：证券投资	其中：其他投资	资本金融账户顺差
2010	2086	1582	186	303	1125	649	145	330	961
2011	2777	1957	163	634	1207	698	102	407	1570
2012	3305	1933	209	1148	2084	945	115	1023	1221
2013	3940	2246	231	1444	2459	1135	147	1164	1480
2014	5933	3005	542	2382	4400	1969	285	2128	1533
2015	7024	4022	1187	1811	7823	4056	1219	2547	−799
2016	5129	3242	767	1118	7036	4296	1255	1479	−1907
2017	5612	3229	1178	1203	5349	3026	1287	1031	263
2018	8155	4468	2484	1201	6806	3667	1861	1268	1348
2019	9668	4429	4026	1211	8100	3692	3284	1117	1568
2020	16717	5208	10453	1055	15086	4468	9520	1095	1631

注：资料来源为国家外汇管理局。

（二）银行代客结售汇

银行代客涉外收付款与银行代客结售汇的数据也存在一定的差异，原因主要有三点：一是我国于 2007 年取消强制结售汇制度，企业可以在收付款后不进行全部的结售汇。第二，直接使用人民币进行国际贸易支付时会计入收付款，但不会涉及结售汇业务。第三，银行代客结售汇不按居民与非居民交易的原则进行统计，凡在境内银行柜台发生的人民币与外币交易均纳入该统计。从 2010—2018 年银行代客结售汇数据也可以看出在 2008 年国际金融危机以后，我国的跨境资本流动的三个阶段，如表 6-3 所示。

表 6-3　　　　2010—2020 年银行代客结售汇明细　　　单位：亿美元

年份	结汇 资本和金融账户	其中：直接投资	其中：证券投资	售汇 资本和金融账户	其中：直接投资	其中：证券投资	资本金融账户顺差
2010	1527	1169	181	1013	331	51	514
2011	1702	1320	120	1214	336	89	488

续表

年份	结汇 资本和金融账户	其中：直接投资	其中：证券投资	售汇 资本和金融账户	其中：直接投资	其中：证券投资	资本金融账户顺差
2012	1592	1069	170	1556	430	115	36
2013	1932	1240	298	1547	403	153	385
2014	1962	1217	303	2199	570	347	−237
2015	1964	993	616	4049	1114	748	−2085
2016	1206	670	260	2966	976	444	−1760
2017	1784	835	379	2190	1007	404	−406
2018	2346	1191	599	2173	846	425	173
2019	2406	1249	753	2227	780	622	180
2020	2952	1275	1355	2517	904	998	435

注：资料来源为国家外汇管理局。

三 外债视角的跨境资本流动

国际上公认的衡量一国外债的主要指标包括以下四种。

（1）负债率=外债余额/国内生产总值，一般认为警戒线为20%。

（2）债务率=外债余额/外汇收入，通常认为警戒线为100%，即外债余额增长速度不应超过外汇收入的增长速度。

（3）偿债率=外债还本付息额/外汇收入，一般认为安全线为20%。

（4）短期债务比例=短期外债余额/外债余额，一般来说短期债务比例不宜超过25%。

表6-4　2001—2020年我国外债余额与国内生产总值、外汇收入

年份	外债余额（十亿美元）	国内生产总值（十亿元）	负债率（%）	外汇收入（十亿美元）	债务率（%）	外债还本付息额（十亿美元）	偿债率（%）
2001	203.3	11027.0	15.2	299.4	67.9	22.5	7.5
2002	202.6	12100.2	13.8	365.4	55.5	28.9	7.9
2003	219.3	13656.5	13.2	485.0	45.2	33.5	6.9

第六章 我国跨境资本流动特点及资本外逃影响因素

续表

年份	外债余额（十亿美元）	国内生产总值（十亿元）	负债率（%）	外汇收入（十亿美元）	债务率（%）	外债还本付息额（十亿美元）	偿债率（%）
2004	262.9	16071.4	13.4	655.0	40.2	21.0	3.2
2005	296.5	18589.6	13.0	836.8	35.4	25.9	3.1
2006	338.5	21765.7	12.3	1061.7	31.9	22.3	2.1
2007	389.2	26801.9	11.0	1342.1	29.0	26.8	2.0
2008	390.1	31675.2	8.5	1581.7	24.7	28.5	1.8
2009	428.6	34562.9	8.4	1332.9	32.2	38.7	2.9
2010	548.9	40890.3	9.0	1876.8	29.2	30.0	1.6
2011	695.0	48412.4	9.2	2086.6	33.3	35.5	1.7
2012	736.9	53412.3	8.6	2248.3	32.8	36.0	1.6
2013	863.1	58801.9	9.0	2425.0	35.6	38.8	1.6
2014	1779.9	64356.3	17.0	2545.1	69.9	66.2	2.6
2015	1382.9	68885.8	12.5	2360.2	58.6	118.0	5.0
2016	1415.8	74639.5	12.6	2197.9	64.4	134.2	6.1
2017	1757.9	83203.6	14.3	2422.9	72.5	133.3	5.5
2018	1982.7	91928.1	14.3	2651.0	74.8	145.8	5.5
2019	2070.8	98651.5	14.5	2643.4	78.3	177.1	6.7
2020	2400.8	101356.7	16.3	2732.4	87.9	177.6	6.5

注：1. 资料来源为国家外汇管理局。

2. 2015 年，我国按照国际货币基金组织的数据公布特殊标准（SDDS）调整了外债统计口径，将人民币外债纳入统计。

3. 自 2016 年起，按照国际收支平衡表修正数据对本表中上一年数据进行相应调整。

表 6-5　　　　　2001—2020 年我国外债结构与增长　　单位：十亿美元、%

年份	外债余额	中长期外债 余额	中长期外债 比上年增长	中长期外债 占总余额的比例	短期外债 余额	短期外债 比上年增长	短期外债 占总余额的比例	短期外债与外汇储备的比例
2001	203.30	119.53	—	58.8	83.77	—	41.2	39.5
2002	202.63	115.55	-3.3	57.0	87.08	4.0	43.0	30.4
2003	219.36	116.59	0.9	53.2	102.77	18.0	46.8	25.5

续表

年份	外债余额	中长期外债 余额	中长期外债 比上年增长	中长期外债 占总余额的比例	短期外债 余额	短期外债 比上年增长	短期外债 占总余额的比例	短期外债与外汇储备的比例
2004	262.99	124.29	6.6	47.3	138.71	35.0	52.7	22.7
2005	296.54	124.90	0.5	42.1	171.64	23.7	57.9	21.0
2006	338.59	139.36	11.6	41.2	199.23	16.1	58.8	18.7
2007	389.22	153.53	10.2	39.4	235.68	18.3	60.6	15.4
2008	390.16	163.88	6.7	42.0	226.28	-4.0	58.0	11.6
2009	428.65	169.39	3.4	39.5	259.26	14.6	60.5	10.8
2010	548.94	173.24	2.3	31.6	375.70	44.9	68.4	13.2
2011	695.00	194.10	12.0	27.9	500.90	33.3	72.1	15.7
2012	736.99	196.06	1.0	26.6	540.93	8.0	73.4	16.3
2013	863.17	186.54	-4.9	21.6	676.63	25.1	78.4	17.7
2014	1779.90	481.70	—	27.1	1298.20	—	72.9	33.8
2015	1382.98	495.57	2.9	35.8	887.41	-31.6	64.2	26.6
2016	1415.80	549.76	10.8	38.8	866.04	-2.4	61.2	28.8
2017	1757.96	612.72	11.5	34.9	1145.24	32.2	65.1	36.5
2018	1982.75	693.60	13.2	35.0	1289.15	12.6	65.0	42.2
2019	2070.81	851.97	22.8	41.1	1218.84	-5.5	58.9	39.2
2020	2400.81	1084.44	27.3	45.2	1316.37	8.0	54.8	40.9

注：1. 2001年，我国按当时的国际标准对原外债口径进行了调整，因调整后的外债数据与2000年及以前年度的外债数据不具可比性，故未计算上表中2001年"外债余额比上年增长"项。

2. 2015年，我国按照国际货币基金组织的数据公布特殊标准（SDDS）调整了外债统计口径。为保证数据的可比性，本表将2014年末外债数据相应调整为全口径外债数据，由于全口径外债数据与此前外债数据（原口径为外币外债数据）不具可比性，故未计算上表中2014年"外债余额比上年增长"项。

资料来源：国家外汇管理局。

根据表6-4和表6-5中的数据可以看出，随着我国经济的不断发展，外债规模也不断上升，除了2015年我国调整外债统计口径导致2014年末外债余额大幅度上涨，以及2015年进出口下降导致外债规模有所下降，其余时间我国外债一直保持稳步上升的态势。从负债率、债务率和偿债率三大指标来看，负债率和偿债率均保持在国际安全线20%以下，偿债率甚至一直低于10%，债务率近年来有上涨的趋势，但也一直维持在100%以内。由此可见，我国外债规模合理，风险可控。从债务结构来看，近些年我国短期外债的增长速度高于中长期外债，短期外债占比也远大于中长期债务，2014年统计口径发生变化以后，我国短期债务占总外债余额的比重一直处于三分之二左右。虽然我国短期外债占比较大，远超国际上25%的警戒线，一方面，我国外汇储备充足，短期外债与外汇储备的比重基本位于40%以内，巨额的外汇储备为我国偿还短期债务提供了充足的偿付能力；另一方面，在短期外债的构成中，有很大一部分是银行贸易融资和企业间贸易信贷，这部分外债具有真实的进出口贸易背景，引发债务危机的风险相对较小。

四 我国国际投资头寸表视角的跨境资本流动分析

我国于2004年开始编制国际投资头寸表，基于国际投资头寸表视角的跨境资本流动分析从2005年开始。2009年后，我国国际收支平衡表持续存在较大规模的净误差与遗漏项目逆差，说明有很多外流的资本没有计入统计，国际收支平衡表中数据低估了资本外流的规模，相比之下国际投资头寸表中数据误差较小。因此我们选择使用国际投资头寸口径统计的跨境资本流动数据进行详细分析，分别对跨境总投资流动和分类型的跨境资本流动规模、方向和结构进行解析。

（一）我国跨境总投资流动现状

根据国家外汇管理局公布的国际投资头寸表计算口径，我们选择用直接投资、证券投资和其他投资的总和来衡量跨境资本流动的规模。资本流出额的大小由国际投资头寸表中对外金融资产的增加与对外金融负债的减少共同决定，资本流入额的大小则由对外金融资产的减少和对外金融负债的增加共同影响，资本净流入额是资本流入额与资本流出额的差值。如图6-2所示，从我国跨境总投资的流量和流向来看，我国在2005年至2014年基本保持资本净流入的态势，只有2007年美国次贷危机爆发前期和2012年欧洲主权债务危机爆发期出现资本净流出现象，但是资本净流出规模较小，2007年为814亿美元，2012年为460亿美元。直到2015年，美联储加息和人民币汇率大跌导致大量流入我国的资本回撤，资本流入额为-3579亿美元，当年资本净流出达到5649亿美元；2016年，人民币持续大幅贬值导致我国对外投资显著增加，资本流出额高达6580亿美元，同年的资本流入仅有730亿美元，持续的资本大量外流使得我国在2016年下半年开始实行较为严格的资本管制和金融监管。2017年，我国跨境资本流动出现转折，美元的阶段性走弱和外国来华投资大幅度上升共同推动资本大量流入，使得我国在两年的资本净流出之后转为资本净流入。2018年，我国资本流出为2430亿美元，资本流入为1413亿美元，最终为资本净流出996亿美元，资本流动基本平稳。

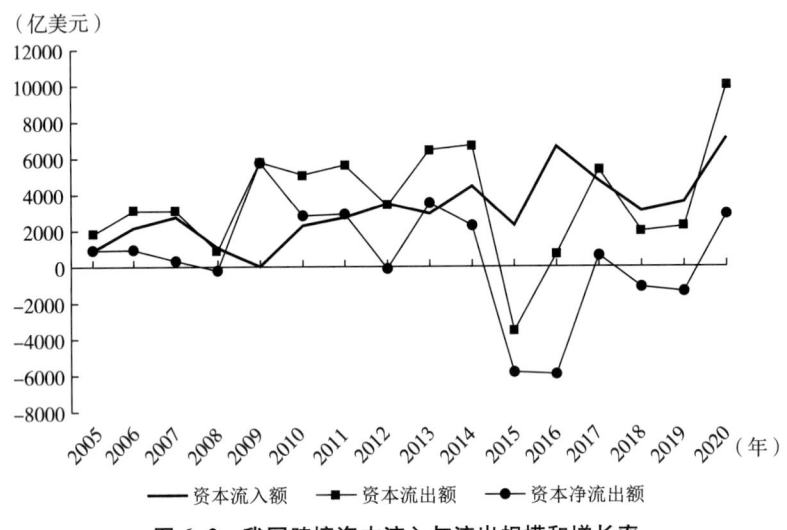

图 6-2 我国跨境资本流入与流出规模和增长率

资料来源：国家外汇管理局。

如图6-3和图6-4所示，从我国跨境资本流动的结构来看，直接投资差额是非储备性金融账户差额的重要支撑，外国直接投资流入始终基本保持稳定，而我国对外直接投资流出在2008年以后开始迅速增加，在2015年和2016年人民币汇率大幅贬值期间，我国对外直接投资所带来的资金净流出规模较大。证券投资领域，由于之前我国尚未完全开放证券投资市场，对跨境证券投资保持较为严格的管理，因此该项目对整体的资本流动影响相对较小，但2014年、2016年和2017年"沪港通""深港通"和"债券通"的分别上线，使得我国证券市场对外资的吸引力明显加强，2017年以后，证券投资流入成为影响我国资本流动的重要组成部分。其他投资是影响我国资本流出的重要部分，也是对经济形势反应最为迅速的项目，在2015年和2016年汇率贬值期间其他投资大量流出，是导致我国金融账户大额逆差的主要因素。

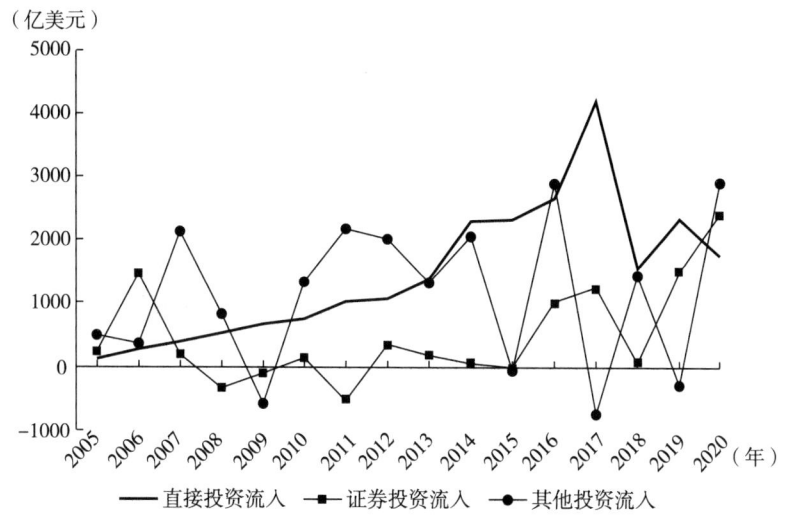

图 6-3 跨境资本流入结构

资料来源：国家外汇管理局。

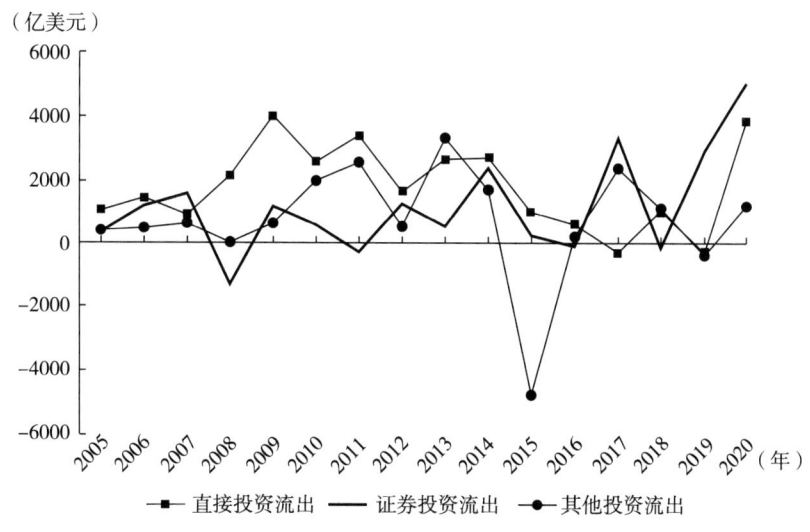

图 6-4 跨境资本流出结构

资料来源：国家外汇管理局。

(二) 我国跨境直接投资流动现状

跨境直接投资是指投资者通过设立、并购、参股等方式在境外获取企业或项目所有权、控制权、经营管理权或有效发言权为目的的投资。跨境直接投资的结构为股权投资和关联企业债务，其中最主要的就是股权投资。根据国家外汇管理局数据，如图6-5至图6-7所示，我国在2007年到2016年对外直接投资额保持增长态势，2017年受发达国家加息等因素影响我国对外直接投资额略有下降。从对外直接投资增长率来看，国际金融危机发生的前后，对外直接投资增长率波动较大，国际金融危机后保持较为稳定的增长。2013年后，我国对外直接投资规模开始快速提高，2016年我国对外直接投资流量达到近2000亿美元，超过外商来华直接投资额，我国第一次成为资本净输出国。在外国直接投资流入方面，从2010年到2015年，我国利用外商直接投资一直保持在2000亿美元以上，2013年达到2900亿美元。2015年之前，跨境直接投资顺差是导致非储备性质金融账户顺差的最主要原因。在2015年以后，外国直接投资流入额为1500亿—2000亿美元。到2018年，中国已成为全球第二大外资流入国和第三大对外投资国，也是发展中国家中最大的外资流入国和对外投资国。外国直接投资流入除了受我国经济运行情况、人民币汇率和生产成本等因素影响，也受到国际经济形势的影响。

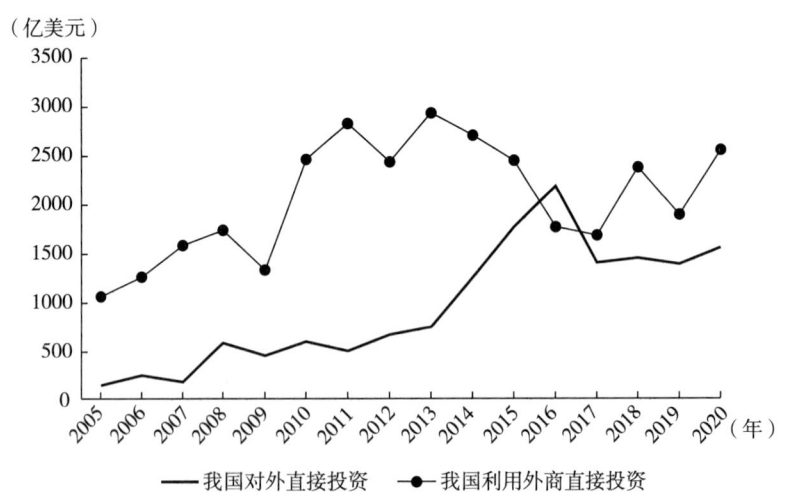

图6-5 我国对外直接投资与我国利用外商直接投资情况

资料来源：国家外汇管理局。

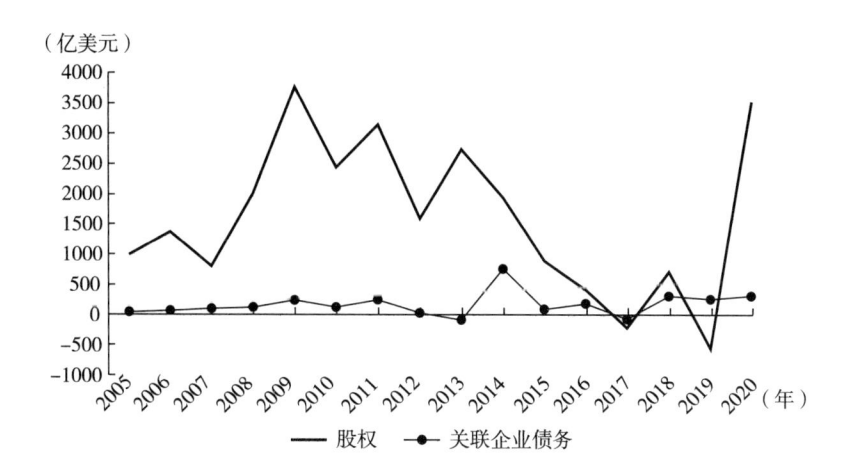

图 6-6 我国国外直接投资流入结构

资料来源：国家外汇管理局。

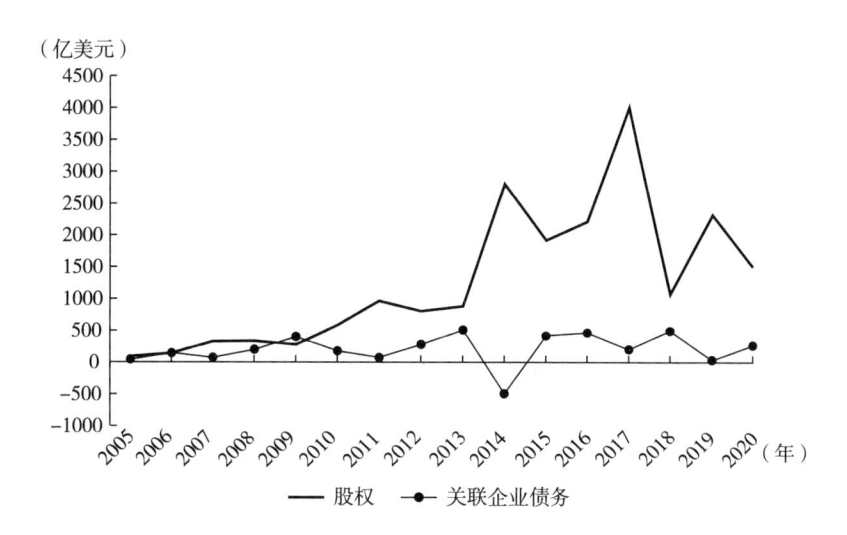

图 6-7 我国国外直接投资流出结构

资料来源：国家外汇管理局。

（三）我国跨境证券投资流动现状

随着我国经济的持续高速发展和资本市场的逐步开放，证券投资发展是大势所趋，但与直接投资相比，我国证券投资账户规模明显较小。根据图 6-8 到图 6-10 所示我国跨境证券资本流动的数据可以看出，证券资本受国内外政治经济形势的影响较大,从证券资本流动规模和方向来看,在2005年到2012年我国证券资本流入一直保持在200亿到440亿美元,基本保持稳定,原因在于我国对证券投资流入实行较为严格的管理和限制。2012年以后,我国资本市场开放程度提高,2014年和2016年分别上线"沪港通"和"深港通",2017年上线"债券通"以及A股纳入美国明晟公司指数(MSCI),使得流入我国的外国证券资本规模逐步增多,已经成为影响我国跨境资本流动和国际收支重要部分;从证券投资流出规模来看,2006年,由于主要发达国家相继加息,以及合格境内机构投资者制度(QDII)开始启动,使得这一年对外证券投资流出达到1484亿美元,与前一年相比增长率高达500%。2008年、2009年和2011年,受美国金融危机和欧洲主权债务危机的影响,对外证券投资流量为负,处于外资回流状态。2015年以后,由于受到人民币汇率贬值、港股通渠道的开展和国内股市震荡等多方面因素的影响,对外证券投资额大量增加,2015年和2017年资本流出更是分别达到了4097亿美元和2328亿美元。从相关数据可以看出,2015年后证券资本频繁流入流出,这一方面反映出国际政治经济形势不稳定,另一方面也表明随着我国资本账户的进一步开放,未来我国跨境证券投资将持续表现为"快进快出",我国要进一步加强对资本账户的管理。

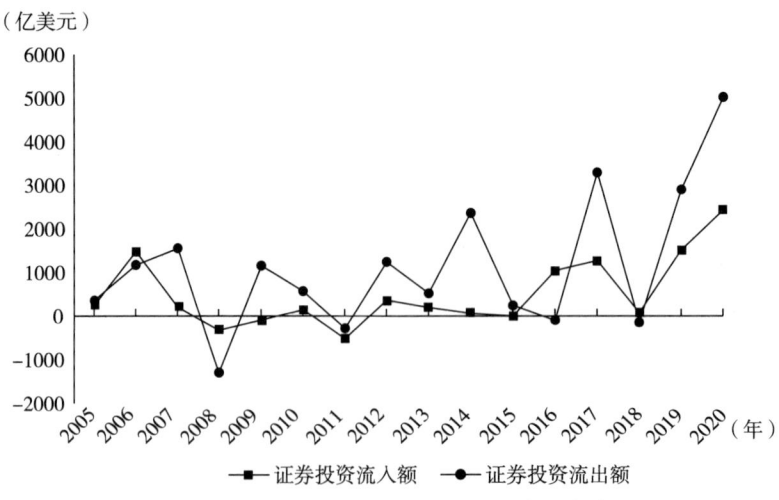

图6-8 我国对外证券投资与外国证券投资情况

资料来源:国家外汇管理局。

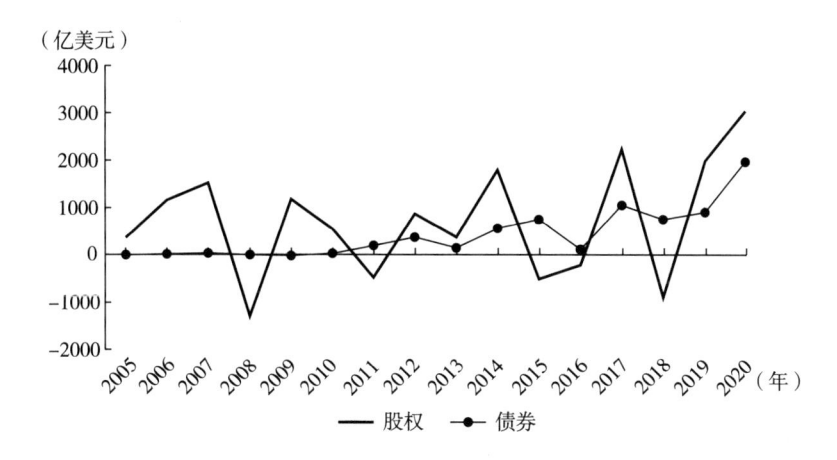

图 6-9 我国对外证券投资流入结构

资料来源：国家外汇管理局。

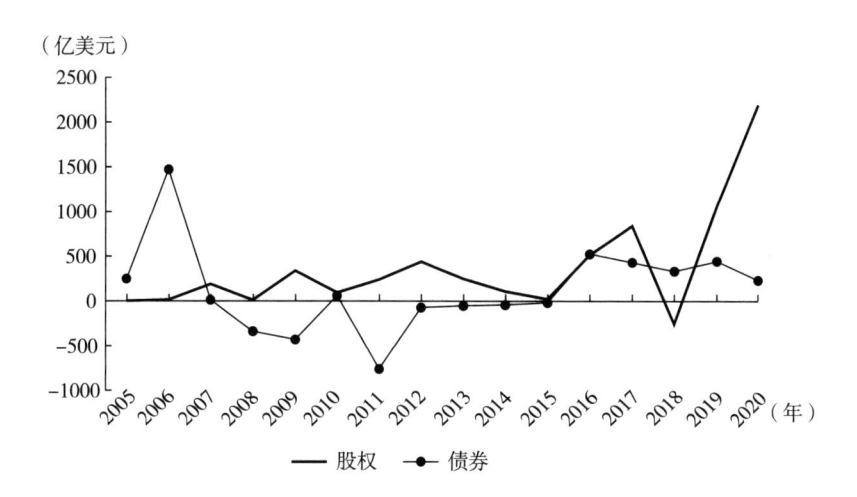

图 6-10 我国对外证券投资流出结构

资料来源：国家外汇管理局。

从我国跨境证券投资的结构来看，主要包括股权投资和债券投资两大类。在 2010 年之前，外国证券投资流入基本上为股权投资，2011 年我国开放境外人民币清算行等三类机构运用人民币投资境内银行间债券市场，债券投资规模开始扩大，2017 年 7 月，没有额度限制的"债券通"的正式上线，使债券投资流入规模进一步扩大，2017 年外国投资

257

者对我国债券投资带来的资金净流入高达624亿美元。在对外证券投资方面，2011年之前，我国对外证券投资以债券投资为主，2011年以后则以股权投资为主。

截至2021年6月，我国对外证券投资前五大国家（地区）分别是中国香港、美国、开曼群岛、英属维尔京群岛和英国。我国对外证券投资资产为10131.8亿美元，其中股权投资额为6949.0亿美元，债券投资额为3182.8亿美元，前五大地区证券投资额之和占我国总对外证券投资额的84.87%，如表6-6所示。

表6-6　　　　截至2021年6月我国对外证券投资
　　　　　　　前五大国家（地区）及投资额　　　　单位：亿美元

国家/地区	股权投资额	债券投资额		合计
		长期债券投资	短期债券投资	
中国香港	4147.3	593.3	163.9	4904.5
美国	1245.2	623.4	51.4	1920.0
开曼群岛	692.0	210.7	11.8	914.5
英属维尔京群岛	19.9	580.5	27.5	627.9
英国	127.4	88.1	16.0	231.5

资料来源：国家外汇管理局。

（四）我国跨境其他投资流动现状

如图6-11所示，2005—2008年我国跨境其他投资流动规模相对较小，普遍处于1000亿美元的年流量以下。2007年和2008年国际金融危机期间，其他投资出现明显的净流出。2009—2013年，由于发达经济体经济形势不利，大量短期资本从发达国家流出流入新兴市场国家，我国跨境其他投资的规模逐渐扩大，无论是资产方还是负债方均保持一定程度的增长。2012年欧债危机期间和2014—2016年的人民币大幅贬值期间，均出现较大规模的其他投资净流出。可以看出，其他投资是对国内外政治经济形势变化反应最快的项目，是造成非储备金融账户大幅度波动的最主要来源。

（亿美元）

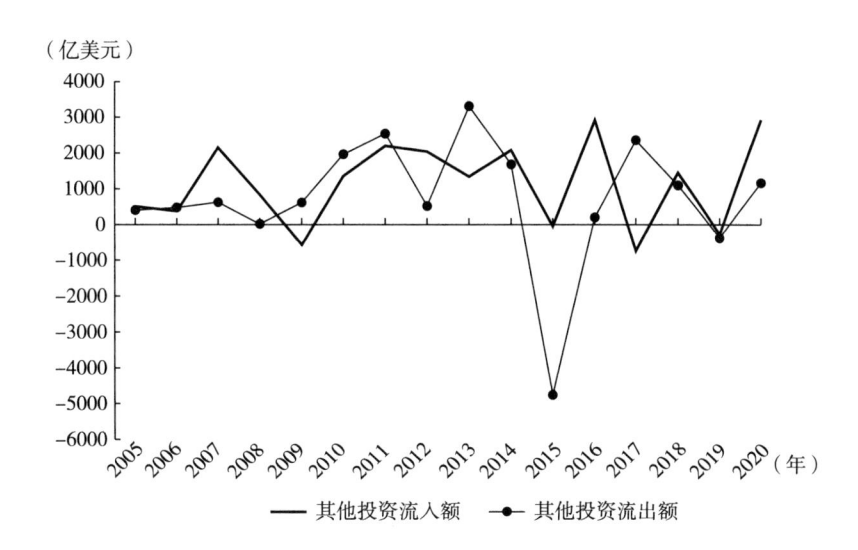

图 6-11 我国对外其他投资与外国其他投资情况

资料来源：国家外汇管理局。

其他投资账户包括货币与存款、贷款、保险和养老金、贸易信贷、其他应收款和特别提款权六个细项，我国跨境其他投资项下的主要分项是货币存款、贷款和贸易信贷。其他投资对人民币汇率的反映最为明显。首先，对于货币存款来说，由于存款的收益相比汇率兑换损失来说较低，因此当存在人民币贬值预期时，将出现大量存款外流的现象，例如，在2011—2012年人民币汇率存在贬值预期，在当时的汇率机制下并没有出现实际的汇率大幅度贬值现象，但仍有大量国内投资者存款外流。其次，对于外币贷款来说，当人民币存在贬值预期时，提前偿还外债的动机增强，表现为外资贷款的净流出。最后，贸易信贷主要是跨境企业之间的应收账款，人民币贬值预期时，我国企业有将应收美元账款暂时寄存境外的动机。

在国际金融危机爆发和人民币汇率大幅贬值时期，存款的跨境转移、境内企业提前偿还外币贷款、延迟美元应收款等行为是导致其他投资分项资本外流的主要原因。国际金融危机期间的资金净流出主要是由我国对境外其他应收款投资激增所致的，原因可能在于外国资金紧张导致的延迟付款。2011年和2012年欧债危机爆发期间存款、贷款和贸易信贷均是资金大量流出的重要渠道。2015年和2016年人民币汇率大幅贬值期间，其他投资大量外流则由存款、贷款和贸易信贷大量外流共同造成。

五 我国跨境资本流动的特点

从近年来我国非储备性质的金融账户差额和国际投资头寸表中我国跨境资本流动数据，可以总结出我国国际资本流动的特点，主要有以下三条。

（一）资本流动方向变化

在2013年之前，我国基本保持着经常账户和资本金融账户"双顺差"的局面。长期的"双顺差"一方面给我国带来了发展需要的资金和技术，奠定了我国制造业大国的地位，另一方面也带来了巨额的外汇储备，间接影响了我国货币政策的独立性，并导致房地产泡沫、通货膨胀和流动性过剩等问题。2015年，"811"汇率改革启动使人民币汇率开始贬值周期，国内金融去杠杆、经济增长速度减慢，国际上发达国家纷纷加息，多重因素的共同影响下我国金融账户开始由顺差转为大额逆差。从国际投资头寸统计口径下的直接投资、证券投资和其他投资三项总和来看，2015年和2016年资本净流出分别高达5649亿美元和5850亿美元。2017年，我国进一步开放资本账户，大量证券资本流入我国，带动金融账户重回"顺差"。2018年，从国际投资头寸统计口径，我国出现小幅资本净流出，但国际收支平衡表中非储备性质的金融账户仍然保持顺差状态，说明2018年资本流动平稳，基本处于平衡状态。预计未来我国资本金融账户将长期处于有进有出、顺差逆差交替的态势。

（二）资本流动结构变化

我国跨境资本流动主要以对外直接投资为主，但短期金融类投资占资本流动比重逐渐加大，导致资本流动出现大幅度频繁波动。一方面，随着资本账户的开放，金融市场的深化以及金融产品种类的日渐丰富，使得国外对我国金融投资的需求不断增加。另一方面，随着中国经济持续的高速增长，人民币国际地位的提升和经济全球化的不断深入发展，我国居民进行金融投资的需求也在不断加强。目前，我国已经成为全球资本配置的重要场所。从我国跨境资本流动数据中可以发现，外资买股买债所带来的证券投资项资金流入正逐渐成为平衡国际收支、供给外汇资金的重要来源，也成为影响人民币汇率走势的重要因素之一。从我国跨境资本流量来看，证券投资占资本总流量的比重逐渐加大，随着"沪伦通"、中日 ETF 互通项目的开启，QDII2 的推出等，基于金融投资的短期资本流动面临的约束将减少，预计未来短期资本流动规模将持续扩大，可能超过直接投资占资本流动的比重。金融类短期投资对国内外经济变动的反应快，近年来国际政治经济形势错综复杂，造成我国短期资本流动较为频繁，呈现"大进大出"和"快进快出"的趋势，预计未来金融类资本流动不确定性依然较高。

（三）对外直接投资规模由净流入转为净流出

根据 Dunning（1981）提出的投资发展路径理论，一国净对外直接投资将经历五个阶段：第一阶段外商直接投资流入很少，没有对外直接投资流出，净对外直接投资流入接近于零；第二阶段外商直接投资开始大幅度增加，但对外直接投资仍然很少，净对外直接投资流入不断增大；第三阶段对外直接投资开始大幅度增加，增长速度高于外商直接投资增长速度，但仍处于直接投资净流入阶段；第四阶段对外直接投资超过外商直接投资，净对外直接投资额大于零并不断增长，这时经济发展达到较高水平；第五阶段对外直接投资增长速度开始下降，净对外直接投资额仍为正但数额开始减少，并逐渐回归至零。

2015 年以前，我国处于投资发展路径理论的第三阶段，对外直接投资的增长率高于外国对华直接投资，但整体还是处于资本净流入状态。2015 年后，随着"一带一路"倡议的不断推进，加上中国劳动力、土地、租金等成本优势减弱造成的对外国直接投资的吸引力降低，使得我国对外直接投资额开始超过外国直接投资额，理论上已经进入投资发展路径的第四阶段。

第二节 我国资本外逃的影响因素分析

虽然我国资本外逃现象并没有实质上对我国经济造成危害，但其潜在的危害不容忽视，历史经验表明，一个国家发生大量资本外逃会使该国失去金融领域的控制权，从而造成金融风险的上升，对经济造成巨大影响，因此有效地规避未来可能发生的风险，对我国经济持续、健康、平稳地发展至关重要。

一 我国资本外逃影响因素文献回顾

国外学者对资本外逃的决定因素做了大量的研究。Cuddington（1987）采用 OLS 分析方法对巴西、智利、韩国等 8 个发展中国家进行了资本外逃的影响因素的分析，最后得出结论为：国内利率、国外利率、外债增量以及本币的预期贬值率是影响资本外逃的主要因素，其中国内外利率之差越大、外债增量越多以及本币预期贬值率越大，资本外逃的发生率就越大。Dooley（1986）通过研究通货膨胀、金融抑制和外债风险溢价对资本外逃的影响，得出了和 Cuddington 相同的结论。Schineller（1997）对 1978—1993 年 17 个发展中国家的资本外逃进行了实证研究，研究的结果为：政府财政赤字是资本外逃的重要决定因素之一，并且黑市溢价以及 IMF 的相关政策也均与资本外逃具有显著相关性。Hermes 等（2001）采用 1971—1991 年的发展中国家数据，对政府财政赤字、通货膨胀率及税收支出等指标所测度的政府政策的不确定性对资本外逃的影响进行了研究，结果表明政策的不确定性对资本外逃确实存在显著的影响。Lea 等（2006）采用面板数据，对 45 个发展中国家进行研究，结果为：政治、政策的不稳定以及经济风险是产生资本外逃的重要因素。Yang 等（2019）利用 20 个发达国家和 28 个新兴经济体从 1980 年 1 月到 2010 年 6 月的数据研究发现，金融化程度的提高会引发新兴市场证券投资类资本外逃。

随着我国资本外逃规模的增加，国内学者对资本外逃的影响因素也做了较为详尽的研究。李心丹等（1998）通过人民币贬值预期、国内外名义利率之差及通货膨胀率三个变量对资本外逃的影响进行研究，得出的结论为：以上三个变量均是影响我国资本外逃的主要因素。李庆云等（2000）采用 1982—1998 年数据，对我国资本外逃的影响因素进行了研究，结果发现：财政赤字和人民币汇率高估的滞后期对我国资本外逃的影响虽然较大，但是中国政府对内外资实行的差别待遇政策所形成的套利空间是促使我国发生资本外逃的最为重要的因素。杨海珍等（2002）采用最小二乘法（OLS），对经济增长率、通货膨胀率、国内外利率水平之差、财政赤字、外债增加、外汇储备变动率、汇率高估、进出口贸易额、税收差异、政治金融风险 10 个因素对我国资本外逃的影响进行了研究，结果表明：外债、本币的高估以及 1997 年的亚洲金融危机是影响我国资本外逃的主要因素。杨胜刚等（2003）采用动态计量经济分析法，对1982—2002年我国资本外逃现象进行了研究，结果为：财政赤字的增加、政治金融风险、汇率高估以及内外资差别待遇政策是影响我国资本外逃的主要因素。谢建国等（2007）采用1982—2004年数据，对我国资本外逃的影响因素进行实证研究，研究结果为：人民币名义汇率贬值、美中存款利率之差、财政赤字、中国政府内外资差别待遇政策对我国资本外逃存在推动作用，但是外汇储备、国内生产总值对我国资本外逃存在抑制作用。周媛等（2015）基于我国1986—2013年数据，采用逐步回归法，对我国资本外逃的影响因素进行研究，结果表明：外商直接投资及人民币币值变动率与资本外逃呈正向关系，而宏观经济、金融稳定性及银行、贸易信贷规模与资本外逃呈负向关系。马宇等（2017）采用固定效应及GMM法对新兴经济体的资本外逃的影响因素进行了研究，结果表明：本币币值变动率、政府公共债务、本国存款利率以及政治风险对新兴经济体资本外逃均产生显著影响。邓王杰（2017）建立VAR模型分析了中国资本外逃的影响因素，发现国内生产总值增长会抑制资本外逃，而国内外利率差异、外债水平、货币错配、内外资差别待遇等经济因素以及工资分配制度、腐败等制度因素会显著促进资本外逃。高晗（2018）运用2006—2017年数据研究人民币汇率对资本外逃的影响，发现人民币汇率对资本外逃有显著正影响，随着人民币汇率的升高，资本外逃规模也会增大。赵方华等（2019）使用1982—2015年时间序列数据实证研究我国资本外逃的影响因素，结果表明：外国直接投资、政府公共外债规模以及货币贬值对资本外逃具有很大的正向作用。高明宇和张文婷（2021）选取2000年1月至2019年12月的月度数据，通过构建MSVAR模型分析中国面临的短期资本流动在不同区制下的主要驱动因素，发现中国面临的短期资本流动与其影响因素可以分为两个区制状态：平稳期和变动期。在平稳期中，当人民币处于升值区间、美国影子利率水平下降以及上证综合指数与标准普尔500指数的差距上升时，中国面临短期跨境资本流出的情形。

综上所述，由于学者对资本外逃的测算不同、研究的时间区间不同以及计量方法的不同，得出的结论也不尽相同，并且在进行资本外逃影响因素的研究时只考虑了国内变量，并没有考虑国际变量对所研究国家资本外逃的影响,而本书对各影响因素进行 Shapley 值分解的结果表明,国际因素对资本外逃的贡献程度高于国内因素对资本外逃的影响,因此在进行分析时应考虑在内,基于此,创新点如下:第一,采用最新数据进行研究。选取的时间区间为 1987—2020 年的年度数据,可以反映最新的国内外经济形势,使研究结论更具有说服力。第二,采用分位数回归以及 Shapley 值分解。分位数回归相比于普通最小二乘(OLS)回归,可以减少极端值的影响,使所得结论更加稳健,Shapley 值分解可以量化各影响因素的重要程度,以此可直观显示出每个影响因素的重要性。第三,加入国际因素。随着我国经济开放程度的不断提高,国际因素对我国资本外逃的影响也日益显著,并且实证分析也对此加以了证明。

二 我国资本外逃影响因素模型构建

OLS 是单一方程线性回归模型的经典估计方法,满足经典假设,其本质上是古典的"均值回归",满足最小化的目标函数为残差的平方和 $\left(\sum_{i=1}^{n}\varepsilon_i^2\right)$ 最小,故容易受到极端值的影响,而由 Koenker 和 Bassett(1978)提出的分位数回归,使用残差绝对值的加权平均 $\left(\sum_{i=1}^{n}|\varepsilon_i|\right)$ 作为最小化的目标函数,不易受到极端值的影响,使得结果更稳健,因此本书采用分位数回归模型来对资本外逃的影响因素进行分析。具体的分位数回归模型如下:

假定条件分布 $y|x$ 的总体 q 分位数 $y_q(x)$ 是 x 的线性函数,其表达式为

$$y_q(x_i) = x_i'\delta(\theta) \tag{6-1}$$

其中 $y_q(x_i)$ 为被解释变量 y 在第 θ 分位数上的值;x_i' 为解释变量的集合;

$\delta(\theta)$ 为分位数回归的回归系数,其最小化的定义如下:

$$\min_{\delta(\theta)} \sum_{i:\ y_i \geq x_i'\delta(\theta)}^{n} q|y_i - x_i'\delta(\theta)| + \sum_{i:\ y_i < x_i'\delta(\theta)}^{n} (1-q)|y_i - x_i'\delta(\theta)| \tag{6-2}$$

三 相关变量选取

(一) 被解释变量

选取资本外逃与GDP的占比作为被解释变量。其中资本外逃的数值是根据世界银行的间接法计算而来的,具体计算式为:资本外逃=外债年增加额+净外国直接投资额+经常项目变动额+官方储备的增加额,其中外债数据来自国家统计局网站,其余数据均来自《中国国际收支平衡表(时间序列数据)》,把计算的结果做成趋势图,如图6-12所示。

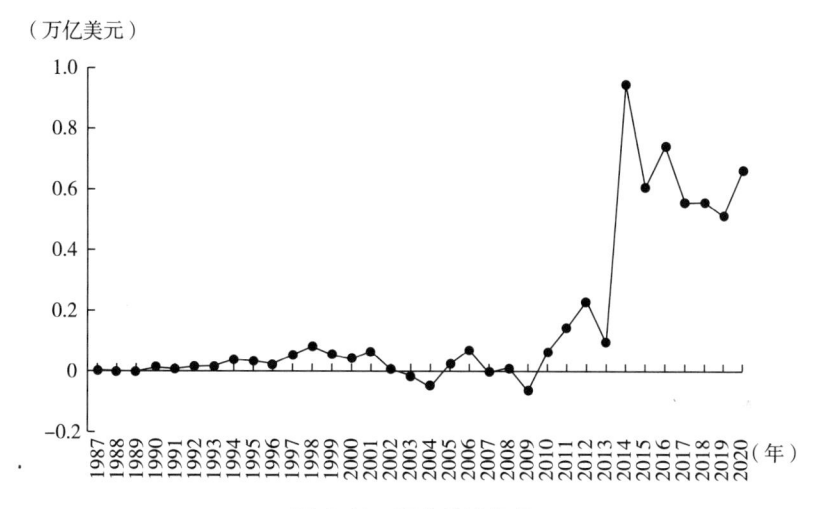

图6-12 资本外逃趋势

资料来源:国家外汇管理局。

由图6-12可知,由世界银行法计算出来的我国资本外逃的规模在1987—2005年总体来说波动不大,但在2005年以后,我国资本外逃的规模表现出明显的上升趋势,其中在2014年我国资本外逃的规模达到最大,为9450亿美元,2015年资本外逃的规模下降后,在2016年又开始反弹。

(二) 解释变量

将资本外逃的影响因素分为国际和国内两个方面,其中对于国内因素而言,主要划分为货币政策以及宏观经济两个层面,如表6-7所示。

表 6-7 变量说明

变量	名称	表示符号	变量说明	资料来源
被解释变量	资本外逃	CF	CF/GDP	国家外汇管理局
解释变量	通货膨胀率	INF	消费者价格指数	世界银行
	人民币汇率预期	ER	人民币汇率波动幅度	世界银行
	中美利率之差	IS	中美两国货币市场利率之差	世界银行
	广义货币供应量	CM2	我国广义货币量/GDP	世界银行
	经济增长率	RGDP	GDP 增长率	世界银行
	外商直接投资	FDI	FDI/GDP	国家统计局
	国际市场流动性	AM2	美国广义货币量/GDP	世界银行
	美元指数的变化率	RUSDX	年度美元指数增长	wind 金融终端

1. 货币政策层面

(1) 通货膨胀率（INF）。

通货膨胀水平越高，导致居民手中实际财富越少，为减少损失，本国居民会把资产转移或者投资到国外，因此高通货膨胀促进了资本外逃，反之则抑制资本外逃。所以通货膨胀率与资本外逃之间是正向关系。选取的通货膨胀指标是消费者价格指数，资料来源于世界银行。

(2) 人民币汇率预期（ER）。

一般而言，一国的汇率水平越稳定，对该国进行投资风险就越小，反之，一国汇率水平越波动，对投资者来说进行投资风险越大，则投资者会减少对该国的投资，因此投资者对于一国货币的升贬值预期可以决定其是否对该国进行投资。人民币汇率预期对我国资本外逃的影响主要有：人民币预期升值，则国内外投资者会因套汇收益，增持我国资产，因此对资本外逃产生抑制作用，反之则促进资本外逃发生。因此人民币汇率的预期贬值会促进资本外逃。选取人民币汇率的变化率作为人民币汇率预期的代理变量，资料来源于世界银行。

(3) 中美利率之差（IS）。

中美两国之间由于利率水平的差异，导致了投资者套利行为的发生。如果中美利率之差向正的方向上逐渐扩大，即中美之差的值变大，则对于投资者而言投资于我国所获得的收益高于美国，因此投资者将资产更多地投资于我国,抑制了资本外逃的发生;中美之差向正的方向上逐渐减小或向负的方向上逐渐增加,即中美之差值变小,投资者出于减少风险或者套利行为考虑,将资产更多投资于美国,因此促进了资本外逃发生。因此中美利率之差与资本外逃之间是负相关关系。中美利率之差选取我国存款利率与美国联邦基金利率之差,资料来源于世界银行。

(4) 广义货币供应量(CM2)。

货币供应量是反映市场流动性的指标:货币供应量越多,说明市场流动性水平越好,反之则市场流动性水平越差。我国市场的流动性越好,表明央行投放货币较多,投资者会获得更多资金,投资的资金更加宽裕,因此会促进资本外逃,广义货币供给量与资本外逃之间是正相关关系。资料来源于世界银行。

2. 宏观经济层面

(1) 经济增长率(RGDP)。

经济增长对资本外逃的影响主要有两个方面:一方面,GDP 增长速度快使国内外投资者看好我国经济形势,对我国未来有很好预期,增加对我国投资,因此 GDP 增加对我国的资本外逃产生抑制作用,反之则促进我国资本外逃的发生。资料来源于世界银行。

(2) 外商直接投资(FDI)。

如果资本外逃是由本国的投资环境所产生的,当本国宏观经济得到改善时,则外商对本国的直接投资增加,就会抑制本国资本外逃的发生;如果资本外逃是由本国内资和外资的差别待遇或非法洗钱活动所产生的,则投资者会为了得到政策上的"优待",而先将资金转移到国外,然后以"外资"的身份将资金投资到本国,进而促进了资本外逃的发生。因此外商直接投资与资本外逃之间的关系不确定,取决于本国的投资环境与政策。选取外商直接投资的变量为外商直接投资与 GDP 的占比,资料来源于国家统计局。

3. 国际因素

(1) 国际市场流动性(AM2)。

国际市场流动性越多,表明美联储投放的美元越多,国际资金充裕,因此减少资本外逃,反之则促进了资本外逃发生。因此国际市场流动性与资本外逃之间是负相关关系。选取具有代表性的美国广义货币供应量与 GDP 之比作为衡量国际市场流动性的指标，美国货币供应量越多，则说明国际市场的流动性水平越好，反之则国际市场流动性水平越差，资料来源于世界银行。

（2）美元指数的变化率（RUSDX）。

美元指数是综合反映美元在国际外汇市场的汇率情况的指标，用来衡量美元对一揽子货币的汇率变化程度。美元指数增加，则美元升值，其他货币相对于美元贬值。美元升值，人民币相对于美元贬值，投资者由于套汇收益，减少对我国投资，增加对美国投资，以此来获得更多美元，因此促进了资本外逃。因此美元指数的变化率与资本外逃之间是正相关关系。美元指数变化率的计算式为：$RUSDX = USDX_t - USDX_{t-1}$，其中 $USDX_t$ 为美国当年的美元指数的值，$USDX_{t-1}$ 为美国上一年美元指数的值，资料来源于 wind 资讯金融终端。

四　实证结果与分析

（一）分位数回归

选用 0.6 以及 0.8 两个代表性的分位点进行回归，并结合普通最小二乘法（OLS）进行对比分析，实证结果如表 6-8 所示。

表 6-8　　　　　　　　　　分位数回归的结果

变量	（1）OLS	（2）QR_60	（3）QR_80
INF	0.5944	0.5363	0.5808
	(1.33)	(1.03)	(1.11)
ER	-0.0044	0.0100	0.0063
	(-0.23)	(0.40)	(0.25)
IS	0.0321	0.0438	0.0620
	(1.11)	(0.99)	(1.40)
CM2	0.7359***	0.5911**	0.7730***
	(3.20)	(2.50)	(3.56)
RGDP	-1.8279***	-2.4095***	-2.3478***
	(-2.78)	(-2.73)	(-2.71)

续表

变量	（1）OLS	（2）QR_60	（3）QR_80
FDI	-6.7622**	-7.0454*	-9.7119***
	(-2.32)	(-1.94)	(-2.76)
AM2	-0.9074*	-0.5013	-0.7992*
	(-1.84)	(-1.06)	(-1.82)
RUSDX	0.0192*	0.0141	0.0120
	(1.90)	(1.09)	(0.92)
R2	0.6885	0.4961	0.6952

注：***、**和*分别代表显著性水平为1%、5%和10%。括号内第一列为t统计量。

1. 货币政策因素

从表6-8中可看出，国内广义货币供应量在模型1、模型2和模型3中都显著影响我国资本外逃，且符号为正，即广义货币供应量越多越容易发生资本外逃，这是因为货币供给量增加，投资者手中资金增加更易导致资本外逃。通货膨胀、汇率变化和中美利差对资本外逃没有显著影响，因为长期以来我国通货膨胀水平较低，汇率总体也很平稳，对资本外逃影响不大；另外中美利差虽然较大，但是外逃资本的动机不是为获取利差，因此中美利差对资本外逃影响不大。

2. 宏观经济因素

从表6-8中可看出，在第1列、第2列和第3列中，经济增长率对资本外逃的影响都在1%的水平下显著，且符号为负，即我国经济增长率越高，资本外逃越少，因为经济增长率高意味着在我国投资能获取较高的收益率，因此资本外逃较少。在三个模型中外商直接投资对资本外逃也都出现了显著的负向影响，即外商直接投资越多，资本外逃越少，主要是因为外商直接投资较多是受到我国良好的投资环境的吸引，为国外资本提供了高额收益，同时较多的外商直接投资也进一步促进了我国经济繁荣，因此资本外逃较少。

3. 国际因素

从表6-8中可以看出，在第1列和第3列中，国际流动性在10%的水平下显著负向影响资本外逃,即国际流动性越多,资本外逃越少,因为国际流动性多意味着国际上资本充裕,资本的收益率较低,因此我国资本外逃较少。在第 2 列中则国际流动性的影响不显著。

对美元指数的变化率而言,在模型 1 中的系数显著为正,即美元指数越上涨,我国资本外逃越多,说明美元指数增加,美元升值,人民币相对于美元贬值,投资者为了套汇收益,更多投资于美元资产,因此促进了我国资本外逃。在第 2 列和第 3 列中美元指数变化对资本外逃影响并不显著,说明数额较大或极端的资本外逃更易受到国际因素的影响。

(二) Shapley 值分解

为量化各影响因素对资本外逃的影响程度,采用 Shapley 值分解的方法对各影响因素的贡献度进行测度,测度的结果如表 6-9 所示。

表 6-9　　　　　　　Shapley 值分解结果　　　　　　　单位:%

影响因素	变量	贡献度	排序	总贡献度	总排序
货币政策层面	INF	3.355	7	51.380	1
	ER	3.189	8		
	IS	11.131	4		
	CM2	33.705	1		
宏观经济因素	RGDP	13.317	3	21.665	3
	FDI	8.348	5		
国际因素	AM2	22.117	2	26.953	2
	RUSDX	4.836	6		

由表 6-9 可知,货币政策因素对我国资本外逃的贡献度最大,国内因素中货币政策层面对我国资本外逃的贡献度大于宏观经济因素的贡献度。国际因素对我国资本外逃影响的贡献度为 26.953%,大于国内宏观经济因素的贡献度。在国内因素中,广义货币供给量和经济增长率对于我国资本外逃的贡献度最大,贡献度分别为 33.705% 和 13.317%。

五　结论及启示

(一) 结论

通过分位数回归以及 Shapley 值分解的方法对我国资本外逃的影响

因素进行分析，得出以下结论：国内货币相关因素中广义货币供给量对我国资本外逃具有显著的正向促进作用；国内宏观经济因素中经济增长率越高，外商直接投资越多，我国资本外逃越少；国际因素中国际市场流动性越多，我国资本外逃越少；国内因素中广义货币供给量和经济增长对我国资本外逃影响的贡献度最大，而在国际因素中，国际流动性对我国资本外逃影响的贡献度最大。

（二）政策启示

在美联储启动加息以及当前的国际经济形势下，影响我国资本外逃的因素早已不再仅限于国内的经济变量，国际因素对我国资本外逃的影响也不容小觑，因此本书的实证结果具有重要的政策意义。根据上述实证分析的结果，得出以下启示。

第一，加强跨境资本流动的监管力度。近几年随着我国的经济开放程度越来越高，国际市场的流动性对我国资本外逃产生了很大影响，但对于国际市场流动性的监管难度却不断增加，国际市场对于我国就像一把"双刃剑"，机遇与挑战并存，因此加强对国际市场流动性的监管，可以使我国更加有效地对来自国际市场的风险进行规避，使国内经济免受外来风险的干扰，投资者对投资于我国更加充满信心。

第二，进一步加强汇率弹性区间及完善人民币汇率机制改革。我国截至目前已多次对人民币汇率的弹性区间进行改革，2011—2012年我国汇率的弹性波动区间为正负0.5%，2012—2014年我国汇率的弹性波动区间扩大为正负1%，2014年至今我国再次调整汇率的弹性波动区间为正负2%，汇率弹性区间扩大使汇率更加能反映经济情况变化，汇率形成机制变得更加市场化。

第三，保持稳定健康的经济增长态势。伴随着经济增速的下行以及结构的优化调整，我国经济已步入高质量增长阶段。在此背景下，继续寻求新的发展动力，维持经济的健康平稳增长，有助于营造良好的投资环境，增加投资者对未来的良好预期，同时可吸引更多的国内外投资者对我国进行投资，减少资本外逃发生的可能性。

第七章

我国跨境资本流量合意区间测算

第一节 引言及文献综述

一 引言

国际资本的自由有序流动对于全球经济，特别是对新兴经济体的经济发展具有一定的促进作用，但国际资本无序地大量流入流出很容易引起新兴经济体金融和宏观经济不稳定。20世纪60年代以来，在跨境资本流动冲击下，新兴经济体爆发了一次又一次危机，多次被国际资本"剪羊毛"，即国际金融资本先向某新兴经济体投入大量"热钱"，炒高该国房市和股市，等泡沫吹大后再将资金抽走，该国股市、房市和汇市暴跌，引发经济危机，然后这些金融资本再以极低价格收购该国核心资产，进而控制该国经济。1994年的墨西哥金融危机、1997年亚洲金融危机等都是由于大规模资本流入引发的。在这种情况下，人们开始反思资本账户开放与跨境资本流动给新兴经济体带来的利弊孰轻孰重。以2008年国际金融危机为转折点，人们对资本账户开放的态度发生了明显变化，在2008年之前，人们普遍相信资本账户完全开放有利于资本自由流动，有利于全球资源优化配置，提高经济效率，对新兴经济体是有利的，因为新兴经济体内部储蓄不足，可以通过资本流入获得外部储蓄，促进经济更快发展。然而一次又一次的金融危机使人们认识到完全自由的资本账户开放是不利的，甚至是有害的，对于新兴经济体尤其如此。

进入21世纪后，中国经济崛起的同时跨境资本流动规模也在逐渐扩大，并且从资本净流入国逐渐转为有进有出的双向流动态势。从近年我国跨境资本流量和流向来看，我国在 2005—2014 年基本保持资本净流入的态势，只有 2007 年美国次贷危机爆发前期和 2012 年欧洲主权债务危机爆发期间出现资本净流出现象，但是资本净流出规模相对较小，2007 年为 814 亿美元，2012 年为 460 亿美元。直到 2015 年，美联储加息导致我国资本流出 3579 亿美元，大量资本回流美国；2016 年资本流出高达 6580 亿美元，同年的资本流入仅有 730 亿美元，持续的资本大量流出使得我国在 2016 年下半年开始实行较为严格的金融监管。2017 年，我国跨境资本流动出现转折，美元的阶段性走弱和外国来华投资大幅上升共同推动资本大量流入，使得我国在两年的资本净流出之后转为资本净流入。预计未来我国资本账户将长期处于有进有出、顺差逆差交替的态势。

自 2008 年国际金融危机以后，人民币的国际地位在不断提高，随着 2016 年加入 SDR，人民币在国际贸易和金融交易中的使用规模不断扩大。截至 2021 年 12 月，人民币在全球交易中的支付占比为 2.14%，是全球第五大支付货币，并且表现出进一步提升的潜力。目前，俄罗斯、伊朗和土耳其等国家已支持使用人民币进行全球贸易结算。此外，人民币也已成为全球第二大贸易融资货币和第六大国际银行间贷款货币。为经济发展长远考虑，我国不断推进人民币国际化，进一步提高人民币国际地位，人民币地位的提升必然受到资本账户管制的限制，而资本账户的进一步开放势必带来更频繁的、更大规模的跨境资本流动。

人民币国际地位提升的同时，我国也逐步放松了对汇率的管制，人民币汇率呈现出双向波动态势，并且汇率波动幅度进一步扩大。目前，国内经济增速从高速增长转为中高速增长的"新常态"，国际上我国经济又受到中美经贸摩擦的不利影响，预期未来一段时间，人民币汇率的波动性会增大。在此中国经济增长速度换挡和人民币国际化的背景下，人民币汇率的频繁波动可能给我国宏观经济带来不利影响，甚至会引起一定规模的资本外流。在此背景下，将我国跨境资本流动数量维持在一个合意的区间具有较强的现实意义，即通过仿真模拟的方法测算出与我国经济发展相适应的最大资本流入和流出数量区间，在此区间的资本流动不会对经济稳定形成冲击，采取措施将我国跨境资本流量保持在这个合意的区间，并将其作为资本账户管理的主要目标，以防止资本流动逆转和大进大出带来的风险，这为我国管理资本账户提供了新思路，也能为我国制定相关政策提供一定参考。

二 文献综述

为有效地防范跨境资本流动风险，有大量学者对资本流动影响因素、跨境资本流动监管体系构建和资本流动管理进行了研究。

（一）资本流动影响因素的研究

Fernandez-Arias（1996）研究了1989年以后流向中等收入国家的大量私人资本的决定因素，提出了国际资本流动的推动因素和拉动因素的分析框架，即国际资本流入某一特定国家的因素分为两个层面：影响国际资本流向特定国家的全球性因素和引导国际资本流向特定国家的国内因素，两个层面的因素共同导致了国际资本的流动。Gauvin等（2013）的研究发现，政策稳定性会影响投资者的信心和安全感，当政策稳定性较高时，投资者会增加开展国际投资活动；而当政策稳定性较差时，则会减少国际投资。张广婷（2016）使用28个新兴经济体2002—2015年的季度数据，运用因子分类法将影响跨境资本流动的因子划分为传染因子、国际金融因子、经济基本面因子、国内金融制度因子、投资者情绪因子以及汇率因子等类别，研究结果表明，这几大影响因子对新兴市场跨境资本流入都有显著影响，且传染因子是最主要的影响因素；在分类型资本流动的研究中，发现国内经济基本面是影响FDI流入的主因，而证券投资更易受到汇率、利率以及国际因素的影响。马宇和唐羽（2017）认为本币币值变动率、政府公共债务、本国存款利率、政治风险因素对新兴经济体资本外逃影响显著。谭小芬等（2018）使用33个新兴经济体1997—2013年的季度数据研究发现，全球经济政策不确定性对新兴经济体的资本流入存在显著的负向影响，并且这种影响存在非线性特征。Pinar和Volkan（2018）分析了信息流动和制度对资本流动的影响，发现信息流动性以及制度质量对资本流动具有显著正向影响，并提出相对贫穷的国家应提高其体制质量、增加对通信基础设施的投资以吸引长期资本流入的建议。李青召和方毅（2019）通过构建TVP-VAR-SV模型，发现地缘政治风险和政策不确定性对短期跨境资本流动具有明显的时变负向短期影响特征。李苏骁和杨海珍（2019）

使用 54 个经济体 1990—2018 年的季度数据研究发现，美国经济增速提高会显著降低各国发生资本大幅流入事件的概率。杨海珍、王俏和宓超（2019）认为资本管制水平和外汇储备水平是影响资本跨国流动的重要国内拉动因素，发达国家利率和全球波动性 VIX 指数是重要全球推动因素，区域传染效应也是显著影响因素，但金融危机冲击会导致影响因素发生变化。赵先立（2021）选取 47 个经济体 2000—2018 年的跨国样本，运用面板平滑转换模型实证发现，随着金融发展水平变迁，以资本账户开放度为代表的各类驱动因素对国际资本流动影响的力度和方向呈现非线性特征，具体而言，高阶段的金融发展水平将吸引外部的直接投资和证券投资，最终促使国际资本净流入；但如果国内金融发展水平处于较低阶段，则可能引发直接投资和证券投资外流。黄赛男等（2020）基于 54 个经济体 1991 年第一季度至 2016 年第四季度的国际资本流动数据，构建极端国际资本流动时期数据库，发现一国贸易开放度越高，其发生极端国际资本流动事件的可能性越低。对于发达经济体，贸易开放度对外国资本流动和本国资本流动均有显著影响；对于发展中经济体，贸易开放度仅影响本国的资本流动，对外国资本流动的影响并不显著。王勇和马雨函（2021）基于经济嵌入制度的视角，选取 2008—2018 年全球 71 个经济体数据，运用多层线性回归模型验证良好的营商环境可以改变 FPI 母国偏好现象，说明制度在证券资本流动中发挥着重要作用。谭小芬等（2021）实证研究发现当全球投资者风险容忍程度较高时，美国经济政策不确定性的上升会导致资本流入新兴经济体，表现为"投资组合再平衡效应"；当全球投资者风险容忍程度低于一定临界值而呈现出避险情绪后，新兴经济体则表现为资本净流出，即"安全资产转移效应"。谭小芬和虞梦微（2021）从全球 42 个主要的股票市场指数提取全球股票市场因子，考察全球金融周期对跨境资本总流入的影响，并发现当全球股票市场因子（全球风险规避和不确定性）上升时，跨境资本流入显著下降。刘浩杰和林楠（2021）实证研究发现地缘政治风险上升将加剧短期资本流出。谭小芬等（2022）研究发现美国贸易政策不确定性上升会导致新兴经济体跨境股票型基金净资本流入下降，这一影响在 2008 年国际金融危机后更为显著。

还有许多国内学者专门研究我国跨境资本流动影响因素。例如：张宗斌和于洪波（2006）发现2005年后中国企业对外投资规模的迅速增长在很大程度上是人民币汇率升值造成的，与20世纪80年代日本的情况非常类似。宋勃和高波（2007）使用误差修正模型和格兰杰因果检验方法对我国的房地产价格和国际资本流动之间的关系进行实证分析，研究发现短期房地产价格上涨是外资流入的格兰杰原因。朱孟楠和刘林（2010）运用VAR模型研究了我国短期国际资本流动、汇率与资产价格之间的动态关系，研究结果表明：短期国际资本流入会推高股价和房价，人民币升值和股价上涨也会吸引国际资本流入，但是房价上涨却会导致资本流出和股价下跌。梅阳（2019）构建VAR模型，发现利差和汇率预期均会对我国短期跨境资本流动产生正向影响，且汇率预期影响程度更大。钟升（2019）认为美元汇率周期对我国跨境资本流动具有显著影响，当美元处于升值周期时，我国跨境资本流入减少（或流出增加）。郑嘉怡（2020）构建VAR模型研究中美利差、汇率以及热钱对我国跨境资本流动的影响，结果发现热钱的影响作用远大于另外两种因素。王伟涛（2021）基于金融周期差异、中介效应视角，建立时变参数向量自回归模型和中介效应模型，检验发现中国、美国经济政策不确定性对中国短期跨境资金流动具有显著负向冲击。高洁超等（2021）使用2000年1月至2019年2月的数据并基于TVP-VAR模型考察了资本流动、金融稳定与经济增长的关系，发现金融稳定程度的提高对资本流入的吸引作用呈"V"形态势，谷底是2008年发生的国际金融危机；但后危机时代，提高金融稳定程度对改善资本流动的边际作用在不断提高，而促进经济增长对改善资本流动的作用也在不断提高。缪延亮等（2021）发现，中国跨境资本流动历史上主要是由套汇而非套息资本决定，且套汇的显著指标是多边美元指数（DXY）而非人民币兑美元双边汇率，应把这一现象称之为"中国的跨境资本流动之谜"。鲁春义和王东明（2021）选取2002年1月到2019年12月的月度数据，构建MS-VAR模型，实证发现中国经济政策不确定性对短期资本流动的负向冲击效应和正向冲击效应都比较显著，分别处于比较稳定的两个区制，而且二者持续期相差不多。在低波动时期，经济政策不确定性对短期国际资本流动具有负向作用。在高波动时期，经济政策不确定性对短期国际资本流动具有正向冲击，缓解国际资本流出。

(二) 跨境资本流动监测预警研究

通常来说，资本流动异常将导致一国发生货币危机或者金融危机的概率增大，早期的国外学者通过建立数学模型，测算一国发生货币危机或者金融危机的可能性，从而对跨境资本流动进行监测预警。如Frankel 和 Rose（1996）的 Probit 概率模型，Saehs 等（1996）的横截面回归模型（STV 模型），Kaminsky 等（1998）的指标信号模型（KLR 模型）以及 Kumar 等（2003）提出的基于滞后宏观经济和金融数据的 SimpleLogit 模型等。

国内关于跨境资金流动风险监测预警的研究成果大多借鉴国外的理论模型和研究方法，针对中国的实际情况进行具体测算或者进行实证研究。例如：张元萍和孙刚（2003）利用 STV 横截面回归模型和 KLR 信号分析法对我国发生金融危机的可能性进行了实证分析。洪昊（2010）采用 KLR 指标信号模型的研究方法，设计了我国"热钱"跨境流动风险监测预警体系。李伟等（2013）测算了我国短期国际资本流动规模，用灰色关联度为权重合成危机系数、主成分法合成预警指数，设计了中国跨境资金流动监测预警指标体系。李升高（2017）通过分析影响我国跨境资金流出的因素，构建了一套符合我国实际情况的跨境资金流出风险预警指标体系，并运用信号分析（KLR）模型对这套指标体系的预警能力进行了实证检验。严宝玉（2018）运用 KLR 模型方法建立了我国跨境资本流动的监测预警月度指标体系，并采用景气指数方法验证其有效性。黄宪等（2019）发现外国投资者带动的国际资本流动的大幅度逆转将降低经济增长，而国内投资者带动的国际资本流动逆转反而会促进经济增长。刘柏等（2019）运用六种不同的度量方法刻画中国 2001 年 1 月至 2016 年 12 月跨境资本流动规律，并采用主成分分析法甄别不同度量方法之间的相关关系后发现总量规模法、实际利率差异法、Haque-Montiel 法对中国资本流动度量解释能力较强。杨丹丹和沈悦（2021）从宏观经济、金融市场及国际贸易等维度选取 2000—2017 年月度指标，利用时变概率的马尔科夫区制转换模型（MS-TVTP）对中国跨境资本流动风险进行预警。研究发现：跨境资本流动高风险区制内，房地产销售价格指数、股票市值占 GDP 比重和财政赤字率下降会使风险加剧；低风险区制内，上述变量作用方向相反。孟昊和张荧天

(2021）发现基于 2008 年 1 月至 2018 年 12 月新兴市场国家跨境资本总流量数据，分别使用静态 Logit 模型、动态 Logit 模型和随机森林模型对激增、突停、外逃和回流 4 种类型的异常预警进行研究，比较和分析了不同模型的预警效果，并筛选出跨境资本流动异常的先导指标。发现样本区间内随机森林模型的预警效果优于动态 Logit 模型和静态 Logit 模型；在样本外预测方面，针对 4 种跨境资本流动异常类型，随机森林模型的预测精度均高于 90%，预测能力强；随机森林通过变量重要性可以识别出资本跨国界流动异常的先导指标，且 4 种异常的先导指标关联性很强，所以异常的爆发可能不局限于单一形式。

（三）跨境资本流动管理问题的研究

许多学者研究发现，在资本流动发生异常的特殊时期采取一定的管理措施，可以起到稳定资本流动或者减少资本流动对经济冲击的效果。Ostry 等（2010）发现那些对资本流入进行管理的国家在国际金融危机里表现较佳，资本流入管理的效果取决于政府执行能力。Ostry 等（2011）认为除宏观审慎政策之外，资本流动管制是控制资本流入数量激增的有效政策工具。丁志杰（2011）认为资本流动管理作为宏观审慎政策的一部分，目的在于熨平跨境资本流动对经济的负面影响，而非抑制资本流动。余永定（2012）认为我国应综合运用宏观经济政策、宏观审慎监管与资本账户管制以管理国际资本流动。潘英丽（2014）认为包括发达国家在内的世界各国都没有完全意义上的资本账户开放，我国应实施资本账户有条件定向开放。Korinek 和 Damiano（2015）发现资本流动管理使整个经济体出现更多预防性经济行为。LiuYang（2020）在分析了我国资本管制特点及趋势的基础上，提出了包括宏观审慎和资本流动管理在内的资本流动管理政策框架。梁涛（2020）发现受到新冠疫情影响，中国的资本外逃风险进一步凸显。后疫情时代中国需要从维护金融安全、保证货币政策独立性的高度重视跨境资本流动宏观审慎管理。高秀成等（2020）通过测算我国跨境资本流动适度区间，发现我国跨境资本流动均衡管理体现的是一种动态均衡，提出不断扩充时间序列、形成动态研究成果以更好地管理跨境资本流动的建议。郝大鹏等（2020）实证建议为应对美联储的利率变动，适当限制国际资本流动能有效稳定我国经济波动和改善社会福利，而实施固定汇率和央行盯住美国利率的政策会加大宏观经济的波动,并导致社会福利下降。

根据对现有文献的梳理总结,可以发现关于跨境资本流动的研究主要采用计量方法,通过构建计量模型进行回归分析。关于跨境资本流动的影响因素研究发现,东道国金融发展水平、经济运行情况、资产价格等是影响资本流入特定国家的因素;而关于资本流出的影响因素研究中,大部分学者认为汇率、投资国经济发展水平、政策变化和生产要素价格等是影响跨境资本流出的显著因素。而关于跨境资本流动的监测预警研究中,大多数学者从货币危机或者金融危机的视角出发,研究焦点主要是那些发生过货币危机或者金融危机的国家,认为大规模或者频繁的资本流动可能会增大一国发生危机的可能性,通过使用各种分析方法和模型,建立货币危机或金融危机预警系统,并根据一国具体数据测算一国发生货币危机或金融危机的概率。最后,许多学者研究发现,对资本流动进行管理可以在一定程度上抑制资本流动异常对宏观经济的冲击。在以上学者研究成果的基础上,运用系统动力学(System Dynamics,SD)模型测算资本账户开放后我国合意的跨境资本流量区间,这是本书的重点,也是创新点,此前鲜有人做这方面工作。创新之处主要在于以下两个方面。

第一,研究视角的创新。现有学者研究跨境资本流动影响宏观经济运行的结论不尽相同,有学者认为跨境资本流动对经济有利,而有的学者则认为跨境资本流动对经济不利,造成这种结果的原因之一可能是忽略了跨境资本流动存在合意的区间,合意区间内的资本流动可能对宏观经济运行较为有利,超出这一合意区间的资本流动可能对宏观经济平稳运行带来冲击,而少有学者对这合意区间进行测算,本章将弥补这一不足。

第二,研究方法的创新。现有的关于跨境资本流动的研究多以计量模型为基础,收集数据进行回归分析,但是由于跨境资本流动问题非常复杂,不仅存在着许多影响跨境资本流动的因素,更重要的是这些因素之间还会相互作用、相互影响,因此采用线性回归方法可能存在较为严重的内生性问题。本章则采用系统动力学方法,建立跨境资本流动系统仿真模型,通过设定外生经济变量的合意范围,以及各变量之间的因果关系和反馈回路，实现对我国跨境资本流动合意区间的测算。

第二节　我国跨境资本流动的系统动力学建模

一　系统动力学的相关理论

（一）系统动力学的基本概念

1. 系统

系统动力学认为系统是一个由相互作用、相互依赖的各元素，为一个共同的目标有序地联系在一起的集合体，具有一定的结构和功能。一个系统包含物质、信息和运动三个部分。系统动力学把研究对象划分为若干子系统分别描述，并且建立起各个子系统之间的因果关系网络，立足整体以及整体之间的关系研究。

2. 反馈

系统内同一单元或同一子块其输出与输入之间的关系称为"反馈"。对于整个系统而言，反馈指系统输出与来自外部环境的输入之间的关系。反馈可以从单元或子块或系统的输出直接联至相应的输入，或者经由其他单元、子块，甚至其他系统实现。包含反馈环节与其作用的系统称为反馈系统，按照反馈过程的特点，反馈又可分为正反馈和负反馈两种。正反馈是指能产生自身运动的加强过程，在运动过程中将加强原来的趋势，特点在于，发生于回路中任何一处的初始偏离将获得增大或加强，具有非稳定、非平衡、增长和自增强的特性，如图 7-1 所示。负反馈的特点是能自动寻找给定的目标，未达到或者未趋近目标时将不断作出响应，力图缩小系统状态相对于目标状态或平衡状态的偏离，又被称为稳定回路、平衡回路或自校正回路，如图 7-2 所示。

图 7-1　正反馈示意

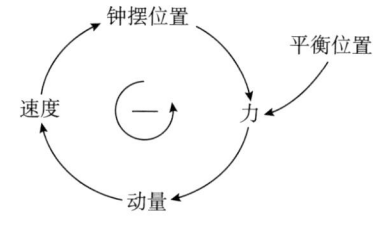

图 7-2　负反馈示意

3. 因果关系图

表现各变量之间因果关系的图形工具，直接反映变量之间的因果关系。如果事件 A（原因）引起事件 B（结果），AB 便形成因果关系，如图 7-3 所示。若 A 增加引起 B 增加，称 AB 构成正因果关系，如图 7-4 所示；若 A 增加引起 B 减少，则称为负因果关系，如图 7-5 所示。

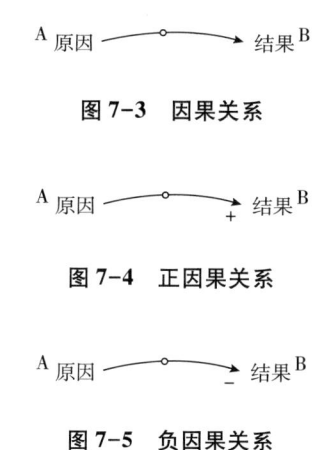

图 7-3　因果关系

图 7-4　正因果关系

图 7-5　负因果关系

两个及以上因果关系链首尾相连构成正、负因果关系回路，如图 7-6 和图 7-7 所示。

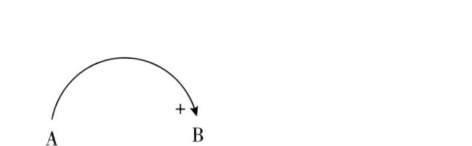

图 7-6　正因果关系回路

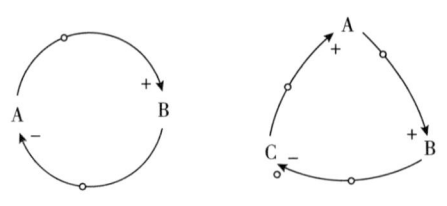

图 7-7 负因果关系回路

4. 存量流量图

如图 7-8 所示，存量又称状态变量或水平变量，表示具有积累效应的变量，所谓具有积累效应是指现时值等于原有值加上改变值，数学意义为积分，可以用式表示为

$$Stock(t)=\int_{t0}^{t1}[Inflow(s)-Outflow(s)]ds+Stock(t0) \quad (7-1)$$

其中，$Stock(t)$ 代表存量变量在 t 时刻的数量，$Inflow(s)$ 代表输入速率变量，$Outflow(s)$ 代表输出速率变量，$Stock(t0)$ 代表初始时刻存量变量的数值。流量又称流率，表示存量积累效应变化快慢的变量，也称速率变量，数学意义为存量变量的导数，用式表示为

$$d(Stock)/d(t)=Inflow(t)-outflow(t) \quad (7-2)$$

图 7-8 流图示意

因果关系图有一个重要缺点，为了简便表示，忽略了信息反馈流和物质流的区别，用相同的箭头表示这两种完全不同的概念。而存量流量图可以清楚地表示速率和状态，并且区分信息反馈流和物质流。存量流量图中除状态变量和速率变量外还包括一些辅助变量与常量，辅助变量是用来描述整个系统中信息传递与转换过程的中间变量，在模型中数量基本保持不变或变化可以忽略不计的量即为常量。存量流量图用式定义各个变量之间的关系，一个完整的流图几乎接近完全量化的模型。

5. 延迟

系统动力学模型包含反馈系统中的物质和信息流，然而，有的时候物质和信息流存在延迟,例如,厂家一般不能立即向顾客交付订货,或者人感染生病但病毒存在潜伏期等。

(二) 系统动力学的主要特点

1. 适用于处理长期性和周期性的问题

如自然界的生态平衡、人的生命周期和社会问题中的经济危机等都呈现周期性规律并需通过较长的历史阶段来观察,已有不少系统动力学模型对其机制作出了较为科学的解释。

2. 适用于对数据不足的问题进行研究

建模中常常遇到数据不足或某些数据难以量化的问题,系统动力学通过各要素间的因果关系、有限的数据及一定的结构仍可进行推算分析。

3. 适用于处理精度要求不高的复杂的社会经济问题

常因描述方程是高阶非线性动态的,应用一般数学方法很难求解。系统动力学则借助于计算机及仿真技术仍能获得主要信息。

4. 强调有条件预测

本方法强调产生结果的条件,采取"如果……则"的形式,对预测未来提供了新的手段。

(三) 系统动力学建模的主要原则

1. 整体与层次相结合

系统的整体性和层次性是系统动力学应用分解和综合方法剖析区域创新系统运行模型的理论依据。系统动力学强调从整体考虑系统,综合考虑各种因素,尽量减少外生变量,从层次角度分解整个系统,便于展开"微观结构"的研究。

2. 结构与功能相结合

区域创新系统是结构与功能的统一体,从微观结构入手研究区域创新系统,通过不断交叉地考察区域创新系统要素间的相互关系,以建立一个在结构与功能上都能较好地反映区域创新系统实际运行的仿真模型。

3. 要素与回路相结合

要素、要素的运动及信息反馈回路是区域创新系统的基本结构。在研究区域创新系统运行的过程中,不但要注意区域创新系统的单个构成要素，更要重视要素间的相互关系以及由此形成的反馈回路。

4. 静态与动态相结合

主导反馈回路决定系统的状态，主导反馈回路的变化决定系统的发展趋势，在研究区域创新系统运行的过程中，既要分析其静态行为，更要注重随时间推移时各种要素及其相互关系的变化。

（四）系统动力学建模的主要步骤

1. 系统分析

首先要运用系统动力学的理论、原理和研究方法，对研究的模型进行全面、广泛和深入的分析，明确系统问题，分析系统的基本问题和主要问题、基本矛盾和主要矛盾、变量与主要变量，确定系统目标，初步确定系统边界，并调查收集系统建模所需的相关数据资料。

2. 结构分析

主要是两个方面的内容，一个是定义变量，一个是确定系统结构。定义变量即确定哪些变量为内生变量，哪些为外生变量。确定系统结构包括划分系统层次和子块，明确变量之间的关系，定义包括常数在内的变量，确定变量的种类与主要变量，将构成因果关系的变量链接起来构成反馈回路，确定总体与各部分之间的反馈机制，通过反馈回路的极性、回路之间的反馈机制、子系统与整体之间的关系，最终确定模型的因果关系图。

3. 明确变量间的定量关系

通过收集的数据，确定模型中的状态变量、速率变量、辅助变量，以及定义变量之间的数学关系和初始条件，设计非线性表函数，确定模型的存量流量图。

4. 模型的模拟、调试与改进

以系统动力学理论为指导进行模拟和政策分析，进而更深入剖析系统的问题，通过系统边界检验、灵敏度测试以及与历史值的比较，不断地修改模型结构和参数，最终改善系统行为，优化系统结构。

二 构建我国跨境资本流动系统动力学模型

运用系统动力学的方法和原理，通过建立我国跨境资本流动的系统动力学仿真模型（SD），进行模拟测算未来我国合意的跨境资本净流入区间。本模型重点分析经济增长、资产价格、货币供应量和国际因素对未来我国跨境资本流动的影响。根据建模目的分析各变量之间的关系，确定系统边界，从各要素中抽象出能描述系统概貌的、具有代表性的变量，依据系统动力学仿真（SD）建模原理，在 Vensim 的主界面上绘制系统流图，由于跨境资本流动系统较为复杂，普通方法无法清晰地描述反馈回路的机制。通过分析资本流动与宏观经济运行的关系，可以画出如图 7-9 所示的我国跨境资本流动 SD 模型。

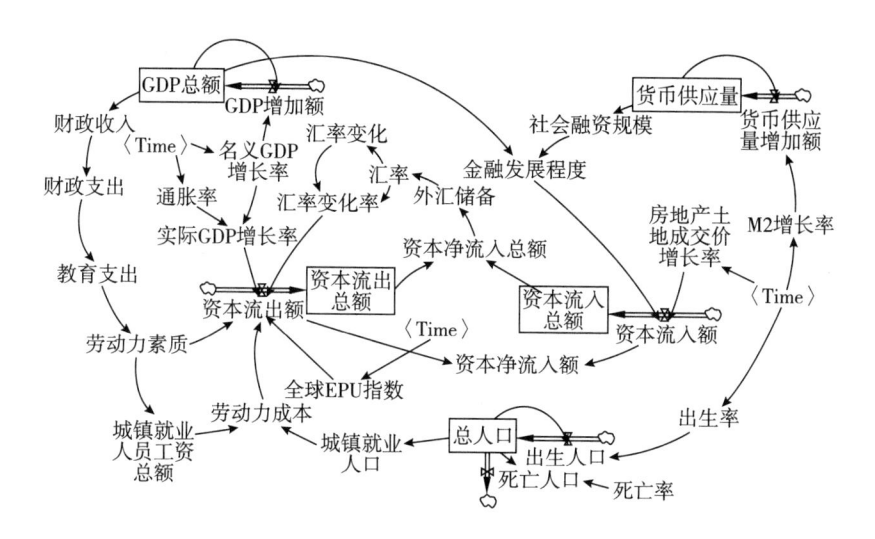

图 7-9 我国跨境资本流动 SD 模型

三 系统动力学模型定量关系设定

选取 2009—2020 年我国跨境资本流动相关数据，通过 SPSS、STATA 等软件进行回归分析，最终确认方程参数和形式，构建的主要方程式如下：

总人口 = INTEG（出生人口 - 死亡人口，13.44）；　　　　单位：亿人
出生人口 = 总人口 × 出生率；　　　　　　　　　　　　　单位：亿人
死亡人口 = 总人口 × 死亡率；　　　　　　　　　　　　　单位：亿人
出生率 =（[（0，0）-（4000，10）]，（2009，0.01195），（2010，0.0119），（2011，0.01193），（2012，0.0121），（2013，0.01208），（2014，0.01237），（2015，0.01207），（2016，0.01295），（2017，

0.01243），（2018，0.01086），（2019，0.01041），（2020，0.00852））
单位:%

死亡率=0.007； 单位:%
城镇就业人口=1.044×总人口-12.827； 单位：亿人
GDP总额=INTEG（+GDP增加额，34.99）； 单位：万亿元
GDP增加额=GDP总额×名义GDP增长率； 单位：万亿元
名义GDP增长率=（[(0, 0)-(4000, 10)]，(2009, 0.0936047)，(2010, 0.183843)，(2011, 0.1834)，(2012, 0.103059)，(2013, 0.1035)，(2014, 0.0841239)，(2015, 0.0702368)，(2016, 0.0865223)，(2017, 0.0933819)，(2018, 0.12264)，(2019, 0.0749)，(2020, 0.0298)）单位:%

通胀率=（[(0, -0.01)-(4000, 10)]，(2009, -0.009)，(2010, 0.032)，(2011, 0.053)，(2012, 0.027)，(2013, 0.026)，(2014, 0.021)，(2015, 0.015)，(2016, 0.021)，(2017, 0.017)，(2018, 0.021)，(2019, 0.029)，(2020, 0.025)） 单位:%

实际GDP增长率=-0.584923×通胀率+0.475076×名义GDP增长率+0.0402212； 单位:%

财政收入=0.211657×GDP总额+0.0719056； 单位：万亿元
财政支出=1.23812×财政收入-1.50015； 单位：万亿元
教育支出=0.141746×财政支出+0.0818045； 单位：万亿元
劳动力素质=262.793×教育支出+1839.3； 单位：人
城镇就业人员工资总额=0.0189963×劳动力素质-36.8571；
单位：亿元

劳动力成本=城镇就业人员工资总额/城镇就业人口×10000；
单位：元

全球EPU指数=（[(0, 0)-(4000, 200)]，(2009, 106.70)，(2010, 114.08)，(2011, 144.20)，(2012, 161.35)，(2013, 120.483)，(2014, 104.80)，(2015, 124.95)，(2016, 194.66)，(2017, 187.39)，(2018, 176.541)，(2019, 175.649)，(2020, 256.38)） 单位:%

房地产土地成交价增长率=（[(0, -0.6)-(4000, 10)]，(2009, 0.107799)，(2010, 0.583642)，(2011, -0.009083)，(2012, -0.0794449)，(2013, 0.338566)，(2014, 0.0102)，(2015, -0.2394)，(2016, 0.197778)，

(2017，0.494511)，(2018，0.17926)，(2019，-0.219545)，(2020，0.0464))
单位:%

资本流出总额=INTEG(+资本流出额，6.72)；　　单位：万亿元

资本流出额=0.0041163×劳动力素质-0.0001014×劳动力成本+0.0692705×全球EPU指数-33.9495×实际GDP增长率-11.0108×汇率变化率-10.2493；　　单位：万亿元

资本流入总额=INTEG(+资本流入额，13.30)；　　单位：万亿元

资本流入额=8.08188×房地产土地成交价增长率-21.057×金融发展程度+8.05327；　　单位：万亿元

资本净流入总额=资本流入总额-资本流出总额；　　单位：万亿元

资本净流入额=资本流入额-资本流出额；　　单位：万亿元

外汇储备=0.874622×资本净流入存量+12.1156；　　单位：万亿元

汇率=-0.0400756×外汇储备+7.52415；　　单位：%

汇率变化=DELAY1(汇率，1)；　　单位：%

汇率变动率=(汇率-汇率变化)/汇率变化；　　单位：%

货币供应量=INTEG(+货币供应量增加额，61.02)；单位：万亿元

货币供应量增加额=货币供应量×M2增长率；　　单位：万亿元

M2增长率=([(2000，0)-(4000，10)]，(2009，0.285)，(2010，0.197)，(2011，0.136)，(2012，0.138)，(2013，0.136)，(2014，0.122)，(2015，133)，(2016，0.113)，(2017，0.081)，(2018，0.081)，(2019，0.087)，(2020，0.101))　　单位：%

社会融资规模=0.32177×货币供应量-9.73729；　　单位：万亿元

金融发展程度=社会融资规模/GDP总额；　　单位：万亿元/万亿元

第三节　我国跨境资本流量合意区间测算

一　模型有效性检验

模型有效性检验一般包括理论检验和历史仿真检验两种方法。首先，对模型进行理论检验，依据SD建模原则和我国跨境资本流动的实际情况及建模目的可知，模型系统边界合理，变量之间的关系及参数值都有现实意义，所以可以认为模型通过了理论检验。

根据国家外汇管理局公布的国际投资头寸表计算口径，我们选择用直接投资、证券投资和其他投资的总和以衡量跨境资本流动的规模。资本流出额的大小由国际投资头寸表中对外金融资产的增加与对外金融负债的减少决定，资本流入额的大小则由对外金融资产的减少和对外金融负债的增加决定，资本净流入额是资本流入额与资本流出额的差值。资料来源如表7-1所示。

表7-1　　　　　　　　　　资料来源及说明

序号	变量名称	含义	来源
1	资本流入总额	国际投资头寸表负债方直接投资、证券投资和其他投资的总和	国家外汇管理局网站
2	资本流出总额	国际投资头寸表资产方直接投资、证券投资和其他投资的总和	国家外汇管理局网站
3	资产价格增长率	房地产土地成交价增长率	国家统计局网站
4	GDP总额	国民总收入	国家统计局网站
5	通胀率	消费价格指数	国家统计局网站
6	全球EPU指数	全球经济政策不确定性指数	http://www.policyuncertainty.com
7	财政收入	—	国家统计局网站
8	财政支出	—	国家统计局网站
9	教育支出	国家财政教育支出	国家统计局网站
10	劳动力素质	每十万人口高等学校平均在校生数	国务院发展中心研究网
11	城镇就业人员工资总额	—	国务院发展中心研究网
12	劳动力成本	城镇就业人员人均工资	国家统计局网站
13	城镇就业人口	—	国家统计局网站
14	总人口/出生人口/死亡人口	—	国家统计局网站
15	外汇储备	—	国家统计局网站
16	汇率	人民币与美元兑换比例	IFS数据库
17	货币供应量	—	国家统计局网站
18	社会融资规模	—	国务院发展中心研究网

注：数据截至2022年3月。

以我国 2009—2020 年的跨境资本流动数据为依据，对模型进行历史仿真检验，在检验过程中，通过反复调整模型结构和模型中的可调参数，使模型的行为更加接近实际系统，最终检验结果如表 7-2 所示。从表 7-2 中可以看出，除个别年份我国跨境资本流量较大，导致模型仿真结果和实际值差距较大外，其余年份模型仿真值和历史值的相对误差均不超过±10%。系统动力学模型主要做趋势预测，误差在均可接受范围内，因此，可以认为模型基本可有效地代表我国资本流动系统，可以用来仿真并预测我国资本净流入的未来发展趋势。

应用 Vensim 软件对我国跨境资本流动 SD 模型进行仿真，结果如图 7-10 所示。通过图表结果可以看出，预计未来一段我国处于资本净流入状态，资本净流入规模相对稳定，位于净流入 1.8 万亿元到净流出 1.6 万亿元。

二 不同条件下模型预测结果比较

通过系统动力学模型仿真结果可以看出，我国跨境资本流动受经济发展系统中众多因素变量的影响。其中，名义 GDP 增长率、资产价格增长率、M2 增长率和全球经济政策不确定性四项指标对我国未来跨境资本流动影响明显，下面我们将模拟这四个变量发生变化时，未来我国跨境资本流量的变化，并测算出我国合意的跨境资本流量区间。

（一）名义 GDP 增长率变化对我国跨境资本流量的影响

假设未来我国资产价格增长率、货币供应量增长率和全球政策不确定性等条件都不发生变化，只有名义 GDP 增长率发生变化。根据 2009 年以来我国的名义 GDP 增长率的历史数据和未来我国经济发展可能达到的情况，假定未来我国名义 GDP 增长率上下限分别为 4% 和 7%，再测试一下我国跨境资本流量情况，结果如表 7-3 和图 7-11 所示。从图中可看出，在名义 GDP 增长率较高的条件下，未来我国资本净流入额将保持在每年 2 万亿元左右，而在名义 GDP 增长率较低的条件下，未来我国年资本净流入将明显下降，并在 2025 年开始出现资本净流出的趋势。当名义 GDP 增长率达到 7% 时，预计 2025 年我国资本净流入额为 1.62 万亿元，2030 年资本净流入为 0.81 万亿元，当名义 GDP 增长率仅为 4% 时，2025 年我国资本净流出为 0.02 万亿元，而 2030 年资本净流出为 3.20 万亿元。

表 7-2　历史仿真结果

年份		2009	2010	2011	2012	2013	2014	2015	2016	2017	2018	2019	2020
资本流入总额（万亿元）	历史值	13.2966	16.4574	19.6822	21.1258	24.7218	29.7069	27.9178	30.2767	34.5476	35.1997	38.2199	45.1198
	仿真值	13.2966	15.8785	18.7863	22.3104	23.1074	26.9088	28.2755	30.6850	32.7106	37.5130	39.5801	40.7117
	相对误差	0.00%	-3.52%	-4.55%	5.61%	-6.53%	-9.42%	1.28%	1.35%	-5.32%	6.17%	3.44%	-10.82%
资本流出总额（万亿元）	历史值	6.7202	8.1560	9.5547	11.5219	13.0466	15.5982	17.1012	22.6180	24.8977	28.1805	31.8487	36.7518
	仿真值	6.7202	8.1560	9.4654	10.9662	13.0511	14.6259	17.2195	21.8034	24.1772	24.7697	25.4073	27.5666
	相对误差	0.00%	-0.00%	-0.93%	-4.82%	0.03%	-6.23%	0.69%	-3.60%	-2.89%	-13.77%	-25.35%	-33.32%
资本净流入总额（万亿元）	历史值	6.5763	8.3014	10.1275	9.6039	11.6751	14.1086	10.7835	7.6187	9.6267	7.0192	6.3712	8.3680
	仿真值	6.5763	7.7225	9.3209	11.3442	10.0563	12.2829	11.0560	9.8816	8.5334	12.7433	14.1728	13.1450
	相对误差	0.00%	-6.97%	-7.96%	18.12%	-13.87%	-12.94%	2.53%	29.70%	-11.36%	-44.92%	-55.05%	-36.34%
资本净流入额（万亿元）	历史值	3.2914	1.7250	1.8261	-0.5236	2.0713	2.4335	-3.2920	-3.1579	1.9911	-0.6463	-0.9463	1.9976
	仿真值	3.2914	1.5938	2.0033	-0.6679	2.2265	1.7732	-2.6745	-3.3532	3.8635	1.4295	-1.0278	-2.2173
	相对误差	0.00%	-7.61%	9.70%	27.54%	7.50%	-27.14%	-18.76%	6.18%	-48.46%	-145.21%	7.93%	-190.09%

（万亿元）

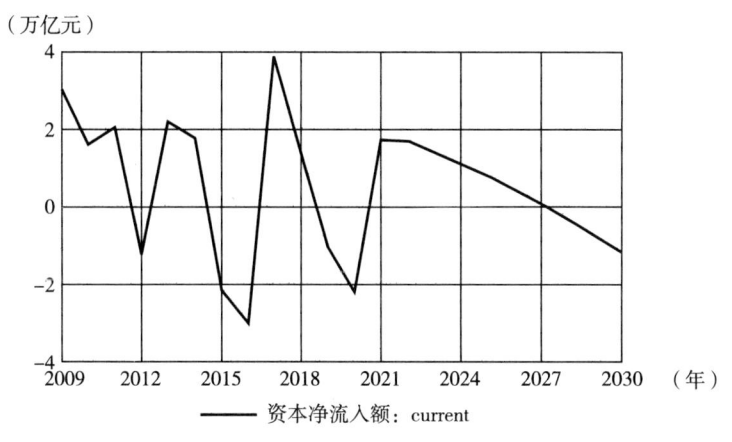

图 7-10　我国资本净流入仿真结果

表 7-3　　　　不同名义 GDP 增长率下我国资本净流入额　　　单位：万亿元

年份		2021	2022	2023	2024	2025	2026	2027	2028	2029	2030
资本净流入额	名义 GDP 增长率为 7%	1.90	2.01	1.90	1.76	1.62	1.47	1.32	1.16	0.99	0.81
	名义 GDP 增长率为 4%	1.57	1.40	0.97	0.49	-0.02	-0.57	-1.16	-1.80	-2.47	-3.20

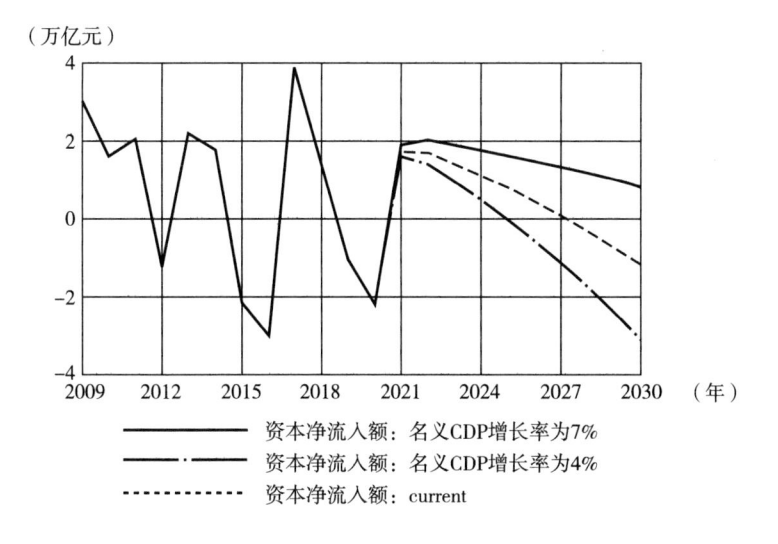

图 7-11　不同名义 GDP 增长率下我国资本净流入仿真结果

造成这种情况的原因在于,当我国经济发展势头良好时,对资本吸引力将增强,因此与原预测值相比,资本净流入将增加。如果经济持续低速增长,对资本吸引力将会减弱,甚至导致国内资本流出。因此,从模拟结果可以看出,随着经济增长由高速转为中高速,我国应继续坚持以经济建设为中心,加强宏观调控,提高经济增长率,以此不断吸引资本流入。

(二)资产价格变化对我国跨境资本流量的影响

假设未来我国 GDP 增长率、货币供应量增长率和全球政策不确定性等条件都不发生变化,只有资产价格发生变化时,未来我国的跨境资本流量情况。假定未来我国资产成交价格分别上涨 20% 和下降 10%,再测试一下我国跨境资本流量情况,结果如表 7-4 和图 7-12 所示。从图中可看出,在资产价格上涨 20% 的情况下,2025 年我国预计资本净流入额为 1.14 万亿元,2030 年资本净流出为 0.4 万亿元;而在资产价格下跌 10% 的情况下,未来我国年资本净流入将明显下降,并在 2027 年开始呈现资本净流出态势,在 2025 年我国资本净流入为 0.47 万亿元,2030 年资本净流出为 1.93 万亿元。这种情况说明,房地产是我国居民投资资产中最主要类别,占有绝对大的比重,因此,这里资产价格是由房地产土地成交价来表示的。房地产行业作为我国经济的支柱性行业,房地产价格的涨跌会对我国经济发展和跨境资本流动产生重要影响。仿真结果说明,资本的逐利本性导致当以房地产市场为代表的资产市场价格提高时,会吸引大量外资流入我国资产市场,而资产价格持续下跌将会导致资本流出。

表 7-4　　　　　不同资产价格上涨率下我国资本净流入额　　　　单位:万亿元

年份		2021	2022	2023	2024	2025	2026	2027	2028	2029	2030
资本净流入额	资产价格上涨20%	1.73	1.78	1.60	1.38	1.14	0.88	0.60	0.30	-0.04	-0.40
	资产价格下降10%	1.73	1.63	1.27	0.88	0.47	0.03	-0.42	-0.90	-1.40	-1.93

第七章 我国跨境资本流量合意区间测算

（万亿元）

——— 资本净流入额：资产价格上涨20%
—·—·— 资本净流入额：资产价格下降10%
- - - - - 资本净流入额：current

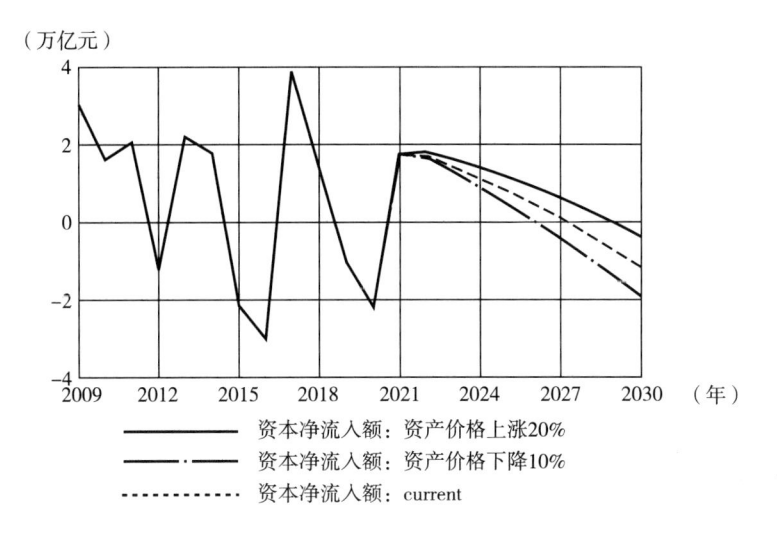

图 7-12 不同资产价格上涨率下我国资本净流入仿真结果

（三）货币供应量变化对我国跨境资本流量的影响

接下来假设未来我国 GDP 增长率、资产价格和全球政策不确定性等条件不发生变化，只有货币供应量增长率发生变化时，未来我国的跨境资本流量情况。2009 年以来，我国货币超发现象较为严重，到 2016 年，我国货币供应量与 GDP 的比值已超过 200%。根据近年来我国 M2 增长率的历史数据，假定未来我国货币供应量增长率分别为 8% 和 12%，再测试一下我国跨境资本流量情况，结果如表 7-5 和图 7-13 所示。从图中可看出，在 M2 增长率较高的情况下，我国资本净流入将持续减少，2025 年我国资本净流入额将减少到 0.35 万亿元，到 2030 年我国资本净流出为 2.48 万亿元；而货币供应量增长较慢的情况下，如果货币供应量增长率为 8%，未来我国将一直处于资本净流入状态，年资本净流入处于 1.21 万亿—1.73 万亿元，在 2025 年我国资本净流入为 1.67 万亿元，2030 年我国资本净流入为 1.21 万亿元。

出现上述现象的主要原因是货币供应量增长率较高意味着货币贬值较为严重，从而降低对资本的吸引，并且为规避货币贬值的风险，企业也会将资产转移到国外，从而与原预测值相比较，我国资本净流入将明显减少。而 M2 增长率较低则意味着利率水平提高，因此将吸引资本不断流入，使得我国一直处于资本净流入状态。出现上述现象的主要原因

293

是货币供应量增长率较高通常意味着货币贬值较为严重，从而对资本流入的吸引力降低，并且为规避货币贬值的风险，本国企业也会将资产转移到国外。因此与原预测值相比较，当 M2 增长率较高时，我国资本净流入将明显减少。而 M2 增长率较低则意味着利率水平提高，因此将吸引资本不断流入，使得我国一直处于资本净流入状态。由于我国目前的经济调控机制和金融市场还有待进一步完善，较大幅度的汇率波动和大规模资本流出势必将对我国宏观经济带来严重的负面冲击，因此，从仿真结果可以看出，我国应实行稳健的货币政策，以维持人民币汇率和跨境资本流动的稳定。

表 7-5　　　　不同货币供应量增长率下我国资本净流入额　　单位：万亿元

年份		2021	2022	2023	2024	2025	2026	2027	2028	2029	2030
资本净流入额	M2增长率为8%	1.73	1.89	1.83	1.75	1.67	1.59	1.50	1.41	1.31	1.21
	M2增长率为12%	1.73	1.61	1.23	0.81	0.35	-0.14	-0.66	-1.23	-1.83	-2.48

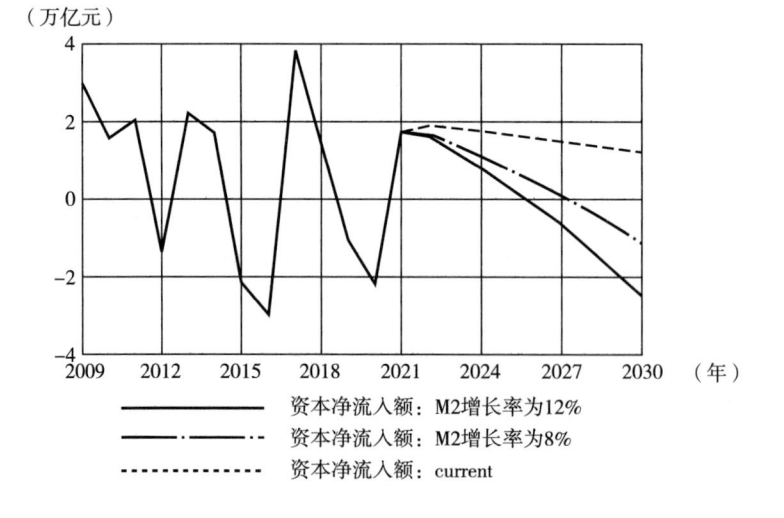

图 7-13　不同 M2 增长率下我国资本净流入仿真结果

（四）全球经济政策不确定性变化对我国跨境资本流量的影响

经济政策不确定性指数（EPU 指数）由 Baker、Bloom 和 Davis（2016）编制，主要用来反映世界各大经济体经济和政策的不确定性。他们研究发现，EPU 指数与实际宏观经济变量（如经济增长和就业率）有显著的反向关系。EPU 指数越高意味着经济政策的不确定性越高，而不确定性越高会削弱投资者的信心和安全感，从而抑制投资，甚至造成资本外流。我们选用全球经济政策不确定性指数衡量国际投资环境，当全球 EPU 指数较高时意味着全球投资环境恶化，而全球 EPU 指数较低时意味着全球投资环境向好。

我们假设未来我国 GDP 增长率、资产价格增长率和货币供应量增长率不发生变化，只有全球经济政策不确定性发生变化时，未来我国的跨境资本流量情况。根据 2009 年以来的历史数据，结合未来全球宏观经济形势，假定未来全球 EPU 指数分别为 120 和 170，再测试一下我国跨境资本流量情况，结果如表 7-6 和图 7-14 所示。从图中可看出，在全球经济政策不确定性较高的情况下，我国资本净流入将明显减少，如果全球 EPU 指数为 170，那么 2025 年我国资本净流出额为 0.67 万亿元，到 2030 年我国将面临 2.63 万亿元的资本净流出；而在全球经济政策不确定性较低的情况下，我国资本净流入将有所增加，如果全球 EPU 指数为 120，在 2025 年我国资本净流入为 3.03 万亿元，2030 年我国资本净流入为 1.06 万亿元。模拟结果说明，全球经济政策不确定性较高将导致流入我国的资本减少，甚至会导致较为严重的资本外流发生。

表 7-6　　不同全球经济政策不确定性指数下我国资本净流入额

单位：万亿元

年份		2021	2022	2023	2024	2025	2026	2027	2028	2029	2030
资本净流入额	全球 EPU 指数为 120	3.81	3.91	3.65	3.35	3.03	2.68	2.32	1.92	1.51	1.06
	全球 EPU 指数为 170	0.35	0.24	-0.04	-0.34	-0.67	-1.01	-1.38	-1.77	-2.19	-2.63

(万亿元)

```
  4
  2
  0
 -2
 -4
  2009  2012  2015  2018  2021  2024  2027  2030  (年)
```

―――――― 资本净流入额：全球EPU指数为170
—·—·—· 资本净流入额：全球EPU指数为120
- - - - - 资本净流入额：current

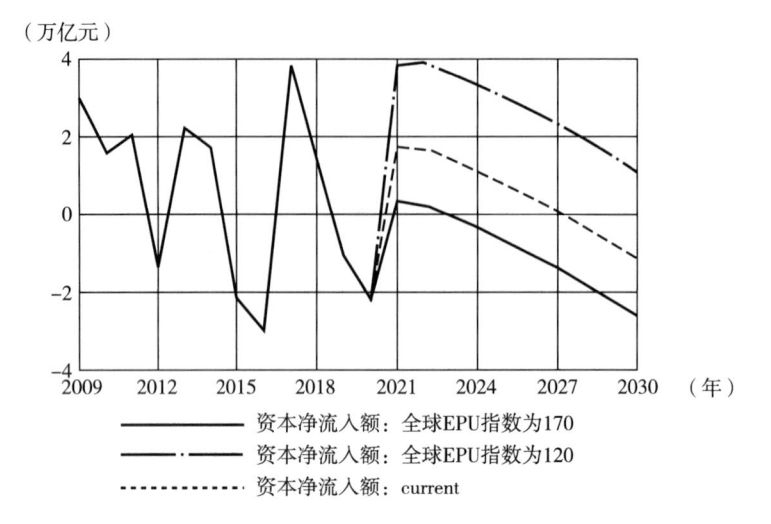

图 7-14　不同全球 EPU 指数下我国资本净流入仿真结果

在全球化的背景下，我国作为全世界最大的发展中国家，经济发展和跨境资本流动势必将受到国际因素的显著影响。随着我国进一步开放资本账户，未来全球经济政策不确定性将对我国资本净流入规模产生重大影响。从模拟结果可以看出，当未来全球经济政策不确定性较高时，国际投资环境的不稳定将导致流入我国的资本减少，甚至会导致较为严重的资本外流发生；而当全球经济政策不确定性较低时，我国资本净流入规模将不断提高。因此，我国应多加关注国际因素变化给我国跨境资本流动带来的影响，加强国际经济形势研究，密切跟踪国际金融市场变化。尤其在美国政府财政政策与货币政策不断出现大幅变化的背景下，我们要随时做好相关准备，争取将不利变为有利，把相关风险降到最低。

三　综合测算我国合意的跨境资本流量区间

从上面的分析可以发现，名义 GDP 增长率和资产价格增长率与我国资本净流入之间存在正相关关系，而货币供应量增长率和全球经济政策不确定性大小与我国资本净流入之间存在负相关关系。因此，可以通过提高名义 GDP 增长率和资产价格，同时降低货币供应量增长率和全球经济政策不确定性指数来测算我国未来跨境资本净流入的上限，并通过降低名义 GDP 增长率和资产价格，同时提高货币供应量增长率和全

第七章 | 我国跨境资本流量合意区间测算

球经济政策不确定性指数来测算我国未来跨境资本净流入的下限，从而测算出未来十年我国合意的跨境资本流量区间，结果如表 7-7 和图 7-15 所示。从图表中结果可以看出，2025 年我国合意的资本净流入的区间是 [-1.96，4.68] 万亿元；2030 年我国合意的资本净流入区间是 [-6.07，5.27] 万亿元。这个区间是与现阶段我国经济增长相适应的资本流动区间，当我国跨境资本流量处于这一合意区间就不会对经济运行造成巨大冲击。我国在管理跨境资本流量时，应将合意的跨境资本流量作为主要管控目标，当资本流量超过这一合意区间时要及时采取措施，从而抑制跨境资本流动大幅度波动给我国经济带来负面影响，避免被国际资本"剪羊毛"。

表 7-7　　　　我国合意的跨境资本流量区间　　　　单位：万亿元

年份		2021	2022	2023	2024	2025	2026	2027	2028	2029	2030
每年度资本净流入额	上限	3.97	4.40	4.50	4.59	4.68	4.79	4.90	5.02	5.14	5.27
	下限	0.19	-0.16	-0.70	-1.31	-1.96	-2.66	-3.42	-4.24	-5.12	-6.07

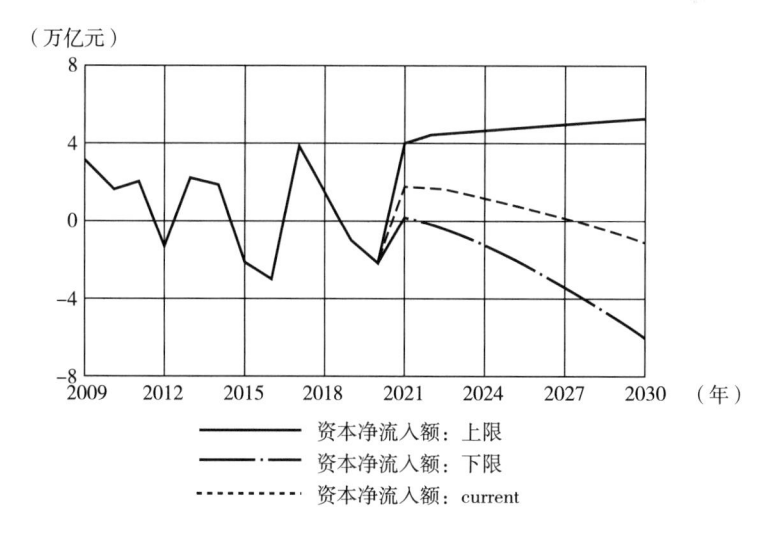

图 7-15　我国合意的跨境资本流量区间

从测算结果可以看出，我国合意的跨境资本流动区间呈现逐渐扩大的趋势，原因主要有三点：第一，资本流动规模的大小所带来的潜在风险是相对于 GDP 规模而言的，随着我国改革开放以来经济总量的快速增长，2020 年我国 GDP 总量已达到 101 万亿元，我国经济承受资本流动冲击的能力逐渐增强。第二，随着人民币国际化进程的不断推进，人民币将成为跨境资本流动的重要币种，加之汇率改革后人民币汇率弹性的增大，我国对未来跨境资本流动规模和波动的容纳度将不断增大。第三，随着我国经济发展模式更加成熟和资本市场更加发达，我国经济吸收利用外资的能力会越来越强，健康的资本市场不但能吸纳大量外资，而且能有效抵御资本流出的冲击。

未来我国合意的跨境资本流动区间逐渐扩大将对我国经济发展产生一定的影响。首先，随着我国经济承受资本冲击的能力逐渐增强，我国对未来跨境资本流动规模的容纳度不断增大，意味着我国可以实现从资本账户管制转向资本账户有效管理，将微观层面的资本自由流动与宏观层面的总量调控进行有效结合，不断增大跨境资本流入流出的自由度，最终目的是抑制跨境资本大出大进所带来的负面影响，而非跨境资本流动本身。其次，我国跨境资本流动规模逐渐扩大也将有利于人民币国际化的推进，人民币国际化受到境外人民币规模过小的限制，离岸人民币存款总规模占人民币总量的比重不到 2%，因此我国跨境资本流动规模逐渐扩大，有利于人民币离岸市场的发展，进而有利于人民币国际化的推进。最后，我国合意的跨境资本流动规模扩大也可以促进人民币的空间溢出效应，提高人民币在特定区域内的辐射水平，增加我国宏观经济政策对外影响力，进而提高我国在全球资本流动格局中的地位和全球地缘政治的话语权。

第四节　研究结论及政策建议

一　研究结论

未来，随着人民币国际化的推进和我国资本账户的进一步开放，我国企业和居民在国外进行资产配置意愿将不断提高，我国可能面临一定程度的资本外流；另外，鉴于我国经济良好的运行状态，加之美联储、

第七章 | 我国跨境资本流量合意区间测算

英国和欧洲央行相继实行宽松的货币政策，国际市场投资者受到本外币利差和避险情绪的共同影响，我国也可能面临跨境资本净流入的压力。此外，近年来国际政治经济形势不确定性较高，"黑天鹅事件"频出，而随着我国经济对外融合程度的提高，国际经济形势的变化也将对我国跨境资本流动产生重大影响。因此，未来一段时间我国跨境资本流动的不确定性将增强，在此背景下，测算出的我国合意的跨境资本流量区间对我国未来管理跨境资本流动具有重要意义。

通过分析我国跨境资本流动的现状和特点，构建了我国跨境资本流动的系统动力学仿真模型，测算出未来我国跨境资本净流入的合意区间。结果显示：未来我国合意的跨境资本流量区间将逐渐扩大，2025年我国合意的资本净流入的区间是［-1.96，4.68］万亿元；2030年我国合意的资本净流入区间是［-6.07，5.27］万亿元。这个区间是与我国宏观经济条件相适应的资本流动区间，当跨境资本净流入处于这一合意区间就不会对我国经济运行造成巨大冲击。

从测算结果可以看出，我国合意的跨境资本流动区间呈现逐渐扩大的趋势，原因主要有三点：第一，资本流动规模的大小所带来的潜在风险是相对于GDP规模而言的，随着我国改革开放以来经济总量的快速增长，2021年我国GDP总量已达114.4万亿元元，我国经济承受资本流动冲击的能力逐渐增强。第二，随着人民币国际化进程的不断推进，人民币将成为跨境资本流动的重要币种，加之汇率改革后人民币汇率弹性的增大，我国对未来跨境资本流动规模和波动的容纳度将不断增大。第三，随着我国经济发展模式更加成熟和资本市场更加发达，我国经济吸收利用外资的能力会越来越强，健康的资本市场不但能吸纳大量外资，而且能有效抵御资本流出的冲击。

未来我国合意的跨境资本流动区间逐渐扩大将对我国经济发展产生一定的影响。首先，随着我国经济承受资本冲击的能力逐渐增强，我国对未来跨境资本流动规模的容纳度不断增大，意味着我国可以实现从资本账户管制转向资本账户有效管理，将微观层面的资本自由流动与宏观层面的总量调控进行有效结合，不断增大跨境资本流入流出的自由度，最终目的是抑制跨境资本大出大进所带来的负面影响，而非跨境资本流动本身。其次，我国跨境资本流动规模逐渐扩大也将有利于人民币国际化的推进,目前人民币国际化受到境外人民币规模过小的限制,离岸人民币存款总规模占人民币总量比重较小,因此我国跨境资本流动规模逐渐扩大有利于人民币离岸市场的发展,进而有利于人民币国际化的推进。最后,我国合意的跨境资本流动规模扩大,也可以促进人民币的空间溢出效应,提高人民币在特定区域内的辐射水平,增加我国宏观经济政策对外影响力,进而提高我国在全球资本流动格局中的地位和全球地缘政治的话语权。

此外,选取2009—2020年我国跨境资本流动数据,以此为参考对我国合意的跨境资本流动规模进行测算,反映的是该时期跨境资本流动的基本特征。但是,随着我国资本账户的进一步开放和全球政治经济不确定性的增大,未来一些重大政策的调整或者国内外"黑天鹅事件"的发生,都可能导致我国合意的跨境资本流量区间发生变化,因此未来需要不断扩充新的数据,以得出更准确的我国合意的跨境资本流量区间。

二 政策建议

通过构建系统动力学仿真模型,测算了未来我国合意的跨境资本流量区间。综合上述仿真与预测结果,提出以下建议。

第一,将合意的跨境资本流量作为主要管控目标。通过构建系统动力学仿真模型,模拟了未来我国跨境资本流量的合意区间,未来在人民币可兑换和国际化的背景下,我国在管理跨境资本流动时,可以参考前文测算出的合意资本流量区间,将合意的跨境资本流量作为主要监管指标,让资本流量保持在一个对我国经济发展有利的合意区间内。当资本流量超过这一合意区间时要及时采取措施,从而抑制跨境资本流动大幅度波动给我国经济带来负面影响,避免被国际资本"剪羊毛"。

第二,我国应实施有管理的资本账户开放。现阶段,一方面,我国的金融体系尚未完善,资本市场不够发达,对间接融资的依存度很高,导致企业和地方政府债务杠杆居高不下,银行面临一定的违约风险;另一方面,我国虽然经历了三次汇率市场化改革,但尚未完全实现汇率形成机制市场化,而我国作为世界第二大经济体,维持货币政策的独立性异常重要。在这种情况下,完全开放资本账户可能导致资本大量外流,给我国经济平稳运行带来冲击,甚至可能引发金融危机。因此,我国应实施有管理的资本账户开放，管理方法也应从依靠行政手段管理转向依靠法律手段和经济手段管理，从资本账户管制转向资本账户有效管理，将微观层面的资本自由流动与宏观层面的总量调控的有效结合，最终目的是抑制跨境资本大出大进所带来的负面影响。

第三，继续深化金融体制改革。我国金融资产规模庞大，尤其是随着互联网金融的发展，我国非银行金融资产的积累速度也明显加快，在这种背景下，一旦发生资本流动异常很可能给我国金融体系带来冲击。因此要进一步深化金融系统改革，以提高金融体系应对风险和自我恢复的能力。首先，建立国际资本流动监测、预警和响应机制，出现资本流动异常时可以及时监测并做出反应，减少资本大量流入流出给我国金融系统带来的冲击。其次，引导金融回归本源服务实体经济，实体经济是经济发展的坚实基础，是一国经济的立身之本。金融发展与实体经济相匹配才能既促进实体经济发展，又可以防范"资金空转"带来的金融风险。最后，鼓励金融创新，丰富管理资本流动的政策工具，管理措施也应由行政手段为主转为法律手段和价格手段为主，主要是预防危机，而不是应对危机的权宜之计，一旦发生资本流动异常，要针对不同的国内经济形势审时度势，采取更合适的方式争取将资本流动对宏观经济带来的不利影响降至最低。

第四，进一步推动人民币国际化。自改革开放以来，我国通过引进外资和先进技术实现了经济快速增长，也使得我国成为世界第二大外资流入国。然而，在经济快速崛起的同时，大量外资流入导致我国积累了高额的外汇储备，一定程度上影响了我国的货币政策独立性，同时也造成我国金融机构面临一定的货币错配风险，当人民币贬值时，会导致债务负担增加，增加金融机构的流动性风险。此外，我国作为世界上最大的贸易国，汇率波动会扭曲进出口商品相对价格，给贸易企业带来损失，不利于我国实体经济发展。因此，要进一步提高人民币国际化水平，从而降低金融机构和贸易企业的汇率风险，提高我国金融机构应对资本流动冲击的能力。

第八章

我国避免跨境资本流动冲击的政策体系设计

第一节 我国跨境资本流动政策发展与演变

一 第一阶段：1949—1978 年

（一）对外投资政策方面

中华人民共和国成立初期，为尽快重建国民经济、真正走向国际市场，我国政府采取对外投资、在国外设厂等灵活发展方式。但是由于国内外汇资源短缺且绝大部分集中在私营外贸公司，若要开拓海外市场，进行对外投资则需要大量外汇资源支持。在这种背景下，我国通过扶植出口、以收定支等方式积聚外汇。为了促进我国进出口贸易的发展，政府批准一些中央部委级企业在港澳和东南亚地区设立地区性总代理公司，使其成为新中国与其他地区贸易往来的一条贸易通道。与此同时，政府颁布严格的对外投资外汇管理政策，1950 年 10 月中央人民政府出台了《外汇分配、使用暂行办法》，开始实行外汇集中管理制度。其主要内容包括：凡是出口商品和劳务收入的外汇、侨汇必须出售或存入国家银行；进出口贸易和非贸易所需外汇按相关规定向国家申请；人民币禁止携带出境，禁止外币在国内流通使用。1953 年，国家对外贸易由国有外贸公司统一经营，国家加强对国有外贸公司外汇收支的计划管理，要求其所有外汇收入必须售给国家，贸易性用汇按国家计划分配和批给，非贸易性用汇量严格控制在国家批准额度内。这一时期我国对外投资主体限制在一些中央级企业和省级企业范围内，且我国实行严格的外汇管理政策。

(二) 吸引外资政策方面

中华人民共和国成立初期，以美国、英国为代表的资本主义国家对我国实行经济封锁，以苏联为首的社会主义阵营与我国开展合作，与此同时我国确立保护华侨利益的指导思想。1949年，在中央人民政府机构中设立中华人民共和国华侨事务委员会，建立健全的侨务工作机构以吸引华侨回国投资。1951年6月，中国与当时仍属于社会主义阵营的波兰人民共和国在上海建立中波轮船股份有限公司。同年7月，中国与苏联政府签订《关于在大连市创办中苏轮船修理建造股份公司（中苏造船公司）的协定》，协定规定1952—1954年中苏两国政府按平权合股原则实行合营，中苏造船公司也成为中国船舶业中第一个合资公司。这一时期吸引外资政策缺乏基础法律支撑，在吸引外资问题上仍持审慎和管控性态度。

(三) 阶段政策评价

这一时期无论是对外投资政策还是吸引外资政策都是完全从属于计划经济体制，且缺乏基础法律框架，吸引外商投资规模和对外投资规模有限且方式单一。由于我国对外资的认识存在局限性导致此阶段的政策对推动经济发展虽起到了一定作用，但效果有限。

二 第二阶段：1979—1991年

(一) 对外投资政策方面

改革开放后，为了支持我国对外投资规模发展，1979年8月国务院发布15项经济改革措施，其中明确提出："允许出国办企业"，政府开始放宽境外投资主体范围。1983年国务院授权对外经济贸易合作部为在境外设立合资经营企业审批和管理的归口部门，明确我国对外投资在境外建立合资经营企业的审批部门。表8-1列出了1979—1991年中国对外投资相关政策，这一时期我国明确了对外投资归口部门，构建对外投资政策基础审批法律制度。

表 8-1　　　　　1979—1991 年中国对外投资相关政策

对外投资政策	发布日期	发布单位	文件名称	文件内容
外汇管理政策	1980年12月18日	国务院	《中华人民共和国外汇管理暂行条例》	规定外汇管理目标、外汇管理方针以及外汇管理措施等细则
	1983年8月1日	国家外汇管理局	《对侨资企业、外资企业、中外合资经营企业外汇管理实施细则》	规定侨资企业、外资企业等企业外汇收支管理办法
	1989年3月6日	国家外汇管理局	《境外投资外汇管理办法》	规定严格的利润保证金制度等
	1990年6月26日	国家外汇管理局	《境外投资外汇管理办法实施细则》	规定境外投资外汇风险等审查部门
管理体制政策	1984年5月	对外经济贸易合作部	《关于在国外和港澳地区举办非贸易性合资经营企业审批权限和原则的通知》	规定在国外和港澳地区举办非贸易性合资经营企业的审批权限
	1985年7月	对外经济贸易合作部	《关于在境外开办非贸易性企业的审批程序和管理办法的试行规定》	规定在境外开办独资经营企业的审批和管理细则

(二) 吸引外资政策方面

改革开放后，我国对吸引外资重要性的认识逐步深入。1979年全国人民代表大会第二次会议通过《中华人民共和国中外合资经营企业法》，它是外国投资者在中国投资的首个法律依据。表8-2列出了1979—1991年中国吸引外资相关政策，这一时期我国建立了基础性外商投资法律体系，政府通过出台各种优惠税收政策吸引外资，外商投资在我国享有"超国民待遇"。

表 8-2　　　　　　　　1979—1991 年中国吸引外资相关政策

吸引外资政策	发布日期	发布单位	文件名称	文件内容
基本法律政策	1979 年 7 月 1 日	全国人民代表大会	《中华人民共和国中外合资经营企业法》	规定外国投资者在中国建立、经营和关闭合营企业的原则
	1986 年 4 月 12 日	全国人民代表大会	《中华人民共和国外资企业法》	规定外国投资者在中国建立、经营和关闭独资企业的原则
	1988 年 4 月 13 日	全国人民代表大会	《中华人民共和国中外合作经营企业法》	规定外国投资者在中国建立、经营和关闭合作经营企业的原则
税收鼓励政策	1982 年 1 月 1 日	全国人民代表大会	《中华人民共和国企业所得税法》	规定外国独资企业优惠税收细则
	1983 年 9 月 12 日	全国人大常委会	《中外合资经营企业所得税法》	规定中外合资经营企业优惠税收细则
	1986 年 10 月 11 日	国务院	《国务院关于鼓励外商投资的规定》	规定降低外资企业土地使用费、提供劳务补贴等多种优惠政策
区域开放政策	1980 年 8 月 26 日	全国人大常委会	《广东省经济特区条例》	建立深圳、珠海、厦门和汕头经济特区
	1984 年 5 月 4 日	国务院	《沿海部分城市座谈会纪要》	规定开放 14 个沿海港口城市

（三）阶段政策评价

这一阶段我国面临资本和外汇"双缺口"问题，依靠吸引外商投资拉动我国资本流动，从而积累资本存量。与此同时，由于大多数国内企业没有对外投资经验，而政府对待对外投资一直保持限制和谨慎审批的态度，对外投资主体以外国投资者为主，资本外逃、国有资产流失现象严重。

三 第三阶段：1992—1998年

（一）对外投资政策方面

随着大批企业陆续开展对外投资活动，我国对外投资规模逐步扩大，但是由于对外投资主体行为的盲目性和分散性，资本外逃、国有资本流失等现象时常发生。1992年对外经济贸易合作部发布《对外经济贸易部关于在境外举办非贸易性企业的审批和管理规定》，对在境外举办非贸易性企业审批程序予以细化规定，进一步强化对外投资的审批登记管理。表8-3列出了1992—1998年中国对外投资相关政策，这一时期我国对外投资审批制度法律体系逐渐完善，对外投资政策管理部门的职能逐步明晰。

表8-3　　　　　1992—1998年中国对外投资相关政策

对外投资政策	发布时间	发布单位	文件名称	文件内容
管理体制政策	1992年2月23日	对外经济贸易合作部	《对外经济贸易部关于在境外举办非贸易性企业的审批和管理规定》	明确中方投资者在境外投资举办非贸易性企业的审批和管理规定
外汇管理政策	1993年12月28日	中国人民银行	《中国人民银行关于进一步改革外汇管理体制公告》	明确实行银行结售汇制、建立银行间外汇市场、实行人民币汇率并轨等细则
外汇管理政策	1994年3月26日	中国人民银行	《结汇、售汇及付汇暂行规定》	明确规范结汇、售汇及付汇行为，实现经常项目下人民币有条件可兑换
外汇管理政策	1996年6月20日	中国人民银行	《结汇、售汇及付汇管理规定》	明确规范结汇、售汇及付汇行为，实现人民币在经常项目下可兑换
财税金融政策	1996年7月1日	财政部	《境外投资财务管理暂行办法》	首次明确标准的境外投资财务管理方法

（二）吸引外资政策方面

随着我国内外资企业优惠待遇差异的逐渐加大，从中国大陆而来的"返程外资"数量在外商投资总量中占比越来越多。1992年我国出台

《中华人民共和国税收征收管理法》，统一内外资企业税收征收制度，基本实现内外资企业的税法统一。表 8-4 列出了 1992—1998 年中国吸引外资相关政策，这一时期吸引外资政策具有产业导向性特征且政府逐步取消外商投资企业享有的"超国民待遇"，基本实现外商投资"国民待遇"政策目标。

表 8-4　　　　　　　　1992—1998 年中国吸引外资相关政策

吸引外资政策	发布日期	发布单位	文件名称	文件内容
基本法律政策	1994 年 3 月 5 日	全国人大常委会	《中华人民共和国台湾同胞投资保护法》	规定保护台商正当权益细则
税收优惠政策	1992 年 9 月 4 日	全国人大常委会	《中华人民共和国税收征收管理法》	规定统一内外资企业税收征收制度
区域优惠政策	1992 年 5 月 16 日	国务院	《关于加快改革、扩大开放、力争经济更好更快地上一个新台阶的意见》	规定沿海地区扩大开放领域，且在全国范围内推进对外开放
法律监管政策	1994 年 11 月 3 日	国家行政管理局、对外经济贸易合作部	《关于进一步加强外商投资企业审批和登记管理有关问题的通知》	规定外商投资企业违章违法行为查处等细则
产业引导政策	1995 年 6 月 20 日	国家发展和改革委员会、国家经济贸易委员会、对外贸易与经济合作部	《外商投资产业指导目录》	划分外商投资鼓励、允许、限制和禁止的产业范围

（三）阶段政策评价

这一阶段我国吸引外资开始快速发展，外商投资倾向于进入劳动密集型产业以获取我国廉价劳动力生产要素。与此同时，对外投资规模虽然较之前有所上升，但在总量上与吸引外资规模相比仍有很大差距。国内企业缺乏对外投资经验，又受到企业自身生产技术和设备的限制，对外投资主体仍然以外国投资者为主。

四　第四阶段：1999—2013 年

（一）对外投资政策方面

随着我国对外投资快速增长，1999 年国务院办公厅转发对外经济贸易合作部、国家经济贸易委员会、财政部《关于鼓励企业开展境外带料加工装配业务意见的通知》，制定带料加工类投资项目单独审批程序，开始放松带料加工类境外投资项目管制，引导对外投资主体的投向区域和投向产业。表8-5列出了1999—2013年中国对外投资相关政策，这一时期我国对外投资政策愈加完善且大多具有产业引导性。

表8-5   1999—2013年中国对外投资相关政策

对外投资政策	发布时间	发布单位	文件名称	文件内容
外汇管理政策	2003年3月19日	国家外汇管理局	《关于简化境外投资外汇资金来源审查有关问题的通知》	规定全部以实物投资项目、援外项目等免除外汇资金来源审查
	2006年6月6日	国家外汇管理局	《国家外汇管理局关于调整部分境外投资外汇管理政策的通知》	规定境内投资者到境外投资所需外汇可使用人民币购汇等细则
管理体制政策	1999年2月14日	国务院、对外经济贸易合作部、国家经济贸易委员会、财政部	《关于鼓励企业开展境外带料加工装配业务意见的通知》	提出有步骤地组织和支持一批有实力的企业开展境外带料加工装配业务
	2004年10月1日	商务部	《关于境外投资开办企业核准事项的规定》	规定项目审批制实行核准制
财税金融政策	2004年10月27日	国家发展和改革委员会、中国进出口银行	《关于对国家鼓励的境外投资重点项目给予信贷支持政策的通知》	规定国家鼓励的境外投资重点项目的信贷支持方法
	2005年9月25日	国家发展和改革委员会	《关于进一步加强对境外投资重点项目融资支持有关问题的通知》	规定境外投资重点项目的境外融资支持方法
	2009年12月25日	财政部、国家税务总局	《关于企业境外所得税收抵免有关问题的通知》	规定境外所得税收抵免的方法
鼓励引导政策	2005年1月10日	商务部信息产业部	《关于推进我国信息产业"走出去"的若干意见》	规定企业对外投向信息产业项目的相关细则

续表

对外投资政策	发布时间	发布单位	文件名称	文件内容
监管防范政策	2002年10月31日	对外经济贸易合作部、国家外汇管理局	《境外投资联合年检暂行办法》	规定境外投资开始联合年检细则
	2005年1月30日	国家发展和改革委员会	《关于建立境外投资重点项目风险保障机制有关问题的通知》	建立境外投资重点项目风险保障机制
	2010年8月26日	商务部	《关于印发〈对外投资合作境外安全风险预警和信息通报制度〉的通知》	建立对外投资合作境外风险预警和信息通报制度

（二）吸引外资政策方面

随着我国地方行政部门为提高地方业绩越来越重视外商投资企业项目数量，并不注重其生产经营状况，导致外商投资企业以相对廉价成本优势抢占市场份额、开采稀缺资源从而造成国内资源的严重浪费。1999年国家经济贸易委员会等部门联合发布《关于2000年外商投资企业联合年检有关工作的通知》，旨在通过年检了解和掌握外商投资企业生产经营情况，加强对现有外商投资企业的综合管理。表8-6列出了1999—2013年中国吸引外资法律监管相关政策，这一时期我国一方面履行入世承诺，按国际规则进行法律法规的清理和完善。另一方面我国加强吸引外资法律监管力度，逐渐完成从"引资政策"向"选资政策"的渐进转变。

（三）阶段政策评价

这一时期外商投资流入量快速增长，且逐渐进入中国传统技术密集型和资金密集型产业，优化产业结构升级，增加国内储蓄，弥补国内资本和外汇双缺口。对外投资政策逐渐简化和完善，国内企业逐渐积累对外投资经验，主动融入国际生产和商业环境中，对外投资主体以国有大中型企业为主，民营企业的对外投资规模有限。

表 8-6　　　　1999—2013 年中国吸引外资法律监管相关政策

吸引外资政策	发布时间	发布单位	文件名称	文件内容
法律监管政策	2001年12月11日	国务院、信息产业部、对外经济贸易合作部	《外商投资电信企业管理规定》	规定外商投资设立电信企业条件等细则
	2001年12月12日	国务院	《外资保险公司管理条例》	规定外商向保险业投资条件等
	2006年8月8日	商务部、国务院国有资产监督管理委员会等	《关于外国投资者并购境内企业的规定》	参考国际管理原则制定跨国并购法规
	2007年8月30日	全国人大常委会	《中华人民共和国反垄断法》	规定预防和制止垄断行为细则
	2011年2月3日	国务院办公厅	《关于建立外国投资者并购境内企业安全审查制度的通知》	建立外国投资者并购境内企业国家安全审查制度

五　第五阶段：2014 年至今

（一）对外投资政策方面

随着我国对外投资多方位发展，各类投资主体对境外投资便利化程度的要求不断提高。2014 年国务院出台《政府核准的投资项目目录》，规定只对涉及敏感国家地区以及敏感行业的境外投资项目实行核准管理，除此之外的境外投资项目统一实行备案制。表 8-7 列出了 2014 年至今中国对外投资相关政策，这一时期我国放宽对外投资管理体制政策，并加强对我国投资主体境外投资项目的事中事后监管力度。

表 8-7　　　　2014 年至今中国对外投资相关政策

对外投资政策	发布日期	发布单位	文件名称	文件内容
管理体制政策	2014年10月31日	国务院	《国务院关于发布政府核准的投资项目目录》	明确核准投资项目目录，除目录外统一实行备案制

续表

对外投资政策	发布日期	发布单位	文件名称	文件内容
鼓励引导政策	2017年8月4日	国家发展和改革委员会、商务部、人民银行、外交部	《关于进一步引导和规范境外投资方向的指导意见》	明确规范境外投资方向
监管防范政策	2017年1月7日	国资委	《中央企业境外投资监管办法》	规定中央企业境外投资监管细则
	2017年10月26日	商务部	《对外投资合作"双随机一公开"监管工作细则（试行）》	规定采取"双随机一公开"监管方式
	2018年1月4日	国家发展和改革委员会	《企业投资项目事中事后监管办法》	规定事中事后监管方法

（二）吸引外资政策方面

随着逆全球化思潮泛起，我国国内经济也进入换挡期。面对国内外客观环境的变化，我国原有的以优惠政策吸引外资方式已不再适用。2014年国务院出台了《国务院批转发展改革委关于2014年深化经济体制改革重点任务意见的通知》，明确提出打造内外资企业公平竞争的营商环境改革方向。同年11月，国务院出台了《关于促进国家级经济技术开发区转型升级创新发展的若干意见》，将开发区作为吸引高质量外商投资的排头兵。表8-8列出了2014年至今中国吸引外资相关政策，这一时期我国致力于构建公平竞争的投资环境、引导外商投资流入战略性新兴产业，吸引更高层次外商投资，从而构筑新的经济增长推动力。

表8-8   2014年至今中国吸引外资相关政策

吸引外资政策	发布日期	发布单位	文件名称	文件内容
基本法律政策	2019年3月15日	全国人民代表大会	《中华人民共和国外商投资法》	改革我国外资管理体制

续表

吸引外资政策	发布日期	发布单位	文件名称	文件内容
产业引导政策	2017年1月12日	国务院	《国务院关于扩大对外开放积极利用外资若干措施的通知》	进一步扩大服务业等行业准入，营造内外资公平竞争环境
	2018年6月28日	国家发展和改革委员会、商务部	《外商投资准入特别管理措施（负面清单）（2018年版）》	规定全国版外商投资负面清单细则
	2018年6月30日	国家发展和改革委员会、商务部	《自由贸易试验区外商投资准入特别管理措施（负面清单）（2018年）》	规定自由贸易区版外商投资负面清单细则

（三）阶段政策评价

这一时期中国吸引外资重点集中于战略性新兴产业外商投资，且对我国对外投资的拉动作用明显，帮助国内企业和产业形成比较优势。与此同时，我国对外投资政策不断放宽，行政管理流程不断简化并加强事中事后监管力度。2015年我国对外直接投资首次超过外商直接投资，我国成为资本净输出国，中国在世界投资市场中的作用越来越重要。

第二节　以保持合意的跨境资本流量为目标的政策设计

一　实施有管理的资本账户开放

自20世纪60年代以来，全球跨境资本流动规模大幅增长，被广泛认为是推动经济增长的重要因素，同时，在跨境资本流动冲击下，新兴经济体爆发了一次又一次危机，多次被国际资本"剪羊毛"，即国际金融资本先向某新兴经济体投入大量"热钱"，炒高该国房市和股市，等泡沫吹大后再将资金抽走，该国股市、房市和汇市暴跌，引发经济危机，然后这些金融资本再以极低的价格收购该国核心资产，进而控制该国经济。在这种情况下，人们开始反思资本账户开放与跨境资本流动给新兴经济体带来的利弊孰轻孰重？以2008年国际金融危机为转折点，

第八章 我国避免跨境资本流动冲击的政策体系设计

人们对资本账户开放的态度发生了明显变化，在 2008 年之前，人们普遍相信资本账户完全开放有利于资本自由流动，有利于全球资源优化配置，提高经济效率，对新兴经济体也是有利的，因为新兴经济体内部储蓄不足，可以通过资本流入获得外部储蓄，促进经济更快发展。然而一次又一次金融危机使人们认识到完全自由的资本账户开放是不利的，甚至是有害的，对于新兴经济体尤其如此。因此，近年来一些学者提出有管理的资本账户开放的建议，2011 年以 IMF 为代表的国际机构也提出了资本流入管理框架，以此帮助新兴经济体应对资本流入数量激增带来的风险。

近几十年新兴经济体多次爆发危机，证明没有管理的资本账户开放面临着巨大的资本流动风险，很容易被国际资本"剪羊毛"，极大地损害本国经济增长。新兴经济体应实施有管理的资本账户开放，即从资本账户管制转向资本账户有效管理，从依靠行政手段管理转向依靠法律手段和经济手段管理。有管理的资本账户开放并不等于资本管制，而是微观层面的资本自由流动与宏观层面的总量调控的有效结合，主要目的是抑制跨境资本大出大进所带来的负面影响而非资本流动本身。

二 将合意的跨境资本流量作为主要管控目标

为防范跨境资本流动对我国经济的冲击，我国应该实施有管理的资本账户开放，而不是完全自由的资本账户开放。对资本流动进行管理首先要确定管理的目标是什么，通过本书的论证我们发现将合意的跨境资本流量作为主要管控目标是有必要的，因为以往金融危机爆发的重要原因之一就是跨境资本流动超过正常数量的大规模冲击，所以如果能够管控好跨境资本流动的规模，就可以有效地防范金融危机。维持一个合意的跨境资本流量是我国经济避免跨境资本流动冲击的必要条件。

在未来人民币可兑换和国际化的背景下，我国应在资本账户开放条件下管控跨境资本流量，维持一个适合我国经济发展的合意的资本流量，从而抑制跨境资本流动大幅波动的负面影响，避免被国际资本"剪羊毛"。我国跨境资本流动的管控措施也由行政手段为主转为以法律手段和价格手段为主，主要是预防危机，而不是应对危机的权宜之计。我国应该主要关注跨境资本流动总量，而不仅仅是短期资本流量，因为随着金融方法、工具和技术的不断创新，不同类型资本流动界限逐渐模糊，相互转化和替代非常便利。我们可以运用汇率政策、货币政策、财政政策和外债政策等调控跨境资本流量，并把合意的跨境资本流量纳入宏观审慎政策调控目标。

三　超过合意区间启动资本流动管理工具

资本流动管理工具包括税收类工具、准备金类工具和资本约束类工具。税收类工具有预扣税、金融交易税、资本利得税；准备金类工具有无息准备金、调节外币存款准备金、外汇头寸保证金等；资本约束类工具有外汇敞口头寸比例、外汇存贷比管理等。资本流动管理工具的启动会增加国外投资者持有房地产、债券和股票的成本，有效调控外资流入的数量和流入的产业方向。在实践中，我国应该研究和使用这些资本流动管理工具，制定相关规则，在必要时启用这些工具调节跨境资本流量。当跨境资本流动数量在合意区间内时，不启动这些工具，当跨境资本流动数量超出合意区间之后，就根据情况逐步启动这些工具，不断加大资本流动管理工具使用的数量和力度，将跨境资本流动数量拉回合意区间，避免出现跨境资本流动对经济造成大规模冲击。

四　采取策略维护资本流动稳定

跨境资本流动是否稳定与国际经济形势、投资者心理、舆论导向、国际经济规则等都密切相关，因此，我们只有从多方面采取正确的策略和措施才能有效维护资本流动稳定。第一，需要我们更多参与国际规则制定，尤其是货币、金融、投资方面的国际规则的制定和修改。第二，要主动与主要货币发行国沟通，就双边的国际收支、国际贸易、汇率变化、跨国投资等进行充分沟通与协商，给投资者一个稳定的预期。第三，掌握金融市场舆论主导权。跨国投资的信息相对不透明，投资者心理脆弱，市场舆论导向在很大程度上影响着投资者的投资行为，因此，我们应该主动控制国内外金融市场的舆论主导权，给投资者正确的舆论引导。第四，占据经济理论制高点。从原有的抽象经济理论上来讲，没有管制的完全自由的跨境资本流动是最有利于资源配置和提高经济效率的，但是任何理论的应用都应具体情况具体分析，这一理论是站在发达国家利益的立场上提出的，根本没有考虑到新兴经济体的利益。在这一理论指导下，新兴经济体大幅度开放市场带来了一次又一次金融危机。因此，我们必须建立自己利益视角下的经济理论，占据经济理论制高点，用经济理论来维护我们自己的经济利益。

五　完善金融体系有效吸收流入资本

第一，扩大资本市场规模，增加资本市场深度和市场弹性，以便能更有效吸收流入资本。规模庞大、弹性较大的资本市场能够有效吸收流入的资本，将资本配置到需要的生产环节，促进经济发展。反之，如果资本市场规模有限、深度不够，则无法有效吸收利用流入的外资，导致资产价格异动和泡沫经济。第二，健康的银行体系能降低资本流动冲击。相关学者的研究发现银行体系的稳定发展与经济增长密切相关，若新兴经济体银行系统发生危机，经济增长率会显著降低。稳固的金融体系有利于降低异常资本流动对实体经济的负面影响，在新兴经济体金融开放的过程中，为了维护国家经济安全，构建能够抵御资本流动冲击的银行体系至关重要。因此，要继续深化以银行部门改革为核心的金融体制改革，在改革过程中要厘清银行、企业与政府的关系，增强银行体系的风险承担能力，确保银行能为实体经济的发展提供资金支持。第三，完善利率市场化的形成机制，使利率能够充分反映资金的供求关系。同时避免国内利率频繁大幅度波动，转变部分国际投资者的短期逐利观念，降低利率波动对经济增长的负面冲击。第四，采取灵活的汇率制度。推进汇率制度改革与外汇市场建设，扩大汇率双向浮动区间，在均衡合理的水平下保持汇率基本稳定。

六　完善跨境资本流动预警机制

加强对跨境资本流动的监控，完善资本流动预警机制。为此，新兴经济体必须密切关注国际资本流动态势，以宏观审慎监管政策为主，辅之以必要的资本流动管理手段，从而加强对资本流动的管控力度，力求实现资本流入与流出的均衡管理，采取有效措施防范资本流动冲击。由于新兴经济体的经济体制尚不完善，国际资本大举进入或退出势必会对其经济增长产生严重影响，因此，新兴经济体在逐步实现金融开放的过程中，要加强对国际收支的统计分析，对国际资本的波动性和逆转性进行监测和预警，尤其关注短期国际资本流动的异动。国际经验表明，适度的跨境资本流动管理，尤其是对流动性强的资本进行重点管理是减轻异常资本流动冲击的一项行之有效的措施。研究发现，适度规模的跨境资本流动有助于经济增长，新兴经济体政策当局应运用统计手段严格监控跨境资本流动规模的变化。当资本流入水平大于资本流出水平时，这时候要密切注意资本净流入值；当资本流入水平低于资本流出水平时，要密切注意资本净流出值，使资本流动净值与当期 GDP 比值保持在合理的范围内。

第三节　提升我国在跨境资本流动格局中的地位

一　金融主导全球化

自 1973 年布雷顿森林体系崩溃以来，美元发行不再受黄金的约束，美国借助美元作为国际货币的优势，不断增发美元，各国外汇储备数量快速增加，全球美元流动性过剩，尤其是进入 21 世纪之后，全球金融资产价格、大宗商品价格、贵金属价格等不断上涨，实体经济逐渐金融化，金融衍生工具市场快速膨胀，跨境资本流动规模大幅增加，全球金融市场一体化程度大幅度提高，这些变化对整个经济产生重大影响，逐渐形成了金融主导的全球化发展态势。

进入 21 世纪后，发达国家经常项目转向逆差，发展中国家成为净资本输出方而发达国家沦为净资本输入方。发达国家依托金融发展水平优势和在国际货币领域的垄断地位，推动金融全球化，将国际经济关系从商品、生产领域拓展到包括服务、生产要素、金融等几乎所有方面，全球化进入以金融主导的新阶段。主要表现为金融资本跨境流动的数量远远超过其他生产要素跨境流动的数量，全球金融市场一体化快速发展，任何一个主要金融市场的波动都会迅速传递到全球市场，石油、粮食等大宗商品以及黄金等贵金属的交易都趋于金融化，其价格更多地受金融市场影响。

二　当前全球资本流动格局

从全球金融和资本流动角度看，世界格局分为四个层次：第一层次是美国，输出国际货币，输入储蓄，输出资本，是世界银行家；第二层次是英国、法国等发达国家，主要是输出资本，是自己的国际银行家；第三层次是包括我国在内的新兴经济体，经济发展水平和对外开放程度较高，输入国际货币，输出储蓄，输入资本，是国际储蓄者；第四层次是经济不发达的发展中国家，输入国际货币，输入储蓄。此格局存在由下往上的国际利益输送，第三层次的新兴经济体面临风险最大。未来我国随着实力增强和人民币国际化，将会从第三层次跃升到第二层次，能使全球资本流动为我所用，不再被"剪羊毛"，成为全球资本流动主要获益者。

发达国家对全球经济的控制力增强。金融主导的全球化趋势下，国际经济活动日益金融化，一些问题更为隐蔽，发达国家名虚实实，新兴经济体名实实虚。发达国家在发展中国家的资产主要是实际资产和有实际背景的资产，很少持有货币性资产和纯信用资产，而发展中国家在发达国家的资产结构正好相反。其结果是发达国家用其货币性和金融性资产置换成发展中国家的实际资产，增强了对全球实际资产的控制力。

三 提升我国在全球资本流动格局中的地位

作为全球第二大经济体，我国完全有能力在世界金融格局中由第三层次升至第二层次，从输入国际货币、输出储蓄、输入资本转向输出资本甚至输出货币。货币发行要摆脱美元的影响，增加货币发行的自主性；继续扩大人民币在跨境贸易、投资中的使用，摆脱对美元的依赖，力争使人民币成为国际货币的重要一极。金融业国际竞争力是决定参与全球化利益的重要因素，我国金融业的国际竞争力还较弱，必须加快金融业改革和发展，大力引进国际成熟人才和技术，探索外汇储备更多地通过国内金融机构运用出去的方式，目标是做自己的国际银行家和在华外资的银行家。金融发展不能失去自主性，切忌照抄照搬美国模式，金融开放要以我国为主，在现阶段国家控制金融体系在应对发达国家金融竞争中具有重要作用。

在未来，通过一定时期的有管理的资本账户开放，我国将从防御型资本流动管控阶段跃升到主动型资本流动管控阶段，从全球金融格局中的第三层次上升到第二层次，能主动利用全球资本流动为我国经济服务，不再被"剪羊毛"，最终成为国际银行家。这是一种前瞻性研究，需要深入研究英国、法国等发达国家资本流动情况、条件和管理措施，分析我国如何达到这些条件，应采取哪些管理措施，最终才能从世界格局中的第三层次跃升到第二层次。

第九章

研究结论与未来展望

第一节 研究结论

本书在回顾全球跨境资本流动历史的基础上,首先,分析了新兴经济体跨境资本流动的影响因素,以及资本突停带来的冲击;其次,用计量经济学模型测算了新兴经济体跨境资本流动的合意区间;再次,分析了我国跨境资本流动的特点及资本外流影响因素;最后,运用系统动力学仿真模型测算了我国跨境资本流动的合意区间,并提出了维持我国合意的跨境资本流量为目标的政策体系。

一 新兴经济体跨境资本流动的影响因素

第一,新兴经济体资本外逃的影响因素。资本外逃一直是新兴经济体面临的重要问题,新兴经济体处于经济发展的初级阶段,市场条件不成熟,内部经济结构相对不够完善,经济体系有一定脆弱性,一旦发生持续大规模资本外逃,遭受的负面影响要远远大于发达经济体。因此,实证研究了新兴经济体资本外逃的影响因素,结果发现新兴经济体本币出现大幅度贬值、政局不稳定都会引发资本外逃;另外全球性因素是新兴经济体资本外逃的重要外部因素,尤其是美国经济政策和经济形势的变化会对新兴经济体跨境资本流动产生直接影响。

第二,新兴经济体资本流动异常的影响因素。通过对导致国际资本流动异常的本国因素和全球性因素进行实证研究,结果发现不同类型的资本稳定性差别较大,发生流动异常的影响因素也不尽相同。从跨境资本流动激增与突停的回归结果中发现,全球经济增长和国际利率对国际资本流入新兴经济体的激增和突停都有着显著影响，国际储备规模对证券投资和其他投资的激增与突停都存在显著影响，本国经济增长对FDI突停、证券投资的激增与突停、其他投资的突停存在显著影响。从对外逃与回流的回归结果中发现，金融开放度对资本外逃与回流都存在显著影响，本国经济增长对除FDI回流之外的资本外逃与回流都具有显著性影响，国际利率对FDI的回流与外逃及其他投资的回流与外逃具有显著性影响。

第三，新兴经济体对外投资的影响因素。近年来，随着新兴经济体经济实力的增强，其对外投资规模不断增长，已经成为国际上一支重要的跨国投资力量。通过实证研究新兴经济体对外投资影响因素，结果发现人均收入水平越高，汇率升值幅度越大，对外投资规模越大。贸易开放度越高，金融开放度越高，对外投资规模越大。国际资产价格上涨和国内资产泡沫都会促进新兴经济体增加对外投资。

第四，汇率变化与收入水平对新兴经济体对外投资的影响。汇率变动是影响新兴经济体对外投资的重要因素。当本币升值时，会促使新兴经济体投资者对外投资增加。人均GDP水平、金融开放度和国际储备对新兴经济体对外投资有显著正向影响，国内外利差、本国与外国实际经济增长率之差对对外投资有显著负向影响。对于收入水平不同的新兴经济体来说，影响对外投资的因素有明显差异。汇率变动对一国对外投资的影响在一定程度上依赖于该国收入水平。对于高收入新兴经济体来说，汇率变动正向影响对外直接投资和对外证券投资，即本币升值使高收入新兴经济体的对外投资增加；而对于低收入新兴经济体来说，汇率变动则与对外投资有显著的负相关关系，即本币升值会使低收入新兴经济体对外投资减少。固定汇率制的新兴经济体本币升值时对外投资增加，而浮动汇率制的新兴经济体汇率变动则不影响对外投资。

二　跨境资本流动突停对新兴经济体的影响

第一，跨境资本流动突停对银行风险的影响。资本突停是新兴市场国家在金融自由化进程中面临的重要问题，研究资本突停是否会导致银行风险上升，具有重要的现实意义。将资本突停界定为三个方面：流入驱动型资本突停、流出驱动型资本突停、净流入型资本突停。针对这三个方面分别研究了资本突停对银行风险的影响,结果表明在新兴市场国家流出驱动型资本突停对银行风险的影响不显著;流入驱动型资本突停会显著增加银行风险;净流入型资本突停也会增加银行风险。

第二,跨境资本流动突停对经济增长的影响。研究结果显示资本突停显著降低了新兴经济体的经济增长速度,对新兴经济体的负面冲击较大。同时发现,资本突停对不同储蓄率经济体的影响程度不同,对低储蓄率组的负面冲击更严重,对高储蓄率组的冲击较小。进一步分析了直接投资突停、证券投资突停和其他投资突停对新兴经济体的冲击,结果显示三种类型资本突停均对新兴经济体宏观经济形成负面冲击,其中直接投资突停和其他投资突停对低储蓄率经济体的冲击更为强烈,三种类型资本突停对高储蓄率经济体的冲击效果不显著。综合来看,较高的储蓄率有助于减轻资本突停对新兴经济体的负面冲击;低储蓄率经济体受资本突停冲击更大,相对于证券投资突停而言,直接投资突停和其他投资突停的负面冲击更大。

第三,跨境资本流动对资产价格的影响。研究了发达国家和新兴市场国家两个样本组跨境资本流动与股票价格、房地产价格和债券价格之间的关系。结果发现发达国家的股票市场对跨境资本净流动的反应更灵敏。发达国家和新兴市场国家跨境资本流出都会导致房地产价格下跌,但同样条件下新兴市场国家下跌的幅度更大。新兴市场国家的债券价格会受到跨境资本净流动的影响,而发达国家的债券价格受到的影响则并不显著。

三 新兴经济体跨境资本流量的合意区间测算

随着经济全球化进程的推进和各国资本账户开放,为资本流动提供了便利条件,新兴经济体在经济发展过程中,适度的资本流动规模有助于补充经济发展所需资金,为经济快速增长奠定了资本基础,但是资本流动规模过大则会影响新兴经济体经济体系的稳定性,国际资本的大举进入极易催生经济泡沫。同时,资本的大幅度流出会减少经济体内部发展所需资金,不利于新兴经济体经济持续发展。在新兴经济体对外开放的进程中,如何既能充分发挥资本流动对经济增长的推动作用,又能避免因过度资本流动而产生的负面冲击,成为新兴经济体政策当局面临的问题。

运用实证方法测算新兴经济体跨境资本流动的合意区间,结果发现合意的资本流动规模有助于经济增长,超出合意规模的资本流动规模不利于经济增长。通过研究发现资本流动与经济增长之间呈现倒"U"形关系,这进一步说明资本流动对经济增长的影响是随着其流动规模的变化而变化的,资本流动在初始阶段对新兴经济体经济增长起到促进作用,当资本流动规模达到一定峰值以后,资本流动对经济增长起到抑制作用。在此基础上,利用面板门槛模型实证分析发现,新兴经济体资本流动与经济增长之间具有双重门槛效应,通过门槛模型测度的新兴经济合意的资本流动规模为:1个季度资本净流出总额占当季GDP的比值小于12.15%,1个季度资本净流入总额占当季GDP的比值小于或等于23.20%,合意区间是(-0.1215,0.2320]。新兴经济体若能将资本流动规模控制在这个区间内,资本流动能显著促进经济增长。

四 我国跨境资本流动特点及资本外逃影响因素

通过从资本账户差额、银行、外债和国际投资头寸视角对我国跨境资本流动进行研究,发现我国跨境资本流动具有如下特点:从资本流动方向上来看,由金融账户持续顺差转为金融账户顺差逆差交替;从资本流动的结构来看,主要以对外直接投资为主,但短期金融类投资占资本流动比重逐渐加大,导致资本流动大幅度频繁波动;跨境直接投资由净流入转为净流出。2015年以前,我国对外直接投资的增长率高于外国对华直接投资,但整体还是处于资本净流入状态。2015年后,随着"一带一路"倡议的不断推进,加上中国劳动力、土地、租金等成本优势减弱造成的对外国直接投资的吸引力降低,我国对外直接投资额开始超过外国直接投资额。

通过对我国资本外逃影响因素的分析发现,在国内因素中,GDP的增长率、广义货币供给量、外商直接投资对我国资本外逃产生显著影响;在国际因素中,国际流动性与美元指数变化对我国资本外逃均产生显著影响。从对资本外逃影响的贡献度上看,国际因素尤其是国际流动性对我国资本外逃的贡献度很高。

五 我国跨境资本流量的合意区间测算

通过梳理跨境资本流动的相关理论和研究成果,分析我国跨境资本流动的现状和特点,构建我国跨境资本流动的系统动力学仿真模型,运用 Vensim 等分析工具，测算了未来十年我国资本流动的合意区间。主要研究结论如下。

名义 GDP 增长率和资产价格增长率与我国资本净流入之间存在正相关关系，而货币供应量增长率和全球经济政策不确定性大小与我国资本净流入之间存在负相关关系。因此，可以通过提高名义 GDP 增长率和资产价格，同时降低货币供应量增长率和全球经济政策不确定性指数来测算我国未来跨境资本净流入的上限，并通过降低名义 GDP 增长率和资产价格，同时提高货币供应量增长率和全球经济政策不确定性指数来测算我国未来跨境资本净流入的下限，从而测算出未来十年我国合意的跨境资本流量区间，结果显示，2025 年我国合意的资本净流入的区间是［-1.96，4.68］万亿元；2030 年我国合意的资本净流入区间是［-6.07，5.27］万亿元。这个区间是与现阶段我国经济增长相适应的资本流动区间，当我国跨境资本流量处于这一合意区间就不会对经济运行造成巨大冲击。我国在管理跨境资本流量时，应将合意的跨境资本流量作为主要管控目标，当资本流量超过这一合意区间时要及时采取措施，从而抑制跨境资本流动大幅度波动给我国经济带来负面影响，避免被国际资本"剪羊毛"。

六 以合意跨境资本流量为管控目标的政策体系设计

设计将合意跨境资本流量作为主要管控目标的政策体系，保证我国避免跨境资本流动冲击。在借鉴已有新兴经济体资本账户开放管理经验的基础上，将我国大国经济和人民币国际化这些特殊因素充分考虑，设计一套我国资本账户开放条件下管控资本流动的政策体系，以保证我国跨境资本流动的稳定和有序。一是转变行政手段为法律手段和价格手段：无息准备金、预扣税、金融交易税、资本利得税，增加外资持有我国房地产、债券和股票的成本，有效调控外资流入的数量和流入的产业方向。二是把合意的跨境资本流量纳入宏观审慎政策调控目标，运用浮动汇率制、货币政策、财政政策和外债政策等进行调控。三是需要采取策略维护资本流动稳定：更多与主要货币发行国沟通、参与国际规则制定、掌握市场舆论主导权、做好跨境资本流动监测、占据经济理论制高点。四是大力发展资本市场，扩大规模，增加市场深度和市场弹性，以便能更有效地吸收流入资本。

第二节　研究不足与展望

一　样本数据方面

由于部分新兴经济体的季度数据尚不能做到完全公开，所需的有些变量数据不完整，因此，本书各章所采用的样本数量并没有涵盖全部新兴经济体，所得研究结论需审慎使用，这也是本书的不足之一，这点在未来的研究中可给予改进，以求进一步提高实证结论的可靠性。

二　模型准确方面

跨境资本流动系统是一个非常复杂的动态系统，影响跨境资本流动的因素可能有成千上万个，一个系统动力学仿真模型不可能囊括所有的影响因素，因此测算的结果可能和现实情况存在一定的偏差，以后可以进一步对系统动力学模型进行补充与扩展，进一步提高模型预测的准确度。在探讨资本流动对新兴经济体经济增长的非线性影响上选取了静态面板门槛模型进行分析，如果能使用动态面板门槛模型分析可能会更好，但受制于所使用 Stata 计量软件程序缺陷，使得动态门槛估计难以进行，今后的学习研究中可尝试学习利用 R 语言等编程强大的数学统计软件做研究。

三　政策模拟方面

在测算我国合意的跨境资本流量的基础上，提出了我国防范跨境资本流动冲击的政策设计，由于缺少相关数据没有对政策的执行效果进行模拟，无法预测政策的好坏。因此，在未来的研究中应该不断完善数据，运用多种方法模拟管控我国合意的跨境资本流量的各项政策效果，从而为政策制定者提供一个有益的参考。

参考文献

安锦：《国际产业转移背景下人民币对东亚国家货币影响力研究》，《金融经济学研究》2014年第9期。

奥利维尔·吉恩等：《资本账户管制还是开放?》，中国发展出版社2014年版。

鲍星、张德亮：《跨境资本流入与资本流入急停——基于分部门跨境资本流入的视角》，《现代经济探讨》2022年第3期。

才凌惠、朱延福：《产权制度对资本外逃的影响——基于跨国数据的实证分析》，《北京工商大学学报》（社会科学版）2018年第5期。

蔡彤娟、陈丽雪：《人民币与东亚国家货币汇率动态联动研究》，《亚太经济》2016年第5期。

曹永福、匡可可：《美联储加息和新兴市场资本流动：历史经验分析》，《北京工商大学学报》（社会科学版）2016年第1期。

陈创练等：《利率市场化、汇率改制与国际资本流动的关系研究》，《经济研究》2017年第4期。

陈春根、胡琴：《FDI对金砖国家经济增长影响的实证研究》，《经济问题探索》2012年第12期。

陈丰：《泰国实施无息准备金的经验研究及对中国的启示》，《国际金融》2014年第9期。

陈奉先、贾丽丹：《主权信用评级调整、经济增长与国际资本流动"突然停止"》，《世界经济研究》2021年第6期。

陈奉先、李娜：《资本账户开放、金融发展与国际资本流动"突然停止"——基于全球68个经济体的实证考察》，《经济学家》2020第

11 期。

陈嘉丽：《资本流出管理是否有效——基于 32 个新兴市场国家的经验证据》，《福建金融》2019 年第 2 期。

陈静等：《中国"热钱"与资产价格波动的实证研究》，《西部金融》2013 年第 2 期。

陈镜宇：《资本账户开放能促进经济长期增长吗？——基于新古典增长理论的研究》，《经济经纬》2017 年第 5 期。

陈浪南、陈云：《人民币汇率、资产价格与短期国际资本流动》，《经济管理》2009 年第 1 期。

陈雷等：《三元悖论还是二元悖论——基于跨境资本流动波动视角的分析》，《国际金融研究》2021 年第 6 期。

陈守东等：《中国金融风险预警的 MS-VAR 模型与区制状态研究》，《吉林大学社会科学学报》2009 年第 1 期。

陈陶然、黄烨菁：《资本流入、银行体系特征与企业信贷增长》，《世界经济研究》2021 年第 11 期。

陈卫东、王有鑫：《跨境资本流动监测预警体系的构建和应用》，《国际金融研究》2017 年第 12 期。

陈伟等：《地区市场化进程、"一带一路"与国际多元化》，《云南财经大学学报》2014 年第 4 期。

陈文慧：《人民币与东盟国家货币汇率动态关联性分析》，《西部金融》2014 年第 11 期。

陈中飞等：《资本流入突然中断：杠杆率重要吗？》，《国际金融研究》2021 年第 1 期。

程立燕、李金凯：《国际资本异常流动对经济增长具有非线性效应吗？——基于汇率制度和金融市场发展视角》，《国际金融研究》2020 年第 4 期。

崔蕊、刘力臻：《高频汇率视角下东亚创建人民币货币区的潜质分析》，《上海金融》2012 年第 12 期。

大卫·李嘉图：《政治经济学原理及税赋原理》，商务印书馆 2013 年版。

戴淑庚、余博：《资本账户开放背景下中国短期资本流动的驱动因素研究——基于半参数平滑系数模型》,《国际金融研究》2019 年第 5 期。

戴翔、王如雪:《"一带一路"倡议与对外直接投资:"五通"作用机制分析》,《财经研究》2022 年第 4 期。

党超:《国际资本流动对中国商业银行体系稳定性的影响》,博士学位论文,吉林大学,2017 年。

丁剑平、杨飞:《人民币汇率参照货币篮子与东亚货币联动的研究》,《国际金融研究》2007 年第 7 期。

丁志杰:《重视资本流动管理》,《中国经贸》2011 年第 2 期。

董华平、干杏娣:《我国货币政策银行贷款渠道传导效率研究——基于银行业结构的古诺模型》,《金融研究》2015 年第 10 期。

董凯等:《人民币与东亚国家货币汇率动态联动效应研究》,《亚太经济》2021 年第 2 期。

董有德、谢钦骅:《汇率波动对新兴市场国家资本流动的影响研究——基于 23 个新兴市场国家 2000—2013 年的季度数据》,《国际金融研究》2015 年第 6 期。

杜婕、安明玉:《人民币与"一带一路"沿线国家汇率联动关系研究——基于 VAR-MVGARCH-BEKK 模型的实证分析》,《吉林大学社会科学学报》2021 年第 4 期。

段军山等:《存款保险、制度环境与商业银行风险承担——基于全球样本的经验证据》,《南开经济研究》2018 年第 3 期。

樊潇彦:《中国工业资本收益率的测算与地区、行业结构分析》,《世界经济》2004 年第 5 期。

范小云等:《跨境资本流动对股市波动的影响——基于分部门资本流动波动性视角的研究》,《国际金融研究》2020 年第 10 期。

方霞、陈志昂:《基于 G-PPP 模型的人民币区域"货币锚"效应》,《数量经济技术经济研究》2009 年第 4 期。

冯乾、孙玉奎:《证券投资项目开放、经济增长效应与资本流动——基于新兴市场国家的实证与启示》,《金融经济学研究》2015 年第 2 期。

冯永琦等:《人民币在东亚区域货币"锚"效应及其影响因素研

究》,《国际金融研究》2020 年第 2 期。

付江涛、王方华:《货币危机预警指标体系的构建及实证分析》,《世界经济研究》2004 年第 12 期。

刚健华等:《短期跨境资本流动、金融市场与系统性风险》,《经济理论与经济管理》2018 年第 4 期。

高洁超等:《资本流动、金融稳定与经济增长》,《金融监管研究》2021 年第 5 期。

高明宇、李婧:《基于货币锚模型的人民币影响力空间分布特征分析——兼论东亚人民币区是否形成》,《上海经济研究》2020 年第 10 期。

高秀成等:《宏观审慎视角下我国跨境资本流动管理效果评估》,《经济问题》2020 年第 2 期。

葛奇:《宏观审慎管理政策和资本管制措施在新兴市场国家跨境资本流出入管理中的应用及其效果——兼析中国在资本账户自由化过程中面临的资本流动管理政策选择》,《国际金融研究》2017 年第 3 期。

葛志苏:《管理浮动汇率制下的外汇市场干预:国别经验》,《海南金融》2016 年第 2 期。

顾海峰、卞雨晨:《跨境资本流动、贷款集中与银行系统性风险:如何理解宏观审慎政策和国际金融环境的作用?》,《世界经济研究》2021 年第 10 期。

顾海峰、卞雨晨:《跨境资本流动、流动性错配与银行稳定性——基于银行盈利能力与风险承担能力双重视角》,《经济学家》2021 第 6 期。

顾海峰、卞雨晨:《跨境资本流动、资产价格与银行流动性风险——货币政策不确定性与银行业竞争的调节作用》,《财经科学》2020 年第 12 期。

关筱谨等:《短期跨境资本流动对系统性金融风险的影响研究》,《经济体制改革》2021 年第 3 期。

关益众等:《资本流动"突然中断"的预警指标体系研究》,《财经研究》2013 年第 2 期。

管涛、王霄彤:《中国服务(旅游)贸易逆差扩大:是资本外逃还是经济再平衡?》,《国际经济评论》2019年第4期。

郭大山:《东亚货币合作中人民币充当货币锚的可行性研究》,《西部金融》2018年第6期。

郭红等:《新兴市场跨境资本流动异常的驱动因素研究——基于"一带一路"国家样本》,《金融理论与实践》2020年第8期。

郭红玉、杨美超:《金融开放背景下实际资本管制能力对金融危机影响的实证研究》,《国际金融研究》2019年第9期。

郭珺、滕柏华:《人民币与欧元、美元、日元之间的汇率联动分析》,《经济问题》2011年第7期。

韩国高等:《中、美、日实际均衡汇率模型的构建及实证研究》,《数量经济技术经济研究》2011年第1期。

韩剑等:《资本流入激增会诱发突然中断吗?——基于新兴市场国家的实证研究》,《金融研究》2015年第3期。

郝大鹏等:《美联储政策变化、国际资本流动与宏观经济波动》,《金融研究》2020年第7期。

何国华、陈晞:《跨境资本流动会加大金融波动吗?》,《国际金融研究》2020年第3期。

何国华、李洁:《跨境资本流动、金融波动与货币政策选择》,《国际金融研究》2017年第9期。

何国华、李洁:《跨境资本流动的国际风险承担渠道效应》,《经济研究》2018年第5期。

何娟文等:《异质性资本流动对经济增长的影响——基于面板平滑转换模型》,《财经理论与实践》2018年第5期。

何塞·安东尼奥·奥坎波等:《资本账户管理的合理性及其经验》,《国际经济评论》2012年第6期。

何迎新:《新兴市场国家资本账户开放进程中的风险防范及启示》,《北京金融评论》2014年第3期。

河合正弘等:《资本流动管理:亚洲新兴经济体近期的经验教训》,《国际经济评论》2012年第5期。

侯晓霞:《资本流动对经济增长的影响分析》,《经济问题》2012年第10期。

黄赛男等：《贸易开放度会影响极端国际资本流动吗？——基于 54 个经济体跨国面板数据的分析》，《国际金融研究》2020 年第 3 期。

黄宪等：《国际资本流动大幅逆转对新兴市场国家经济增长都是负效应吗？——全球化资本流出管制的适配性》，《国际金融研究》2019 年第 7 期。

季云华：《新兴市场国家国际资本流动管理的实践及启示》，《南方金融》2014 年第 5 期。

简志宏、郑晓旭：《汇率改革进程中人民币的东亚影响力研究——基于空间、时间双重维度动态关系的考量》，《世界经济研究》2016 年第 3 期。

江春等：《资本账户开放对全要素生产率的影响：考虑金融危机因素的跨国实证研究》，《世界经济研究》2019 年第 1 期。

姜波克、李心丹：《货币替代的理论分析》，《中国社会科学》1998 年第 3 期。

姜永宏、冯启迪：《国际债务资本流动不确定性会抑制投资吗？》，《经济与管理评论》2020 年第 1 期。

金成晓等：《跨境资本流动、宏观审慎管理与金融稳定》，《世界经济研究》2020 年第 3 期。

金政、李湛：《短期跨境资本对金融资产价格的动态影响及对策研究》，《世界经济研究》2022 年第 2 期。

靳玉英等：《国际基金投资视角下中国资本流动管理：有效性和外溢性》，《经济研究》2020 年第 7 期。

凯文等：《中国资本账户开放：一种平衡的方法》，中国社会科学院世界经济与政治研究所译，中国金融出版社 2015 年版。

李聪、刘喜华：《汇率预期、国际资本流动与金融稳定的非线性联动效应研究》，《暨南学报》（哲学社会科学版）2021 年第 4 期。

李稻葵、梅松：《美元 M2 紧缩诱发世界金融危机：金融危机的内外因论及其检验》，《世界经济》2009 年第 4 期。

李东荣：《浅析新兴市场经济体金融危机的成因和防范——从东亚和拉美金融危机引发的思考》，《金融研究》2003 年第 5 期。

李芳、卢璐：《资本流动突然中断对不同负债结构国家的经济影响》,《国际金融研究》2017年第3期。

李芳等:《资本流动突然中断、汇率制度与经济增长》,《财贸经济》2018年第2期。

李辉:《经济增长与对外投资大国地位的形成》,《经济研究》2007年第2期。

李金凯、程立燕:《中国发生国际资本异常流动驱动因素的动态识别》,《当代经济科学》2020年第4期。

李力等:《短期资本、货币政策和金融稳定》,《金融研究》2016年第9期。

李明明、秦凤鸣:《人民币汇率预期、人民币国际化与短期资本流动》,《国际商务》2018年第5期。

李升高:《跨境资金流出风险监测预警指标体系研究——基于信号分析法》,《南方金融》2017年第1期。

李苏骁、杨海珍:《国际证券资金大幅流入识别及其影响因素研究》,《国际金融研究》2019年第2期。

李巍:《跨境投机性资本流动对宏观经济增长影响的时变特征——兼论国际间"跨境资本流动量交易市场"的建构》,《世界经济研究》2011年第8期。

李巍、张志超:《不同类型资本账户开放的效应:实际汇率和经济增长波动》,《世界经济》2008年第10期。

李文君、尹康:《多元GARCH模型研究述评》,《数量经济技术经济研究》2009年第10期。

李晓、丁一兵:《人民币汇率变动趋势及其对区域货币合作的影响》,《国际金融研究》2009年第3期。

李昕、谭莹:《中国短期资本外流规模再估算及其影响因素分析》,《统计研究》2019年第7期。

李旭:《社会系统动力学》,复旦大学出版社2011年版。

李艳丽等:《人民币汇率对短期国际资本流动的不对称影响研究:基于NARDL模型》,《世界经济研究》2021年第3期。

李政:《新兴市场经济体的内涵、范围与国际地位》,《经济问题》2014年第1期。

梁芹、陆静：《国际金融危机期间的汇率风险传染效应研究》，《当代经济科学》2013 年第 3 期。

梁权熙、田存志：《国际资本流动"突然停止"、银行危机及其产出效应》，《国际金融研究》2011 年第 2 期。

梁锶、杜思雨：《国际金融周期、资本急停与政策效果》，《国际金融研究》2020 年第 8 期。

梁涛：《"二元悖论"视角下中国跨境资本流动的宏观审慎管理——兼论新冠肺炎疫情影响与应对》，《首都经济贸易大学学报》2020 年第 6 期。

林博：《人口结构、资本流动与全球经济失衡》，《世界经济研究》2013 年第 7 期。

林峰、杨卓文：《资本账户开放与顺周期财政政策倾向——来自跨国面板数据的证据》，《财贸研究》2020 年第 3 期。

林玉婷等：《基于国际资本多重动机的全球系统性风险传染路径识别》，《统计研究》2021 年第 12 期。

凌江怀、李长洪：《国际资本流动和国际贸易对国内物价的冲击效应——基于不同汇率机制和宏观经济环境的研究》，《财经研究》2012 年第 11 期。

刘柏等：《跨境资本流动、度量方法筛选与金融风险防范》，《南开经济研究》2019 年第 5 期。

刘昌黎：《论日本的对外证券投资》，《日本学刊》1986 年第 5 期。

刘玚、李佳耘：《逆全球化视角下我国跨境资本流动监测预警指标体系构建研究》，《中央财经大学学报》2019 年第 6 期。

刘玚等：《外部不确定性对中国系统性金融风险的影响研究——基于跨境资本流动视角与渠道》，《西南民族大学学报》（人文社会科学版）2019 年第 11 期。

刘刚：《东亚地区人民币集团形成进展判断——基于人民币对东亚货币汇率影响力的比较研究》，《经济科学》2013 年第 2 期。

刘浩杰、林楠：《地缘政治风险、短期资本流动与外汇市场压力》，《亚太经济》2021 年第 6 期。

刘凯、伍亭：《人民币汇率波动与中国对外直接投资：促进还是挤出》，《宏观经济研究》2017年第11期。

刘莉亚：《境外"热钱"是否推动了股市、房市的上涨？——来自中国市场的证据》，《金融研究》2008年第10期。

刘莉亚等：《资本管制能够影响国际资本流动吗?》，《经济研究》2013年第5期。

刘粮、陈雷：《外部冲击、汇率制度与跨境资本流动》，《国际金融研究》2018年第5期。

刘仁伍、刘华、黄礼健：《新兴市场国家的国际资本流动与双危机模型扩展》，《金融研究》2008年第4期。

刘志东：《多元GARCH模型结构特征、参数估计与假设检验研究综述》，《数量经济技术经济研究》2010年第9期。

芦东等：《浮动汇率制能有效降低跨境资本流动波动吗?》，《国际金融研究》2021年第11期。

鲁春义、王东明：《中国经济政策不确定性对短期资本流动的双向冲击：基于区制转移模型的实证研究》，《世界经济研究》2021年第8期。

陆静、罗伟卿：《国际金融危机期间的资本流入突停研究》，《中国软科学》2012年第5期。

吕艳艳：《对外证券投资的国别比较及借鉴》，博士学位论文，北京大学，2008年。

罗忠洲：《日元汇率波动对FDI影响的实证分析》，《中国外汇管理》2005年第3期。

马骏：《资本流动管理和金融治理改革》，《中国金融》2015年第1期。

马克思：《资本论》，上海三联书店2009年版。

马勇、陈雨露：《经济开放度与货币政策有效性：微观基础与实证分析》，《经济研究》2014年第3期。

马宇、安晓庆：《汇率变动、收入差距与经济增长——基于不同经济发展阶段的实证研究》，《经济学家》2018年第9期。

马宇、杜萌：《新兴市场国际资本流动影响因素——基于美元因素和GMM方法的实证分析》，《财贸经济》2013年第1期。

马宇、杜昕倩：《我国合意的跨境资本流量区间测算——基于系统动力学方法》，《系统工程》2020年第2期。

马宇、黄嬿顺：《基于关联网络视角的国际资本流动风险溢出研究》，《金融与经济》2022年第3期。

马宇、唐羽：《新兴经济体资本外逃影响因素实证分析》，《云南财经大学学报》2017年第1期。

马宇、王红平：《资本流动突停能引发银行危机吗？——基于61个新兴市场国家样本的实证分析》，《经济经纬》2018年第3期。

马宇、郑慧：《新兴市场国家跨境资本流动异常的影响因素分析——基于93个新兴市场国家的样本》，《经济与管理评论》2017年第6期。

梅阳：《利差与汇率预期对我国短期国际资本流动的影响研究》，《苏州大学学报》2019年第6期。

米德：《国际经济政策理论》，首都经济学院出版社1990年版。

苗文龙：《跨境资本流动宏观审慎监管框架与效果检验》，《当代财经》2021年第3期。

缪延亮等：《利差、美元指数与跨境资本流动》，《金融研究》2021年第8期。

缪延亮等：《外汇储备、全球流动性与汇率的决定》，《经济研究》2021年第8期。

纳克斯：《不发达国家的资本形成问题》，商务印书馆1966年版。

欧阳艳艳等：《中国企业对外直接投资与对外间接投资的互动关系研究》，《国际经贸探索》2020年第2期。

潘赛赛：《国际资本流动突然变动问题研究》，博士学位论文，南开大学，2012年。

潘英丽：《人民币自由兑换与资本账户有限开放》，《上海交通大学学报》（哲学社会科学版）2014年第3期。

潘镇、金中坤：《制度约束与中国的资本外逃：1982—2006》，《南京师大学报》（社会科学版）2008年第6期。

彭红枫、朱怡哲：《资本账户开放、金融稳定与经济增长》，《国际金融研究》2019年第2期。

彭红枫、祝小全：《短期资本流动的多重动机和冲击：基于TVP-VAR模型的动态分析》，《经济研究》2019年第8期。

彭红枫等：《汇率市场化与资本账户开放的路径选择》，《世界经济》2018年第8期。

乔纳森·休斯：《美国经济史》，高等教育出版社2011年版。

邱兆祥、王丝雨：《银行业系统性风险与资本补充行为研究——来自16家上市银行的证据》，《云南财经大学学报》2016年第5期。

阙澄宇、程立燕：《国际资本异常流动驱动因素的异质性研究》，《世界经济研究》2020年第10期。

任力、黄崇杰：《国际资本流动突然中断型金融危机理论研究进展》，《经济学动态》2011年第5期。

三木谷良一：《日本泡沫经济的产生、崩溃与金融改革》，《金融研究》1998年第6期。

沈勇涛、吴俊培：《发达国家与发展中国家金融业对外投资的比较研究》，《河南社会科学》2017年第5期。

石建勋等：《人民币成为区域主导货币的实证研究——基于汇率视角的考察》，《财经问题研究》2011年第1期。

石振宇：《中国跨境资本流动驱动因素分析：非线性特征与联动机制》，《华北金融》2018年第12期。

宋勃、高波：《国际资本流动对房地产价格的影响——基于我国的实证检验（1998—2006年）》，《财经问题研究》2007年第3期。

宋卫刚：《美元化问题研究》，《财经问题研究》2008年第8期。

宋则行、樊亢：《世界经济史（上）》，经济科学出版社1995年版。

苏飞：《资金流动、国际金融整合与经济增长——基于新兴市场国家面板数据》，《国际金融研究》2012年第3期。

孙天琦：《我国跨境资本流动管理的政策框架和实践》，《清华金融评论》2019年第8期。

谭小芬、李兴申：《跨境资本流动管理与全球金融治理》，《国际经济评论》2019年第5期。

谭小芬、李兴申：《新兴经济体应对国际资本流动：文献综述》，

《经济社会体制比较》2019年第4期。

谭小芬、梁雅慧：《我国跨境资本流动：演变历程、潜在风险及管理建议》，《国际贸易》2019年第7期。

谭小芬、邵涵：《美国货币政策对新兴市场国家的溢出效应：资本流动视角》，《经济社会体制比较》2020年第6期。

谭小芬、虞梦微：《全球金融周期与跨境资本流动》，《金融研究》2021年第10期。

谭小芬等：《美国贸易政策不确定性与新兴经济体跨境股票资本流动》，《财贸经济》2022年第1期。

谭小芬等：《全球风险偏好、美国经济政策不确定性与跨境资本流动——基于新兴经济体基金数据的证据》，《南开经济研究》2021年第5期。

谭小芬等：《全球经济政策不确定性对新兴经济体资本流动的影响》，《财贸经济》2018年第3期。

唐国强、王彬：《汇率调整、资本项目开放与跨境资本流动——新兴市场经验对我国的启示》，《中央财经大学学报》2017年第4期。

唐宏飞：《宏观审慎管理框架下跨境资本流动监管问题研究》，《南方金融》2014年第8期。

唐洁尘、李容：《人民币区域化视角下人民币与东亚货币联动性研究》，《世界经济研究》2018年第7期。

田素华等：《人口老龄化、资本供求与国际直接投资流动》，《国际经贸探索》2021年第11期。

田巍、余淼杰：《汇率变化、贸易服务与中国企业对外直接投资》，《世界经济》2017年第11期。

童相彬、张书华：《跨境资本流动、系统性风险与宏观经济波动》，《经济体制改革》2021年第4期。

涂永红、吴雨微：《资本开放与宏观审慎管理》，《中国金融》2016年第2期。

万晓琼、孟祥慧：《国际资本流动与实体经济"脱虚向实"——基于企业投资决策的视角》，《学术研究》2021第6期。

汪小勤、陈俊：《我国资本外逃规模估算研究：1982—2011》，《经济学动态》2013年第6期。

汪洋：《中国的资本流动：1982—2002》，《管理世界》2004年第7期。

王柏杰、曾湘棋：《制度质量与短期资本流动——基于23个新兴市场国家和地区的经验研究》，《山西财经大学学报》2020年第1期。

王彬、唐国强：《资本项目开放、汇率政策与资产价格》，《当代经济科学》2016年第1期。

王东明、鲁春义：《经济政策不确定性、金融发展与国际资本流动》，《经济学动态》2019年第12期。

王光等：《双边投资协定与中国对外直接投资》，《国际经贸探索》2020年第3期。

王广谦：《中国对外投资与引进外资的新变化及政策建议》，《金融论坛》2017年第7期。

王金明、王心培：《跨境资本双向流动影响外汇市场稳定吗》，《国际贸易问题》2021年第10期。

王晋斌、刘璐：《全球资本流动周期与全要素生产率的关系研究》，《国际贸易问题》2021年第5期。

王培志等：《制度因素、双边投资协定与中国对外直接投资区位选择——基于"一带一路"沿线国家面板数据》，《经济与管理评论》2018年第1期。

王其藩：《系统动力学》，上海财经大学出版社2009年版。

王琦：《关于我国资本流动影响因素计量模型的构建和分析》，《国际金融研究》2006年第6期。

王倩：《东亚经济体汇率的锚货币及汇率制度弹性检验——基于新外部货币模型的实证分析》，《国际金融研究》2011年第11期。

王胜等：《利率冲击、资本流动与经济波动——基于非对称性视角的分析》，《经济研究》2019年第6期。

王喜平：《资本流动与货币危机》，《天津大学学报》2005年第4期。

王晓博等：《存款保险制度对国际资本流入影响的实证研究》，《管理评论》2020年第2期。

王莹、施建淮：《贸易保护、国际资本流动与实际汇率》，《经济问题探索》2022年第1期。

王勇、马雨函：《营商环境改变了外国证券投资的母国偏好吗？——基于金融发展中介效应的多层统计分析》，《国际金融研究》2021年第9期。

王振齐、龙文：《基于平衡稳定性的货币危机预警模型及实证研究》，《系统工程学报》2018年第3期。

王中昭、杨文：《人民币汇率对东盟各国汇率传染及其时变相关有效性研究》，《国际金融研究》2014年第11期。

王中昭、杨文：《人民币汇率对东盟国家影响的结构路径分析》，《世界经济研究》2016年第3期。

维克赛尔：《国民经济学讲义》，商务印书馆2017年版。

蔚立柱等：《新冠肺炎疫情前后人民币与非美货币溢出效应特征的变化：来自30分钟高频数据的证据》，《世界经济研究》2021年第4期。

魏礼军：《亚洲新兴经济体国际资本流动驱动因素研究——基于GMM模型的实证分析》，《金融监管研究》2020年第2期。

魏巍贤、张军令：《人民币汇率变动、跨境资本流动与资本管制——基于多国一般均衡模型的分析》，《国际金融研究》2018年第10期。

吴秋实等：《东亚区域内人民币的货币锚地位研究》，《亚太经济》2013年第5期。

吴婷婷等：《跨境资本流动监管的国别经验及启示》，《亚太经济》2020年第5期。

西斯蒙第：《政治经济学研究》，商务印书馆2011年版。

夏良科：《汇率、汇率制度与对外直接投资——国际的经验和中国的实证》，博士学位论文，南开大学，2010年。

夏良科：《汇率、汇率制度与对外直接投资——基于广义脉冲响应函数法的国际比较》，《上海经济研究》2012年第10期。

项卫星、王达：《国际资本流动格局的变化对新兴市场国家的冲击——基于全球金融危机的分析》，《国际金融研究》2011年第7期。

肖卫国、兰晓梅：《新一轮美联储加息对中国跨境资本流动溢出效应研究》，《经济学家》2017年第2期。

谢贤君、王晓芳：《跨境资本流动对银行风险的影响——基于风险累积效应和风险传染效应的视角》，《改革》2022年第2期。

邢天添：《反思日本泡沫经济——从国际金融协调视角看中国的选择》，《中央财经大学学报》2015年第11期。

邢予青、吴桂英：《汇率与日本对华直接投资》，《世界经济文汇》2003年第6期。

邢自强：《日本资本账户开放经验》，《中国金融》2015年第1期。

徐国祥、杨振建：《人民币分别与发达市场和新兴市场货币汇率波动传导效应研究》，《金融研究》2013年第6期。

徐蕾：《全球流动性动态与新兴市场国家银行风险承担》，《世界经济研究》2021年第11期。

徐延利、林广维：《基于动态视角的短期国际资本流动驱动因素实证分析》，《中国软科学》2021年S1期。

徐昱东：《FDI、贸易开放与CO_2排放：以山东省为例》，《科研管理》2016年第8期。

徐昱东：《俄罗斯地区营商环境与中资进入的区位选择研究》，中国社会科学出版社2019年版。

许祥云、贡慧：《人民币美元汇率走势对东亚货币影响的实证研究》，《国际经贸探索》2012年第28期。

严宝玉：《我国跨境资金流动的顺周期性、预警指标和逆周期管理》，《金融研究》2018年第6期。

颜银根等：《汇率报价机制市场化促进了中国对外直接投资吗——基于2015年人民币汇率制度改革的反事实检验》，《国际商务（对外经济贸易大学学报）》2022年第2期。

杨丹丹、沈悦：《金融开放进程中的中国跨境资本流动风险预警研究——基于MS-TVTP模型的分析》，《国际金融研究》2021年第5期。

杨冬、张月红：《人民币实际汇率、短期国际资本与资产价格——基于时变参数向量自回归模型》，《国际贸易问题》2014年第7期。

杨海珍、杨洋：《政策、经济、金融不确定性对跨境资本流动急停和外逃的影响研究：20 世纪 90 年代以来的全球数据分析与计量》，《世界经济研究》2021 年第 5 期。

杨海珍等：《美元周期与国际短期资本流动及其极端波动的关系：跨国数据分析及启示》，《国际金融研究》2021 年第 5 期。

杨海珍等：《新兴经济体国际资本大幅流入风险及影响因素研究》，《系统工程理论与实践》2019 年第 9 期。

杨继梅等：《金融开放背景下金融发展对跨境资本流动的影响研究》，《国际金融研究》2020 年第 4 期。

杨娇辉、王曦：《市场分割下东北亚货币的跨货币溢出效应与汇率预测》，《国际金融研究》2013 年第 5 期。

杨农：《全球资本流动逆转：新兴市场经济体如何应对？》，《国际经济评论》2014 年第 3 期。

杨荣海、李亚波：《资本账户开放对人民币国际化"货币锚"地位的影响分析》，《经济研究》2017 年第 1 期。

杨顺顺：《基于系统动力学的区域绿色发展多情景仿真及实证研究》，《系统工程》2017 年第 7 期。

杨雪峰：《东亚汇率合作的现实选择——基于汇率动态性的考察》，《世界经济研究》2009 年第 7 期。

游宇、黄宗晔：《资本管制对融资结构和经济增长的影响》，《金融研究》2016 年第 10 期。

余永定、张明：《资本管制和资本项目自由化的国际新动向》，《国际经济评论》2012 年第 5 期。

余壮雄、付利：《中国企业对外投资的区位选择：制度障碍与先行贸易》，《国际贸易问题》2017 年第 11 期。

喻海燕、范晨晨：《资本账户开放、制度质量与资本外逃：基于"金砖五国"的研究》，《国际金融研究》2018 年第 10 期。

袁仕陈、文学洲：《国际资本对中国经济增长的影响实证研究》，《经济问题探索》2015 年第 6 期。

原雪梅、于衍淇：《跨境资本流动管理政策有效吗？——基于 71 个新兴和发展中经济体的实证分析》，《济南大学学报》（社会科学版）2019 年第 4 期。

臧铖等：《汇率变动与企业跨国经营——基于中国出口企业的对外直接投资效应分析》，《国际商务（对外经济贸易大学学报）》2021年第1期。

曾松林等：《极端国际资本流动的经济影响与政策启示——基于资本账户子项目的视角》，《国际金融研究》2021年第8期。

张春生：《IMF的资本流动管理框架》，《国际金融研究》2016年第4期。

张坤：《人民币和日元：竞争还是合作——基于汇率波动视角的分析》，《国际经贸探索》2011年第9期。

张明、谭小芬：《中国短期资本流动的主要驱动因素：2000—2012》，《世界经济》2013年第11期。

张明、肖立晟：《国际资本流动的驱动因素：新兴市场与发达经济体的比较》，《世界经济》2014年第8期。

张夏、汪亚楠、施炳展：《事实汇率制度选择、企业生产率与对外直接投资》，《金融研究》2019年第10期。

张旭萌等：《国际资本突停、股市惯性对我国股市波动的影响》，《宏观经济管理》2017年第S1期。

张岩：《资本账户开放、外汇储备与经济增长效应评估》，《现代经济探讨》2021年第8期。

张荧天、孟昊：《新兴经济体跨境资本异常流动动因研究》，《武汉金融》2019年第9期。

张莹莹：《人民币与亚洲主要货币汇率波动溢出效应研究——对在岸人民币和离岸人民币的考察》，《东北财经大学学报》2019年第6期。

张元萍、孙刚：《金融危机预警系统的理论透析与实证分析》，《国际金融研究》2003年第10期。

张宗斌、于洪波：《中日两国对外直接投资比较研究》，《世界经济与政治》2006年第3期。

赵鸿、封丹华：《金融危机背景下流动性逆转的国际传导机制研究》，《上海经济研究》2010年第9期。

赵艳平等：《资本管制能够抑制国际资本流动吗——基于短期和长期效应的对比分析》，《国际经贸探索》2019年第7期。

郑嘉怡：《我国汇率市场化对短期跨境资本流动的影响因素》，《山西财经大学学报》2020年第2期。

郑建明等：《汇率制度与公司投资弹性——基于跨国数据的实证研究》，《国际金融研究》2019年第1期。

郑京平等：《世界经济走势及其对中国经济发展的影响》，《管理世界》2001年第1期。

郑璇：《国际资本流动突然中断形成诱因及发生概率研究——基于新兴国家面板数据的考察》，《现代财经》2013年第10期。

郑璇：《流入驱动型与流出驱动型国际资本流动突然中断的影响因素分析——以新兴市场国家为例》，《国际金融研究》2014年第1期。

郑璇、罗明铭：《国际资本流动突然中断与货币危机——基于新兴市场国家的证据》，《财经科学》2016年第4期。

郑英梅、郑思敏：《资本外逃测量方法再探讨：以亚洲国家为例》，《山东大学学报》（哲学社会科学版）2011年第2期。

钟永红、王雪婷：《跨境资本流动与汇率波动的长期动态关系分析》，《金融论坛》2019年第8期。

周工等：《资本账户开放对我国跨境资本流向的影响研究》，《宏观经济研究》2016年第10期。

周先平等：《经济发展水平对跨境资本流动的门限效应——兼评中国"非理性"对外投资》，《国际金融研究》2018年第11期。

周阳：《存在事实上的人民币货币区吗——基于东亚及14个主要新兴市场国家的实证考察》，《经济学家》2017年第9期。

朱超等：《全球视角下的人口结构变迁与国际资本流动》，《国际金融研究》2013年第2期。

朱琳、徐剑刚：《汇率制度、全球金融冲击与新兴经济体短期跨境资本流动》，《中国流通经济》2018年第12期。

朱孟楠、丁冰茜：《人民币汇率预期、短期国际资本流动与房价》，《世界经济研究》2017年第7期。

朱孟楠、刘林：《短期国际资本流动、汇率与资产价格——基于汇改后数据的实证研究》，《财贸经济》2010年第5期。

朱梦楠、严佳佳：《人民币汇率波动：测算及国际比较》，《国际金融研究》2007年第10期。

朱一鸣、程惠芳：《宏观审慎监管下的跨境资本流动和金融稳定性》，《财经论丛》2020年第7期。

邹炜、李亚培：《金融危机背景下新兴国家资本流入突停和逆转及其对中国的机遇与挑战——以东欧国家为例》，《南方金融》2009年第7期。

Acharya S. and Bengui J., "Liquidity Traps, Capital Flows", *Journal of International Economics*, Vol. 114, No. 6, 2018, pp. 276-298.

Agbloyor E. K. et al., "Private Capital Flows and Economic Growth in Africa: The Role of Domestic Financial Markets", *Journal of International Financial Markets Institutions & Money*, Vol. 30, May 2014, pp. 137-152.

Aggarwal R. and Mougoue M., "Cointegration among Asian Currencies: Evidence of the Increasing Influence of the Japanese Yen", *Japan and the World Economy*, Vol. 8, No. 3, 1996, pp. 291-308.

Aghion P. et al., "Financial Development and the Instability of Open Economies", *National Bureau of Economic Research*, Vol. 51, No. 6, 2004, pp. 1077-1106.

Agnès Bénassy-Quéré et al., "Exchange-Rate Strategies in the Competition for Attracting Foreign Direct Investment", *Journal of the Japanese and International Economies*, Vol. 15, No. 2, 2001, pp. 178-198.

Agosin M. R. and Huaita F., "Overreaction in Capital Flows to Emerging Markets: Booms and Sudden Stops", *Journal of International Money and Finance*, Vol. 31, No. 5, 2012, pp. 1140-1155.

Agosin M. R. et al., "Sudden Stops of Capital Flows: Do Foreign Assets Behave Differently from Foreign Liabilities?", *Journal of International Money and Finance*, Vol. 96, No. 9, 2019, pp. 28-36.

Aizenman J., "Hoarding International Reserves Versus a Pigovian Tax-Cum-Subsidy Scheme: Reflections on the Deleveraging Crisis of 2008-9, and a Cost Benefit Analysis", *NBER Working Papers*, Vol. 35, No. 9, 2009, pp. 1502-1513.

Akira A. et al., "Capital Controls: Country Experiences with Their Use and Liberalization", Occasional Paper, No. 190, Washington D. C. : International Monetary Fund, 2000.

Alberola E. et al. , "International Reserves and Gross Capital Flows Dynamics", *Journal of International Money and Finance*, Vol. 60, 2016, pp. 151-171.

Alfaro L. et al. , "The Real Effects of Capital Controls: Liquidity Constraints and Firm Investment", Mossavar-Rahmani Center for Business and Government Growth Policy, May 2014.

Antonakakis and Nikolaos, "Exchange Return Co-movements and Volatility Spillovers before and after the Introduction of Euro", *Journal of International Financial Markets, Institutions and Money*, Vol. 22, No. 5, 2012, pp. 1091-1109.

Ariyoshi A. et al. , "Capital Controls: Country Experiences with Their Use and Liberalization", IMF Occasional Paper 190, May 17, 2000.

Arvind S. and Martin K. , "The Renminbi Bloc is Here: Asia Down and Rest of the World to Go?", Peterson Institute for International Economics Working Paper12-19, October 2012.

Asongu S. A. and Nwachukwu J. C. , "Fighting Capital Flight in Africa: Evidence from Bundling and Unbundling Governance", *Journal of Industry Competition and Trade*, Vol. 17, No. 3, 2017, pp. 305-323.

Baker S. R. et al. , "Measuring Economic Policy Uncertainty", *Quarterly Journal of Economics*, Vol. 131, No. 4, 2016, pp. 1593-1636.

Bano S. et al. , "Why did FDI Inflows of Pakistan Decline? From the Perspective of Terrorism, Energy Shortage, Financial Instability, and Political Instability", *Emerging Markets Finance and Trade*, Vol. 55, No. 1, 2019, pp. 90-104.

Beckmann J. and Czudaj R. , "Capital Flows and GDP in Emerging Economies and the Role of Global Spillovers", *Journal of Economic Behavior and Organization*, Vol. 142, October 2017, pp. 140-163.

Benigno G. et al. , "Large Capital Inflows, Sectoral Allocation and Economic Performance", *Journal of International Money & Finance*, Vol. 55,

July 2015, pp. 60-87.

Benjamin Keddad, "How do the Renminbi and Other East Asian Currencies Co-move?", *Journal of International Money and Finance*, Vol. 91, 2019, pp. 49-70.

Blonigen B. A., "Firm-Specific Assets and the Link between Exchange Rates and Foreign Direct Investment", *The American Economic Review*, Vol. 87, No. 3, 1997, pp. 447-465.

Boeroa G. et al., "Modelling Portfolio Capital Flows in a Global Framework: Multilateral Implications of Capital Controls", *Journal of International Money and Finance*, Vol. 90, 2019, pp. 142-160.

Bordo M. D. et al., "Sudden Stops: Determinants and Output Effects in the First Era of Globalization and 1880-1913", *Journal of Development Economics*, Vol. 91, No. 2, 2010, pp. 227-241.

Borensztein E. et al., "How does Foreign Direct Investment Affect Economic Growth?", *Journal of International Economics*, Vol. 45, No. 6, 1998, pp. 115-135.

Boudt K. et al., "The Response of Multinationals' Foreign Exchange Rate Exposure to Macroeconomic News", *Journal of International Money and Finance*, Vol. 94, 2019, pp. 32-47.

Branson W. H., "Financial Capital Flows in the United States Balance of Payment", Amsterdam: North-Holland, 1968.

Brei M. and Moreno R., "Reserve Requirements and Capital Flows in Latin America", *Journal of International Money and Finance*, Vol. 99, December 2019, 102079.

Brozozowski K., "Exchange Rate Variability and Foreign Direct Investment: Consequences of EMU Enlargement", *Eastern European Economics*, Vol. 44, No. 1, 2006, pp. 5-24.

Bubák Vít et al., "Volatility Transmission in Emerging European Foreign Exchange Markets", *Journal of Banking & Finance*, Vol. 35, No. 11, 2011, pp. 2829-2841.

Burnside C. and Dollar D., "Aid Spurs Growth in a Sound Policy Environment", *Finance and Development*, Vol. 12, 2005, pp. 178-203.

Calvo G. A., "Capital Flows and Capital-market Crises: The Simple Economics of Sudden Stops", *Journal of Applied Economics*, Vol. 1, No. 1, 1998, pp. 35-54.

Calvo G. A. et al., "Systemic Sudden Stops: The Relevance of Balance-sheet Effects and Financial Integration", National Bureau of Economic Research Working Paper14026, May 2008.

Calvo G. A., "Sudden Stops and Phoenix Miracles in Emerging Markets", *American Economic Review*, Vol. 96, No. 2, 2006, pp. 405-410.

Campa J. and Goldberg L., "Investment in Manufacturing, Exchange Rates and External Exposure", *Journal of International Economics*, Vol. 38, No. 3-4, 1995, pp. 297-320.

Cardarelli R. et al., "Financial Stress, Downturns, and Recoveries", IMF Working Papers No. 2009/100, May 1, 2009.

Carmen M. et al., "Capital Flow Bonanzas: An Encompassing View of the Past and Present", NBER Working Paper No. 14321, September 2008.

Cavallo E. A. and Frankel J. A., "Does Openness to Trade Make Countries More Vulnerable to Sudden Stops, or Less? Using Gravity to Establish Causality", *Journal of International Money and Finance*, Vol. 27, No. 8, 2008, pp. 1430-1452.

Chakraborty C. and Basu P., "Foreign Direct Investment and Growth in India: A Cointegration Approach", *Journal of Applied Economics*, Vol. 34, No. 9, 2002, pp. 1061-1073.

Chari V. V. et al., "Sudden Stops and Output Drops", National Bureau of Economic Research Working Paper11133, February 2005.

Chau H. A. Le, David G. D., "The Systemic Risk of Cross-Border Banking: Evidence from the Sudden Stop and Interbank Stress Contagion in East Asia", *Emerging Markets Finance and Trade*, Vol. 52, No. 1, 2016, pp. 237-254.

Chen C. and Yiu R., "RMB as an Anchor Currency in ASEAN, China, Japan and Korea Region", *Journal of International Money and Finance*,

Vol. 39, 2013, pp. 186-206.

Chetty V. Karuppan. , "On Measuring the Nearness of Near-moneys", *The American Economic Review*, Vol. 59, No. 3, 1969, pp. 270-281.

Cheung Y. et al. , "Capital Flight to Germany: Two Alternative Measures", *Journal of International Money and Finance*, Vol. 102, 2020, pp. 1-21.

Chiappini R. and Lahet D. , "Exchange Rate Movements in Emerging Economies-Global vs Regional Factors in Asia", *China Economic Review*, Vol. 60, April 2020, 101386.

Chinn M. D. and Wei S. J. , "A Faith-based Initiative Meets the Evidence: Does a Flexible Exchange Rate Regime Really Facilitate Current Account Adjustment?", *Social Science Electronic Publishing*, Vol. 95, No. 1, 2008, pp. 168-184.

Chow H. K. , "Is There a Yuan Bloc in East Asia?", Ph. D. dissertation, Singapore University, 2011.

Cline W. R. , "The IMF Staff's Misleading New Evidence on Capital Controls", *Int J Control*, Vol. 42, No. 7, 2010, pp. 27-50.

Coelho B. , Gallagher K. , "Capital Controls and 21st Century Financial Crises: Evidence from Colombia and Thailand", PERI Working Paper 213, 2010.

Colavecchio R. and Funke M. , "Volatility Transmissions between Renminbi and Asia-Pacific On-shore and Off-shore U. S. Dollar Futures", *China Economic Review*, Vol. 19, No. 4, December 2008, pp. 635-648.

Combes J. L. , et al. , "Capital Flows, Exchange Rate Flexibility, and the Real Exchange Rate", *Journal of Macroeconomics*, Vol. 34, No. 4, 2012, pp. 1034-1043.

Cowan K. and Raddatz C. , "Sudden Stops and Financial Frictions, Evidence from Industry-level Data", *Journal of International Money and Finance*, Vol. 32, 2013, pp. 99-128.

Cowan K. et al. , "Financial Diversificationd Sudden Stops, and Sudden Starts, Current Account and External Finance", Santiago, Chile: Central

Bank of Chile, 2008, pp. 159-194.

Crowley P. and Lee J., "Exchange Rate Volatility and Foreign Investment: International Evidence", *International Trade Journal*, Vol. 17, No. 3, 2003, pp. 227-252.

Cuddington J. T., "Capital Flight: Estimate, Issues, and Explanations., Princeton Studies in International Finance", *European Economic Review*, Vol. 31, No. 1, 1987, pp. 382-388.

Cushman D. O., "Real Exchange Rate Risk, Expectations and the Level of Direct Investment", *Review of Economics and Statistics*, Vol. 67, No. 2, 1985, pp. 297-308.

Cúrdia Vasco, "Optimal Monetary Policy under Sudden Stops", Federal Reserve bank of New York staff reports NO. 323, 2008.

C. Randall Henning, "Choice and Coercion in East Asia Exchange Rate Regime", Peterson Institute for International Economics Working Paper12-15, October 2012, September 2012.

Davis S. et al., "Foreign Exchange Reserves as a Tool for Capital Account Management", *Journal of Monetary Economics*, Vol. 117, January 2021, pp. 473-488.

De Ménil G., "Real Capital Market Integration in the EU: How Far Has It Gone? What Will the Effect of the Euro Be?", *Economic Policy*, Vol. 14, No. 28, 1999, pp. 165-201.

Demirguc-Kunt A. and Detragiache E., "The Determinants of Banking Crises in Developing and Developed Countries", *IMF Economic Review*, Vol. 45, No. 1, 1998, pp. 81-109.

Dewenter K. L., "Do Exchange Rate Changes Drive Foreign Direct Investment?", *The Journal of Business*, Vol. 68, No. 3, 1995, pp. 405-433.

Ding D. and Jinjarak Y., "Development Threshold, Capital Flows, and Financial Turbulence", *The North American Journal of Economics and Finance*, Vol. 23, No. 3, 2012, pp. 365-385.

Ding H. et al., "The Relationship between International Trade and Capital Flow: A Network Perspective", *Journal of International Money and Fi-*

nance, Vol. 91, 2019, pp. 1-11.

Dooley M. P., "Country Specific Risk Premiums, Capital Flight and Net Investment Income Payments in Selected Developing Countries", *IMF Departmental Memorandum*, Vol. 35, No. 2, 1986, pp. 391-396.

Dunning J. H., *International Production and the Multinational Enterprise*, London: AlleN and 1981, pp. 34-35.

Dunning J. H., "The Eclectic Paradigm of International Production: A Restatement and Some Possible Extensions", *Journal of International Business Studies*, Vol. 19, No. 1, 1988, pp. 1-31.

D. Calderon and Kubota, "Sudden Stops: Are Global and Local Investors Alike?", *General Information*, Vol. 89, No. 1, January 2013, pp. 122-142.

Edison H. et al., "International Financial Integration and Economic Growth", *Journal of International Money & Finance*, Vol. 18, No. 3, 2009, pp. 432-463.

Edwards S. and Rigobon R., "Capital Controls on Inflows, Exchange Rate Volatility and External Vulnerability", *Journal of International Economics*, Vol. 78, No. 2, 2009, pp. 256-267.

Edwards S., "Capital Flows, Real Exchange Rates and Capital Controls: Some Latin American Experience", NBER Working Paper 6800, November 1998.

Edwards S., "Thirty Years of Current Account Imbalances, Current Account Reversals and Sudden Stops", National Bureau of Economic Research Working Paper 10276, February 2004.

Egyir J. et al., "How does Capital Flows Affect the Impact of Trade on Economic Growth in Africa?", *The Journal of International Trade & Economic Development*, Vol. 3, 2020, pp. 353-372.

Eichengreen Barry and Ricardo Hausmann, "Exchange Rates and Financial Fragility", National Bureau of Economic Research, Working Paper No. 7418, 1999.

Emmanuel F. and Werning I., "Dilemma not Trilemma? Capital Controls and Exchange Rates with Volatile Capital Flows", *IMF Economic Review*, Vol. 62, No. 11, 2014, pp. 569-605.

Engle R. F. and Kroner K. F., "Multivariate Simultaneous Generalized ARCH", *Econometric Theory*, Vol. 11, No. 1, 1995, pp. 122-150.

Farhi, Emmanuel, Iván Werning, "Dilemma not Trilemma? Capital Controls and Exchange Rates with Volatile Capital Flows", *IMF Economic Review*, Vol. 62, No. 11, 2014, pp. 569-605.

Fernandez-Arias, "The New Wave of Private Capital Inflows: Push or Pull?", *Journal of Development Economics*, Vol. 2, 1996, pp. 389-418.

Filer L. H., "Large Capital Inflows to Korea: The Traditional Developing Economy Story?", *Journal of Asian Economics*, Vol. 15, No. 1, February 2004, pp. 99-110.

Flood R. P. and Garber P. M., "Collapsing Exchange-rate Regimes: Some Linear Examples", *Journal of International Economics*, Vol. 17, No. 1-2, 1984, pp. 1-13.

Foong K., "*Managing Capital Flows: The Case of Malaysia*", ADB Institute Discussion Paper, No. 93, 2008.

Forbes K. et al., "Capital-flow Management Measures: What are They Good For?", *Journal of International Economics*, Vol. 96, No. 1, July 2015, pp. S76-S97.

Forbes K. J. and Warnock F. E., "Capital Flow Waves: Surges, Stops, Flight, and Retrenchment", *Journal of International Economics*, Vol. 88, No. 2, 2012, pp. 235-251.

Frankel J. A. and Rose A. K., "Currency Crashes in Emerging Markets: An Empirical Treatment", International Finance Discussion Papers, Vol. 41, No. 3-4, 1996, pp. 351-366.

Fratzscher M. and Mehl A., "China's Dominance Hypothesis and the Emergence of a Tripolar Global Currency System", Journal of the Japanese and International Economies, *Elsevier*, Vol. 25, No. 1, 2013, pp. 23-38.

Fratzscher, Marcel, "Capital Flows, Push versus Pull Factors and the Global Financial Crisis", NBER Working Paper17357, August 2011.

Froot K. A. and Stein J. C. , "Exchange Rates and Foreign Direct Investment: An Imperfect Capital Markets Approach", *Quarterly Journal of Economics*, Vol. 106, No. 4, 1991, pp. 1191-1217.

G20 Leaders Summit, "G20 Coherent Conclusions for the Management of Capital Flows", Web, world bank, org, 2011.

Gallagher K. , "Regaining Control? Capital Controls and the Global Financial Crisis", Political Economy Research Institute, University of Massachusetts at Amherst, PERI Working Paper, No. 250, 2011.

Gauvin L. et al. , "Policy Uncertainty Spillovers to Emerging Markets-Evidence from Capital Flows", Bank of England Working Paper No. 512, September 26, 2014.

Ghosh A. R. et al. , "Exchange Rate Management and Crisis Susceptibility: A Reassessment", *IMF Economic Review*, Vol. 63, No. 1, 2015, pp. 238-276.

Girma S. and Wakelin K. , "Are There Regional Spillovers from FDI in the UK?", *Trade, Investment, Migration and Labour Market Adjustment*, Vol. 135, No. 9, 2002, pp. 172-186.

Goldberg L. S. and Klein M W. , "Foreign Direct Investment, Trade and Real Exchange Rate Linkages in Developing Countries", NBER Working Papers6344, December 1997.

Gorg H. , Wakelin K. , "The Impact of Exchange Rate Variability on US Directs Investment", *The Manchester Schoology*, Vol. 70, 2002, pp. 380-397.

Gregory A. and McCorriston S. , "Foreign Acquisitions by UK Limited Companies: Short and Long-Run Performance", *Journal of Empirical Finance*, Vol. 12, No. 1, 2005, pp. 99-125.

Guidotti P. E. et al. , "On the Consequences of Sudden Stops", *Economia*, Vol. 4, No. 2, 2004, pp. 171-214.

Gunter F. R. , "Corruption Costs, and Family: Chinese Capital Flight, 1984-2014", *China Economic Review*, Vol. 43, 2017, pp. 105-117.

Guzman J. P. M and Roldos J. , "Monetary and Macroprudential Policies to Manage Capital Flows", IMF Working Papers No. 2014/030, February 12, 2014.

Habermeier K. et al., "Capital Controls: Country Experiences with Their Use and Liberalization", International Monetary Fund, August, 2011.

Harrod R., *International Economics*, Oxford University Press, 1933.

Hausmann R. and Fernandez-Arias, *Foreign Direct Investment: Good Cholesterol*, IADB Research Department Working Paper NO. 417, 2000.

He Qinglian, "How China is Causing Real Estate Bubbles Abound the World", *BlackListed News*, 2016.

Heathcote J. and Perri F., "Financial Globalization and Real Regionalization", *Journal of Economic Theory*, Vol. 119, No. 1, 2004, pp. 207-243.

Helpman E., "Foreign Trade and Investment: Firm-level Perspectives", *Econometrica*, Vol. 81, No. 321, 2014, pp. 1-14.

Ho Tai-kuang and Yeh Kuo-chun, "Were Capital Flows the Culprit in the Weimar Economic Crisis?", *Explorations in Economic History*, Vol. 74, October 2019, 101278.

Holger GörG et al., "Exchange Rates and Outward Foreign Direct Investment: US FDI in Emerging Economies", *Review of Development Economics*, Vol. 13, No. 4, 2009, pp. 754-764.

Houston J. F. et al., "Creditor Rights, Information Sharing and Bank Risk Taking", *Journal of Financial Economics*, Vol. 96, No. 3, June 2010, pp. 485-512.

Husain A. M. et al., "Exchange Rate Regime Durability and Performance in Developing versus Advanced Economies", *Journal of Monetary Economics*, Vol. 52, No. 1, 2005, pp. 35-64.

Hutchison M. M. and Noy I., "Sudden Stops and the Mexican Wave: Currency Crises, Capital Flow Reversals and Output Loss in Emerging Markets", *Journal of Development Economics*, Vol. 79, No. 1, 2006, pp. 225-248.

Hwee Kwan Chow, "Is the Renminbi Asia's Dominant Reference Currency?", A Reconsideration, *World Scientific*, Vol. 1, No. 3, 2014, pp. 1-20.

Hélène Rey, "Dilemma not Trilemma: The Global Financial Cycle and Monetary Policy Independence", NBER Working Paper 21162, May 2015.

Iamsiraroj S. and Ulubasoglu M. A., "Foreign Direct Investment and Economic Growth: A Real Relationship or Wishful Thinking?", *Economic modelling*, Vol. 51, 2015, pp. 200-213.

Ibhagui O. W., "The Economic Performance Effects of Capital Flows in OPEC Member Countries", *The Quarterly Review of Economics and Finance*, Vol. 75, 2020, pp. 67-83.

IMF, "Guidance Note for the Liberalization and Management of Capital Flows", International Monetary Fund, April, 2013.

IMF, "Liberalizing Capital Flows and Managing Outflows", IMF Policy Paper, March 13, 2012.

IMF, "Managing Capital Outflows Further Operational Considerations", IMF Policy Paper, December, 2015.

IMF, "Recent Experiences in Managing Capital Inflows: Cross-Cutting Themes and Possible Policy Framework", IMF Policy Paper, 14 February, 2011.

IMF, "The Liberalization and Management of Capital Flows: An Institutional View", IMF Policy Paper, November 14, 2012.

IMF, "World Economic Outlook, October 2012: Coping with High Debt and Sluggish Growth", World Economic Outlook No. 2012/002, US: International Monetary Fund, 2012.

Inagaki, Kazuyuki, "Testing for Volatility Spillover between the British Pound and the Euro", *Research in International Business and Finance*, Vol. 21, No. 2, 2007, pp. 161-174.

Inekwe J. N. and Valenzuela M. R., "Financial Integration and Banking Crisis, A Critical Analysis of Restrictions on Capital Flows", *The World Economy*, Vol. 43, No. 2, 2020, pp. 506-527.

Jain A. K., "Capital Flight and Third World Debt by Donald R., Lessard; John Williamson", *Institute for International Economics*, Vol. 19,

No. 3, 1987, pp. 506-508.

Jeanneret A., "Foreign Direct Investment and Exchange Rate Volatility: A Non-Linear Story", National Centre of Competence in Research Financial Valuation and Risk Management Working Paper No. 399, August 2005.

Jian Yan G. and David J., "Leatham Currency Convertibility and Linkage between Chinese Official and Swap Market Exchange Rates", *Contemporary Economic Policy*, Vol. 19, No. 3, 2001, pp. 347-359.

Johnsom H. G., "Further Essays in Monetary Economics", London: Allen and Unwin, 1972.

Jongwanich J., "Capital Controls in Emerging East Asia: How do They Affect Investment Flows?", *Journal of Asian Economics*, Vol. 62, 2019, pp. 17-38.

José Antonio Ocampo, José Gabriel Palma, *The Role of Preventative Capital Account Regulations*, Capital Market Liberalization and Development, Oxford University Press, 2008.

Joyce J. P. and Nabar M., "Sudden Stops, Banking Crises and Investment Collapses in Emerging Markets", *Journal of Development Economics*, Vol. 90, No. 2, 2009, pp. 314-322.

Jyh-Dean Hwang, "On the Renminbi Dominance in East Asia", *Procedia Economics and Finance*, Vol. 30, 2015, pp. 305-312.

Kaminsky G. L., "Crises and Sudden Stops: Evidence from International Bond and Syndicated-Loan Markets", *Monetary and Economic Studies*, Vol. 26, No. 12, 2008, pp. 107-130.

Karolyi G. A. et al., "The Coming Wave: Where do Emerging Market Investors Put Their Money?", NBER Working Paper 21661, October 2015.

Kawai M. and Takagi S., "A Survey of the Literature on Managing Capital Inflows", ADB Institute Discussion Paper No. 100, 2008.

Kearney Colm & Cal Muckley, "Can the Traditional Asian US Dollar Peg Exchange Rate Eegime be Extended to Include the Japanese Yen?", *International Review of Financial Analysis*, Vol. 17, No. 5, 2008, pp. 870-885.

Kehoe T. J. and Ruhl K., "Sudden Stops, Sectoral Reallocations, and the Real Exchange Rate", *Journal of Development Economics*, Vol. 89, No. 2, 2009, pp. 235-249.

Kemp M. C., "Foreign Investment and the National Advantage", *The Economic Record*, Vol. 38, No. 81, 1962, pp. 56-62.

Kim S. and Yang D., "The Impact of Capital Inflows on Emerging East Asian Economies: Is too Much Money Chasing too Little Good?", Working Papers on Regional Economic Integration 15, Asian Development Bank, 2008.

Kim Y., "Causes of Capital Flows in Developing Countries", *Journal of International Money and Finance*, Vol. 2, 2000, pp. 235-253.

Kindleberger C. P., "International Short-term Capital Movements", New York: Columbia University Press, 1937.

Klein M. W. and Olivei G. P., "Capital Account Liberalization and Financial Depth, and Economic Growth", *Journal of International Money & Finance*, Vol. 27, No. 6, 2008, pp. 861-875.

Koepke R., "Fed Policy Expectations and Portfolio Flows to Emerging Markets", *Journal of International Financial Markets, Institutions Money*, Vol. 55, 2018, pp. 170-194.

Korinek A. and Sandri D., "Capital Controls or Macroprudential Regulation?", IMF Working Paper No. 2015/218, October 2015.

Korinek, Anton, "The New Economics of Prudential Capital Controls: A Research Agenda", IMF Economic Review, 2011.

Krugman P., "A Model of Balance-of-Payments Crises", *Journal of Money Credit and Banking*, Vol. 11, No. 3, 1979, pp. 311-325.

Kumar et al., "Predicting Emerging Market Currency Crashes", *Journal of Empirical Finance*, Vol. 10, No. 4, 2003, pp. 427-454.

Lai J. et al., "Macroeconomic Adjustment with Managed Exchange Rates and Capital Controls: Some Lessons from China", *Economic Modelling*, Vol. 91, September 2020, pp. 759-768.

Lall S. et al., "Financial Stress, Downturns, and Recoveries", IMF Working Paper No. 2009/100, May 1, 2009, p. 58.

Lapan S. H. E. , "Strategic Foreign Direct Investment and Exchange-Rate Uncertainty", *International Economic Review*, Vol. 41, No. 2, 2000, pp. 411-423.

Lena K. et al. , "Sudden Stops in a Currency Union—Some Lessons from the Euro Area", *Scottish Journal of Political Economy*, Vol. 3, No. 1, 2019, pp. 115-138.

Lessard D. R. and Williamson J. , "Capital Flight: The Problem and Policy Responses", Washington DC: Institute for International Economics, 1987.

Li Z. et al. , "The Influential Factors on Outward Foreign Direct Investment: Evidence from the The Belt and Road", *Emerging Markets Finance and Trade*, Vol. 55, No. 2, 2019, pp. 1-16.

Liu H. Y. and Deseatnicov I. , "Exchange Rate and Chinese Outward FDI", *Applied Economics*, Vol. 49, No. 5, 2016, pp. 4961-4976.

Liu X. et al. , "Top Executive Compensation and Regional Institutions and Chinese OFDI", *Journal of World Business*, Vol. 49, No. 1, 2014, pp. 143-155.

Liu Yang, "Analysis of Capital Control Policies in China", *American Journal of Industrial and Business Management*, Vol. 10, No. 2, 2020, pp. 492-505.

Loungani P. et al. , "Information Rigidity in Drowth Forecasts: Some Cross-country Evidence", *International Journal of Forecastin*, Vol. 29, No. 4, 2013, pp. 605-621.

Ma G. et al. , "The Markets for Non-deliverable Forwards in Asia", *BIS Quarterly Review*, Vol. 12, 2004.

MacDougall G. D. A. , "The Benefits and Costs of Private Investment from Abroad: A Theoretical Approach", *The Economic Record*, Vol. 36, No. 73, 1960, pp. 13-35.

Machlup F. , "The Liquidity of Short-Term Capital", *Economican*, Vol. 37, 1932, pp. 271-284.

Magud N. E. and Vesperoni E. R. , "Exchange Rate Flexibility and

Credit During Capital Inflow Reversals: Purgatory … not Paradise", *Journal of International Money and Finance*, Vol. 55, No. 61, 2015, pp. 88-110.

Makiela K. and Ouattara B., "Foreign Direct Investment and Economic Growth: Exploring the Transmission Vhannels", *Economic Modelling*, Vol. 72, 2018, pp. 296-305.

Malmendier U. et al., "Investor Experiences and International Capital Flows", *Journal of International Economics*, Vol. 124, May 2020, 103302.

Markowitz H M., "Porifolio Selection", *Journal of Finance*, Vol. 1, No. 7, 1952, pp. 71-91.

Marshall A., *Money, Credit, and Commerce*, London: The Macmillan Press, 1923.

Masahiro Kawai, Victor Pontines, "Is There Really a Renminbi Bloc in Asia?: A Modified Frankel-Wei Approach", *Journal of International Money and Finance*, Vol. 62, 2016, pp. 72-97.

Mc Millan D. G. and Speight A. E., "Return and Volatility Spillovers in Three Euro Exchange Rates", *Journal of Economics and Business*, Vol. 62, No. 2, 2010, pp. 79-93.

McCulloch R., "Japanese Investment in the United States", in D. Audretsch and M. Claudon eds., *The Internationalization of U. S. Markets*, New York: New York University Press, 1989.

McKinnon R. I., Pill H., "International Overborrowing: A Decomposition of Credit and Currency Risks", *World Development*, Vol. 26, No. 7, July 1998, pp. 1267-1282.

Mendoza E. G., "Lessons from the Debt-Deflation Theory of Sudden Stops", *American Economic Review*, Vol. 96, No. 2, 2006, pp. 411-416.

Michael D., Bordo, "Sudden Stops, Financial Crises and Original Sin in Emerging Countries: De ja vu?", NBER Working Paper No. 12393, July 2006.

Mishkin F. S., "Lessons from the Asian Crisis", *Journal of International Money and Finance*, Vol. 18, No. 4, 1999, pp. 709-723.

Morgan Guaranty Trust Company, "LDC Capital Flight", *World Finan-

cial Markets, Vol. 1, No. 5, 1986, pp. 13-15.

Mundell R. A., "The Monetary Dynamics of International Adjustment under Fixed and Flexible Exchange Rates", *The Quarterly Journal of Economics*, Vol. 74, No. 2, 1960, pp. 227-257.

Murphy A. E., *John Law: Economic Theorist and Policy-maker*, Oxford: Oxford University Press, 1999.

Myrdal G., *Theory and Underdeveloped Regions*, London: Gerald Duckworth, 1957.

Natalya, Ketenci, "Economic Growth and Capital Flow in Eourpean Countries in Pre-and Post-crisis Periods", *Journal of International Money and Finance*, Vol. 38, 2015, pp. 163-180.

Ndikumana L., Sarrde M., "Capital Flight, Foreign Direct Investment and Natural Resources in Africa", *Resources Policy*, Vol. 63, October 2019, 101427.

Neal L., "The Rise of Financial Capitalism", Cambridge: Cambridge University Press, 1991, p 67.

Neanidis, Kyriakos C., "Volatile Capital Flows and Economic Growth: The Role of Banking Supervision", *Journal of Financial Stability*, Vol. 40, 2019, pp. 77-93.

Nicholas M. et al., "Capital Controls: Myth and Reality—A Portfolio Balance Approach", National Bureau of Economic Research Working Paper16805, February 2011.

Nikkinen J. et al., "Implied Volatility Linkages among Major European Currencies", *Journal of International Financial Markets, Institutions and Money*, Vol. 16, No. 2, 2006, pp. 87-103.

Nishiyama H., "The Effect of Exchange Rate Fluctuation on Intra-industry Reallocation in a Firm Heterogeneity Model with Trade and Foreign Direct Investment", *The Quarterly Review of Economics and Finance*, Vol. 64, No. 5, 2017, pp. 32-43.

Obstfeld M. and Taylor A. M., "Global Capital Markets: Integration and Crisis, and Growth", *The Journal of Economic History*, Volume 64, Issue 4, December 2004, pp. 1151-1153.

Obstfeld M., "The Logic of Currency Crises", NBER Working Paper4640, February 1994.

Olivier J. et al., "Who Needs to Open the Capital Account", Peterson Institute for International Economics, 2011.

Ostry J. D., "Managing Capital Flows: What Tools to Use?", *Asian Development Review*, Vol. 29, No. 6, 2012, pp. 83-89.

Ostry J. D. et al., "Capital Inflows: The Role of Controls (Entradas de Capital: El Papel de los Controles) (Spanish)", *Social Science Electronic Publishing*, Vol. 12, No. 23, 2010, pp. 135-164.

Ostry J. et al., "Multilateral Aspects of Managing the Capital Account", International Monetary Fund Staff Discussion Notes No. 2012/010, September, 2012.

Pain N. and Welsum D. V., "Untying The Gordian Knot: The Multiple Links Between Exchange Rates and Foreign Direct Investment", *Jcms Journal of Common Market Studies*, Vol. 41, No. 5, 2010, pp. 823-846.

Pinar M. and Volkan E., "Institutions and Information Flows, and Their Effect on Capital Flows", *Information Economics and Policy*, Vol. 43, 2018, pp. 34-47.

Prasad E. et al., "Effects of Financial Globalisation on Developing Countries: Some Empirical Evidence", *Economic and Political Weekly*, Vol. 38, No. 41, 2003, pp. 4319-4330.

Qureshi M. S. and Sugawara N., "Surges and Reversals in Capital Flows", *International Review of Economics and Finance*, Vol. 56, 2018, pp. 96-98.

Ranjan Rajiv, "Internationalization of Currency: The Case of the Indian Rupee and Chinese Renminbi", RBI STAFF STUDIES No. 3, 2010.

Reinhart C. M. and Reinhart V. R., "Capital Inflows and Reserve Accumulation: The Recent Evidence", National Bureau of Economic Research Working Paper 13842, March 2008.

Reinhart C. M. et al., "Capital Controls: Myth and Reality—A Portfolio Balance Approach", NBER Working Paper16805, February 2011.

Rey H., "Dilemma not Trilemma: The Global Financial Cycle and Monetary Policy Independence", NBER Working Paper21162, May 2015.

Rodrik, Velasco, "Short-term Capital Flows", NBER Working Paper7364, September 1999.

Rothenberg A. D. and Warnock F. E., "Sudden Flight and True Sudden Stops", National Bureau of Economic Research Working Paper12726, December 2006.

Sachs J. et al., "Financial Crises in Emerging Markets: The Lessons from 1995", *Brookings Papers on Economic Activity*, Vol. 1, 1996, pp. 147–198.

Salant S. W. and Henderson D. W., "Market Anticipations of Government Policies and the Price of Gold", *Journal of Political Economy*, Vol. 86, No. 4, 1978, pp. 627–648.

Schmidt C. W. and Broll U., "The Effect of Exchange Rate Risk on U. S. Foreign Direct Investment: An Empirical Analysis", Dresden Discussion Paper in Economics No. 09/08, May 21, 2008.

Scholnick C. B., "Exchange Rate Expectations and Foreign Direct Investment Flows", *Review of World Economics*, Vol. 138, No. 1, 2002, pp. 1–21.

Sewon H. and Kondo I., "A Theory of Rollover Risk, Sudden Stops, and Foreign Reserves", *Journal of International Economics*, Vol. 103, No. 11, 2016, pp. 46–63.

Shao Y. and Shang Y., "Decisions of OFDI Engagement and Location of Heterogeneous Multinational Firms: Evidence from Chinese Firms", *Technological Forecasting&Social Change*, Vol. 112, 2016, pp. 178–187.

Shu C. et al., "Impact of the Renminbi Exchange Rate on Asian Currencies", *China Economic Issues*, Vol. 3, No. 7, June 2007.

Soto R., "Which Types of Capital Inflows Foster Developing Country Growth", *International Finance*, Vol. 1, 2001, pp. 1–14.

Subramanian A and Kessler M., "The Renminbi Bloc is Here: Asia

Down and Rest of the World to Go?", *Journal of Globalization and Development*, Vol. 4, No. 1, 2013, pp. 49-94.

Suh S., "Sudden Stops of Capital Flows to Emerging Markets: A New Prediction Approach", *International Review of Economics and Finance*, Vol. 48, 2017, pp. 289-308.

Sula O., Willett T. D., "Reversibility of Different Types of Capital Flows to Emerging Markets", *Emerging Markets Review*, Vol. 10, No. 4, 2009, pp. 296-310.

Sula O., "Demand for International Reserves: A Quantile Regression Approach", MPRA Paper11680, Western Washington University, November 21, 2008.

Sula O., "Surges and Sudden Stops of Capital Flows to Emerging Markets", *Open Economies Review*, Vol. 21, No. 4, 2010, pp. 589-605.

Suxiao L. et al., "Sudden Stops of International Fund Flows: Occurrence and Magnitude", *Review of International Economics*, Vol. 27, No. 12, 2018, pp. 468-497.

Taguchi H. et al., "Capital Flows and Asset Prices: Empirical Evidence from Emerging and Developing Economies", *International Economics*, Vol. 141, No. 5, 2015, pp. 1-14.

Takagi S. and Shi Z. Y., "Exchange Rate Movements and Foreign Direct Investment (FDI) Japanese Investment in Asia, 1987-2008", *Japan and the World Economy*, Vol. 23, No. 4, 2011, pp. 265-272.

Tiillmann P., "Capital Inflows and Asset Prices: Evidence from Emerging Asia", *Journal of Banking and Finance*, Vol. 37, No. 3, 2013, pp. 717-729.

Tobin J., "Liquidity Preference as Behavior Towards Risk", *The Review of Economic Studies*, Vol. 25, No. 2, 1958, pp. 65-86.

Tolentino P. E., "Home Country Macroeconomic Factors and Outward FDI of China and India", *Journal of International Management*, Vol. 16, No. 2, 2010, pp. 102-120.

Tomer Shachmurove and Yochanan Shachmurove, "Dynamic Linkages among Asian Pacific Exchange Rates 1995-2004", *International Journal of Business*, Vol. 13, No. 2, 2008, pp. 101-117.

Tornell A. and Velasco A., "The Tragedy of the Commons and Economic Growth: Why does Capital Flow from Poor to Rich Countries?", *Journal of Political Economy*, Vol. 100, No. 6, 1992, pp. 1208-1231.

Turnovsky S. J., "Demographic Structures, Savings, and International Capital Flows", *Journal of International Money and Finance*, Vol. 98, November 2019, 102062.

Unsal D. F., "Capital Flows and Financial Stability: Monetary Policy and Macroprudential Responses", *International Journal of Central Banking*, Vol. 9, No. 1, 2013, pp. 233-285.

Urata S. and Kawai H., "The Determinants of the Location of Foreign Direct Investment by Japanese Small and Medium-sized Enterprises", *Small Business Economics*, Vol. 15, No. 2, 2000, pp. 79-103.

Valdes R. O., Leonardo Hernández, Melado P., "Determinants of Private Capital Flows in the 1970's and 1990's: Is there Evidence of Contagion?", IMF Working Paper No. 2001/064, May 1, 2001.

Wang C. H. and Hwang J T., "Do Short-Term International Capital Inflows Drive China's Asset Markets", *Quarterly Review of Economics and Finance*, Vol. 60, No. 5, 2016, pp. 115-124.

World Bank, "World Development Report", New York: World Bank, 1985.

Xiangyun Xu et al., "The Relationship between Renminbi's Exchange Rate and East Asia Currencies before and after the Financial Crisis", *China Finance Review International*, Vol. 1, No. 5, 2015, pp. 34-52.

Xing Y. and Zhao L., "Reverse Imports, Foreign Direct Investment and Exchange Rates", *Japan and the World Economy*, Vol. 20, No. 2, 2008, pp. 275-289.

Xu L., Kinkyo T., "Changing Patterns of Asian Currencies' Co-movement with the US Dollar and the Chinese Renminbi: Evidence from a Wavelet Multiresolution Analysis", *Applied Economics Letters*, Vol. 26, No. 6,

2019, pp. 456-472.

Yang H. et al., "Investigating the Relationship between Financial Liberalization and Capital Flow Waves: A Panel Data Analysis", *International Review of Economics and Finance*, Vol. 59, 2019, pp. 120-136.

Yiu D. W. et al., "International Venturing by Emerging Economy Firms: The Effects of Firm Capabilities, Home Country Networks, and Corporate Entrepreneurship", *Journal of International Business Studies*, Vol. 38, No. 4, 2007, pp. 519-540.

Yoke-Kee Eng, and Chin-Yoong Wong, "Asymmetric Growth Effect of Capital Flows: Evidence and Quantitative Theory", *Economic Systems*, Vol. 40, 2016, pp. 64-81.

Yupho S. and Huang X., "Portfolio Capital Flows in Thailand: A Bayesian Model Averaging Approach", *Emerging Markets Finance and Trade*, Vol. 50, No. 3, 2014, pp. 89-99.

Zhou Xuezhi, "The Exchange Rate Return Co-movements between Renminbi and Other East Asian Currencies under DCC-GARCH", *Japanese Journal of Monetary and Financial Economics*, Vol. 5, No. 1, 2019, pp. 1-23.

后　　记

本书是在我完成的国家社会科学基金重点项目"我国合意的跨境资本流量区间测算及管控政策研究"结题成果的基础上修改而成的。项目组从 2016 年开始进行课题研究，历经五载的努力，发表相关文章 15 篇，这一过程中我们认真钻研，在此领域取得了一定的收获，提出了有管理的资本账户开放以及将跨境资本流量作为管控的政策目标之一，并初步测算了新兴经济体及我国的跨境资本流量合意区间，为制定相关政策提供了新的思路。

在课题研究及本书写作过程中，张广现老师从开始的研究框架设计到各部分的具体研究内容，再到本书成稿，都给予了极大的帮助和指导，在此深表谢意！我指导的研究生承担了大量研究工作，正是我们共同的辛勤付出才使这本书能够呈现给读者。除杜昕倩、石峻完成了部分工作以外，其他研究生参与的工作主要包括：张婷婷参与了第一章的写作；张扬参与了第二章的写作；唐羽、郑慧、任怡然和黄嬿顺参与了第三章的写作；王红平、苑欢欢、钱文玉和李肖肖参与了第四章的写作；张莉娜参与了第五章的写作；魏丹琪参与了第八章第一节的写作。在此对各位研究生同学的辛勤劳动表示感谢！最后，我特别感谢我的父母、岳父母和妻子，他们为支持本书写作承担了大量的家务劳动并照顾孩子，正是他们的无私付出才使得我能有大量时间从事研究工作，最终完成本书的写作。

马宇

2022 年 11 月 22 日